AF800900

CORRUPCIÓN Y DELITO: ASPECTOS DE DERECHO PENAL ESPAÑOL Y DESDE LA PERSPECTIVA COMPARADA

Abraham Castro Moreno / Pilar Otero González (Dirs.)
Ana M. Garrocho Salcedo (Coord.)

CORRUPCIÓN Y DELITO: ASPECTOS DE DERECHO PENAL ESPAÑOL Y DESDE LA PERSPECTIVA COMPARADA

Autores:

Silvina Bacigalupo Saggese
Antoni Cardona Barber
Abraham Castro Moreno
Vicente Corral Escariz
Antonio Doval Pais
Ana M. Garrocho Salcedo
Pilar Otero González
Francesco Viganò

Dykinson, S.L.

GOBIERNO DE ESPAÑA
MINISTERIO DE ECONOMÍA Y COMPETITIVIDAD

PROYECTO I+D «PREVENCIÓN Y TRATAMIENTO PUNITIVO DE LA CORRUPCIÓN EN LA CONTRATACIÓN PÚBLICA Y PRIVADA» (DER 2013-46523-R) DEL MINISTERIO DE ECONOMÍA, INDUSTRIA Y COMPETITIVIDAD.

No está permitida la reproducción total o parcial de este libro, ni su incorporación a un sistema informático, ni su transmisión en cualquier forma o por cualquier medio, sea este electrónico, mecánico, por fotocopia, por grabación u otros métodos, sin el permiso previo y por escrito del editor. La infracción de los derechos mencionados puede ser constitutiva de delito contra la propiedad intelectual (art. 270 y siguientes del Código Penal).

Diríjase a Cedro (Centro Español de Derechos Reprográficos) si necesita fotocopiar o escanear algún fragmento de esta obra. Puede contactar con Cedro a través de la web www.conlicencia.com o por teléfono en el 91 702 19 70/93 272 04 07.

Este libro ha sido sometido a evaluación por parte de nuestro Consejo Editorial.
Para mayor información, véase www.dykinson.com/quienessomos

© Copyright by
Los autores
Madrid

Editorial DYKINSON, S. L. - Meléndez Valdés, 61 - 28015 Madrid
Teléfonos (+34) 91 544 28 46 - (+34) 91 544 28 69
e-mail: info@dykinson.com
http://www.dykinson.es
http//www.dykinson.com

ISBN: 978-84-9148-312-0
Depósito legal: M. 30.502-2107

Preimpresión e Impresión:
Liberis

LISTA DE AUTORES

Bacigalupo Saggese, Silvina
Catedrática de Derecho Penal - Universidad Autónoma de Madrid

Cardona Barber, Antoni
Profesor de Derecho penal - Universidad Autónoma de Barcelona

Castro Moreno, Abraham
Catedrático de Derecho penal - Universidad Carlos III de Madrid

Corral Escariz, Vicente
Comandante de la Guardia Civil. Diplomado en Estado Mayor

Doval Pais, Antonio
Profesor titular de Derecho penal - Universidad de Alicante

Garrocho Salcedo, Ana M.
Profesora Visitante Lectora de Derecho penal - Universidad Carlos III de Madrid

Otero González, Pilar
Profesora Titular de Derecho penal (Acred. Catedrática) - Universidad Carlos III de Madrid

Viganò, Francesco
Profesor Ordinario de Derecho penal - Universidad Bocconi Milán

ÍNDICE

ABREVIATURAS Y SIGLAS

ADRs	*American Depositary Receipts*
ACPS	*Association of Chief Police Officers in Scotland*
AEAT	Agencia Estatal de Administración Tributaria
AGRASC	*Agence de Gestion et de Recouvrement des 'Avoirs Saisis et Confisqués*
ANBSC	*Agenzia Nazionale per l'Amministrazione e la Destinazione del Beni Sequestrati e Confiscati alla Criminalità Organizzata*
Art./arts.	Artículo/s
AWF	*Analysis Work Files*
BOE	Boletín Oficial del Estado
BOCG	Boletín oficial de las Cortes Generales
BOOM	Bureau Ontnemingswetgeving Openbaar Ministerie
CARIN	*Camden Asset Recovery Inter-Agency Network*
CCPA	Centros de Cooperación Policial y Aduanera
CE	Constitución española
CICO	Centro de Inteligencia contra el Crimen Organizado
CIS	Centro de Investigaciones sociológicas
CITCO	Centro de Inteligencia contra el Terrorismo y el Crimen Organizado
Coord.	Coordinador/a
CGPJ	Consejo General del Poder Judicial
CNCA	Centro Nacional de Coordinación Antiterrorista

CNMV	Comisión Nacional del Mercado de Valores
CP	Código penal
DGPNSD	Delegación del Gobierno para el Plan Nacional sobre Drogas
Dir (s).	Director/a/es
DPA	Acuerdo de enjuiciamiento diferido
DRAE	Diccionario Real Academia de la Lengua Española
ECI	Equipo conjunto de investigación
Eds.	Editor/es
EIS	*Europol Information System*
EJN	*European Judicial Network*
EM/EEMM	Estado miembro
ENCS	*Eurojust National Coordination System*
EPPO	*European Public Prosecutor´s Office*
ESA	*European System of Accounts*
FCPA	*The US Foreign Corrupt Practices Act*
FCSE	Fuerzas y Cuerpos de Seguridad del Estado
FEC	Eurojust´s Financial and Economic Crime Team
FGE	Fiscalía General el Estado
FIU.net	*Financial Intelligence Units network*
FJº/FD	Fundamento jurídico o fundamento de derecho
GAFI	Grupo de Acción Financiera Internacional
INE	Instituto Nacional de Estadística
LBRL	Ley Reguladora de las Bases del Régimen Local
LEA	*Law Enforcement Agencies*
LECrim.	Ley de Enjuiciamiento Criminal
LMV	Ley Mercado de Valores
LO	Ley Orgánica
LOPD	Ley Orgánica de Protección de Datos de carácter personal
LSC	Ley de Sociedades de Capital
MINECO	Ministerio de Economía, Industria y Competitividad
n.	Nota
NCA	*National Crime Agency*
n.m	Número/s marginal/es

NPA	Acuerdo de no enjuiciamiento
OCDE	Organización para la Cooperación y el Desarrollo Económicos
OCSC	*Organe Central pour la Saisie et la Confiscation*
OEA	Organización de los Estados Americanos
OLA	Oficina de Localización de Activos
OLAF	*Office Européen de Lutte Antifraude*
ONU	Organización de Naciones Unidas
ONUDD	Oficina de Naciones Unidas contra la Droga y el Delito
Op.cit.	*Opus citatum*
ORA	Oficina de Recuperación de Activos
ORGA	Oficina de Recuperación y Gestión de Activos
p./pp.	Página/s
PIAC	*Plateforme d'Identification des Avoirs Criminels*
PIB	Producto Interior Bruto
R.D. /RR.DD	Real Decreto
RSC	Responsabilidad Social Corporativa
SCDEA	*Scottish Crime and Drug Enforcement Agency*
SEC	Sistema Europeo de Cuentas
SEPBLAC	Servicio Ejecutivo de la Comisión de Prevención del Blanqueo de Capitales e Infracciones Monetarias
SIENA	*Secure Information Exchange Network Application*
SIN	Sistema Nacional de Integridad
SOCA	*Serious Organised Crime Agency*
STC	Sentencia del Tribunal Constitucional
STS	Sentencia del Tribunal Supremo
ss.	Siguientes
TE-SAT	*EU Terrorism Situation and Trend Report*
TFUE	Tratado de Funcionamiento de la Unión Europea
UDEF	Unidad de Delincuencia Económica y Fiscal (Policía Nacional)
UE	Unión Europea
UIF	Unidad de Inteligencia Financiera
UNE	Unidad Nacional de Europol
UTE	Unión temporal de Empresas
UTPJ	Unidad Técnica de Policía Judicial

«Es cierto que si cada cual dedicara su tiempo y su trabajo exclusivamente a la corrección de sus imperfecciones personales, apenas quedaría tiempo de corregir las imperfecciones y abusos que tienen lugar en el Estado, con lo que ese cúmulo de imperfecciones y abusos en lugar de disminuir iría a más para tormento de quienes lo sufren y satisfacción de quienes lo disfrutan, que es justamente lo que se pretende...»

The book of fallacies
Jeremy Bentham

NOTA PREVIA

En la primera monografía (Dykinson, 2016) realizada en el seno del Proyecto MINECO DER 2013-46523-R, se abordó la corrupción desde la perspectiva de la prevención y tratamiento punitivo de la corrupción en el marco de las contrataciones pública y privada. Ya avanzamos entonces la dimensión global que presenta el fenómeno de la corrupción y la necesidad de abordarlo desde una perspectiva multidisciplinar.

En esta misma línea, en esta segunda monografía se analizan jurídicamente distintos aspectos de la corrupción de forma complementaria respecto de la primera obra. Por una parte, se tratan las implicaciones penales de la corrupción en delitos como el urbanístico, que no habían sido abordados en el trabajo anterior. Por otra, se desgaja el fenómeno de la corrupción conjugando análisis estrictamente técnico-jurídicos con perspectivas de política criminal. Se trata así, en definitiva, de enfrentarse al problema de la prevención y sanción de la corrupción desde una perspectiva integral como única forma de comprensión de la globalidad del fenómeno.

Globalidad que se manifiesta no sólo en el enfoque técnico, político-criminal o social del problema, o en el catálogo de los delitos afectados, sino también en su dimensión territorial. En este sentido, en esta segunda obra se ha abordado también la corrupción atendiendo a la universalidad que presenta. Ello encuentra reflejo, por ejemplo, en el estudio del delito de corrupción en las operaciones comerciales internacionales (corrupción trasnacional), recientemente modificado, así como en el análisis comparado de los distintos delitos de corrupción tanto pública como privada en diferentes ordenamientos, como el italiano o el noruego.

Gracias a ello, se ha conseguido configurar una estrategia anticorrupción que parta de la propia globalidad del fenómeno, en todos sus términos, y que ha sido posible gracias a la relevante aportación de los distintos autores tanto de la primera como de esta segunda obra sobre la cuestión.

Abraham Castro Moreno
Pilar Otero González

Capítulo I

CORRUPCIÓN POLÍTICA DEL INDULTO E INDULTOS POR DELITOS DE CORRUPCIÓN PÚBLICA[1]

Antonio Doval Pais
Universidad de Alicante
Catedrático de Derecho penal

[1] Este trabajo ha sido elaborado en el marco de los proyectos de investigación siguientes: «Indulto y derecho de gracia: teoría y práctica. Un estudio multidisciplinar» (DER2013-45562-P), proyecto de excelencia dirigido por el Profesor Fernando Molina Fernández (Catedrático de Derecho penal, Universidad Autónoma de Madrid) y «Derechos del condenado y límites derivados de la necesidad de pena. Especial referencia a la delincuencia de género, patrimonial y económica, corrupción, criminalidad organizada y terrorismo» (DER2014-54764-R), dirigido por la Profesora Carmen Juanatey Dorado (Catedrática de Derecho Penal, Universidad de Alicante), ambos financiados por el Ministerio de Economía y Competitividad.

I. INTRODUCCIÓN. RELACIONES DE LOS INDULTOS CON LA CORRUPCIÓN DE LAS RELACIONES DE LOS INDULTOS CON LA CORRUPCIÓN

La realidad de los indultos en España ha sido muy opaca. Aunque, como se sabe, los decretos por los que se conceden siempre se han publicado en el Boletín Oficial del Estado[2], hasta hace poco no era fácil conocer sus cifras acumuladas ni sus características (delitos más indultados, extensión más frecuente de la gracia, distribución por Gobiernos, etc.). Pero, hasta fechas muy recientes, esta información no ha sido facilitada oficialmente, sino que se ha podido obtener en los últimos años gracias a la publicación de algunos estudios que han proporcionado la información disponible de una forma agregada, ofreciendo relaciones detalladas de variables y análisis destinados a arrojar luz sobre las características de la práctica de los indultos en nuestro país. De este modo, se han conocido, por ejemplo, datos sobre el número de delitos indultados, sus clases, su relación con las cifras de personas condenadas, las penas perdonadas (o sustituidas) o las condiciones impuestas a los beneficiarios[3].

---

[2] «Los gobiernos que se inspiran en el cumplimiento de sus deberes, no temen la publicidad y el juicio de la opinión. Por esto, los decretos se habrán de insertar en la Gaceta de Madrid». Así explicaba la Exposición de Motivos de la Ley de 18 de junio de 1870, por la que se establecen las reglas para el Ejercicio de la Gracia de Indulto, la disposición del art. 30 que obligaba a hacerlo. La Ley 1/1988, de 14 de enero, por la que se modifica la Ley de 18 de junio de 1870, sustituyó la referencia a la «Gaceta» por «Boletín Oficial del Estado».

[3] Se trata de los trabajos siguientes: DOVAL PAIS, A., BLANCO CORDERO, I., FERNÁNDEZ-PACHECO ESTRADA, C., VIANA BALLESTER, C. y SANDOVAL CORONADO, J.C., «Las concesiones de indultos en España (2000-2008)», en *Revista Española de Investigación Criminológica*, n. 9, 2011; HERRERO BERNABÉ, I., *El derecho de gracia: indultos*, Tesis Doctoral, Madrid, UNED, 2012 (disponible en: http://e-spacio.uned.es/fez/eserv/tesisuned:Derecho-Iherrero/Documento.pdf; consultado el 18 de enero de 2017); BADULES IGLESIAS, D., *Yo te perdono. Los indultos en el marco de la política penitenciaria en España: 1982-2014*, Madrid, Libros.com, 2016; y de la excelente iniciativa de ELOSÚA, J., CABO, D. y BELMONTE, E., «El Indultómetro», *Fundación ciudadana CIVIO* (presentada el 11 de febrero de 2013 y disponible en: http://www.elindultometro.es/index.html; consultado el 18 de enero de 2017). Como se señaló con ocasión de la presentación de este proyecto, «*los indultos son un ejemplo más de que no debemos solo exigir que exista una información pública, sino también la forma en que se nos proporciona*» (Juan Elosúa). La Ley Orgánica 1/2015, de 30 de marzo, por la que se modifica la Ley Orgánica 10/1995, de 23 de noviembre, del Código Penal, estableció el deber de informar en el Congreso sobre los indultos. Su disposición adicional tercera, «Reglas para el ejercicio de la gracia de indulto», señala: «El Gobierno remitirá semestralmente al Congreso de los Diputados un informe sobre la concesión y denegación de indultos. Para la presentación de los datos contenidos en el citado informe, y previa revisión del mismo, un alto cargo del Ministerio de Justicia solicitará su comparecencia ante la Comisión de Justicia del Congreso de los Diputados.» Por medio de la Subsecretaria de Justicia, el Gobierno compareció el 20 de julio de 2017 ante la Comisión de Justicia del Congreso de los Diputados para presentar el primer informe en materia de solicitud y concesión de indultos durante 2016 y el primer trimestre de 2017, después de una espera de un año y medio, que ha justificado diciendo que «la situación de Gobierno en funciones no hizo posible su envío» (Ministerio de Justicia: «Informe de indultos 2016-1° semestre 2017» (Disponible en:

En particular, las cifras sobre el número de indultos indican que a lo largo de muchos años los diferentes Gobiernos han venido haciendo un uso absolutamente excesivo de este instrumento, en comparación con lo que se observa en otros países. De hecho, como veremos, a partir de la divulgación por la prensa de los casos más polémicos y de los datos globales, además del interés de los partidos políticos por el número de indultos, estos se redujeron drásticamente.

Aparte de la información que han proporcionado los datos acumulados, el recurso al indulto en algunas circunstancias concretas ha suscitado gran indignación en amplios sectores de la opinión pública, y en ocasiones también en círculos académicos e incluso judiciales. Han sido casos en los que el derecho de gracia ha beneficiado a personas próximas al poder, o relacionadas con el ejercicio de la autoridad pública, y en cuyos motivos, procedimientos o alcance se han apreciado razones que contrastan clamorosamente con los fines de este instrumento jurídico.

Pero, además, en alguno de estos casos, el indulto ha beneficiado a sujetos condenados por delitos característicos de la corrupción pública[4]. Este dato permite conectar dos perspectivas del indulto que pretendo relacionar en esta

---

http://www.mjusticia.gob.es/cs/Satellite/Portal/1292428478998?blobheader=application%2Fpdf&blobheadername1=Content-Disposition&blobheadername2=Medios&blobheadervalue1=attachment%3B+filename%3DINFORME_SEMESTRAL_INDULTOS_20-07-2017.pdf&blobheadervalue2=1288795772799, consultado el 14 de septiembre de 2017).

[4] Como el cohecho, la malversación y la prevaricación. Los delitos que suelen relacionarse más directamente con la corrupción son los delitos contra la Administración pública, aunque sin excluir otros. Véase sobre la referencia penal del concepto de corrupción, la Memoria de la Fiscalía General del Estado de 2013, p. 652. Recientemente, asimismo, el *Repositorio de datos sobre procesos por corrupción*, del Consejo General del Poder Judicial, que ofrece información sobre la acción de la justicia en el marco global de la lucha contra la corrupción en http://www.poderjudicial.es/cgpj/es/Temas/Transparencia/Repositorio-de-datos-sobre-procesos-por-corrupcion/ (consultado el 18 de enero de 2017). También, DOVAL PAIS, A., «Delitos de corrupción pública: indultos y condenas», en JAREÑO LEAL, A. (Dir.): *Corrupción pública. Cuestiones de Política criminal (I)*, Madrid, Iustel, 2014, pp. 44-45; y DE LA MATA BARRANCO, N., «La lucha contra la corrupción política», en *Revista Electrónica de Ciencia Penal y Criminología*, n. 18-01, 2016, p. 7, entre otros autores. El Ministerio de Justicia, en su «Informe de indultos 2016-1.º semestre 2017» (citado en la nota 3), presenta en un mismo grupo los delitos contra la Administración pública y los delitos contra la Administración de Justicia. Pero aclara que considera «delitos de corrupción política» los previstos en los Capítulos IV a IX del Título XIX del Código penal, por las siguientes razones: objetiva; subjetivas, en atención a las cualidades del delincuente, por cuanto habrían sido cometidos por cargos públicos electos o altos cargos de las Administraciones Públicas o del sector público institucional en el ejercicio de su función pública o prevaliéndose de la misma; y causal puesto que es una conducta orientada a la obtención de un beneficio para sí o para un tercero» (p. 8). Asimismo, estima que «el propósito del infractor de conseguir una ganancia o provecho resulta una constante en la definición del delito de corrupción en los diferentes documentos y normas internacionales sobre la materia» (ibid.). Desde luego, una referencia expresa a los delitos más propios de la corrupción era prácticamente inevitable en este informe debido a la presión de la opinión pública sobre la corrupción durante estos años, aunque la explicación ministerial es discutible. Como se ve, los delitos de prevaricación administrativa quedan fuera de la definición que se propone.

introducción con el fenómeno de la corrupción: una, activa, que es la del acto de concesión del indulto como –en determinados casos– acto de *corrupción* y, otra, pasiva, que es la del *delito de corrupción* beneficiado. La primera, tiene que ver con actuaciones abusivas en la concesión de indultos por los miembros de los Gobiernos, tanto por el exceso en su número como por las características de los indultos. La segunda, hace referencia al indulto de personas condenadas por *delitos de corrupción pública*. Esta última perspectiva no excluye, por supuesto, la primera; es decir, la posibilidad de que el perdón de un delito de corrupción pública sea, a su vez, un exceso calificable como un *acto* corrupto.

Es más, con esta referencia a los indultos por *delitos de corrupción* no se trata, simplemente, de advertir de que algunos de los indultos recaídos en los últimos veinte años –entre los más de 10.000 concedidos por toda clase de delitos[5]– han tenido por objeto infracciones de este género, sino de señalar que las personas condenadas por esta clase de delitos se han beneficiado especialmente de los indultos. Los referidos estudios también han dado a conocer datos que apuntan en esta dirección.

Pues bien, una vez señalados estos distintos enfoques de los indultos, debo detenerme en justificar su relación con la corrupción.

Como confirman algunas de las referidas investigaciones, la práctica de los indultos ha sido una vía por la que han tenido lugar irregularidades plasmadas en usos excesivos y sesgados de este instrumento que está orientado, conforme a la ley, a la satisfacción de razones de justicia, equidad o utilidad pública[6]. Por un lado, el abuso del perdón supone una corrupción del propio

---

[5] Según los datos de la *Fundación ciudadana CIVIO*, http://www.elindultometro.es/index.html (consultado el 18 de enero de 2017).

[6] Así lo requiere el art. 11 de la Ley de Indulto para los indultos totales. Pero estos fines inspiraban el contenido de todos los indultos –también, pues, el de los indultos parciales y las conmutaciones–, como puede apreciarse leyendo su Exposición de Motivos, en la que el legislador destacaba la importancia de llevar a cabo en todos los casos «un estudio detenido sobre las consecuencias que [*sc.* el indulto] haya de producir, bajo el aspecto de la justicia, de la equidad ó de la conveniencia social». La STS, Sala 3ª, 13/2013, de 20 de noviembre, que anuló el indulto parcial otorgado a un conductor kamikaze que ocasionó la muerte de una persona (véase *infra*), llegó al fallo considerando que en el Real Decreto no se señalaron «las «razones de justicia, equidad o utilidad pública», exigidas por el legislador y que han de ser determinantes del indulto» (f. de D. noveno). Con detalladas razones para entender que el indulto, sea de la clase que sea, requiere de conformidad con la ley razones de justicia, equidad o utilidad pública, véase LLORCA ORTEGA, J., *La ley de indulto (Comentarios, jurisprudencia, formularios y notas para su reforma)*, 3ª. ed., Valencia, Tirant lo Blanch, 2003, pp. 81-83. En análogo sentido, AGUADO RENEDO, C., *Problemas constitucionales en el ejercicio de la potestad de gracia*, Madrid, Civitas, 2001, p. 222. Desde luego, esto es lo lógico, considerando, además, la posibilidad que existe en la práctica de revestir como un indulto parcial uno que, en realidad, sea total. Con referencias a esta posibilidad, véanse las apreciaciones de Liborio Hierro (ex Subsecretario del Ministerio de Justicia) en la entrevista realizada por Badules Iglesias (y transcrita en BADULES IGLESIAS, *Yo te perdono*, p. 222). Sin embargo, estimando que solamente el indulto total requiere la motivación en los términos legales, véase GARCÍA MAHAMUT, R., *El indulto. Un análisis jurídico-constitucional*, Madrid-Barcelona, Marcial Pons, 2004, p. 159.

sentido que posee el instrumento jurídico del indulto en el contexto del Estado de Derecho; es decir, del indulto como instrumento político. El exagerado uso que han venido haciendo del mismo los miembros de los diferentes Gobiernos no puede dejar de constituir una manifestación de desviación, de abuso de poder; y, en este sentido, de corrupción política; aunque en un sentido que puede considerarse débil: como desvirtuación del instrumento legal del indulto[7], y más debida a una lenidad de los Gobiernos (que les resultaba favorable conservar) que a un interés directo en la obtención de un beneficio particular derivado del acto de indultar.

A esta sobreexplotación de la discrecionalidad legal se han de añadir, por otro lado, usos interesados de este beneficio. Se trata de actos de indulto dirigidos a favorecer a determinadas personas vinculadas con el poder político o con entidades de las que pueden esperarse ventajas más o menos determinadas del apoyo a la solicitud o a la propuesta del perdón. Este uso de los indultos constituye una manifestación de abuso del poder que se encuentra indudablemente conectada con el fenómeno de la corrupción.

Es cierto que no se han conocido pruebas de que la concesión de la gracia haya comportado alguna ventaja particular (o, de otro modo, indebida) a los miembros de los consejos de ministros o a otras autoridades o funcionarios públicos que hayan intervenido en el procedimiento. Y, aunque la idea de corrupción exige la desviación con respecto a normas[8], según las definiciones de corrupción más acuñadas, la falta de obtención de un beneficio, directo o indirecto, puede ser un obstáculo conceptual para poder calificar las concesiones del perdón en tales casos como actos de corrupción[9].

---

[7] Como ha señalado ABEL SOUTO, «la degeneración en concesiones excesivamente generosas incurriría en un fraude de ley», en «El indulto: una propuesta para incluir en el Código penal su regulación adaptada a principios constitucionales básicos y al Estado democrático de Derecho», en *Revista de l'Institut Universitari d'Investigació en Criminologia i Ciències Penals de la UV*, 2013, n. 002-005, p. 3 (disponible en: http://www.uv.es/recrim; consultado el 18 de enero de 2017).

[8] Véase, incidiendo en este aspecto, GARZÓN VALDÉS, E., «Acerca del concepto de corrupción», en LAPORTA, F.J. y ÁLVAREZ, S. (Eds.), *La corrupción política*, Madrid, Alianza, 1997, pp. 42-44, y MALEM SEÑA, J., *La corrupción. Aspectos éticos, económicos, políticos y jurídicos*, Barcelona, Gedisa, 2002, pp. 32-33.

[9] Este elemento se considera fundamental en la literatura especializada para definir la corrupción. Véase, por ejemplo, GARZÓN VALDÉS, «Acerca del concepto de corrupción», en LAPORTA y ÁLVAREZ (Eds.), *La corrupción política*, pp. 45-48; también, LAPORTA, F.J., «La corrupción política: Introducción general», *ibidem*, pp. 20-21; MALEM SEÑA, J., «El fenómeno de la corrupción», *ibidem*, pp. 79-80; LÓPEZ CALERA, N., «Corrupción, ética y democracia», *ibidem*, pp. 117-122; y VILLORIA, M. y JIMÉNEZ, F., «La corrupción en España (2004-2010): datos, percepción y efectos», en *Revista Española de Investigaciones Sociológicas*, n. 138, 2012, p. 114. En el ámbito del Derecho penal, entre otros autores, IGLESIAS RÍO, M.A. y MEDINA ARNAIZ, T., «Herramientas preventivas en la lucha contra la corrupción en el ámbito de la Unión Europea», en Konrad Adenauer Stiftung, *Anuario de Derecho Constitucional Latinoamericano*, T. II, 2004, p. 909; DE LA MATA BARRANCO, «La lucha contra la corrupción política», p. 4; y SANDOVAL CORONADO, J.C., «Aportación a una reflexión político criminal sobre la corrupción en la financiación de los partidos políticos», en *Revista General de Derecho Penal*,

Me refiero, más bien, a prácticas que contribuyen a crear un ambiente favorable para los decisores con la tolerancia de usos o el favorecimiento a personas que pueden resultar beneficiosos. Estas sospechas están detrás de varios de los indultos más clamorosos, alimentadas por razones como, por ejemplo, la condonación de una importante deuda, por la relación de parentesco del beneficiario con algún ministro o por la especial relación de algunos indultos concedidos con determinados despachos de abogados que intervinieron en su tramitación[10]. Es la idea de creación de una «atmósfera favorable» (de un «clima»[11]) que, aunque en el momento del acto pueda ser indeterminado, se dirige a una posible concreción futura en el favor de intereses personales. Y, desde luego, el procedimiento de concesión de los indultos reúne tres elementos que son considerados fundamentales por expertos para la existencia de la corrupción, a saber: monopolio, arbitrariedad y opacidad[12].

Por supuesto, no se trata de designar con el término «corrupción» cualquier desviación o abuso de poder, pero un uso desviado del indulto constituye una forma de alteración de la función de un instituto jurídico que no cabe considerar ajena al contenido semántico del término «corrupción». Y ello porque, al igual que la persecución de un beneficio privado se considera un elemento definitorio de la corrupción por su incompatibilidad con la correcta

---

n. 22, 2014, pp. 9 y 10. Aunque los convenios internacionales en la materia evitan definir la corrupción, los actos de corrupción que comúnmente enumeran comportan esta idea. Véase, por ejemplo, el Convenio relativo a la lucha contra actos de corrupción en los que estén implicados funcionarios de las Comunidades europeas o de Estados miembros de la Unión, de 1997 (arts. 2 y 3); la Convención penal del Consejo de Europa contra la corrupción, de 1998 (arts. 2 y 3); la Convención civil del Consejo de Europa contra la corrupción, de 1999 (art. 2); la Convención interamericana contra la corrupción, de 1996 (art. IV); o la Convención de la Unión Africana para la prevención y lucha contra la corrupción, de 2003 (art. 4). La definición de corrupción adoptada por el *Informe de la Comisión al Consejo y al Parlamento Europeo sobre la lucha contra la corrupción en la UE* (2014) también incluyó este elemento característico. Véase también el «Informe de indultos 2016-1° semestre 2017», presentado por el Ministerio de Justicia en la Comisión de Justicia del Congreso el 20 de julio de 2017 (citado en la nota 3), advirtiendo igualmente sobre ello y considerando la persecución de un beneficio como un elemento esencial del concepto de corrupción política (p. 8).

[10] Sin perjuicio de las referencias que se harán más adelante, los aludidos en el texto corresponden a los del ex Consejero del Banco de Santander Alfredo Sáenz; al del hermano del ex Ministro de Fomento, Arias Salgado, y al del conductor kamikaze. Con más detalles, véase una selección de los indultos más destacados concedidos desde 1996 en *Fundación ciudadana CIVIO*, http://www.elindultometro.es/famosos.html#0 (consultado el 18 de enero de 2017).

[11] Sobre esta acepción véase BLANCO CORDERO, I., «Hospitalidad, invitaciones a empleados públicos y privados: riesgo penal y cumplimiento normativo empresarial», en JAREÑO LEAL, A. y DOVAL PAIS, A. (Dirs.), *Corrupción pública, prueba y delito: cuestiones de libertad e intimidad*, Cizur Menor, Thomson Reuters Aranzadi, 2015, p. 72.

[12] Así, la identidad de KLITGAARD (en *Controlando la corrupción, Una indagación práctica para el gran problema del fin de siglo*, Buenos Aires, Sudamericana, 1994, pp. 10 y ss.), *apud* GIMENO FELIÚ, J.M., «La corrupción en la contratación pública», en CASTRO MORENO, A. y OTERO GONZÁLEZ, P. (Dirs.)/GRAFFE GONZÁLEZ, L.V. (Coord.), *Prevención y tratamiento punitivo de la corrupción en la contratación pública y privada*, Madrid, Dykinson, 2016, p. 18.

satisfacción de necesidades y fines públicos[13], los abusos del perdón comportan efectos trascendentes jurídicamente en términos de desigualdad e injusticia. Lo que preocupa desde el punto de vista de la ciudadanía es que, en un contexto de realización de fines públicos conforme a las normas y valores legítimos, se produzca una anteposición de otra clase de intereses que ocasione una desviación con respecto a las debidas actuaciones públicas dirigidas a la consecución de aquellos fines en aquellas condiciones[14].

En las páginas siguientes se abordarán las diferentes perspectivas que se han señalado, aunque el objeto principal de esta contribución es presentar una síntesis actualizada de los resultados de algunas investigaciones sobre los indultos de los que se han beneficiado delitos que pueden relacionarse con la corrupción pública, así como alguna reflexión a propósito de propuestas que han sido planteadas para prevenir situaciones de abuso en el régimen de las concesiones del perdón y sobre la función constitucional del indulto particular.

II. CORRUPCIÓN POLÍTICA DEL INDULTO (1): PERSPECTIVA CUANTITATIVA

Con las precisiones que han sido efectuadas en el apartado precedente, los datos absolutos de los indultos concedidos en los periodos que abarcan varias investigaciones ponen de manifiesto unas cifras completamente exorbitadas. La media en España ha sido de más de 500 indultos anuales entre 1982 y 2012, con importantes máximos de 1.154 en 1994, 1.582 en 1998 o 1.744 en 2000[15]. Con respecto a otros países, valga aquí simplemente señalar que en los EE.UU. la media de indultos concedidos anualmente en el periodo 1982-2012 no llegó a 45[16].

---

[13] Esta incompatibilidad se da, generalmente, con razón, por supuesta, porque generalmente es ínsita a la búsqueda del beneficio. Sin embargo, considero que debe ponerse de relieve que el elemento nocivo de la corrupción reside, precisamente, en la característica que señalo en el texto (DOVAL PAIS, «Delitos de corrupción pública: indultos y condenas», p. 44). Destacándolo, también, QUINTERO OLIVARES, G., «Urbanismo y corrupción en la Administración local», en MORILLAS CUEVA. L. (DIR.) Y SUÁREZ LÓPEZ, J.Mª. (COORD.), *Urbanismo y corrupción política (Una visión penal, civil y administrativa)*, Madrid, Dykinson, 2013, p. 21.

[14] En definitiva, que se atente contra valores, fines y métodos propios de la acción política, como ha subrayado VILLORIA (en *La corrupción política*, Madrid, Síntesis, 2006, respectivamente, p. 17) o, como resume QUERALT, que suponga la «desnaturalización de las finalidades objeto de las instituciones» (en LAPUENTE, V. (Coord.), *La corrupción en España. Un paseo por el lado oscuro de la democracia y el gobierno*, Madrid, Alianza, 2016, pp. 110 y 115).

[15] Datos de la *Fundación ciudadana CIVIO*, http://www.elindultometro.es/2012/12/21/coto-libre-del-gobierno.html (consultado el 18 de enero de 2017). BADULES IGLESIAS refiere para el periodo 1975-2014 una media de aproximadamente 470 indultos al año (en *Yo te perdono*, p. 45).

[16] Las cifras medias que venían dándose en los EE.UU. se han visto muy alteradas bajo el Gobierno de Obama, que ha indultado a 1.597 presos (al final de su mandato, 504 en solo dos fechas: 231 el 19 de diciembre de 2016 y 273 el 17 de enero de 2017), convirtiéndose en el presidente que ha concedido más conmutaciones de toda la historia del país, según los datos de la Casa Blanca: https://www.whitehouse.gov/blog/2017/01/17/president-obama-has-now-granted-more-commutations-any-presi-

El legislador decimonónico justificó la Ley de Indulto por la necesidad de suavizar «en ciertos y determinados casos» la inflexibilidad de la sentencia ejecutoria, «por mil variadas causas»[17]. En la actualidad, el Código penal alude al posible rigor excesivo de la ley en el caso concreto objeto de enjuiciamiento por los jueces o tribunales como motivo para solicitarlo (art. 4.3). Y el indulto se acepta, generalmente[18], como un instrumento necesario ante la existencia de situaciones en las que las respuestas jurídico-penales formalmente correctas resultan inaceptables desde el punto de vista de la justicia material o no facilitan una solución ante determinadas situaciones conflictivas[19]. Por ejemplo, en la jurisprudencia española se observa que se ha venido recurriendo a esta solución bien por razones de utilidad pública, bien debido a la necesidad de reparar determinados errores judiciales o de compensar el padecimiento de dilaciones procesales indebidas, entre otras razones[20].

¿Ha podido haber, pues, buenos motivos incluso para unos niveles tan elevados de indultos? Desde luego, de entrada, en nuestro sistema constitucional, el indulto no se corresponde con la existencia de necesidades frecuentes, sino extraordinarias, para su aplicación, por lo que unas altas cifras de indultos ponen de manifiesto la existencia de irregularidades en el sistema penal que reclaman una respuesta de alcance amplio que se debe proporcionar por medio de reformas legales[21]. Pero, en cualquier caso, no es posible conocer si

---

dent-nations-history; consultado el 18 de enero de 2017. No obstante, el dato de la media aritmética anual de los indultos de todas clases concedidos por Barack Obama no excede de 200, cifra que –proporcionalmente– continúa siendo muy baja en comparación con las conocidas en España.

[17] Exposición de Motivos de la Ley de 18 de junio de 1870, por la que se establecen las reglas para el Ejercicio de la Gracia de Indulto.

[18] Véase, con numerosas referencias a la doctrina, sánchez-vera gómez-trelles, j., «Una lectura crítica de la Ley de Indulto», en *InDret: Revista para el análisis del Derecho*, 2/08, p. 9, nota 14. También, con referencias al sentir común de la doctrina, garcía valdés, c., «Sobre los indultos», en https://www.cuartopoder.es/soldeinvierno/2013/03/06/sobre-los-indultos/3109 (consultado el 18 de enero de 2017).

[19] Por ejemplo, es interesante observar la clase de motivos del Código penal de 1822 por los que los jueces podían recomendar en la sentencia la clemencia del rey. Entre otros, «Cuando hayan mediado en el delito circunstancias estraordinarias de aquellas que, no habiendo podido ser previstas probablemente por las leyes, manifiesten que el reo fue contra sus propios sentimientos é inclinaciones arrastrado al delito por algún estímulo poderoso y disculpable, ó que en el delito tuvo más parte la pasión, la desgracia, la miseria ó el error, que la malicia y la depravación del corazón» (art. 164, cuarto). En la doctrina, debe destacarse la propuesta de molina fernández para una clasificación de los diferentes posibles motivos que podrían justificar la concesión de un indulto (en «Causas que extinguen la responsabilidad penal y sus efectos», en *Memento Práctico, Penal*, Madrid, Lefebvre-El Derecho, 2017, nn.mm. 6587-6604).

[20] A propósito, véase SILVA SÁNCHEZ, J.-Mª., «Nuevas tendencias político-criminales y actividad jurisprudencial del Tribunal Supremo», en ROMEO CASABONA, C. (Ed.), *Dogmática penal, Política criminal y Criminología en evolución*, La Laguna, Universidad de La Laguna, Centro de Estudios Criminológicos, 1997, pp. 320-321. Tal motivación para las concesiones de indulto se constata en la doctrina jurisprudencial del Tribunal Supremo y en las decisiones adoptadas por su Pleno no Jurisdiccional.

[21] Por ejemplo, el frecuente recurso al indulto en casos de dilaciones procesales indebidas dio paso al criterio del Pleno del Tribunal Supremo de aplicar la atenuante analógica (Acuerdo 66, de

detrás de cada indulto hubo razones jurídicamente amparadas en los motivos que contempla la Ley. Los decretos mediante los que se otorgan no han incluido generalmente ninguna clase de motivos expresos. Tal falta de motivación ha dotado al ejercicio del perdón de una completa opacidad. Pese a que la Ley de 1870 optó decididamente porque los indultos se insertaran «en un decreto motivado, á fin de que consten siempre las razones que le movieron á ejercer la prerrogativa constitucional»[22], la Ley 1/1988, de 14 de enero, por la que se modifica la Ley de 18 de junio de 1870, estableciendo reglas para el ejercicio de la Gracia de Indulto, sustituyó los términos «decreto motivado» por la expresión «Real Decreto», sin más[23]. Aunque no constan en la tramitación de esta reforma alegaciones que permitan sostener la intención de modificar la Ley hasta el punto de pasar a no requerir motivación alguna en el acto de concesión de los indultos[24], una supresión de esta magnitud no debió haber sido inadvertida en el cuerpo legislativo[25]. Lo cierto es que, si antes de la refor-

---

21 de mayo de 1999) y, finalmente, llevó a la introducción de una nueva circunstancia atenuante para estos casos (art. 21.6ª del CP) por la LO 5/2010, de modificación del Código penal. O la reforma, por la misma Ley, de los delitos relativos a las drogas, en relación con la posibilidad de reducir la pena en supuestos de escasa entidad (art. 368, párrafo segundo), motivo relacionado también con los numerosos indultos por delitos contra la salud pública (DOVAL PAIS, BLANCO CORDERO, FERNÁNDEZ-PACHECO ESTRADA, VIANA BALLESTER y SANDOVAL CORONADO, «Las concesiones de indultos en España (2000-2008)», pp. 18 y 26).

[22] Exposición de Motivos de la Ley de 18 de junio de 1870, por la que se establecen las reglas para el Ejercicio de la Gracia de Indulto. El indulto particular sigue siendo denominado «prerrogativa de gracia» en los arts. 87.3º y 102.3º de la Constitución Española. Aunque no es un acto de verdadera prerrogativa ya que carece de la libertad del acto ejecutado por el Monarca, en el sentido de no necesidad del refrendo ministerial (véase RODRÍGUEZ ZAPATA Y PÉREZ, R., *Sanción, promulgación y publicación de las leyes*, Madrid, Tecnos, 1987, pp. 86-87, y AGUADO RENEDO, *Problemas constitucionales en el ejercicio de la potestad de gracia*, pp. 125-129). De ahí que en sede parlamentaria se aluda a que la gracia es una «*potestad extraordinaria del Poder ejecutivo*» (véase, por ejemplo, en el BOCG. Congreso de los Diputados, 17 de marzo de 2005, p. 119).

[23] Art. 3.3. de la Ley 1/1988, de 14 de enero, por la que se modifica la Ley de 18 de junio de 1870.

[24] Así, GARCÍA SAN MARTÍN, J., *El Indulto Particular. Tratamiento y Control Jurisdiccional*, San Sebastián, Instituto Vasco de Derecho Procesal, 2007, p. 73. Por ello, no se sabe si una reforma como esta, que era pretendidamente solo procedimental y llegó a tener semejante calado sustantivo, pudo ser debida «a la astucia o a la inadvertencia», como ha observado REQUEJO PAGÉS, J.L., en «Amnistía e indulto en el constitucionalismo histórico español», en *Historia Constitucional (revista electrónica)*, n. 2, 2001, p. 102 (y, de mucho interés en relación con ello, pp. 102-106). No obstante, Liborio Hierro (Subsecretario de Justicia entre 1982 y 1990), en la entrevista realizada por Badules Iglesias, no recuerda que detrás de la modificación legal «hubiera ninguna intención» más allá, quizá, de adecuar la ley a la práctica (de no motivar) existente (transcrita en BADULES IGLESIAS, *Yo te perdono*, p. 232-234). Tampoco se conocen los motivos por los que, desde 1991, los decretos dejaran de expresar el sentido de los informes del Ministerio Fiscal y el tribunal sentenciador. Véase, poniéndolo de manifiesto, el autor últimamente citado en *op. cit.*, p. 162.

[25] Pues la modificación operada resultaba seriamente cuestionable considerando la interdicción de la arbitrariedad de los poderes públicos (art. 9.3 CE). Véase una dura crítica en AGUADO RENEDO, *Problemas constitucionales en el ejercicio de la potestad de gracia*, pp. 224-230. De hecho, mucho tiempo después de la reforma legal, su alcance fue discutido –desde distintas ópti-

ma aquella referencia legal no cumplía en la práctica ninguna función especial[26], la modificación de 1988 no ayudó a cambiar las cosas, sino que ahondó en la oscuridad que siempre ha envuelto al ejercicio de la gracia del indulto.

De todos modos, el asunto de la necesidad de motivación de los indultos ha sido polémico. Tradicionalmente, la susceptibilidad de un control jurisdiccional sobre los fundamentos de los indultos no ha concitado unanimidad doctrinal[27] y ha sido directamente rechazada por la jurisprudencia del Tribunal Supremo, que la ha venido limitando al examen de los «elementos reglados» (aquellos que la Ley requiere observar para conceder los indultos). Las resoluciones del Tribunal Supremo han venido señalando reiteradamente que «no resultan de aplicación al caso los requisitos que para los auténticos actos administrativos establece la Ley 30/1992, y entre ellos, y fundamentalmente, el de la motivación» (STS, Sala 3ª, de 12 de mayo de 2011, FD 2º; aunque, como se ha advertido, dicha Ley requería en su art. 54.1, f) que también serán motivados los actos o acuerdos «que se dicten en el ejercicio de potestades discrecionales»).

No obstante, esta jurisprudencia experimentó un giro radical con la Sentencia de la Sala 3ª del Tribunal Supremo de fecha 20 de noviembre de 2013. En esta resolución, el Alto Tribunal consideró que aunque es obvio «que el control jurisdiccional no puede extenderse al núcleo esencial de la gracia (decisión de indultar o no indultar), ni a la valoración del contenido de los requisitos formales (esto es, al contenido de los informes reglados a los que se refiere la Ley de Indulto)», sí debe alcanzar a la «no concurrencia de arbitrariedad en la concesión», afirmando que, para ello, debe enjuiciar «si las *«razones de justicia, equidad o utilidad pública»* –que necesariamente deben de constar en el Acuerdo y que pueden responder a muy distintas causas (que pueden ir desde las de carácter penitenciario o social a las de carácter personal o familiar)–, cuentan con apoyo real reconocible en los elementos reglados o formales que componen el expediente». El Supremo ha admitido, por tanto, únicamente un «control meramente externo» limitado a comprobar si la resolución de indulto cuenta con «soporte fáctico suficiente» –cuyo contenido excluye expresamente de sus facultades de revisión–, «para, en un proceso de lógica

---

cas– con ocasión de la STS, Sala 3ª, 13/2013, de 20 de noviembre (tanto en su f. de D. octavo como en los votos particulares). Precisamente, poniendo en duda la eficacia de la modificación de 1988 en relación con la prohibición de arbitrariedad, véase el voto particular concurrente a la citada Sentencia que formularon los Magistrados Espín Templado y Pico Lorenzo (apdo. tercero).

[26] En la práctica, no se venían motivando. Véanse al respecto las afirmaciones de Liborio Hierro y Juan Bravo (Subsecretario de Justicia entre 2012 y 2014) en las entrevistas realizadas por Badules Iglesias, y la del propio autor, en *Yo te perdono*, pp. 221, 232-233 y 334, y 161, respectivamente.

[27] Véase, con referencias a la doctrina administrativa, DÍEZ SÁNCHEZ, J.J., «El indulto ante la justicia administrativa», en *Revista Vasca de Administración Pública*, n. 99-100, 2014, p. 1190. Sobre la revisabilidad de estas decisiones del Gobierno, véase, entre otros, LLORCA ORTEGA: *La ley de indulto*, pp. 175-176; GARCÍA MAHAMUT, *El indulto. Un análisis jurídico-constitucional*, pp. 194 y ss.; y GARCÍA SAN MARTÍN, *El Indulto Particular. Tratamiento y Control Jurisdiccional*, pp. 109-119.

jurídica, soportar las razones exigidas por el legislador», de manera que en el proceso sea posible examinar si «se ha incurrido en error material patente, en arbitrariedad o en manifiesta irrazonabilidad lógica» (f. de D. 8º). En suma, pues, consideró que deben motivarse en estos términos las resoluciones de concesión de los indultos[28].

Pues bien, a raíz de esta fundamental sentencia (y a pesar de que resoluciones posteriores han regresado a la doctrina tradicional del Tribunal Supremo[29]), los decretos han venido «cumpliendo» con la exigencia de la motivación repitiendo la escueta referencia a que «concurren razones de justicia y equidad». Verdaderamente, aunque no se puede pretender que se recojan con detalle las razones para otorgar el perdón en cada caso, este no es más que un cambio cosmético que no ha contribuido en absoluto a salir de la oscuridad. El esfuerzo fue mayor en 2016 con ocasión de los conocidos «indultos de semana santa», cuando los decretos incluyeron, como novedad, referencias a la antigüedad de los hechos, la conformidad de las víctimas o los informes favorables del centro penitenciario, entre otras[30]. Sin embargo, una vez pasado este momento, se volvió a la mecánica fórmula anterior[31].

De modo que, aun sin llegarse a conocer las razones que han avalado los indultos en cada caso, se considera que sus elevadas cifras son expresión de un uso muy abierto y tolerado del perdón, que excede del sentido y la razón legales de este instituto. Sin embargo, aun siendo un número excesivo, debe tenerse en cuenta, por un lado, que la inmensa mayoría de los mismos han sido otorgados con el informe favorable del órgano sentenciador[32]. Y, por otro, que este uso, lejos de responder a decisiones generalmente deliberadas, parece que ha obedecido, más bien, a una nula reflexión sobre las rutinas administrativas instaladas en el Servicio de indultos del Ministerio de Justicia[33] y, en conse-

---

[28] DOVAL PAIS, A. y VIANA BALLESTER, C., «El indulto, a revisión. Razones y propuesta para una modificación legislativa», en *El Cronista del Estado Social y Democrático de Derecho*, n. 43, 2014, pp. 46-47.

[29] Véase, con referencias, DÍEZ SÁNCHEZ, «El indulto ante la justicia administrativa», p. 1200.

[30] RR. DD. 113 a 125/2016, de 18 de marzo (BOE núm. 68, de 19 de marzo de 2016, pp. 20878-20890).

[31] Aquellas fueron unas motivaciones expresas para evitar equívocos con razones religiosas debido a la ocasión de la semana santa. Extraordinariamente, los decretos recogieron, incluso, las referencias a los proponentes de los indultos (cofradías y hermandades religiosas en todos los casos). El siguiente indulto, concedido ya en el mes de julio, volvió a fundamentarse en vagas «razones de justicia y equidad» (R.D. 305/2016, de 22 de julio), al igual que los 12 indultos concedidos el 30 de diciembre del mismo año, y todos los que han seguido durante 2017 hasta la fecha de cierre de este trabajo, que no han alterado su fórmula ni siquiera en los indultos de semana santa.

[32] Véanse los datos que al respecto facilita HERRERO BERNABÉ en *El derecho de gracia: indultos*, pp. 474-476, que hablan de un 96% de los expedientes concedidos con informe favorable del órgano sentenciador con referencia al periodo 1977-2011.

[33] Afirmándolo con toda claridad, Tomás De la Quadra Salcedo (Ministro de Justicia entre los años 1991-1993) en la entrevista realizada por Badules Iglesias (y transcrita en BADULES

cuencia, también acerca de las necesidades generales que las numerosas solicitudes ponían de manifiesto; como, por ejemplo, de emprender reformas legales en ciertos ámbitos. En este sentido, tal uso desmedido del indulto, aunque no puede ser considerado un signo de corrupción en sí, sí ha provocado la corrupción del mismo como instrumento de la política gubernativa, porque ha sido muy frecuentemente empleado como un mecanismo alternativo a la reforma legal y más afín, en realidad, al prohibido indulto general (art. 62,i C.E.)[34].

Por otra parte, la raigambre *histórica* que se halla en la inercia que ha sostenido las elevadas cifras que ha alcanzado el perdón gubernativo invita a pensar en su relación con la cultura del franquismo, pues tales excesos suponen una clara manifestación de retención en manos del Ejecutivo de uno de los poderes máximos de los que disponía prácticamente sin límites bajo la Dictadura[35].

No obstante, en los últimos años, en España, como consecuencia directa de la atención prestada por los medios de comunicación a las concesiones de indultos[36] y de la presión ejercida por los partidos políticos de la oposición[37],

---

IGLESIAS, *Yo te perdono*, p. 240). También con referencias a ello en sus entrevistas, los ex Subsecretarios de Justicia, Bravo (en *op. cit.*, p. 319) y Astarloa (en *op. cit.*, p. 287). Véanse, a propósito de tales automatismos, las interesantes observaciones del citado autor sobre el fenómeno de «path dependence» de la concesión de indultos (en *op. cit.*, pp. 151 y 178), relacionado con «la continuidad administrativa de los funcionarios que trabajan en el Servicio de indultos del Ministerio» (*op. cit.*, pp. 165, 178 y 187).

[34] Como señala MOLINA FERNÁNDEZ, el criterio para distinguir el indulto general y el particular ha de ser material (en «Causas que extinguen la responsabilidad penal y sus efectos», nm. 6617).

[35] Precisamente, se ha afirmado que detrás de la corrupción se encuentran aquellas raíces culturales. Véase, así, RAMIÓ, C., *La renovación de la función pública. Estrategias para frenar la corrupción política en España*, Madrid, Catarata, 2016, p. 25. Con detalle del recurso al indulto general bajo el régimen de Franco, HERRERO BERNABÉ, *El derecho de gracia: indultos*, pp. 193-202.

[36] Bajo titulares como los que se recogen a continuación: «El Gobierno concede un doble indulto a cuatro mossos torturadores» (diario *Público*, 23-11-2012); «Los indultos más polémicos» (*Cadena Ser*, 29-11-2012); «El Gobierno de Rajoy aumenta un 49% la concesión de indultos respecto a 2011» (diario *El País*, 30-11-2012), «468 indultos en 11 meses de Rajoy» (*El País*, 2-12-2012), «Los políticos sí tienen perdón» (diario *El País*, 8-12-2012); «Indultos: ¿Una medida de gracia necesaria o un residuo del pasado?» (diario *20minutos.es*, 3-12-2012), «Polémicos, sin explicaciones y muy frecuentes: las claves del indulto en España» (diario *20minutos.es*, 27-1-2013). Aunque los casos de indultos polémicos han sido fundamentales, los datos que han venido proporcionando los estudios referidos (véase la nota 3) también han sido importantes para ello. Véase el apoyo de las noticias de la prensa en estas fuentes en las siguientes noticias de los últimos años:

http://politica.elpais.com/politica/2012/11/29/actualidad/1354225592_031170.html, http://politica.elpais.com/politica/2012/12/08/actualidad/1354991093_418086.html,

http://politica.elpais.com/politica/2015/07/17/actualidad/1437153240_650862.html, http://www.eldiario.es/politica/gobierno-concedio-indultos-menor-estudio_0_485751573.html, http://www.elmundo.es/baleares/2016/03/27/56f79ef746163f33778b4572.html,

http://www.lavanguardia.com/politica/20160810/403807451585/rajoy-rivera-condiciones-investidura-asumibles.html (consultados el 18 de enero de 2017).

[37] Se ha constatado que «a mayor atención del Congreso, menor concesión de indultos, debido al escrutinio que supone tal atención». Así, BADULES IGLESIAS, *Yo te perdono*, p. 148. El interés de los grupos políticos por los indultos se puso de manifiesto con toda claridad también a

las cifras han ido descendiendo tan notablemente que en 2016 alcanzaron un número, prácticamente, sin precedentes: 27 indultos; y en 2017, seguramente, no excederán de unos diez más[38]. Tan importante recorte resulta muy expresivo porque no existen razones sustantivas que lo justifiquen, como una reforma legal. Las causas son de índole política y obedecen claramente a la divulgación de algunos de los casos más alarmantes, al conocimiento de las cifras acumuladas de los indultos y a la focalización de las concesiones de indultos como uno de los escenarios de la corrupción política[39]. El situar el foco, tanto por parte de los medios de comunicación, como por los propios partidos políticos, además de por académicos y por jueces, sobre esta zona tradicionalmente opaca ha provocado que aquellas cifras no puedan seguir

---

partir de 2012, cuando empezaron a proponer criterios concretos para las concesiones de los indultos o, incluso, reformas de la Ley de Indulto, como después veremos. Hasta entonces, la actividad de los partidos políticos en relación con el ejercicio de la gracia de indulto por los Gobiernos se limitó a la formulación de preguntas sobre la situación en la que se hallaba la tramitación de algunos indultos, a quejas por las demoras en los procedimientos de resolución sobre las solicitudes y, eventualmente, a preguntas sobre los motivos para la concesión de alguno o acerca del número de presos indultados (véase sobre ello BADULES IGLESIAS, *Yo te perdono*, pp. 87-90). Los ministros de Justicia, en sus comparecencias dieron cuenta a menudo, a propósito de las preguntas, de los criterios adoptados para la concesión de los indultos. Véanse, por ejemplo, las siguientes: comparecencia del Ministro de Justicia, Ángel Acebes Paniagua, con ocasión de los 1443 indultos concedidos en diciembre de 2000 en la sesión de 13-12-2000 de la Comisión de Justicia e Interior, Diario de Sesiones del Congreso, Comisiones, Justicia e Interior, n. 121, p. 3500; comparecencia del Ministro de Justicia, Juan Fernando López Aguilar, ante la Comisión de Justicia del Congreso en la Sesión de 25 de mayo de 2004, Diario de Sesiones del Congreso, Comisiones, Justicia, n. 33, 2004, Sesión n. 2 de la Comisión de Justicia, celebrada el 25 de mayo de 2004, p. 39; comparecencia del mismo para informar sobre el estudio de las sanciones en materia de tráfico, Diario de Sesiones del Congreso, Comisiones, Comisión no permanente sobre seguridad vial y accidentes de tráfico, n. 610, de 2006, sesión n. 21 celebrada el 20 de junio de 2006, pp. 5 y 6; y comparecencia del Sr. Ministro de Justicia, D. Francisco Caamaño Domínguez, Diario de Sesiones del Congreso, Comisiones, Justicia, n. 154 de 2009, sesión celebrada el 21 de mayo de 2009, p. 250.

[38] En 2012 se alcanzó aún la cifra de 534. Pero desde 2013 los indultos otorgados habían venido descendiendo portentosamente hasta llegar a 204, en 2013, 87, en 2014, y 75, en 2015. A título meramente indicativo de los datos correspondientes a un periodo anterior al comprendido entre los años 1996-2015 (en el que se registraron 10.512 indultos, una media anual de 526, según la *Fundación ciudadana CIVIO*: http://www.elindultometro.es/indultos.html; consultado el 18 de enero de 2017), la búsqueda en la base de datos del B.O.E. para el periodo 1960-1995 arroja una cifra de 9672 decretos de indulto particular (una media anual de 276). Con referencias a periodos anteriores, que llegan hasta 1855 (y confirman lo extraordinario de la cifra de 27 indultos de 2016), véase HERRERO BERNABÉ, *El derecho de gracia: indultos*, pp. 458-460 y 508-510. Entre 1975 y 2013 el valor mínimo de la serie de indultos concedidos se registró en 1985, con una cifra de 65 (*op. cit.*, p. 458 y BADULES IGLESIAS, *Yo te perdono*, p. 44). Al cierre de este trabajo, se computan en el B.O.E. de 2017 32 indultos, aunque 12 de ellos corresponden a Reales Decretos con fecha 30 de diciembre de 2016.

[39] Sobre el concepto de corrupción política, ampliamente, VILLORIA, *La corrupción política*, *passim*. Para una delimitación de los conceptos de corrupción pública y política, véase DE LA MATA, «La lucha contra la corrupción política», p. 11 y *passim*. Véanse también los trabajos reunidos en LAPORTA, F.J. y ÁLVAREZ, S. (EDS.), *La corrupción política*, Madrid, Alianza, 1997; en particular, LAPORTA, F.J., «La corrupción política: Introducción general», *passim*.

siendo mantenidas; a pesar de que las solicitudes de indulto no han descendido sino que, al contrario, han ido aumentando en los últimos años[40].

III. CORRUPCIÓN POLÍTICA DEL INDULTO (2): PERSPECTIVA CUALITATIVA

Algunos indultos concedidos muestran un uso claramente abusivo –esta vez en términos cualitativos– de la prerrogativa de gracia. Me refiero a casos como los que en 2012 beneficiaron al banquero Alfredo Sáenz[41], a los *Mossos*

[40] Los testimonios de altos cargos que ocuparon puestos en distintos ministerios de Justicia de los Gobiernos de España coinciden en atribuir a la presión de la opinión pública un papel fundamental en la drástica reducción de los indultos, aunque también destacan la opinión de la comunidad jurídica (BADULES IGLESIAS, *Yo te perdono*, pp. 173-176). No obstante, se ha observado que la mayor presencia del indulto en las agendas de los medios de comunicación no ha obedecido tanto a los momentos de más alto número de indultos concedidos como a casos polémicos y de gran interés mediático (*op. cit.*, p. 105; por ejemplo, como el mismo autor destaca en pp. 86 y 113-114, en el periodo 1996-2008, los puntos máximos de la atención de los medios de comunicación al indulto se registraron en tres importantes diarios nacionales con ocasión de los indultos de Barrionuevo, Vera y Gómez de Liaño). Con respecto al número de solicitudes, en respuesta a la solicitud de acceso a información pública cursada en el marco del Proyecto de investigación «Indulto y derecho de gracia: teoría y práctica. Un estudio multidisciplinar» (DER2013-45562-P) (véase la nota 1), la Subsecretaría de la Subdirección General de Información Administrativa e Inspección General de Servicio del Ministerio de Justicia informó que en el periodo 2003-2014 la cifra media anual de solicitudes superó las 7.000 (una cantidad que aclaró la resolución que debe considerarse aproximativa puesto que una misma solicitud de indulto puede referirse a más de una causa). También recogiendo estos datos, con respecto a los años 2010-2014, véase *Fundación ciudadana Civio*, http://www.elindultometro.es/2015/07/16/solicitudes-y-concesiones.html (consultado el 18 de enero de 2017), señalando que en este periodo «han pasado de 5.400 en 2010 a más de 7.800 en 2014». Con cita del «Archivo del Servicio de Indultos», HERRERO BERNABÉ facilita datos sobre las «solicitudes recibidas y tramitadas por el origen del solicitante entre 1977-2011» en *El derecho de gracia: indultos*, pp. 444-448. En el primer informe de indultos presentado por el Gobierno ante el Congreso en cumplimiento de la LO 1/2015, las alusiones al número de «solicitudes» son confusas, pues aunque se señala en la introducción del documento que «La información incorpora datos [...] de las solicitudes recibidas», después se incluyen únicamente datos de solicitudes «tramitadas» y solicitudes «resueltas». Sin embargo, puede deducirse de los datos numéricos que la información que se aporta se refiere únicamente a las solicitudes resueltas. Persiste la duda de si las resueltas fueron, o no, todas las recibidas (Ministerio de Justicia: «Informe sobre indultos 2016-1.° semestre 2017», julio 2017, pp. 1-4). Sobre la incidencia de la indignación de la opinión pública en el orden político, véase JIMÉNEZ SÁNCHEZ, F., «Posibilidades y límites del escándalo político como forma de control social», en LAPORTA, F.J. y ÁLVAREZ, S. (EDS.), *La corrupción política*, Madrid, Alianza, 1997, pp. 293-334.

[41] El Gobierno de Rodríguez Zapatero, estando en funciones, concedió el indulto, ya referido, al consejero delegado del Banco de Santander, por lo que pudo conservar su puesto en el banco. El indulto se extendió a «cualesquiera otras consecuencias jurídicas o efectos derivados de la sentencia, incluido cualquier impedimento para ejercer la actividad bancaria...», cuya finalidad era evitar la aplicación del impedimento que para el ejercicio de la actividad bancaria se contemplaba en el Real Decreto 1245/1995, sobre el régimen jurídico de las entidades de crédito, relativo a la falta de honorabilidad por tener antecedentes penales (requisito luego eliminado de este re-

d'Esquadra condenados por torturas[42], a un conductor kamikaze[43] o al Comandante y al capitán del «Yak-42»[44], entre otros[45]. Todos ellos han sido muy polémicos a causa de las sospechas de conexiones con intereses de los

glamento). El 20 de febrero de 2013, la Sala 3° del Tribunal Supremo anuló el indulto al considerar que el Gobierno excepcionó de una forma particular la aplicación de una norma reglamentaria que prohibía ejercer como consejero delegado de un banco a alguien con antecedentes penales por delito doloso. Las dos querellas presentadas contra el expresidente Rodríguez Zapatero, por prevaricación y por cohecho en relación con la condonación de un préstamo al PSOE, fueron archivadas por el Tribunal Supremo.

[42] Este caso fue contestado por casi 200 jueces en un manifiesto («contra el indulto como fraude en defensa de la independencia judicial y de la dignidad») en el que se denunció el uso «grosero y desviado» de la institución del indulto por el Gobierno. Cuatro *mossos* fueron condenados como autores de un delito de torturas y la sentencia fue confirmada en lo fundamental por el Tribunal Supremo. El Gobierno concedió un primer indulto rebajando la pena a dos años de cárcel y cambiando la de inhabilitación por la suspensión. Ante la decisión de la Audiencia Provincial de Barcelona (que no había informado favorablemente al indulto) de que se cumpliera la pena restante, el Ejecutivo aprobó un segundo indulto conmutando la pena de prisión por una multa (http://www.eldiario.es/politica/Cerca-manifiesto-desviado-indulto-Gobierno_0_74192741.html;

http://politica.elpais.com/politica/2012/11/29/actualidad/1354185949_939117.html; consultados el 18 de enero de 2017).

[43] Un conductor que había conducido en sentido contrario por la autopista causando la muerte del ocupante de otro vehículo, la pena de prisión de 13 años a la que fue condenado se conmutó por una multa de algo más de 4.000 euros. El indulto concedido, al que se hizo ya referencia al comienzo de estas páginas, fue anulado por la importante sentencia que, en 2013, como ya se señaló *supra*, modificó radicalmente el criterio mantenido hasta entonces por el Tribunal Supremo, considerando que los indultos deben motivarse (Sentencia de la Sala 3ª del Tribunal Supremo de fecha 20 de noviembre de 2013). Aunque añadiendo la particularidad –muy discutida también en algunos de los votos particulares– de ofrecer al Gobierno la posibilidad de subsanar en el plazo de tres meses la decisión de indultar adaptándola en los términos que la propia Sentencia expresa (http://politica.elpais.com/politica/2013/11/07/actualidad/1383844931_909293.html; consultado el 18 de enero de 2017).

[44] Dos militares fueron condenados a 18 meses de prisión, un año de inhabilitación especial y una multa de 900 euros por falsear la identidad de 30 de los 62 militares fallecidos en el accidente aéreo del 26 de mayo de 2003 en Turquía cuando regresaban de Afganistán. Fue un caso cargado de irregularidades en la investigación del accidente del avión, con sombras sobre la actuación del Ministro de Defensa y con la solución final del indulto para los condenados. El indulto parcial sobre la pena de inhabilitación de los condenados, unido a la suspensión de la pena de prisión también impuesta por ser esta inferior a dos años, reforzó el sentimiento de impunidad de los familiares de las víctimas (http://politica.elpais.com/politica/2012/04/20/actualidad/1334946075_532458.html; consultado el 18 de enero de 2017).

[45] Por ejemplo, el del hermano del ex Ministro de Fomento Arias Salgado, también ya señalado, concedido en 1998 en un Consejo de Ministros en que participó el propio titular de la cartera de Fomento (http://elindultometro.es/famosos.html#2; consultado el 18 de enero de 2017); el concedido en 1998 a Rafael Vera y José Barrionuevo, ministro del Interior y secretario de Estado del Gobierno de Felipe González, que habían sido condenados a diez años de cárcel en 1998 por el secuestro de Segundo Marey, como acción de los GAL (http://elindultometro.es/famosos.html#3; consultado el 18 de enero de 2017); el que benefició al juez Gómez de Liaño (considerado un caso claro de «corrupción política» por VILLORIA en *La corrupción política*, p. 261), el mismo día de diciembre de 2000 en que se vieron favorecidos 1328 penados, además de condenados por el célebre Caso Filesa, relacionado con la financiación ilegal del PSOE (http://elindultometro.es/famosos.html#4; consultado el 18 de enero de 2017); o los dos indultos otorgados a Juan Hormaechea, ex Presidente del Gobierno de Cantabria, que había sido condenado por malversación de caudales públicos (http://elindultometro.es/famosos.html#9; consultado el 18 de enero de

Gobiernos que los otorgaron, pese a la falta de pruebas de los beneficios obtenidos por quienes participaron en la concesión de los indultos[46].

Aunque cabría destacar entre ellos también algunos que han favorecido a sujetos condenados por delitos que podrían ser considerados *de corrupción*[47], la perspectiva que ahora quisiera destacar muy brevemente es la que se refiere al uso arbitrario del indulto en estos casos, que viene a dotar a su uso de las características de la corrupción en el sentido antes apuntado. Porque, en efecto, demuestran a las claras un ejercicio del derecho de gracia no con arreglo a la ley (*cfr*. art. 62, i, C.E.), sino abusivo e interesado, como ha sido denunciado, abiertamente, en la sede parlamentaria[48].

2017). Adicionalmente, puede consultarse la amplia selección que ofrece la *Fundación ciudadana CIVIO* en http://elindultometro.es/famosos.html (consultado el 18 de enero de 2017).

[46] Véanse las consideraciones hechas *supra* sobre el papel que juega el beneficio en el concepto de corrupción.

[47] Como, por ejemplo, los de Hormaechea, entre los relacionados en la nota anterior.

[48] La justificación de la Proposición no de Ley presentada por el Grupo Parlamentario de IU, ICV-EUiA, CHA: La Izquierda Plural, relativa a la reforma de la legislación vigente sobre la institución del indulto, presentada el 22 de marzo de 2012, señalaba: «en no pocos casos la calificación jurídica del delito cometido, la pertenencia del reo a un partido político, a una institución pública o a poderes económicos relacionados, han generado polémica y dudas razonables sobre un problema preocupante: saber si el tipo de delito y el rango o condición del sujeto condenado influyen en la concesión del indulto. Si esto fuera así, este tipo de medidas de gracia supondría un atentado frontal para el principio de legalidad de los delitos y de las penas, y sería incompatible con el principio de igualdad ante la ley, por su carácter discrecional, arbitrario y en gran parte, secreto» (Proposición no de Ley 162/000260. (BOCG. Congreso de los Diputados, n. 66, de 30-3-2012, p. 9). Con ocasión de la defensa de la Proposición no de ley presentada por el Grupo Parlamentario Mixto sobre modificación de la regulación del indulto, el Diputado Joan Tardá, afirmó ante la Comisión de Justicia del Congreso el 26 de febrero de 2013: «es evidente que existe un uso perverso de esta institución. Se indulta a ciertas personas muy interesadas en ser indultadas –hablamos de banqueros, políticos, fuerzas del orden público o personas integrantes de los cuerpos de seguridad del Estado que han cometido vulneraciones de los derechos humanos, etcétera–, bajo la coartada del uso del indulto para con muchas otras personas que han sufrido un cierto exceso en la interpretación del Código Penal, o que han sido víctimas de una tramitación judicial no demasiado correcta. La misma institución actúa como un cierto sumidero de los errores y a la vez actúa como una coartada para no encarar los problemas reales que tiene la misma justicia; al final el uso perverso del indulto acaba contentando al estatus quo, a unos porque les interesa para poder indultar a los mangantes, entre comillas, y también para poder lavar las conciencias de las incapacidades y de las limitaciones del mismo sistema.» (Diario de Sesiones, Congreso de los Diputados, Comisiones, Justicia, n. 261, sesión n. 17, p. 6). En igual dirección, el Diputado y Portavoz de Justicia de Izquierda Unida Gaspar Llamazares, fue muy explícito al respecto en la presentación de la Proposición de ley del Grupo Parlamentario de IU, ICV-EUiA, CHA: La Izquierda Plural, de reforma de la Ley de 18 de junio de 1870, al decir en la sesión de 11 de marzo de 2014: «No tengo que recordarles, señorías, cómo los ciudadanos han visto con estupor cómo distintos Gobiernos indultan a funcionarios públicos, a responsables políticos o a ex golpistas sin que se les mueva una ceja.» Por el Grupo Mixto, Joan Baldoví se refirió en la misma sesión al «autoindulto que practica el Gobierno» y señaló que «el indulto no puede ser un ejercicio de poder arbitrario para los compañeros de poder». Con una visión distinta, para fijar la posición del Grupo Parlamentario Popular, Pilar Cortés afirmó: «La polémica que ha rodeado la concesión de algún indulto creo que no nos debe servir de excusa para acusar a un Gobierno de arbitrario en

IV. INDULTOS Y CORRUPCIÓN PÚBLICA: DATOS DE INDULTOS CONCEDIDOS POR DELITOS CONTRA LA ADMINISTRACIÓN PÚBLICA

Como señalaba al comienzo de estas páginas, el recurso a la medida del indulto puede observarse también desde la perspectiva de la clase de delito beneficiado. Este ángulo permite observar los efectos del perdón sobre delitos que pueden considerarse más relacionados con la corrupción pública.

En un trabajo anterior me ocupé de revisar las cifras de los indultos que recayeron entre los años 1996 y 2013 sobre delitos que pueden considerarse de corrupción[49]. Aquel estudio fue alentado por las evidencias de que, en una amplia parte de este periodo, aunque los delitos más indultados habían sido los relacionados con las drogas («delitos contra la salud pública»), en términos proporcionales, los más perdonados fueron los delitos contra la Administración Pública[50]. Así, pues, con el objetivo de examinar más de cerca esta concentración de los indultos y su posible relación con un especial favorecimiento de los *delitos de corrupción*, las figuras que tomé como referencia fueron las de prevaricación, cohecho, malversación, fraudes ilegales y negociaciones y actividades prohibidas de los funcionarios[51].

Los datos absolutos mostraron que durante aquel periodo de 18 años fueron concedidos 230 indultos (una media de, prácticamente, 13 indultos por año)[52], aunque su distribución fue muy desigual según la clase de delito. Los más beneficiados resultaron ser los de malversación, seguidos por los de prevaricación y cohecho.

En relación con estos datos se analizó si la distribución de los indultos había sido uniforme durante el periodo (es decir, si los indultos se habían repartido homogéneamente por clases de delitos de un modo constante), con el fin de comprobar posibles oscilaciones debidas, por ejemplo, a un cambio de criterio político-criminal por el signo ideológico del partido político en el Gobierno o a razones técnicas. El estudio demostró que el número de indultos no fue homogéneo, sino que, singularmente, los delitos de prevaricación

---

sus decisiones y no debemos hacer del caso concreto la categoría» (Diario de Sesiones del Congreso de los Diputados, Pleno y Diputación Permanente, n. 185, pp. 19, 21 y 30, respectivamente).

[49] DOVAL PAIS, «Delitos de corrupción pública: indultos y condenas», pp. 41-62. Con el criterio que señalé en pp. 44-45.

[50] En este sentido, ya, DOVAL PAIS, BLANCO CORDERO, FERNÁNDEZ-PACHECO ESTRADA, VIANA BALLESTER y SANDOVAL CORONADO, «Las concesiones de indultos en España (2000-2008)», p. 18. Esta conclusión fue apuntada también por la *Fundación ciudadana CIVIO* (http://elindultometro.es/2013/06/30/relatividad.html; consultado el 18 de enero de 2017).

[51] Desechando otros delitos, como los de infidelidad en la custodia de documentos o de exacción ilegal, por ser escasamente significativos en la muestra.

[52] Datos de la *Fundación ciudadana CIVIO*, http://elindultometro.es/index.html.

alcanzaron un máximo en 1998 y los delitos de malversación y cohecho en 2000. Sin embargo, su mayor densidad en esos años se comprobó que pudo deberse al mayor número total de indultos concedidos por todos los delitos; es decir, a una mera razón de proporción estadística[53]. La demostración de esta hipótesis exigía conocer la proporción que los indultos por estos delitos habían venido significando en relación a su número total. Y se comprobó que el aumento durante esos años de la cifra de indultos por los delitos objeto de estudio no respondió solamente a razones de proporción aritmética con el mayor número de indultos concedidos en general. Pudo deberse a un mayor favorecimiento de los indultos por estos delitos o, sencillamente, a la resolución de un mayor número de expedientes de solicitud de indulto por los mismos.

Pero lo más importante era saber si se trataba de cifras significativas en comparación con el número de penados. Con este fin, se compararon los datos sobre los indultos concedidos con los de penados por los mismos delitos. En particular, interesaba cotejar la tasa media de indultos por delitos de corrupción con misma tasa referida a los indultos por los demás delitos. Con los ajustes que fue necesario realizar con respecto al periodo del análisis, debido a los datos del Instituto Nacional de Estadística entonces disponibles y a su forma de presentación, se halló que la tasa media general de indultos por condenas fue de 0,3% para el periodo comprendido entre los años 1998 y 2012. Esto significa que fueron indultadas 3 personas de cada 1.000 condenadas durante estos años por cualquier delito[54]. Hasta aquí, el resultado no se desviaba significativamente de otras observaciones similares[55]. Pero la tasa media específica con respecto a los considerados *delitos de corrupción* resultó ser alarmante, al situarse en el 3,4%. Esto significa que de cada 1.000 condenados durante el mismo periodo se habría indultado a 34.

Los datos fueron particularmente clamorosos en el caso de los años 1998 (equivalentes a casi 180 indultados por cada 1.000 condenados; frente a los 14 indultos por cada 1.000 condenados por los demás delitos); 2000 (equivalentes a casi 350 indultados por cada 1.000 condenados; frente a los 17 indultos por cada 1.000 condenados por los demás delitos); o 2006 (equivalentes a 225 indultados por cada 1.000 condenados; frente a los 3 indultos por cada 1.000 condenados por los demás delitos)[56].

---

[53] En el año 2000 se registró un total de 1.732 por delitos de todas clases DOVAL PAIS, BLANCO CORDERO, FERNÁNDEZ-PACHECO ESTRADA, VIANA BALLESTER y SANDOVAL CORONADO, «Las concesiones de indultos en España (2000-2008)». Según datos de *Fundación ciudadana CIVIO*, 1.744 (http://elindultometro.es/index.html).

[54] DOVAL PAIS, «Delitos de corrupción pública: indultos y condenas», pp. 53-54.

[55] Véase DOVAL PAIS, BLANCO CORDERO, FERNÁNDEZ-PACHECO ESTRADA, VIANA BALLESTER y SANDOVAL CORONADO, «Las concesiones de indultos en España (2000-2008)», p. 11 (3,9‰, para el periodo 2000-2008).

[56] La Fundación ciudadana CIVIO informó en 2013 de que tres de los cuatro delitos que más se indultaban desde 1996 tenían que ver directamente «con el ejercicio de un cargo público o la

Por lo demás, la distribución de los indultos por *delitos de corrupción* según el partido político en el Gobierno puso de manifiesto que, en cifras ponderadas teniendo en cuenta el tiempo efectivo de sus funciones, los gabinetes del Partido Popular concedieron una media anual de algo más de 16 por año y los del Partido Socialista Obrero Español, algo más de 8[57].

Como concluí entonces, se trata de unos resultados escandalosos y no permiten otra lectura que la del ejercicio abusivo del indulto por quienes ejercen el poder político para beneficiar, particularmente, a autoridades o funcionarios públicos.

Las razones, sin embargo, no estaban claras. Podría ser, sencillamente, que estos delitos de funcionarios públicos y autoridades no conciten la idea de ser «verdaderos delitos»; es decir, casos necesitados de pena, dada la condición profesional pública de sus responsables. O podría ser que las personas condenadas hubieran gozado de una particular indulgencia por otros motivos[58].

Con todo, debe ponerse de manifiesto que en los últimos cuatro años, hasta febrero de 2017, como consecuencia de los factores antes señalados, solamente se habían registrado dos indultos por delitos contra la Administración pública (por delitos de malversación y omisión del deber de perseguir delitos)[59].

---

sustracción de dinero de las arcas de las administraciones» (la afirmación se refiere, en particular, a los delitos contra el medio ambiente, de prevaricación de funcionarios públicos, delitos cometidos por funcionarios contra la libertad individual y malversación) y que precisamente aquellos cometidos por funcionarios públicos fueron los indultados en una proporción más alta (http://www.elindultometro.es/2013/06/30/relatividad.html; consultado el 18 de enero de 2017).

[57] En relación con estos datos, resultó interesante su comparación con las cifras de los indultos concedidos por los Gobiernos de uno y otro partido por cualquier clase de delito, ya que las diferencias no fueron tan extremas como cuando se trató de *delitos de corrupción*. En suma, se halló que, tratándose de indultos por *delitos de corrupción*, los del Partido Popular fueron más indulgentes. Y se apreció alguna diferencia con referencia a las clases de indultos (totales, parciales o conmutaciones) concedidos por unos u otros Ejecutivos en el periodo 2000-2008. En particular, se obtuvieron indicios que apuntaron que en los casos de *delitos de corrupción* se consideró más oportuno que en otros muchos la reducción de la pena, y parece que los equipos del Partido Popular optaron con mayor frecuencia que los del Partido Socialista por las modalidades de indulto total y parcial (sin conmutación de una pena por otra). No se observaron, por otra parte, diferencias en los tiempos de tramitación de las solicitudes cuando se trató de los delitos examinados, en comparación con otros. Véase sobre todo ello, con más detalle, DOVAL PAIS, «Delitos de corrupción pública: indultos y condenas», pp. 56-57.

[58] La falta de información sobre el número de solicitudes de indulto por cada clase de delito fue un inconveniente notable para descartar otras posibles hipótesis.

[59] Se trata de los otorgados por los RR.DD. de fechas 26-7-2013 y 30-5-2014, siendo Ministro de Justicia Ruiz-Gallardón. Sin embargo, en febrero de 2017 fueron concedidos seis indultos por delitos de prevaricación administrativa continuada (RR.DD. 1, 3, 4, 6, 9 y 11/2017). Los beneficiados fueron unos funcionarios y un exconcejal condenados por el «caso horas extra» del Ayuntamiento de Rota, por el que durante años se pagó a un funcionario, en forma de horas extra, en su nómina trabajos que el Consistorio debía haber adjudicado vía contrato (véase http://elboenuestrodecadadia.com/2017/02/13/los-funcionarios-condenados-por-prevaricacion-en-el-

V. LOS CASOS, EN PARTICULAR

Precisamente, con el objeto de alcanzar una visión más exacta de la clase de delitos contra la Administración pública beneficiados por los indultos, participé con la profesora Juanatey en un estudio posterior que descendió hasta los hechos concretos de las sentencias con el fin de conocer datos no facilitados en ninguna de las fuentes disponibles: detalle del delito cometido, gravedad de los hechos, motivos y circunstancias de su comisión, características del condenado (condición de funcionario, político o particular), nivel de la administración y contexto en el que el delito tuvo lugar, situación personal y familiar, actitud posterior al delito, etc.[60]

Con respecto a los delitos indultados, pudimos observar que, en la muestra examinada, la mayoría fueron delitos continuados (un dato general, en principio, negativo a los efectos de estimar la procedencia de los indultos) y que, a menudo, los delitos de malversación iban acompañados de delitos continuados de falsedad en documento oficial, cuya pena también fue beneficiada por el indulto. No obstante, ninguno de los casos analizados tuvo lugar en una trama organizada como la que caracteriza a los casos más graves de corrupción pública.

En cuanto al perfil de las personas indultadas, además de funcionarios públicos, hubo particulares que estuvieron a cargo de bienes públicos u otros administrados públicamente. Es importante destacar que, salvo algunas excepciones, las autoridades y los funcionarios indultados no desempeñaban puestos de alto rango dentro de la Administración Pública. En todo caso, fueron las autoridades y los funcionarios del ámbito de las entidades locales (ayuntamientos, juntas vecinales, etc.) quienes se beneficiaron frecuentemente de los indultos.

Con respecto al origen de la solicitud, se obtuvieron indicios de que el tribunal sentenciador solamente en muy pocos casos elevó en la sentencia la propuesta de indulto, en ejercicio de la facultad que le confiere el artículo 4º del Código penal.

---

ayuntamiento-de-rota-podran-volver-a-sus-puestos-gracias-a-los-indultos/; consultado el 14 de septiembre de 2017).

[60] DOVAL PAIS, A. y JUANATEY DORADO, C., «Particularidades de los indultos por delitos de corrupción pública», en MAQUEDA ABREU, M.L./MARTÍN LORENZO, M./ VENTURA PÜSCHEL, A. (Coords.), *Derecho Penal para un Estado social y democrático de Derecho. Estudios penales en homenaje al Profesor Emilio Octavio De Toledo y Ubieto*, Servicio de Publicaciones de la Universidad Complutense de Madrid, 2016, pp. 95-110. Fueron seleccionadas sentencias de audiencias provinciales y del Tribunal Supremo sobre los delitos de prevaricación, cohecho y malversación. Esta clase de datos no los ofrece, sin embargo, el *Repositorio de datos sobre procesos por corrupción*, del Consejo General del Poder Judicial (véase la nota 4) pese a su indudable interés para conocer las características de los casos concretos. Poniéndolo de relieve, GUTIÉRREZ PÉREZ, E., «Corrupción pública: concepto y mediciones. Hacia el *Public Compliance* como herramienta de prevención de riesgos penales», *Política Criminal,* 24, vol. 12.

Por lo que se refiere a los efectos de los indultos sobre las penas, como regla general, las de prisión de más de dos años fueron sustituidas por penas de prisión de hasta dos años y, también generalmente, se mantuvieron las penas privativas de derechos como las inhabilitaciones y las suspensiones. Esto, mostró, a nuestro juicio claramente, que el objetivo último del indulto fue permitir la suspensión de la condena (arts. 80 y ss. C.p.) y evitar en lo posible el ingreso en prisión. A la vista de los tiempos medios entre la sentencia y la concesión del indulto (casi 4 años[61]), parece que las sentencias estuvieron suspendidas durante la tramitación de las solicitudes de los indultos, aunque seguramente también haciendo un uso abusivo de esta posibilidad extraordinaria.

Por último, se halló que no fue exigido el abono de las responsabilidades civiles fijadas en la sentencia, aunque no sea preceptivo para instar la solicitud del perdón, a pesar de que la Ley de Indulto establece que: «El Tribunal sentenciador no dará cumplimiento a ninguna concesión de indulto cuyas condiciones no hayan sido previamente cumplidas por el penado, salvo las que por su naturaleza no lo permitan» (art. 17).

VI. LAS PROPUESTAS DE LIMITACIÓN DE LOS INDULTOS

Los alarmantes usos que se han venido haciendo del indulto, tanto cuantitativa como cualitativamente, han promovido en nuestros días iniciativas que se basan en las mismas razones que se hallan tras los propósitos de la vieja Ley de Indulto de 1870. La Exposición de Motivos de esta Ley advertía también de la «abusiva facilidad con que los delincuentes lograron muchas veces eximirse del cumplimiento de las penas á que se habían hecho acreedores por sus crímenes» y concluía «la necesidad cada vez más apremiante de hacer de una vez imposibles para siempre estos abusos»[62].

Precisamente, con el objetivo común de evitar los usos arbitrarios o interesados del perdón, en el amplio contexto de las medidas para evitar la corrupción, algunos grupos políticos con representación parlamentaria han dirigido diversas propuestas para dotar de una nueva regulación al indulto.

La primera propuesta en este sentido había sido registrada ya en diciembre de 2000 por Convergencia i Unió, tras el acuerdo del Consejo de Ministros de concesión de 1443 indultos[63], para plantear la conveniencia de la exclusión del

---

[61] Véase DOVAL PAIS, «Delitos de corrupción pública: indultos y condenas», p. 57 (con referencia a datos facilitados por la Fundación *CIVIO*).

[62] Poniéndolo también de manifiesto, MESTRE DELGADO, E., «Gracia y Justicia», en *Diario La Ley*, n. 8147, 12 Sep. 2013, p. 2. La preocupación por la posibilidad de usos excesivos y arbitrarios del indulto ha sido siempre constante. En España se manifestaron desde los inicios del periodo constitucional. Véase, al respecto, con referencias, REQUEJO PAGÉS, «Amnistía e indulto en el constitucionalismo histórico español», pp. 86-88.

[63] BOE n. 305, de 21 de diciembre de 2000.

indulto para los delitos de prevaricación judicial o administrativa[64]. Pero la mayoría de las proposiciones se han venido sucediendo a partir de 2012, coincidiendo con las noticias sobre varios casos de indultos que resultaron muy impopulares[65] y con la difusión de las cifras acumuladas de los indultos concedidos en los últimos años[66]. Todas ellas, no obstante, ahondan en la misma dirección de restringir, o directamente eliminar, la posibilidad de los indultos para delitos de corrupción, aunque varias también coinciden en la necesidad de que los indultos requieran la opinión favorable del órgano judicial, así como es común a todas ellas la exigencia de dotar de mayor transparencia a los casos particulares de que se trata, a los motivos y a las cifras de los indultos.

El enfoque con el que se contempla el tema de los indultos en este trabajo justifica que nos detengamos a continuación en la exposición de estas propuestas, ya que se dirigen, bien a limitar las posibilidades de un uso arbitrario de este instituto, bien a impedir el recurso al mismo cuando se trate de delitos de corrupción:

En 2012 fue presentada una Proposición no de Ley por el Grupo Parlamentario IU, ICV-EUiA, CHA: La Izquierda Plural, para la reforma de la Ley de Indulto. Su contenido se dirigía a: 1) Evitar la indeterminación de algunas de sus disposiciones, especialmente los artículos 7, 8 y 13 de la Ley de 1870 (relativos a los efectos de los indultos sobre las penas accesorias y las pecuniarias); 2) Establecer la obligación de incluir en cada real decreto de otorgamiento de indulto, además de los datos ya contenidos en la actualidad, referencias al concreto delito cometido, al grado de ejecución alcanzado (actos preparatorios, consumación o tentativa), al título de la imputación (autor o cómplice), a la pena efectivamente indultada, al origen de la solicitud del indulto y al motivo que lo justificó[67]; y 3) Establecer la obligación de publicar anualmente todos los datos estadísticos sobre los indultos concedidos, y el libre acceso público a los mismos[68].

---

[64] Diario de Sesiones. Congreso de los Diputados, Comisiones. Justicia e Interior, n. 121, sesión de 13 de diciembre de 2000, pp. 3516-3517. Entre los numerosos indultos otorgados se encontraba el muy polémico del juez Gómez de Liaño (véase la nota 45).

[65] Véanse *supra*, los casos de los indultos a Alfredo Sáenz, a los Mossos d´Esquadra, a los condenados por el caso del Yak-42 y al conductor kamikaze.

[66] Con ocasión de la presentación de una de las propuestas, lo destacaba el Diputado Joan Tardá, ante la Comisión de Justicia del Congreso el 26 de febrero de 2013, «*a*tendiendo a los tiempos que vivimos no es casual que hoy coincidan en esta Comisión tres iniciativas relacionadas con la institución del indulto, provenientes de grupos parlamentarios distintos, ya que se dan en el marco de un cierto escándalo provocado por el deterioro de esta institución» (Diario de Sesiones, Congreso de los Diputados, Comisiones, Justicia, n. 261, sesión n. 17, p. 6).

[67] Véase DOVAL, BLANCO, FERNÁNDEZ-PACHECO, VIANA y SANDOVAL, «Las concesiones de indultos en España (2000-2008)», p. 25.

[68] 162/000260 Proposición no de Ley presentada por el Grupo Parlamentario de IU, ICV-EUiA, CHA: La Izquierda Plural, relativa a la reforma de la legislación vigente sobre la institución del indulto (BOCG. Congreso de los Diputados, n. 66, 30 de marzo de 2012, p. 7).

También el mismo año el Grupo Parlamentario Socialista planteó que el Congreso de los Diputados instara al Gobierno a que, «con carácter general, no se conceda el indulto en casos relacionados con delitos de corrupción»[69]. Y el Grupo Parlamentario de Unión Progreso y Democracia propuso, resumidamente: 1) Establecer un mecanismo legal de control parlamentario y rendición de cuentas por parte del Gobierno de los indultos tramitados y los motivos de su concesión; 2) Introducir las reformas legales necesarias para exigir la obligación de motivar en todo caso las razones de justicia, equidad o utilidad pública que justifican el indulto (tanto total como parcial) y, en el caso de que la resolución estimatoria del mismo se acuerde contra la opinión desfavorable de la fiscalía o del tribunal sentenciador, incluir las razones por las que se ha decidido en el Real Decreto apartarse de dichos criterios; y 3) Establecer la posibilidad legal de recurrir ante la jurisdicción contencioso-administrativa la concesión del indulto[70].

A finales de 2012, de nuevo, el Grupo Parlamentario IU, ICV-EUiA, CHA: La Izquierda Plural amplió su propuesta planteando la exclusión del ámbito del indulto de, entre otros, los siguientes delitos: a) Los delitos de estafa, apropiación indebida, insolvencia punible, alzamiento de bienes, blanqueo de dinero; b) Los delitos masa; c) Los delitos societarios, contra la Administración Pública y la Hacienda Pública; d) Los delitos de malversación y fraude; e) Los delitos de prevaricación urbanística; f) Los delitos de terrorismo, tenencia de armas, explosivos y colaboración con banda armada; g) Los delitos de tortura; h) Los delitos electorales; e i) Los delitos ecológicos. Además, proponía que, en caso de informe desfavorable del Tribunal sentenciador, el Gobierno debería someter la petición de indulto a una Comisión Mixta Parlamentaria, compuesta por representantes parlamentarios y del Consejo General del Poder Judicial, para que emitan informe, que sería vinculante para el Ejecutivo[71].

En adelante, se han sucedido otras iniciativas que se alinean con los planteamientos anteriores, pero hasta 2016 todas fueron retiradas, rechazadas o caducaron[72]. Incluso a lo largo de 2016, un año políticamente muy turbulento,

---

[69] 162/000417 Proposición no de Ley presentada por el Grupo Parlamentario Socialista, sobre la concesión de indulto en casos de corrupción (BOCG. Congreso de los Diputados, n. 144, 14 de septiembre de 2012, pp. 11-12).

[70] 161/001096 Proposición no de Ley presentada por el Grupo Parlamentario de Unión Progreso y Democracia, relativa a las reformas necesarias para la mejora del régimen legal del indulto, a fin de impedir su utilización de forma arbitraria o desviada por el Gobierno (BOCG. Congreso de los Diputados, n. 196, 18 de diciembre de 2012, pp. 7-9).

[71] 161/001095 Proposición no de Ley presentada por el Grupo Parlamentario de IU, ICV-EUiA, CHA: La Izquierda Plural, sobre la reforma de la Ley de 18 de junio de 1870 modificada por la Ley 1/1988, de 14 de enero, por la que se modifica la Ley de 18 de junio de 1870, estableciendo reglas para el ejercicio de la Gracia de Indulto (BOCG. Congreso de los Diputados, n. 196, 18 de diciembre de 2012, pp. 5-7).

[72] 122/000096 Proposición de Ley de modificación de la Ley del Indulto presentada por el Grupo Parlamentario Socialista (BOCG. Congreso de los Diputados, n. 113-1, de 8 de marzo de 2013, pp. 2-3; retirada); 122/000123 Proposición de Ley de modificación de la Ley del Indulto

no cesaron las propuestas de modificación de la Ley de Indulto por parte del Grupo Socialista en el Congreso, insistiendo también en sus líneas anteriores[73]. La última de ellas fue sólidamente respaldada por el Congreso para su tramitación en la Comisión de Justicia y la apertura del plazo para la presentación de enmiendas[74].

Todos los planteamientos de reforma han tenido como rasgo común el incidir en la necesidad de motivar las concesiones de los indultos con expresión de las razones de justicia, equidad o utilidad pública (e, incluso, alguna, contemplando la posibilidad de apreciar motivos de «reinserción social del condenado»[75]); pero también la exigencia de que, a juicio del órgano judicial sentenciador, exista alguna de las anteriores razones para conceder el indulto; así como el deber del Gobierno de dación de cuentas, más o menos detallada, ante el Congreso de los Diputados sobre los indultos tramitados. Y, por supuesto, la restricción del posible alcance del indulto a determinadas categorías de delitos, presente, prácticamente, en todas las iniciativas.

De todos estos planteamientos debe destacarse, en relación directa con el objeto de este trabajo, esta última medida de eliminar la posibilidad de indultar los *delitos de corrupción*, que ha terminado por asumir hasta el actual Gobierno del Partido Popular[76]. Esta idea también fue presentada hace años por algunos

---

presentada por el Grupo Parlamentario IU, ICV-EUiA, CHA: La Izquierda Plural (BOCG. Congreso de los Diputados, n. 144-1, de 22 de noviembre de 2013, pp. 2-5; rechazada); 122/000133 Proposición de Ley de modificación de la Ley del Indulto presentada por el Grupo Parlamentario Socialista, que concretó que «*no* procederá la concesión de indulto, total o parcial, cuando se trate de delitos cometidos por una autoridad en el ejercicio de su función o cargo público, o prevaliéndose del mismo, con la finalidad de obtener un beneficio económico para sí o para un tercero» (BOCG. Congreso de los Diputados, n. 154-1, de 17 de enero de 2014, pp. 2-3; rechazada). Véanse las relaciones de iniciativas caducadas y de iniciativas trasladadas a la Cámara con ocasión de la disolución de la X Legislatura en BOCG. Congreso de los Diputados, n. 758, 20 de noviembre de 2015. Estas propuestas han sido consideradas insatisfactorias por «tímidas y testimoniales» por SANTANA VEGA, D., «Desmontando el indulto (especial referencia a los delitos de corrupción)», en *Revista Española de Derecho Constitucional*, n. 108, p. 84. Véase también la opinión que se recoge al respecto en las «Conclusiones de las XXVI Jornadas Nacionales de Juezas y Jueces Decanos de España», Málaga, 24 a 26 de octubre de 2016 (en http://www.poderjudicial.es/cgpj/es/Poder-Judicial/En-Portada/Conclusiones-de-las-XXVI-Jornadas-Nacionales-de-Juezas-y-Jueces-Decanos-de-Espana; consultado el 18 de enero de 2017).

[73] Proposición de Ley de reforma de la Ley del Indulto presentada por el Grupo Parlamentario Socialista (BOCG. Congreso de los Diputados, n. 14-1, de 10 de febrero de 2016, pp. 1-3; caducada) y 122/000010 Proposición de Ley de reforma de la Ley del Indulto presentada por el Grupo Parlamentario Socialista (BOCG. Congreso de los Diputados, n. 20-1, de 9 de septiembre de 2016, pp. 1-3).

[74] La toma en consideración por la Cámara tuvo lugar el 24 de febrero de 2017 y fue apoyada, prácticamente por unanimidad (sin ninguna abstención y solamente con un voto en contra).

[75] 122/000133 Proposición de Ley de modificación de la Ley del Indulto presentada por el Grupo Parlamentario Socialista, art. 11 (BOCG. Congreso de los Diputados, n. 154-1, de 17 de enero de 2014, p. 3).

[76] Aunque el 10 de mayo de 2015 el Partido Popular rechazó en el Pleno del Congreso tomar en consideración la proposición de ley del PSOE que perseguía reformar la Ley del Indulto para

ministros de Justicia como directriz político-criminal aplicada a los indultos[77] y asimismo ha sido propuesta por algunas asociaciones[78]. Pero no es una idea moderna, sino que ya fue prevista por el primer código penal español[79].

La medida es comprensible y resulta, sin duda, popular. No obstante, dejando a un lado los problemas de definición que ofrecen las distintas propuestas[80], debe considerarse que las razones por las que es conveniente que se mantenga esta institución, relacionadas con la imposibilidad de solucionar de otro modo las necesidades de «justicia, equidad o utilidad social», no se compadecen en absoluto con la exclusión de categorías enteras de delitos de la posibilidad de indulto[81]. Precisamente, la incorrección de base y el mensaje escasa-

---

prohibir que pudieran acogerse a la misma los condenados por delitos de corrupción, el 5 de diciembre de 2016, el Ministro de Justicia del nuevo Gobierno popular anunció el propósito de que «la corrupción no se indulte jamás y sea una decisión que no dependa nunca de ningún gobierno» (http://www.efe.com/efe/espana/politica/catala-propone-crear-el-fiscal-instructor-y-prohibir-los-indultos-a-corruptos/10002-3116237; consultado el 18 de enero de 2017). A propósito, el partido político «Ciudadanos» había impuesto el 9 de agosto de 2016 seis medidas para apoyar la investidura del señor Rajoy como presidente del Gobierno, entre las que se contemplaba acabar con los indultos por corrupción política, con la condición adicional de ponerse en marcha en los tres primeros meses de gobierno (http://politica.elpais.com/politica/2016/08/09/actualidad/1470730007_572777.html; consultado el 18 de enero de 2017).

77 Véase la comparecencia del Ministro de Justicia, López Aguilar, ante la Comisión de Justicia del Congreso en la sesión de 25 de mayo de 2004 (DSC, Comisiones, Justicia, n. 33, p. 39). Y el compromiso público del Ministro Ruiz-Gallardón de no indultar a condenados por corrupción mientras sea ministro (diario *El Mundo*, 12-3-2014). Aunque la *Fundación ciudadana CIVIO* constató que Gallardón sí indultó 8 «delitos de corrupción» (http://www.elindultometro.es/2014/03/13/indultos-corrupcion-gallardon.html; consultado el 18 de enero de 2017).

78 La Asociación Profesional e Independiente de Fiscales presentó en junio de 2016, en Madrid, un «Catálogo de 25 medidas de lucha judicial contra la corrupción y la delincuencia económica», una de las cuales, la 25, consiste en la «Prohibición de indultos para delitos de corrupción en todo caso, y cuando menos, en los supuestos en los que no haya informe favorable del Fiscal y del Tribunal» (en http://www.apifiscales.es/comunicados-y-vida-apif/; consultado el 18 de enero de 2017). La ONG Transparencia Internacional ha propuesto a España, entre las recomendaciones para prevenir y combatir la corrupción, la «eliminación de la posibilidad de conceder indultos por corrupción» en su «Llamamiento de TI-España en el Día Internacional contra la Corrupción», 18 de enero de 2017, dirigido a los partidos políticos y grupos parlamentarios para que lleguen a «un Pacto integral y efectivo contra la corrupción, con el que puedan poner en marcha de forma eficaz las numerosas medidas legales e institucionales necesarias para combatir de una forma inequívoca, contundente y definitiva este importante problema y preocupación social» (en http://transparencia.org.es/llamamiento-de-ti-espana-en-el-dia-internacional-contra-la-corrupcion/; consultado el 18 de enero de 2017). También con referencia a ello, «Conclusiones de las XXVI Jornadas Nacionales de Juezas y Jueces Decanos de España», *cit.*.

79 El Código penal de 1822 estableció como no capaces de indulto particular diversos delitos, entre ellos, los «delitos de los funcionarios públicos en el ejercicio de sus funciones» (art. 160).

80 Me refiero al problema de la delimitación exacta de los llamados «delitos de corrupción», que en modo alguno cabe identificar exclusivamente con los delitos contra la Administración pública, por más que sea esta la categoría de delitos más característica, y a los que, como resulta obvio, tampoco cabe asimilar, sin más, otras clases de delitos.

81 Véase DOVAL PAIS y VIANA BALLESTER, «El indulto, a revisión. Razones y propuesta para una modificación legislativa», p. 42. En igual sentido, BOIX REIG, J., «La corrupción y la justicia penal», en *Revista Jurídica de Cataluña*, n. 3, 2016, p. 697. Por disposición de la Cons-

mente preventivo que se les supone a los indultos por *delitos de corrupción pública*[82] podría sostenerse con respecto a cualquier clase de delito en un momento determinado. El planteamiento no debe ser este, porque las propuestas de inaplicación del indulto en estos casos parten de la idea de que la clemencia es un instrumento de política criminal general, y no es esto lo que debe ser. El indulto debe servir como un instrumento absolutamente excepcional en el marco de una legislación penal, procesal y penitenciaria que permita atender las necesidades de aquellos casos particulares que demandan soluciones acordes con los fines del sistema penal.

Como señaló la Sentencia del Pleno de la Sala de lo Contencioso-Administrativo 13/2013, de 5 de noviembre (FD 6º): «La delimitación [...] del ámbito del indulto particular [...] ha de fundarse en la particularización de la concesión de la «prerrogativa de gracia» (87.3 CE), que ha de ser estrictamente individual, esto es, que ha de responder a las circunstancias concurrentes en un condenado en particular [...] En síntesis, pues, se trata de una prerrogativa individual y excepcional».

VII. CONCLUSIONES

El Poder ejecutivo, a través del indulto, cuenta en España con una enorme discrecionalidad para la determinación de la duración mínima de las penas, y se ha servido cumplidamente de la misma.

El uso del derecho de gracia en los últimos lustros se ha relacionado en este trabajo con la corrupción desde dos perspectivas, teniendo en cuenta los propios actos de concesión de los indultos por los diferentes Gobiernos y desde el punto de vista de los delitos beneficiados por los mismos.

---

titución (art. 102,3 CE), la única responsabilidad criminal que legalmente queda al margen del «derecho de gracia» es la que corresponda al «Presidente y los demás miembros del Gobierno». Por supuesto, las propuestas de no conceder indultos por *delitos de corrupción* no pueden derivarse razonablemente de los principios que inspiran tal prohibición constitucional, pues, más allá de la excepción legal, en estos casos los sujetos competentes para conceder el indulto y los beneficiarios de la clemencia no serán los mismos, ni cabe presumir que siempre tendrán entre sí una vinculación para comprometer de forma semejante la *pureza* del procedimiento. Incluso, la prohibición constitucional parece excesiva si se tiene en cuenta la posibilidad de que en un caso concreto se hallen presentes razones que avalen una solución que solamente pueda ser proporcionada por el indulto. Planteando alguna duda sobre el alcance de la excepción del art. 102.3 CE, véase LLORCA ORTEGA: *La ley de indulto*, p. 30. Con referencias a esta problemática, y a las no infrecuentes previsiones de procedimientos específicos para los indultos en tales casos, AGUADO RENEDO, *Problemas constitucionales en el ejercicio de la potestad de gracia*, p. 42.

[82] En esta línea, véanse las opiniones de los ex Ministros de Justicia, López Aguilar y Ruiz-Gallardón, en las entrevistas realizadas por Badules Iglesias (y transcritas en su trabajo *Yo te perdono*, pp. 281, 299, 304; y 339, respectivamente; de otra opinión, el ex Ministro Belloch, en p. 281). También, SANTANA VEGA, «Desmontando el indulto (especial referencia a los delitos de corrupción)», p. 76 y 84.

El primer enfoque se refiere a los abusos que se han plasmado tanto en el elevadísimo número de indultos concedidos, constatado por diversas investigaciones, como en decisiones de indulto con evidentes signos de arbitrariedad. Aunque, al parecer, casi la totalidad de los indultos han sido otorgados con los informes favorables del juez o del tribunal sentenciador, y a pesar de que el uso excesivo del perdón gubernativo no se ha debido a planes deliberados de los distintos gabinetes, el recurrente recurso al indulto ha supuesto una evidente deformación de este instituto con respecto a su función legítima en el marco del Estado configurado por la Constitución Española. Por su parte, los excesos referidos a algunos indultos muy controvertidos, como entre otros el del conductor kamikaze anulado por la Sala 3ª del Tribunal Supremo en 2013, no merecen aquí, precisamente por la oscuridad de sus razones, ningún paliativo.

El segundo enfoque, relativo a aquellos indultos que han beneficiado a responsables de *delitos de corrupción*, ha permitido observar en estudios previos relevantes indicios de un uso igualmente abusivo. En este caso, se debe a la particular densidad de la tasa de indultos concedidos a personas condenadas por esta clase de delitos en comparación con lo que se observa en el caso de los condenados por otras figuras delictivas. Naturalmente, hablando de la corrupción, esta observación puede ser una parte muy importante del problema, pues la confianza en la posibilidad de acceder al perdón puede anular en la práctica el efecto inhibitorio de la pena, sobre todo cuando se trata de funcionarios o autoridades de alto nivel.

No obstante, como también se ha visto en las páginas anteriores, existen algunas razones para moderar las conclusiones sobre estas posibles relaciones entre los indultos y la corrupción. El análisis de los casos particulares que se han beneficiado del derecho de gracia no evidencian –salvo alguna excepción– que se trate de los casos más característicos de corrupción.

Así, pues, pese a constatarse en ambas perspectivas verdaderos abusos de poder que han podido constituir en algunos casos particulares auténticos hechos de corrupción, en general, han supuesto, más bien, la degeneración del instituto del indulto particular por el modo en que ha sido utilizado.

Esta constatación basta, desde luego, para que se adopten medidas con el fin de evitar usos abusivos del indulto. Pero la solución que han propuesto diversos grupos políticos de impedir la posibilidad de su concesión por *delitos de corrupción*, considero que es radical y no debe admitirse aplicando una óptica correcta sobre la función del indulto. A mi juicio, la necesaria reforma de la ley que regula este instituto debe incorporar medidas que no impidan ningún indulto, siempre que se reúnan ciertos requisitos, y que concurra especialmente el criterio de un órgano judicial[83].

---

[83] Precisamente, con el fin de limitar las posibilidades de actuaciones arbitrarias por parte de los Gobiernos en el ejercicio de la gracia de indulto, la Propuesta alternativa de regulación del indulto, presentada públicamente por el *Grupo de Estudios de Política Criminal* el 26-9-2013, pre-

Pero, además, se deben eliminar las razones por las que las propias leyes penales obligan a hacer un uso del indulto que lo iguala a una instancia adicional a las que ofrece la jurisdicción ordinaria. Para ello, debe evitarse, por ejemplo, que las penas asignadas a los delitos sean completamente rígidas, sin posibilidad alguna de atenuación cuando las circunstancias que pueden presentarse en distintos ámbitos delictivos lo aconsejen; también, que los umbrales de la relevancia típica permitan alcanzar supuestos de bagatela, o insignificantes, en relación con el injusto verdaderamente relevante; o que los tipos contemplen delitos meramente formales que puedan no comportar una afección de un bien jurídico significativo.

En suma, deben evitarse las necesidades que requieran una atención política general; esto es, las propias de la política criminal. La idea de la política criminal alude a un criterio general que no se compadece con el concepto de indulto *particular*. Precisamente, el carácter «particular» del indulto apunta en esta dirección, al igual que lo hace la desgastada ley que todavía lo regula, e incluso el real decreto que lo adopta, que es individual; o sea, *uti singuli*[84]. Y, como tal, sirve, como máximo, por supuesto, para la política en materia criminal, pero para una «política criminal en lo pequeño»[85].

VII. BIBLIOGRAFÍA

ABEL SOUTO, M., «El indulto: una propuesta para incluir en el Código penal su regulación adaptada a principios constitucionales básicos y al Estado democrático de Derecho», en *Revista de l'Institut Universitari d'Investigació en Criminologia i Ciències Penals de la UV*, 2013, n. 002-005.

AGUADO RENEDO, C., *Problemas constitucionales en el ejercicio de la potestad de gracia*, Madrid, Civitas, 2001.

BADULES IGLESIAS, D., *Yo te perdono. Los indultos en el marco de la política penitenciaria en España: 1982-2014*, Madrid, Libros.com, 2016.

BLANCO CORDERO, I., «Hospitalidad, invitaciones a empleados públicos y privados: riesgo penal y cumplimiento normativo empresarial», en JAREÑO LEAL, A. y DOVAL PAIS, A., *Corrupción pública, prueba y delito: cuestiones de libertad e intimidad*, Cizur Menor, Thomson Reuters Aranzadi, 2015, págs. 67-86.

BOIX REIG, J., «La corrupción y la justicia penal», en *Revista Jurídica de Cataluña*, n. 3, 2016, pp. 689-711.

vé un rígido control jurisdiccional previo (puede consultarse en http://www.gepc.es/web/contenido/propuesta-alternativa-de-regulaci%C3%B3n-del-ejercicio-de-la-gracia-de-indulto). Véase sobre esta Propuesta DOVAL PAIS y VIANA BALLESTER, «El indulto, a revisión. Razones y propuesta para una modificación legislativa», *passim*.

[84] Como insiste, rescatando esta plástica expresión, AGUADO RENEDO, *Problemas constitucionales en el ejercicio de la potestad de gracia*, pp. 99, 102.

[85] Con referencia a esta expresión, con otro uso (que no debe ser disímil, conforme a lo señalado en el texto), SILVA SÁNCHEZ, «Nuevas tendencias político-criminales y actividad jurisprudencial del Tribunal Supremo», p. 314.

CGPJ, «Conclusiones de las XXVI Jornadas Nacionales de Juezas y Jueces Decanos de España», Málaga, 24 a 26 de octubre de 2016, en http://www.poderjudicial.es/cgpj/es/Poder-Judicial/En-Portada/Conclusiones-de-las-en XXVI-Jornadas-Nacionales-de-Juezas-y-Jueces-Decanos-de-Espana.

DE LA MATA BARRANCO, N., «La lucha contra la corrupción política», en *Revista Electrónica de Ciencia Penal y Criminología*, n. 18-01, 2016.

DÍEZ SÁNCHEZ, J.J., «El indulto ante la justicia administrativa», en *Revista Vasca de Administración Pública*, n. 99-100, 2014, pp. 1179-1206.

DOVAL PAIS, A., BLANCO CORDERO, I., FERNÁNDEZ-PACHECO ESTRADA, C., VIANA BALLESTER, C. y SANDOVAL CORONADO, J.C., «Las concesiones de indultos en España (2000-2008)», en *Revista Española de Investigación Criminológica*, n. 9, 2011.

DOVAL PAIS, A., «Delitos de corrupción pública: indultos y condenas», en JAREÑO LEAL, A. (Dir.): *Corrupción pública. Cuestiones de Política criminal (I)*, Madrid, Iustel, 2014, pp. 41-62.

DOVAL PAIS, A. y VIANA BALLESTER, C., «El indulto, a revisión. Razones y propuesta para una modificación legislativa», en *El Cronista del Estado Social y Democrático de Derecho*, n. 43, 2014, pp. 40-47.

DOVAL PAIS, A. y JUANATEY DORADO, C., «Particularidades de los indultos por delitos de corrupción pública», en MAQUEDA ABREU, M. L. /MARTÍN LORENZO, M./VENTURA PÜSCHEL, A. (Coords.), *Derecho Penal para un Estado social y democrático de Derecho. Estudios penales en homenaje al Profesor Emilio Octavio De Toledo y Ubieto*, Madrid, Servicio de Publicaciones de la Universidad Complutense de Madrid, 2016, pp. 95-110.

GARCÍA MAHAMUT, R., *El indulto. Un análisis jurídico-constitucional*, Madrid-Barcelona, Marcial Pons, 2004.

GARCÍA SAN MARTÍN, J., *El Indulto Particular. Tratamiento y Control Jurisdiccional*, San Sebastián, Instituto Vasco de Derecho Procesal, 2007.

GARCÍA VALDÉS, C., «Sobre los indultos», en https://www.cuartopoder.es/soldeinvierno/2013/03/06/sobre-los-indultos/3109.

GARZÓN VALDÉS, E., «Acerca del concepto de corrupción», en LAPORTA, F.J. Y ÁLVAREZ, S. (EDS.), *La corrupción política*, Madrid, Alianza, 1997, pp. 39-71.

GIMENO FELIÚ, J.M., «La corrupción en la contratación pública», en CASTRO MORENO, A. y OTERO GONZÁLEZ, P. (Dirs.)/GRAFFE GONZÁLEZ, L.V. (Coord.), *Prevención y tratamiento punitivo de la corrupción en la contratación pública y privada*, Madrid, Dykinson, 2016, pp. 13-49.

GRUPO DE ESTUDIOS DE POLÍTICA CRIMINAL, «Una alternativa a algunas previsiones penales utilitarias. Indulto, prescripción, dilaciones indebidas y conformidad procesal», Valencia, Grupo de Estudios de Política Criminal y Editorial Tirant lo Blanch, 2014, pp. 23-32.

GUTIÉRREZ PÉREZ, E., «Corrupción pública: concepto y mediciones. Hacia el *Public Compliance* como herramienta de prevención de riesgos penales», Política Criminal, 24, vol. 12.

HERRERO BERNABÉ, I., *El derecho de gracia: indultos*, Tesis Doctoral, Madrid, UNED, 2012 (disponible en: http://e-spacio.uned.es/fez/eserv/tesisuned:Derecho-Iherrero/Documento.pdf).

IGLESIAS RÍO, M.A. y MEDINA ARNAIZ, T., «Herramientas preventivas en la lucha contra la corrupción en el ámbito de la Unión Europea», en Konrad Ade-

nauer Stiftung: *Anuario de Derecho Constitucional Latinoamericano*, T. II, 2004, págs. 905-936.
JIMÉNEZ SÁNCHEZ, F., «Posibilidades y límites del escándalo político como forma de control social», en LAPORTA, F.J. Y ÁLVAREZ, S. (EDS.), *La corrupción política*, Madrid, Alianza, 1997, pp. 293-334.
LAPORTA, F.J., «La corrupción política: Introducción general», en LAPORTA, F.J. Y ÁLVAREZ, S. (EDS.), *La corrupción política*, Madrid, Alianza, 1997, pp. 19-36.
LAPUENTE, v. (Coord.), *La corrupción en España. Un paseo por el lado oscuro de la democracia y el gobierno*, Madrid, Alianza, 2016.
LLORCA ORTEGA, J., *La ley de indulto (Comentarios, jurisprudencia, formularios y notas para su reforma)*, 3ª. ed., Valencia, Tirant lo Blanch, 2003.
LÓPEZ CALERA, N., «Corrupción, ética y democracia», en LAPORTA, F.J. Y ÁLVAREZ, S. (EDS.), *La corrupción política*, Madrid, Alianza, 1997, pp. 117-134.
MALEM SEÑA, J., «El fenómeno de la corrupción», en LAPORTA, F.J. Y ÁLVAREZ, S. (EDS.), *La corrupción política*, Madrid, Alianza, 1997, pp. 71-90.
MALEM SEÑA, J., *La corrupción. Aspectos éticos, económicos, políticos y jurídicos*, Barcelona, Gedisa, 2002.
MESTRE DELGADO, E., «Gracia y Justicia», en *Diario La Ley*, n. 8147, 12 Sep. 2013.
MOLINA FERNÁNDEZ, F., «Causas que extinguen la responsabilidad penal y sus efectos», en *Memento Práctico, Penal*, Madrid, Lefebvre-El Derecho, 2017, pp. 716-724.
QUINTERO OLIVARES, G., «Urbanismo y corrupción en la Administración local», en MORILLAS CUEVA. L. (DIR.) y SUÁREZ LÓPEZ, J.Mª. (COORD.), *Urbanismo y corrupción política (Una visión penal, civil y administrativa)*, Madrid, Dykinson, 2013.
RAMIÓ, C., *La renovación de la función pública. Estrategias para frenar la corrupción política en España*, Madrid, Catarata, 2016.
REQUEJO PAGÉS, J.L., «Amnistía e indulto en el constitucionalismo histórico español», en *Historia Constitucional (revista electrónica)*, n. 2, 2001, pp. 81-106.
RODRÍGUEZ ZAPATA Y PÉREZ, R., *Sanción, promulgación y publicación de las leyes,* Madrid, Tecnos, 1987.
SÁNCHEZ-VERA GÓMEZ-TRELLES, J., «Una lectura crítica de la Ley de Indulto», en *InDret: Revista para el análisis del Derecho*, n. 2/08.
SANDOVAL CORONADO, J.C., «Aportación a una reflexión político criminal sobre la corrupción en la financiación de los partidos políticos», en *Revista General de Derecho Penal*, n. 22, 2014, pp. 1-49.
SANTANA VEGA, D., «Desmontando el indulto (especial referencia a los delitos de corrupción)», en *Revista Española de Derecho Constitucional*, n. 108, pp. 51-91.
SILVA SÁNCHEZ, J.-Mª., «Nuevas tendencias político-criminales y actividad jurisprudencial del Tribunal Supremo», en ROMEO CASABONA, C. (Ed.), *Dogmática penal, Política criminal y Criminología en evolución*, La Laguna, Universidad de La Laguna, Centro de Estudios Criminológicos, 1997, pp. 309-323.
VILLORIA MENDIETA, M., *La corrupción política*, Madrid, Síntesis, 2006.
VILLORIA, M. y JIMÉNEZ, F., «La corrupción en España (2004-2010): datos, percepción y efectos», en *Revista Española de Investigaciones Sociológicas*, n. 138, 2012, págs. 109-134.

Capítulo II

TENDENCIAS DE POLÍTICA CRIMINAL EN LA PREVENCIÓN DE LA CORRUPCIÓN Y DELITOS ECONÓMICOS TRANSNACIONALES

Silvina Bacigalupo Saggese
Universidad Autónoma de Madrid (UAM)
Catedrática de Derecho penal
Miembro de la Cátedra UNESCO de Cultura de Paz
y Derechos Humanos de la UAM[1]

I. INTRODUCCIÓN

El concepto *criminalidad internacional* o *transnacional* es un concepto que surge inicialmente en el contexto de delitos vinculados a la *criminalidad organizada* permitiendo englobar fenómenos delictivos vinculados sobre todo al

[1] La autora es responsable de las opiniones aquí expresadas, que no coinciden necesariamente con las de la UNESCO y no comprometen a esta Organización.

terrorismo, tráfico de estupefacientes, tráfico de armas, trata de seres humanos, tráfico de órganos, contrabando, entre otros.

En las últimas dos décadas, fundamentalmente, también adquiere carácter internacional la delincuencia económica[2]. Sin embargo, se trata de un tipo de delincuencia con características distintas a la delincuencia organizada, no solo por el tipo de delitos que pueden surgir en su contexto, sino también porque los problemas jurídicos-penales de imputación que plantean son de otra índole. La *delincuencia económica transnacional* se vincula con otro tipo de autores y a otro tipo de conductas delictivas. Por lo general, son conductas que tienen lugar en el ámbito de los negocios y de la actividad empresarial. De ahí que en doctrina, siguiendo a Schünemann[3], se refiera a ella como *criminalidad de empresa*. En este sentido, se diferencian singularmente las categorías de imputación en el marco de organizaciones criminales y las organizaciones empresariales. Por otro lado, los delitos que pueden tener lugar en el marco de una actividad empresarial lícita tienen otras características: delito fiscal, delitos de *corrupción* en transacciones económicas internacionales (cohecho de funcionarios públicos extranjeros), delitos de corrupción entre particulares (*business to business*), delitos contra el mercado y los consumidores, de lesión de la competencia, de alteración de precios, uso de información privilegiada, entre otros.

Ambos grupos de delitos –organizados y económicos– tienen, sin embargo, un delito en el que pueden confluir: el delito de blanqueo de capitales. El delito de blanqueo de capitales es una figura delictiva que, sobre todo tras la última reforma del Código penal, puede estar presente en ambos tipos de delitos, ya sean organizados o económicos.

En este trabajo nos vamos a centrar exclusivamente en la delincuencia económica y empresarial de carácter transnacional.

La trascendencia internacional de los delitos económicos –en la dimensión conocida en la actualidad– tiene diversas causas, pero probablemente una primera y principal se encuentre en el *programa económico* de la globalización instaurado a principios de los años '80: con la intención de flexibilizar y fomentar el comercio internacional asistimos a la revolución que supuso la *desregulación del mercado financiero* y la *libre circulación de capitales*. Desaparecía el delito monetario o de contrabando de divisas, se eliminaba el control de cambio, y solo se mantenía una mera obligación formal de comunicación, entre otros muchos. Sin duda, liberalizar el flujo de capitales es una medida que agiliza las transacciones económicas y el comercio internacional. Por el contrario, eliminar todo tipo de controles del flujo financiero supuso –como es previsible[4] y como se ha comprobado– una catástrofe para el sistema financie-

---

[2] BACIGALUPO, S./CANCIO MELIÁ, M., (Coords.), *Derecho penal y política transnacional*, Barcelona, 2005.

[3] SCHÜNEMANN, *Unternehmenskriminalität und Strafrecht*, Baden Baden, 1979, *passim*.

[4] RIDAO, J.M., *La elección de la barbarie*, Barcelona, 2002, pp. 101 ss.

ro que desembocó en los escándalos económicos conocidos[5] y que precipitaron la economía mundial hacía una de las crisis económicas más graves de la historia. Es, sin duda, un error pensar que en ausencia de reglas es posible garantizar una actividad empresarial en un contexto de libre y leal competencia. Solo en un marco normativo adecuado, en el que estén definidas las reglas del juego, es posible garantizar la libertad. Añadido a ello, las nuevas tecnologías permitieron optimizar las herramientas tecnológicas y su velocidad para explotar un escenario ausente de controles propicio para los delitos económicos adquiriendo éstos un dimensión transnacional sin precedentes.

Desde finales de los años '90 las *organizaciones internacionales* –en particular la OEA, OCDE y UN– así como la Unión Europea, conscientes de este escenario, han centrado sus esfuerzos en la prevención de los delitos económicos internacionales introduciendo normas de carácter internacional. Los Convenios internacionales contra la corrupción son el primer gran paso que se da en esta línea: *Convención interamericana contra la corrupción* (OEA) (1996), *Convenio de la OCDE contra la corrupción* (1997), *Convenio penal contra la corrupción del Consejo de Europa* (1999) , *Convenio civil contra la corrupción del Consejo de Europa* (1999) y el *Convenio de Naciones Unidas contra la corrupción* (2003)(entrada en vigor: 2005). En todos ellos se obliga a los Estados parte a modificar sus legislaciones internas a fin de introducir diversos delitos e instrumentos legales para prevenir la corrupción en los negocios. De forma resumida las características de los convenios contemplan: una definición común de corrupción, definición de funcionario público y funcionario público extranjero, la necesaria responsabilidad penal personas jurídicas, definición de los delitos prohibidos: cohecho, soborno, tráfico de influencias, etc., definición uniforme de sanciones, exigencias jurisdiccionales y cooperación en materia judicial y policial penal, así como asistencia jurídica mutua, necesaria previsión de extradición de nacionales por delitos de corrupción, la previsión de recuperación de activos.

Por otro lado, también a finales de los '90, se constituyen otras *organizaciones intergubernamentales* como el GAFI (Grupo de Acción Financiera contra el blanqueo de capitales, creado por el G8 en 1989) para desarrollar políticas de prevención del blanqueo de capitales y combatir la financiación del terrorismo. El GAFI estableció las primeras *40 Recomendaciones* estableciendo medidas necesaria en relación al blanqueo de capitales que, junto a las recomendaciones especiales para prevenir la financiación del terrorismo, constituyen el estándar internacional para el control y prevención de estas dos actividades. Las Recomendaciones del GAFI fueron diseñadas con la intención de que sean implementadas en los diferentes países observando la legislación local vigente. No se puede dejar de reconocer que todas las reformas en esta materia han sido impulsadas, con mayor o menor acierto, por las Recomendaciones del GAFI. Éstas

[5] *Enron, Worldcom, Vivendi, Parmalat,* entre los primeros casos que surgieron.

han sido actualizadas en 1986 y 2003. Las distintas *Directivas de la UE* que han marcado la política criminal en esta materia de los Estados miembros de la UE han ido recogiendo todas las Recomendaciones del GAFI y han sido traspuestas a todos los ordenamientos jurídicos de los Estados miembro de la UE.

En esta línea de directrices de política criminal señaladas por las organizaciones internacionales e intergubernamentales, los distintos Estados han ido cumpliendo sus compromisos internacionales –sobre todo en cumplimiento del Convenio OCDE contra la corrupción y, como es obligado, las Directivas de la UE– incorporando las exigencias a las legislaciones nacionales. En España se ha modificado varias veces el *Código penal* para incorporar y agravar el delito de blanqueo de capitales, los delitos de corrupción en transacciones internacionales, el delito de corrupción entre particulares, etc. En particular, la última reforma del Código penal (LO 1/2015) ha sistematizado el bloque de delitos de *corrupción* bajo la rúbrica de *«Delitos de corrupción en los negocios»* entre los que se contempla todo un bloque de delitos vinculados al fenómeno de corrupción en el sector privado: el delito de cohecho internacional, el delito de corrupción entre particulares y el delito de corrupción en el deporte. Es la primera vez que se introduce en el Código penal el concepto *corrupción*. Realmente, utilizar el concepto corrupción para definir las distintas conductas en las que puede consistir un delito coloquialmente llamado de corrupción es muy poco acertado. Nos referiremos a esta cuestión más adelante.

Tras la catástrofe causada por la desregulación asistimos ahora una etapa de restablecimiento de las reglas y, como suele ocurrir cuando las consecuencias han sido tan graves y nocivas como las ocasionadas, a una regulación cuya severidad, en ocasiones, difumina los valores esenciales de proporcionalidad entre las conductas prohibidas y las sanciones previstas.

Es evidente, que tanto el GAFI como el Convenio OCDE contra la corrupción han sido instrumentos que han impulsado importantes y necesarias reformas legislativas de la última década en esta materia, pero el escenario de la criminalidad económica internacional es bastante más amplio y quedan aún obstáculos muy significativos que impiden una adecuada prevención de estos delitos, como es singularmente la existencia de paraísos fiscales, Estados que mantienen una regulación muy estricta del secreto bancario, déficit en la cooperación penal internacional, entre otras cuestiones de singular importancia. Aspectos cruciales sobre los que aún hay que avanzar y que, más allá de una cuestión jurídico o económica, son cuestiones de dimensión política. A pesar de los convenios bilaterales e internacionales en materia de doble imposición –de particular importancia el Convenio OCDE de Doble imposición–, la cooperación en materia penal, la asistencia mutua e intercambio de información financiera, son aún una asignatura pendiente[6].

---

[6] MARTÍNEZ LILLO, P./ESTEFANÍA, J., (Coords.), *América Latina: Un nuevo contrato social*, Madrid, 2016.

II. CRIMINALIDAD ECONÓMICA INTERNACIONAL Y EL *FENÓMENO* DE LA CORRUPCIÓN

La criminalidad económica internacional constituye un tema que se ha situado entre una de las cuestiones más relevantes, pues como hemos dicho se vincula con otro de los grandes temas que preocupan particularmente en últimos años: la corrupción[7]. Los notables escándalos de corrupción política y también en el sector privado de las últimas dos décadas han sido de tal envergadura y tal su repercusión que no pasa un día en la vida cotidiana de la ciudadanía sin que haya una noticia sobre algún caso de corrupción de dimensión internacional.

Para poder abordar esta problemática parece oportuno e indispensable hacer inicialmente unas breves reflexiones que permitan centrar algunos puntos de partida. Los casos de corrupción se presentan en un escenario en el que es necesario establecer desde dónde se va a abordar el *fenómeno de la corrupción*, pues ello condicionará necesariamente las respuestas jurídicas que se puedan ofrecer para minimizar su impacto. En la actualidad el fenómeno de la corrupción se suele abordar desde el lema: *«lucha contra la corrupción»*. Esta perspectiva –de connotación *bélica*– condiciona el catálogo de respuestas y centra las respuestas fundamentalmente en los mecanismos coercitivos y represores. Por consiguiente, situados en ese escenario, las respuestas jurídicas que se ofrecen y se elaboran suelen ser desde el Derecho penal: *más delitos y más penas*. Tal es así, que la ciudadanía no se cansa de pedir más penas para la corrupción.

Sin embargo, dicha perspectiva del problema tiene como consecuencia que se desdibujan, por un lado, los principios rectores del Derecho penal y, por otro, se difuminan y alteran los valores esenciales de una sociedad, lo que puede llegar a ser aún más grave. Dicho con otras palabras: se olvida que el Derecho penal *es* y *debe permanecer* siendo la *ultima ratio* del Estado de derecho, el último instrumento con el que el Estado resuelve los conflictos sociales. Al exigirse mayores penas para los delitos económicos y, en particular, para los delitos vinculados a fenómenos de corrupción y a la criminalidad económica, deja de existir una correlación adecuada de la jerarquía de los valores de una sociedad: un delito fiscal o un delito de cohecho no puede llegar a tener la misma pena que un delito de homicidio imprudente. La vida de un individuo como bien protegido tiene un valor supremo y los demás bienes que un Estado de derecho debe proteger tienen que estar en relación o proporción al bien de mayor valor. El Derecho no lo puede todo y, en tal sentido, las reformas normativas son requisito indispensable, pero no suficiente y, desde luego, cuando la respuesta es solo desde el Derecho penal, la respuesta siempre llegará tarde a la solución del problema.

---

[7] De acuerdo con los barómetros del CIS 2015, 2014, 2013, se sitúa entre los tres principales problemas que preocupan a los ciudadanos en España.

Partiendo de la base de que es imposible erradicar la delincuencia, las medidas a adoptar deben centrarse, en mi opinión, en reforzar la *prevención: prevención de la criminalidad económica* y, en particular, *de la corrupción* con la finalidad de minimizar los casos y los efectos de este fenómeno. Ahora bien, hay que tener presente que fortalecer la prevención no se logra con un endurecimiento de las penas privativas de libertad, ni extendiendo el plazo de prescripción de estos delitos[8], sino mediante el establecimiento de un amplio catálogo de medidas entre las que el Código penal y la política *criminal* son las últimas herramientas a las que debe recurrir el Estado.

Desde el Derecho penal se puede lograr un mayor efecto preventivo conciliando de forma proporcionada penas privativas de libertad, pero otorgando un mayor protagonismo y reforzando otras sanciones posibles como pueden ser las penas de multa, de inhabilitación absoluta, especial o la suspensión para el empleo o cargo público, la prohibición para contratar con las Administraciones públicas, la prohibición y pérdida de obtención de subvenciones o ayudas públicas y la obtención de beneficios fiscales o de la Seguridad Social, añadiendo a ello además otras posibles sanciones administrativas y consecuencias civiles sobre los contratos obtenidos de forma fraudulenta. Pero un mejor funcionamiento de un sistema represivo debe ser estimulado, por otro lado, tal y como se sugiere desde distintos organismos internacionales, mediante el establecimiento de *incentivos para favorecer la detección* y persecución de delitos[9].

Reducir los fenómenos y delitos vinculados a criminalidad económica y a la corrupción reforzando, requiere medidas transversales, restablecimiento y refuerzo de los controles previos para su minimización y supervisión.

En *primer lugar*, hay que definir correctamente el marco de las conductas que se vinculan con la criminalidad económica y los fenómenos de la corrupción, teniendo en cuenta que «corrupción» es un fenómeno, *no* una conducta. Como tal fenómeno puede darse, por un lado, en múltiples y diversas conductas constitutivas de infracciones administrativas de diversa índole y, en su máxima lesión serán conductas que sean constitutivas de delitos. Por otro lado, son conductas que pueden ser cometidas tanto por funcionarios públicos como por cualquier otra persona y además en el marco empresarial.

En la actualidad es posible hacer un análisis pormenorizado de las diversas situaciones: la reciente realidad de los escándalos financieros y casos de

---

[8] En la mayoría de las propuestas electorales de las pasadas elección, el catálogo de medidas para combatir la corrupción se centraban en el aumento de pena de los delitos vinculados con la corrupción y, consecuentemente, un aumento del plazo de prescripción. Sin duda, es la media más *«barata»* que se puede ofrecer. Reformas legislativas de esta índole no cuestan dinero y, por el contrario, tienen un importante efecto placebo sobre la ciudadanía que cree estar más segura si determinadas conductas se amenazan con altas penas de prisión.

[9] Convención de Naciones Unidas contra la corrupción – *Guía de recursos sobre medidas estatales para reforzar la integridad empresarial*, Naciones Unidas, Nueva York, 2013.

corrupción conocidos ofrecen todos los elementos importantes para definir mejor la casuística actual. Las formas comisivas son hoy altamente sofisticadas. Es necesario, sin duda, reformar los actuales delitos contempladas en el Código penal, introducir nuevas, pero no necesariamente, o no solo, acentuar las penas con las que se castigan estos delitos, sino disponer de un catálogo de herramientas que permitan dar una respuesta susceptible de abarcar el conjunto de situaciones que se presentan en los fenómenos de corrupción. El respeto de los principios rectores del Derecho penal impone que toda consecuencia jurídica sea siempre *proporcionada* a la gravedad de la conducta. Sin una definición adecuada de las conductas prohibidas, la ley penal será inaplicable.

El Estado tiene a su disposición una gran variedad de medidas para prevenir y sancionar la corrupción tanto en el sector público, como en el sector privado. En consecuencia, hay que articular las respuestas en todos los niveles diseñando un sistema transversal de medidas que contemplen mecanismos de prevención, detección, sanción y seguimiento.

Gran parte de la insatisfacción o la incomprensión de los ciudadanos frente a la Justicia en los casos vinculados a los escándalos financieros y a casos de corrupción por la sensación de situaciones de impunidad, derivan precisamente de la existencia de leyes (a veces penal) que, por estar pensada desde la tipología de estos delitos con las modalidades de comisión de otras épocas y sin considerar otros mecanismos de prevención, hoy resultan insuficientes y a veces incluso inaplicables, bien porque los tipos no encajan o bien porque la investigación de las conductas resulta imposible. Por otro lado, no se puede dejar de señalar que dichas deficiencias vienen condicionadas también por las reformas necesarias que requiere el proceso penal y que están pendientes de la reforma en España de la Ley de Enjuiciamiento Criminal, por un lado, y, por otro, de otras reformas necesarias como la revisión de la plantilla de jueces de magistrados en el sistema judicial[10].

Como consecuencia de dicha imposibilidad de investigación y de la permanente demanda por parte de la opinión pública de soluciones rápidas se ha instaurado en la sociedad española en las últimas décadas una forma de resolver esta problemática que resulta absolutamente disfuncional para cualquier Estado de Derecho: los *juicios paralelos*. Sin duda, logran dar rápidamente una aparente respuesta a la ciudadanía, en la que cada ciudadano se forja su propio juicio al margen del Derecho y al margen del sistema. No se está cuestionando en absoluto con esta apreciación la importancia que juegan los medios de comunicación y la sociedad civil en el afloramiento de casos, pero a partir de ahí la respuesta de solución debe darla el Estado a través del correcto funcionamiento de sus instituciones. En este sentido, no se puede pretender

---

[10] España tiene, por ejemplo, la mitad de jueces por habitante que Alemania (ver, extensamente, *Informe anticorrupción de la UE, 2014*).

una justicia independiente cuando desde los medios de comunicación se incide a diario en la solución que se deberían dar a los casos desde una perspectiva que es todo menos jurídica y entorpeciendo, en ocasiones, la labor de investigación que se esté llevando a cabo por la Fiscalía o la policía judicial revelando información sensible y que afecta a la investigación judicial de estos casos.

Tan nocivo es para un Estado de Derecho y un sistema democrático la existencia de fenómenos de corrupción que merman las instituciones y la calidad de la democracia, como la existencia de canales de resolución de conflictos al margen del sistema y al margen del Derecho.

Solo desde una política de prevención de la corrupción y la criminalidad económica –y una correcta articulación de todas las herramientas del ordenamiento jurídico– que no se deje llevar –como ha venido ocurriendo en los últimos años– por los estímulos inmediatos, sino que restablezca la jerarquía de los valores en un Estado social y democrático de derecho, se podrá ofrecer una respuesta que devuelva a los ciudadanos la *credibilidad en las instituciones*. Esto evitaría convertir el Código penal en un catálogo de normas inaplicables, concebidas como meras respuestas inmediatas y propagandísticas a los escándalos mediáticos. Un *Derecho penal simbólico* no permite resolver los conflictos sociales, sino que deteriora la calidad democrática y la eficacia del ordenamiento jurídico y merma la confianza en la Justicia tanto como el fenómeno mismo que se pretende evitar.

III. ÉTICA EMPRESARIAL, BUEN GOBIERNO CORPORATIVO Y TRANSPARENCIA: UNA EXIGENCIA PARA LA PREVENCIÓN DE DELITOS ECONÓMICOS

La breve descripción del fenómeno de la criminalidad económica internacional y de sus efectos colaterales constituye el amplio escenario dentro del cual es necesario establecer una política de actuación integral. El diagnóstico hecho y los puntos de partida señalados, nos muestran que el contexto para prevenir los delitos económicos y combatir la corrupción, pasa por otra coordenada adicional: la necesidad de recuperar valores y aumentar los niveles de *transparencia* en una economía globalizada con unas características específicas. En este sentido, es necesario recuperar los presupuestos éticos y jurídicos de la actividad pública y empresarial como exigencia esencial de la sociedad. Dicho con otras palabras, es necesario avanzar hacia una nueva *cultura de cumplimiento y transparencia* para prevenir la corrupción tanto en el sector público como privado[11].

---

[11] CORTINA, A., *Ética de la empresa: claves para una nueva cultura empresarial*, 2003. GARCÍA MARZÁ, D., *Ética empresarial: un diálogo a la confianza*, 2004. BACIGALUPO, S., «Hacia una nueva ética empresarial», El País, 20 de febrero 2011.

Las repercusiones éticas, jurídicas y económicas en el desarrollo y evolución de los modelos de *cultura de buen gobierno y transparencia*[12] en el marco de una economía globalizada tienen también una especial trascendencia en el ámbito del Derecho penal. El estado actual de los conocimientos científicos tiene diversas incidencias en cada una de las categorías de la propia teoría del delito en relación a los delitos económicos, pero tienen en todo caso una importante conexión conceptual con los procesos económicos y éticos que indican claramente que la dimensión de estos temas deben ser abordados desde una perspectiva metodológica multidisciplinaria, no limitada a la actividad investigadora jurídica, sino que debe conjugar una visión jurídica, económica y filosófica. Es preciso señalar, que no estamos hablando de ética en el sentido personal, sino de una *ética normativa*, una ética aplicada y profesional, es decir, de estándares éticos contenidos en normas de conductas de buenas prácticas que deben regir el funcionamiento interno y externo de las corporaciones, tanto para el sector privado como para el sector público cuyo incumplimiento tienen consecuencias reflejadas en la norma. En todo caso, sin esta –al menos– triple dimensión jurídica, ética-filosófica-económica, no será posible presentar a la comunidad científica y empresarial un estudio riguroso y completo de la ética empresarial en una economía globalizada porque los tres elementos aparecen intrínsecamente conectados.

En la sociedad actual –regida por un modelo de economía globalizada en crisis, en que la economía ha girado en torno una actividad económica prácticamente desregularizada y la actividad empresarial y la de sus administradores se adaptó a esta nueva forma de falta de coordenadas jurídicas con excesiva rapidez poniendo énfasis en la obtención de altos beneficios a corto plazo– parece obligado, desde la perspectiva del Derecho penal y desde la amplitud de delitos vinculados a la actividad empresarial, reflexionar y replantear el marco jurídico y el fundamento de la responsabilidad jurídico-penal.

El sector privado tiene una importancia crucial en los esfuerzos de los Estados para combatir la corrupción. Aunque es posible que algunas empresas sucumban a la corrupción, ya sea deliberadamente para obtener alguna ventaja o porque estiman que no tienen otra alternativa, hay que señalar que el sector privado también ha sido un importante motor de cambio al poner en marcha reformas destinadas a fomentar la integridad empresarial, las cuales están modificando el panorama de la lucha contra la corrupción a nivel mundial. Desde esta perspectiva, la *cooperación y responsabilidad de la empresa* es necesaria y constituye un elemento esencial en la prevención de la corrupción. Este aspecto también se ha puesto de manifiesto a nivel comunitario en la comunicación *Hacia un Acta del Mercado Único*, en la que se declaró: *«Es primordial que las*

---

[12] GARRIGUEZ WALKER, A., LIZCANO, J., SÁNCHEZ LAMBÁS, J., VILLORIA MENDIETA, M., «Un decálogo por la transparencia y la integridad», El País, 27 de octubre 2011.

empresas europeas se comporten con la máxima responsabilidad, tanto frente a sus empleados y accionistas como frente a la sociedad en general»[13].

Así mismo, en el comunicado emitido el 5 de septiembre de 2009 por los Ministros de Economía y los Gobernadores de los Bancos Centrales del G20 se hacía especial hincapié en que las medidas anticorrupción son de máxima relevancia por lo deben tomarse medidas para garantizar un *crecimiento sostenible y, a la vez, construir un sistema financiero internacional* más fuerte[14].

Prevenir la corrupción en la actividad empresarial resulta, por tanto, clave no solo para reducir los índices de corrupción en el sector público, sino fundamentalmente también para contribuir a una *competencia leal* en condiciones de igualdad entre los concurrentes. Los actos de corrupción lesionan la administración pública, por un lado, pero suponen a la vez una disminución de la capacidad competitiva de las empresas, por otro. En este sentido, el perjuicio que dicha distorsión de las reglas de competencia supone para la actividad empresarial es incalculable.

IV. ACTIVIDAD EMPRESARIAL Y CÓDIGO PENAL

No se puede desconocer que la actividad empresarial se ha visto afectada, en las últimas décadas, por un creciente nivel de corrupción no solo en la contratación con el sector público. También en la actividad empresarial entre particulares se han ido consolidando prácticas que merman de forma significativa la capacidad competitiva de las empresas distorsionando no solo la *competencia leal y la formación de precios en el mercado,* sino lesionando el sistema objetivo y transparente de selección en la contratación. Por esta razón, las legislaciones penales de los EEMM miembros han incorporado, como consecuencia, de los Convenios internacionales[15] y europeos[16], nuevos delitos que amplían considerablemente el catálogo de conductas o modalidades de corrupción que existían hasta la actualidad incorporando incluso el denominado delito de *corrupción entre particulares*. Así la LO 5/2010, de 23 de junio, de reforma del Código penal, incorporó al Derecho penal español el *delito de*

---

[13] Comunicación de la Comisión al Parlamento Europeo, al Consejo, al Comité Económico y Social Europeo y al Comité de las Regiones *–Hacia un Acta del Mercado Único. Por una economía social de mercado altamente competitiva–* (COM (2010) 608 final/2, p. 30).

[14] Véase también, por ejemplo, el documento de la OECD *Corporate Governance and the Financial Crisis – Conclusions and emerging good practices to enhance implementation of the Principles*, febrero de 2010.

[15] OEA Convenio para la lucha contra la corrupción (1994). OECD *Recommendation on Bribery in International Business Transactions* 1994 (C (94) 75 final), OECD *Convention on Combating Corruption* (1997), OECD *Revised Recommendation* (1997); *UN Convention against Corruption* (2000, Adopted by Res 58/4 of 31 October 2003).

[16] *CoE Criminal Law Convention on Corruption* (1999, ETS 171, 1999); *CoE Civil Law Convention on Corruption* (1999, ETS 174, 1999); CoE *Additional Protocol to the Criminal Law Convention on Corruption* (ETS 191/2003).

corrupción en el sector privado como conducta lesiva de la competencia. En la reforma del Código penal de 2015 (LO 1/2015) dedica incluso una sección íntegra a la corrupción en los negocios abarcando otras áreas, como la corrupción en el deporte como una forma de lesionar también la competencia leal. Por otro lado, se ha ampliado también el *delito de cohecho de funcionarios de organismos públicos extranjeros*, ya sean realizados en España o en el extranjero[17]. En esta misma línea, con la finalidad de proteger el Mercado, se han llevado a cabo reformas en el ámbito de los delitos contra del mercado y de los consumidores incorporando nuevas figuras delictivas como la *estafa de inversores*.

Asimismo, se ha ido avanzando en la idea de la *responsabilidad penal de la propia empresa* como sujeto actuante en el mercado y, por tanto, posible autor de conductas lesivas de la competencia como venían demandando los diversos convenios internacionales contra la corrupción. Como es sabido, una de las mayores reformas de la LO 5/2010 de reforma del Código penal, ha sido la incorporación de la *responsabilidad penal directa de las empresas* –en la línea ya seguida por varios EEMM de la UE– con independencia de la responsabilidad penal personal en que pudieran incurrir sus directivos o empleados. El catálogo de delitos por los que puede responder una empresa ha sido tasado de forma expresa por el legislador, de manera tal que no es posible que una persona jurídica pueda ser responsable de cualquiera de los delitos contenidos en el CP. Los *delitos de corrupción* se encuentran especialmente contemplados dentro de dicho catálogo de conductas. Esta nueva realidad legal sitúa a la empresa y la actividad de las corporaciones o entes colectivos en un nuevo plano siendo necesario que dentro de las mismas se incorporen o adapten al nuevo escenario legal códigos de conductas, protocolos internos de actuación y normas de cumplimiento que permitan proteger la posición jurídica de la empresa de estos nuevos riesgos frente a posibles actuaciones de corrupción de sus directivos y/o empleados que puedan desencadenar su responsabilidad penal directa con la consecuencia de sufrir severas multas y sanciones penales, además del importante daño reputacional que tal situación generaría.

Las consecuencias que se derivan de la incorporación a la legislación penal en 2010 de la responsabilidad penal de las propias personas jurídicas no son nimias. No lo son para ningún sujeto del derecho penal, pero menos lo serán para la actividad empresarial que se verá expuesta no sólo a multas calculables, sino también durante el proceso a medidas cautelares de prohibición de actividades que, en definitiva, irán mermando los beneficios, el valor y prestigio de la empresa. Este nuevo panorama jurídico sitúa a la empresa y a sus directivos ante la necesidad de estructurar la organización corporativa interna teniendo en cuenta los nuevos riesgos jurídicos que protege el Código penal.

---

[17] BORKENSTEIN, H.-J., *Korruptionsbekämpfung in der öffentlichen Verwaltung durch Information*, Baden-Baden, 2015.

Una forma de minimizar los riesgos y de proteger la estructura empresarial y a sus directivos ante la eventual responsabilidad penal lo constituye lo que en el derecho americano se conoce como *programas de cumplimiento normativo (compliance)*. No son desconocidos en el derecho español, donde ya existen, por ejemplo, en materia de prevención de riesgos en el trabajo, prevención de blanqueo de capitales, prevención de prácticas anticorrupción o prevención de protección de datos, por ejemplo. En estos casos, sin embargo, las obligaciones de prevención vienen definidas legalmente por normas administrativas que imponen deberes de control y vigilancia concretos, mientras que en el caso de otros delitos por los cuales ahora también puede responder la persona jurídica –como estafa, corrupción o tráfico de influencias–, el riesgo no está previsto en una legislación extrapenal que permita definir los contornos de los riesgos no permitidos. No obstante ello, la institución de programas de *compliance* y códigos de conductas especialmente diseñados para disminuir los riegos penales pueden poner de manifiesto que la empresa –sus administradores y directivos– han adoptado medidas de debido control y prevención que permitirá –como prevé el Código penal– una disminución de la pena a imponer a la empresa. La reforma del Código penal de 2015 –LO 1/2015– ha permitido dar otra dimensión a los programas de *compliance*, pues pueden ser eximentes o atenuantes de la responsabilidad penal de la persona jurídica –que tendrá un efecto de prevención importante.

Uno de los aspectos que resulta especialmente relevante para estos programas de *compliance*, es el relativo a la existencia de sistemas de disciplina internos que pueden establecerse en las empresas para combatir el fenómeno de la corrupción en el marco de la actividad empresarial en la UE y en el ámbito internacional. En especial, se pone énfasis en el establecimiento de métodos de denuncias internas y externas (*whistleblowing)*, es decir, de denuncias dentro del ámbito empresarial, pues son entendidos como mecanismos internos de cumplimiento éticos que permiten controlar no sólo la actividad de los empleados, sino también la de los directivos y también la de sus proveedores. Como uno de los aspectos inherentes a los códigos de conductas y de buen gobierno corporativo son los concernientes a la eliminación de la corrupción es recomendado por las organizaciones internacionales (OCDE) instaurar un sistema de *hotlines* para favorecer las denuncias anónimos. Muchas legislaciones han adoptado el sistema de «denuncias anónimas» (FCPA, Sarbanes Act, en menor medida, pero también, UK-Bribery Act, entre otras). Por el contrario, en España en consonancia con la LOPD, así como en la UE –jurisprudencia del Tribunal Europeo de Derechos Humanos–, se admiten sistemas de control interno sobre la base de denuncias *confidenciales*. La discusión en torno a la admisión o negación de un sistema de denuncias anónimas o confidenciales en el marco de la actividad empresarial para combatir la corrupción, va más allá de un mero problema jurídico concerniente fundamentalmente a los derechos fundamentales, sino que tiene una dimensión trascendental de la actividad empresarial.

En este sentido, cabe destacar los aspectos que se han considerado de especial relevancia en las conclusiones provisionales del reciente Resumen Ejecutivo de los Resultados Provisionales del Proyecto ENIS-ESPAÑA Informe sobre el Sistema Nacional de integridad (SIN) (2011) en relación al sector empresarial, en el que, tras analizar todo el sistema empresarial, se realizan una serie de recomendaciones, de las cuales, al menos, son consideradas las siguientes de absoluta prioridad, no sólo para promover la lucha contra la corrupción, sino también para la protección que de dichas normas surge en este ámbito para la propia actividad empresarial, para los directivos y empleados de la empresa, para una competencia leal y para un sistema empresarial que permita contribuir positivamente al valor de la empresa[18]. De las diez recomendaciones particulares para el sector empresarial se estimaron especialmente prioritarias, con-

[18] Conclusiones *provisionales* del Proyecto ENIS-ESPAÑA sobre el Sistema Nacional de Integridad (SNI) 2011 que recoge un análisis de los pilares de gobernabilidad de España, entre ellos, el sector empresarial (SE). Vid. www.transparencia.org.es. De las 44 Recomendaciones generales que se hacen, se refieren las siguientes al sector empresarial (SE): Es necesaria una Ley de protección al denunciante de corrupción, fraude, abuso o despilfarro. La oficina del Defensor del Pueblo podría crear un órgano interno dedicado a esta labor. (17); El gobierno debería elaborar un plan estratégico para la implantación de la Convención de Naciones Unidas contra la corrupción; ello exigiría incorporar actores estratégicos clave para su desarrollo y políticas de educación ciudadana en materia de corrupción. (19); La Fiscalía debería reforzar su independencia con respecto al gobierno, sobre todo si va a desarrollar actividades de instrucción de las causas penales. Desde luego la Fiscalía anticorrupción necesitaría de alguna manera reforzar la protección de su independencia. Los policías y guardias civiles que persiguen la corrupción, sobre todo quienes dirigen esas unidades, deberían tener un nivel especial de protección frente a ceses injustificados profesionalmente. (20); Es necesario crear una Agencia Anticorrupción o un órgano de Promoción de la ética que desarrolle mecanismos preventivos, coordine actividades, proporcione información/formación y proponga mejoras; como quiera que una nueva unidad es muy costosa, tal vez podría atribuirse provisionalmente a la Defensoría del Pueblo esta labor, siempre que se acompañe de los medios necesarios. (23); Es necesario reforzar la implantación de políticas de responsabilidad social corporativa, reforzar el cumplimiento del Código Ético de la CNMV y promover que las empresas se incorporen al Pacto Mundial y sean coherentes con sus compromisos. (35); Incentivar una cultura de integridad proporcionando guías éticas y reglas de buena conducta en la actividad de 'lobbying' tanto para los lobistas como para los servidores públicos implicados.(39); El blanqueo de capitales presenta dos tipos de riesgos: los sociales, ya que favorece indirectamente la criminalidad al permitir al delincuente «legitimar» el producto del delito, y los económicos y financieros, porque puede producir distorsiones de los movimientos financieros e, indirectamente, de los reales. Dados estos riesgos, resulta de la máxima importancia no sólo la represión del delito del blanqueo de capitales, sino también su prevención a través de la imposición de una serie de obligaciones y medidas administrativas a determinados sujetos de carácter financiero y no financiero (entidades financieras y profesionales como notarios, abogados, auditores, promotores inmobiliarios, joyeros, anticuarios, etcétera) que pueden resultar más expuestos a este tipo de riesgo. Por todo ello, consideramos de la máxima importancia la implantación rigurosa de la *Ley 10/2010, sobre prevención de lavado de capitales y financiación del terrorismo.* (38); Hay que promover la implantación plena del artículo 39 de la Ley de Economía Sostenible sobre la Responsabilidad Social de las Empresas. (41); Hay que impulsar el cumplimiento por parte de las multinacionales españolas de las directrices de la OCDE para este tipo de empresas. (42); Es necesario combatir seriamente la economía sumergida. (43); Se debería propiciar la introducción en los distintos niveles educativos de materias y contenidos éticos, de valores, y contra la corrupción. (44).

siderando su importancia, sus posibilidades de implantación y sus efectos: 1. aprobar una Ley de Protección al denunciante de corrupción tanto en el ámbito público como en el sector empresarial y 2. regular la actividad de lobby, de acuerdo a las guías de la OCDE[19]. Adicionalmente se concluye que todo ello podría ser parte del plan estratégico para la implantación de la Convención de Naciones Unidas contra la corrupción, en cuyo marco se debería constituir una Agencia Anticorrupción/Oficina de Ética Gubernamental, que provisionalmente podría desarrollar sus funciones en la Defensoría del Pueblo.

En este contexto, llama la atención la escasa repercusión y trascendencia que aún ha tenido la Ley de Economía Sostenible (Ley 2/2011, de 4 de marzo), que también tiene un amplio capítulo a la Transparencia y Gobierno corporativo (Capítulo III, Sección 1ª) estableciendo principios de buen gobierno corporativo no ya de cumplimiento voluntario, como lo es el Código de Buen Gobierno Corporativo (CNMV), en virtud de lo dispuesto en el art. 116 LMV, sino ya estableciendo concretos deberes legales de buen gobierno corporativo vinculada a la transparencia. Dichas normas se han incorporado ahora al texto refundido de la Ley de Transparencia, Acceso a la Información pública y Buen Gobierno (L 19/2013).

Todas estas normas diseñan, sin duda, un nuevo escenario propicio para poder establecer los controles para prevenir la corrupción y articular a partir de ellos los mecanismos que establezcan los deberes de diligencia. Son un punto de partida para crear las condiciones para que la transparencia haya ingresado en el escenario legal y permita formar ya parte de las exigencias legales necesarias, pero es necesario desarrollarlo para que pudiera lograr efectivamente a la finalidad que ha de servir.

V. CÓDIGO PENAL Y PREVENCIÓN DE LA CORRUPCIÓN

Han sido numerosas las reformas del Código penal desde la sanción del denominado *Código penal de la democracia* en 1995. Precisamente en materia de delitos económicos y de delitos vinculados al fenómeno de corrupción han sido muchas e importantes las reformas legislativas, no solo para cumplir con los compromisos internacionales asumidos por España, sino como consecuencia de la evolución de la tipología de fenómenos delictivos producto de la desregularización de la globalización y propiciados también por las nuevas tecnologías.

Ya nos hemos referido a la incorporación y trascendencia responsabilidad penal directa de las personas jurídicas, en la línea de la mayoría de los ordenamientos penales de los estados miembros de la UE. Complemento necesario era la introducción también de *nuevos delitos* tendentes a reforzar la legisla-

[19] *Vid.* referencias nota 2.

ción penal en el ámbito de los delitos que afectan a la corrupción determinarán un nuevo camino para la actividad empresarial, el buen gobierno corporativo, la responsabilidad social corporativa, entre otras, que conllevará la necesidad de cambios de códigos de conducta que deberían contribuir a la obtención de una mayor transparencia en de la gestión empresarial y, con ello, a la disminución de prácticas de actos de corrupción que no sólo lesionan y ponen en peligro la democracia, sino que lesionan y afectan, sobre todo, la competencia empresarial leal. Ello, sin duda, también supondrá un trascendente giro hacia la prevención de la corrupción y en la evolución de la transparencia[20].

Desde que en España el Código penal de 1995 incorporara delitos que afectan a la actividad empresarial y al sector privado, la distancia tradicionalmente existente entre la empresa y el Derecho penal se ha ido acortando de forma muy significativa en los últimos años. La actividad empresarial se encuentra cada día más sometida a normas de cumplimiento de carácter no estrictamente mercantil, sino con implicaciones en el ámbito administrativo sancionar y penal. En este sentido, cobra especial interés para la actividad y proyección internacional de las empresas, la específica normativa reguladora de *sobornos en transacciones económicas y comerciales internacionales*.

En este sentido, las transacciones comerciales internacionales de las empresas españolas están, desde esta perspectiva, sujetas no sólo a la regulación jurídica prevista en la normativa española e internacional (Tratados internacional y Convenios europeos de los que España forma parte), sino que pueden ser también sujeto destinatario de normas de otros Estados (p. ej. FCPA). Según las características particulares de la concreta transacción comercial de las empresas españolas puede llegar a resultar de aplicación la normativa estadounidense prevista para las transacciones comerciales de empresas y ciudadanos no estadounidenses.

A ello hay que añadir un catálogo de nuevos delitos económicos –como la *corrupción en los negocios, corrupción en el deporte*, la *estafa de inversiones*, la *financiación ilegal de partidos políticos, etc.*– y la redefinición de los ya existentes que incidirán en una nueva dimensión de buen gobierno y transparencia, así como en la forma de hacer negocios.

Bajo el lema *huída al Derecho penal* se ha caracterizado la política criminal de los últimos veinte que ha comportado una desbordante expansión de la legislación penal a ámbitos antes reservados al Derecho administrativo, al civil y al mercantil. Si ello es predicable –y, sin duda, criticable– de la política criminal de los últimos años, sin embargo, se puede afirmar que la responsabilidad penal de las personas jurídicas obedece a otras causas. El mundo de los

---

[20] VV.AA., Combating Corruption in the European Union – Korruptionsbekämpfung in der Europäischen Unión, Köln, 2001. BORKENSTEIN, H.-J., *Korruptionsbekämpfung in der öffentlichen Verwaltung durch Information*, Baden-Baden, 2015.

negocios y la forma de los individuos de participar en sociedad ha cambiado notablemente al amparo de las características de un mercado marcado por el programa de la globalización y se presenta bajo un paradigma diverso que obliga a pensar en cambios jurídicos necesarios también del Derecho penal. Desde esta perspectiva, es evidente que el Derecho penal económico no podía mantenerse sobre las tradicionales figuras de los delitos patrimoniales –estafa, apropiación indebida, alzamiento de bienes o maquinación para alterar el precio de las cosas– que hoy ya no permiten abarcar numerosas conductas que causan perjuicios económicos, lesionan la competencia y al consumidor o distorsionan la transparencia de los mercados. Muchas de estas nuevas conductas se pusieron de manifiesto con los escándalos financieros que marcaron, entre otros factores, el comienzo de la crisis económica. Con la última reforma del Código penal de 2015 (LO 1/2015), el legislador penal ha dado un paso mayor reforzando la protección del Derecho penal económico y patrimonial, aún cuando no todas las innovaciones puedan ser consideradas acertadas desde un punto de vista de su técnica legislativa.

La primera e importante novedad del escenario jurídico y que constituye un verdadero cambio de paradigma fue, como hemos dicho, la incorporación de la *responsabilidad penal directa de las personas jurídicas* en 2010. Ya no sólo responderán los directivos, sino también la persona jurídica: la empresa, sino también las asociaciones, fundaciones, partidos políticos, sindicatos, etc. Los administradores, por su propia conducta, y la persona jurídica por los delitos que en su seno hayan podido cometer aquéllos actuando en su nombre y en su beneficio directo o indirecto, o por los cometidos por subordinados sobre los cuales los administradores no hayan ejercido el debido control. Por último, la persona jurídica será imputable a pesar de que no se pueda identificar a la persona que actúo en su nombre, pero sí se pueda constar la existencia de un delito realizado necesariamente por alguna persona con capacidad de decisión en la empresa. En definitiva, la persona jurídica responderá, salvo que el delito sólo sea imputable al administrador, por haberse *extralimitado en sus competencias*. La pena principal prevista es la multa. Sin embargo, revisten una importante trascendencia para la actividad empresarial y, por tanto, mayor gravedad punitiva, las demás penas previstas que podrán acompañar a la multa: disolución, suspensión o prohibición de actividades, clausura de locales o establecimientos, inhabilitación para obtener subvenciones, ayudas públicas, beneficios fiscales y de la seguridad social y la intervención judicial.

El sistema se cierra con la responsabilidad penal también de los *entes colectivos sin personalidad jurídica* a los que, si bien no se les puede imponer ni una pena de multa ni de disolución, se les puede imponer cualquiera de las otras que también están previstas como consecuencias accesorias (prohibición o suspensión de actividades, etc.). Ello afectará especialmente a los grupos de empresas, sucursales, uniones temporales de empresas (UTEs), asociaciones, entre otras.

El elenco de delitos por los cuales puede responder una persona jurídica no se limita a los económicos, ni a delitos dolosos. La lógica de la selección del grupo de delitos que ha hecho el legislador no es descifrable: tan pronto ha pensado en la prostitución y la corrupción de menores o tráfico de drogas, como en la estafa de inversiones y otras defraudaciones. No siempre parece tener claro la diferencia entre empresa y asociación ilícita o criminalidad organizada, pero sin duda en materia de *delitos vinculados al fenómeno de corrupción* tienen especial trascendencia: cohecho (soborno activo o pasivo), tráfico de influencias, corrupción en los negocios (corrupción entre particulares y de funcionarios extranjeros o de organización internacional), corrupción en el deporte y la financiación ilegal de partidos políticos.

VI. OTRAS NORMAS QUE DISEÑAN EL ESCENARIO LEGAL DE LA *CULTURA DE CUMPLIMIENTO* Y PREVENCIÓN DE CRIMINALIDAD ECONÓMICA INTERNACIONAL

El Derecho penal, como hemos señalado, es la *ultima ratio* de las herramientas de las que dispone el Estado para resolver los conflictos sociales. Por ello, solo las conductas más graves pueden ser castigadas a través del Derecho penal y castigadas con una pena privativa de libertad. En tal sentido, se puede decir que el Derecho penal español contempla un elenco de normas que permiten afirmar que la legislación penal española en esta materia está en la línea de la normativa internacional, aunque en algunos casos la deficiencia técnica genera más una norma simbólica que una norma que permitirá resolver supuestos reales. Así, por ejemplo, habría que reformar y legislar correctamente el delito de financiación ilegal de los partidos políticos, prever o reformar el delito inveracidad en cuentas anuales para todas aquellas personas jurídicas o entes colectivos que son sujetos responsables para el Código penal, entre las medidas de reformas más necesarias.

Pero hay que señalar que un amplio complejo normativo que contribuirán, sin duda, a diseñar una cambio muy significativo del escenario de una nueva cultura de gestión y rendimiento de cuentas, buen gobierno y transparencia no solo de las sociedades mercantiles y del sector privado, sino del sector público.

En el ámbito del sector privado hay que mencionar las recientes e importantes novedades incorporadas en el propio derecho de sociedades: la *Ley de Sociedades de capital* tras la L 31/2014, por la que se modifica la *Ley de Sociedades de Capital para la mejora del gobierno corporativo.* Se desarrollan los *deberes diligencia y de lealtad de los órganos de administración de las sociedades* imponiendo nuevas exigencias y *límites importantes a la delegación de deberes de los administradores*, así como las nuevas exigencias del *Código de Buen Go-*

bierno de las sociedades cotizadas[21]. Se incorporan así las líneas de recomendaciones internacionales (OCDE, UN, UE)[22].

Es cierto que la legislación mercantil española impone en gran medida deberes muy específicos para las sociedades de capital y/o cotizadas para acentuar la *gestión transparente* para el mercado, pero lo cierto es que dichos deberes constituyen –a efectos del Derecho penal– *los deberes que configuran o pueden configurar, según el caso, la posición de garante de los administradores frente a los riesgos penales a los que se puede ver expuesta la actividad empresarial.*

En este sentido, hay que destacar que la nueva Ley de Sociedades de Capital dispone entre las *facultades indelegables del Consejo de administración* (art. 249 bis, art. 529 ter LSC): l*a determinación de la política de control y gestión de riesgos (art. 529 ter b)*; la *supervisión de los sistemas internos de información y control (art. 529 ter b); la política de responsabilidad social corporativa (RSC) (art. 529 ter a).*

El *Código de Buen Gobierno*[23] establece entre sus Recomendaciones que las sociedades (cotizadas) cuenten con una función de control y gestión de riesgos ejercida por una unidad interna de la sociedad a la que se le asignen expresamente esas funciones, bajo la supervisión de una comisión especializada del Consejo de administración. Además, por primera vez en Europa, el Código de Buen Gobierno recomienda la identificación y atribución de funciones específicas de Responsabilidad Social Corporativa (RSC) a una comisión especializada dentro de las sociedades cotizadas. Es decir, que las sociedades (cotizadas) deberán contar con un órgano de dedicación específica encargada de las políticas sociales dentro de la compañía y deberá dejar reflejado en sus memorias la actuación en esta materia. La RSC corporativa no es un compromiso solo exigible a las sociedades mercantiles privadas (y cotizadas). Aquellos que han sabido comprender la importancia de la RSC también lo han comenzado a trasladar a las Administraciones públicas para impulsar desde éstas que las empresas tengan como objetivo primordial la RSC como factor de valor estratégico y creación de valor empresarial para aquellas empresas que obtengan una acreditación especial cuando se ajustan a las exigencias de la normativa RSC.

---

[21] Las recomendaciones del *Código de Buen Gobierno de las Sociedades Cotizadas* (CNMV, Febrero 2015) son para las sociedades cotizadas, sin embargo sus recomendaciones son tenidas en cuenta en general por toda aquella empresa que desea desarrollar una exigente cultura empresarial de cumplimiento normativo acorde con los más altos niveles internacionales.

[22] *Líneas Directrices de la OCDE para empresas multinacionales.* (Revisión 2011); *Principios rectores sobre las empresas y derechos humanos (Principios Ruggie)*, adoptados por el Consejo de Derechos Humanos de UN, Resolución 17/4, de 16 de junio de 2011; *Estrategia renovada de la UE para 2011-2014 sobre responsabilidad social de la empresa* (COM (2011) 681 final).

[23] *Código de Buen Gobierno (2015)*: Recomendación 45, Principio 21: La sociedad dispondrá de una función de control y gestión de riesgos ejercida por una unidad o departamento interno, bajo la supervisión directa de la comisión de auditoría o, en su caso, de otra comisión especializada del consejo de administración. Ver art. 529 ter LSC.

El escenario se completa con la *Ley de Transparencia, Acceso a la información pública y de Buen gobierno* (L 19/2013). La Ley de Transparencia, a pesar de sus importantes carencias y deficiencias técnicas, establece un punto de partida para avanzar en la transparencia y rendición de cuentas tanto para el sector público como para algún ámbito del sector privado. La tiene por objeto ampliar y reforzar la transparencia de la actividad pública, regular y garantizar el derecho de acceso a la información relativa a aquella actividad y establecer las obligaciones de buen gobierno que deben cumplir los responsables públicos. La Ley se aplica a todas las Administraciones públicas y a todo el sector público estatal, así como a otras instituciones, como son la Casa de Su Majestad el Rey, el Consejo General del Poder Judicial, el Tribunal Constitucional, el Congreso de los Diputados, el Senado, el Banco de España, el Defensor del Pueblo, el Tribunal de Cuentas, el Consejo Económico y Social y las instituciones autonómicas análogas, en relación con las actividades sujetas a Derecho Administrativo. La Ley establece las obligaciones de publicación que afectan a las entidades públicas para garantizar la transparencia en su actividad y regula el derecho de acceso de los ciudadanos a la información pública. Sin embargo, es una ley de carácter sustancialmente formal y que requiere ser ampliada para poder dar verdadero cumplimiento al objetivo que se propone. Buen ejemplo de las mejoras técnicas de la Ley de Transparencia ya la están dando las leyes de transparencia autonómicas.

El elenco de normas que hemos reseñado, permiten visualizar el amplio marco normativo que dispone normas que han comenzado a configurar un escenario de rendición de cuentas, de buen gobierno y transparencia en la gestión privada y pública. Todo ello es buena muestra de que la prevención de la corrupción no se puede dejar solo en el ámbito del Derecho penal. El Derecho penal llega siempre tarde. El Derecho penal llega cuando el hecho de corrupción ya ha ocurrido y por ello sanciona con la respuesta más grave que el Estado debe dar para resolver el conflicto social: la privación de la libertad. Por ello, tras tener en la actualidad un conocimiento más claro de los casos de corrupción y su casuística, es necesario invertir un esfuerzo mayor en desarrollar medidas de prevención que deben ser de carácter transversal, poniendo un especial esfuerzo en las normas destinadas al control y a la supervisión, la rendición de cuentas y las exigencias de transparencia para el acceso a la información en los primeros niveles de la contratación pública y privada.

VII. CONCLUSIONES

Nos encontramos ante un escenario legal que conllevará necesariamente un cambio importante para la prevención de la corrupción. A la hora de definir las características de un grupo empresarial o de cualquier ente colectivo la definición de las competencias de las personas se habrán de considerar ahora también, además de las posibilidades de configuración que ofrece el Derecho privado, las consecuencias del sistema penal y las exigencias de buen gobierno y transparencia.

Estas nuevas coordenadas y fronteras ante las que se ha situado a la actividad empresarial impulsarán, en mi opinión, una nueva forma de hacer negocios, de gestionar la empresa y de revalorizar la responsabilidad social corporativa otorgando la importancia que hay que darle al buen gobierno corporativo, no sólo como una apariencia de cumplimiento normativo, sino como verdadero valor ético y principios de la actividad empresarial.

En definitiva, estamos ante un escenario jurídico que debería conducir hacia una *cultura de cumplimiento normativo* que recupere los valores de gestión responsable y que, combinado con estructuras organizativas modernas, constituirá un factor clave para el éxito empresarial pensado a largo plazo y con beneficios que no sólo son los que se refleja en una cuenta de resultados. Por otro lado, las exigencias de rendición de cuentas no solo será importante para la cuenta de resultados de los accionistas, sino para el reclamo existente de transparencia y «corrupción cero» por parte de la sociedad frente a la empresa. La empresa y los actores públicos –los funcionarios y partidos políticos– no solo están expuestos a un control o escrutinio público, sino a las exigencias de una economía ética y responsable[24].

Los procesos de cambio y modificación de culturas, incluso las empresariales, requieren tiempo, pero se presentan como un nuevo reto no sólo para la cultura empresarial y el buen gobierno corporativo, la transparencia en la gestión pública y privada, sino también para la justicia penal.

VIII. BIBLIOGRAFÍA

BACIGALUPO, S./CANCIO MELIÁ, M., (Coords.), *Derecho penal y política transnacional,* Barcelona, 2005.

BACIGALUPO, S., «Hacia una nueva ética empresarial», El País, 20 de febrero 2011.

BORKENSTEIN, H.-J., *Korruptionsbekämpfung in der öffentlichen Verwaltung durch Information*, Baden-Baden, 2015.

CORTINA, A., *Ética de la empresa: claves para una nueva cultura empresarial*, 2003

CORTINA, A., «Razones éticas para un futuro mejor», El País, 15-11-2015.

GARCÍA MARZÁ, D., *Ética empresarial: un diálogo a la confianza*, 2004.

GARRIGUEZ WALKER, A., LIZCANO, J., SÁNCHEZ LAMBÁS, J., VILLORIA MENDIETA, M., «Un decálogo por la transparencia y la integridad», El País, 27 de octubre 2011.

MARTÍNEZ LILLO, P./ESTEFANÍA, J., (Coords.), *América Latina: Un nuevo contrato social*, Madrid, 2016.

RIDAO, J.M., *La elección de la barbarie*, Barcelona, 2002.

SCHÜNEMANN, *Unternehmenskriminalität und Strafrecht*, Baden Baden, 1979.

VV.AA., Combating Corruption in the European Union – Korruptionsbekämpfung in der Europäischen Unión, Köln, 2001.

---

[24] CORTINA, A., «Razones éticas para un futuro mejor», El País, 15-11-2015.

Capítulo III

EL DERECHO PENAL COMO MEDIO DE PREVENCIÓN Y SANCIÓN DE LA CORRUPCIÓN URBANÍSTICA

Antonio Cardona Barber
Universidad Autónoma de Barcelona
Profesor de Derecho Penal

I. INTRODUCCIÓN

Según los resultados de las encuestas realizadas por el Centro de Estudios Sociológicos (CIS), los españoles han consolidado al fenómeno de la corrupción como el segundo problema más preocupante del país, solamente superado por el paro[1]. A mayor abundamiento, el mismo estudio revela que los ciudadanos encuestados consideran que la situación política en España es *mala* (36,5%) o *muy mala* (43,6%), opinión vinculada, sin duda, a la percepción de una cantidad insoportable de casos de corrupción existentes en la actualidad. En este sentido, la corrupción urbanística es un problema vinculado inescindiblemente a la clase política, y, en especial, a la clase política de ámbito municipal ya que ésta dispone de un mayor margen de actuación y competencias en el procedimiento urbanizador.

No es que antes no hubiera corrupción; sí la había, no obstante, eran más infrecuentes los desfiles judiciales de responsables políticos o personajes conocidos acusados de corrupción. En este sentido, gracias a diferentes factores concurrentes, como, entre otros, la creación de las fiscalías provinciales especializadas en delitos contra el medio ambiente y el urbanismo, una mayor sensibilidad de la gravedad del problema en la ciudadanía, la creación, en algunas Comunidades Autónomas, de Inspectores urbanísticos, o, la crisis económica[2], en los últimos años numerosos casos de corrupción han sido protagonistas de portadas de periódicos, minutos de radio y espacios televisivos. En este sentido, en la prensa nacional y solamente durante los últimos tres meses, se han publicado más de cincuenta noticias relacionadas con la corrupción, de entre las cuales, una parte muy significativa están vinculadas al tipo de corrupción que trataremos en este estudio, a saber: la corrupción urbanística[3].

---

[1] Barómetro del CIS de junio de 2016, consultado en fecha 12 de agosto de 2016: http://www.cis.es/cis/export/sites/default/-Archivos/Marginales/3140_3159/3142/Es3142mar.pdf

[2] En según qué ocasiones, el empresario asume que la *tarifa* exigida por el funcionario corrupto es un coste más de la actividad empresarial: si el sumatorio final es positivo, no se tiende a la denuncia. No obstante, en época de crisis económica las exigencias del corrupto pueden revelarse como un coste inasumible y, por ello, pueden aparecer más denuncias de casos de corrupción.

[3] Por ejemplo, podemos destacar noticias vinculadas a los siguientes expedientes: (i) la *Trama Púnica*, en la cual, altos cargos del Partido Popular de Madrid están investigados por delitos relacionados con la corrupción urbanística y en la que, presuntamente, y según informaciones periodísticas, el ex Secretario General del PP de la Comunidad de Madrid, Francisco Granados, habría propuesto a constructores la compra de suelo rústico que él después se encargaría de recalificar; (ii) el *Caso Mercurio*, en el cual, el exalcalde de Sabadell y gran parte de los antiguos miembros del gobierno municipal están investigados, entre otros, por delitos relacionados con la corrupción urbanística; (iii) el *Caso Gürtel,* macrocausa judicial en la cual, entre otras, destaca el presunto *pelotazo* urbanístico por la venta y posterior modificación del aprovechamiento urbanístico de una parcela de 158.000 m2 en el municipio de Arganda del Rey; (iv) el *Caso Garañon*, donde el exalcalde de Lugo y el ex Secretario General del Partido Socialista de Galicia tendrán que declararán por presuntos delitos de corrupción urbanística cuyo origen es la presunta concesión de licencias urbanísticas irregulares en la construcción de una urbanización ilegal; (v) el *Caso*

La corrupción en general y la corrupción urbanística en particular no son una cuestión baladí. La percepción de los ciudadanos en relación al problema de la corrupción urbanística es una visión acertada de la cuestión. Por ejemplo, en el Informe «Urbanismo y Democracia: alternativas para evitar la corrupción», elaborado por la Fundación Alternativas en el año 2007, se concluye que la corrupción no es un problema puntual y aislado, sino «un fenómeno extendido y grave que es necesario afrontar con decisión[4]».

Asimismo, los efectos de la corrupción son muy graves. La aparición recurrente de casos de corrupción en los medios de comunicación propicia el descrédito de la clase política española que acaba percibiéndose por parte de la ciudadanía como una clase privilegiada que usa y abusa de su cargo para enriquecerse sin importarles el interés general de los españoles; este descrédito en los últimos años es monumental, tal y como se desprende del Barómetro del CIS citado anteriormente. Sin desmerecer el anterior problema, más en la época de incertidumbre económica y política actual, considero que las consecuencias más importantes del fenómeno estudiado son las tres siguientes: (i) con la corrupción urbanística se lesionan materialmente los intereses económicos públicos: por ejemplo, cuando se permiten o toleran urbanizaciones ilegales y éstas se consolidan la colectividad no recibe el porcentaje de aprovechamientos urbanísticos ni las cesiones de terrenos que prescribe la Ley; (ii) con la corrupción urbanística se lesiona el derecho constitucional a disfrutar de un adecuado medio ambiente para el desarrollo de la persona, reconocido en el artículo 45 de nuestra Constitución: piénsese que a cambio de dinero, y con el fin de levantar hoteles, fábricas o cualquier actividad económicamente rentable para el corruptor, se reclasifican como urbanizables terrenos cuyas condiciones naturales debería someterlos siempre a regímenes de especial protección; y, (iii) con la corrupción urbanística se lesiona el derecho constitucional

Malaya, caso que nos sigue dando noticias, como por ejemplo la resolución judicial mediante la cual se acuerda la acumulación de penas del exalcalde Julián Muñoz a un tope de 20 años de prisión o, la nueva condena dictada contra Juan Antonio Roca –presunto cerebro de la trama corrupta marbellí– por malversar caudales públicos en una operación de expropiación urbanística; (vi) el *Caso Serallo*, en el cual se investiga la reclasificación urbanística de un espacio público del municipio de Granada donde finalmente se construyó una discoteca –caso que ha motivado (vii) la *Operación Nazarí*, investigación de una presunta corrupción urbanística sistémica en el Ayuntamiento de Granada durante los últimos años–; y, entre muchos otros, (viii) el *Caso Palau*, en cuya pieza separada el Tribunal Supremo revocó la condena de un año de prisión impuesta por la Audiencia Provincial de Barcelona a Felix Millet y Jordi Montull por delitos de tráfico de influencias en relación al intento de promover la construcción de un hotel de lujo junto al Palau de la Música.

[4] Informe de la Fundación Alternativas, de fecha 27 de junio de 2007, dirigido por FELIPE IGLESIAS: http://www.fundacionalternativas.org/public/storage/publicaciones_archivos/xmlimport-fL5JRu.pdf p. 6 (enlace consultado en fecha 20 de agosto de 2016). En relación a este riguroso trabajo de investigación, cuyas conclusiones compartimos y expondremos en este estudio, la Fundación presentó dos volúmenes, el primero es el utilizado en la cita correspondiente a este punto –a saber: «Alternativas para evitar la corrupción»– y, un segundo volumen, titulado «Mapa de presuntas irregularidades y actos de corrupción urbanística 2000-2007».

al acceso a una vivienda: si un constructor tiene que pagar un soborno para levantar edificaciones acabará imputando ese coste en el precio final de la vivienda y por ende, los precios de las edificaciones aumentaran y dificultarán todavía más el derecho a disfrutar de una vivienda digna y adecuada reconocido en el artículo 47 de nuestra Carta Magna[5]. A mayor abundamiento los corruptos permiten reformas urbanas sin atender a propósitos inteligentes que puedan redundar en la mejora de la calidad de vida de los vecinos, solo importan las necesidades del corruptor que quiere ver aumentadas a toda costa sus plusvalías privadas. Es evidente, por tanto, que la corrupción política en general y la urbanística en particular constituyen un grave problema del que nos debemos preocupar.

Por motivos sistemáticos este trabajo se ordena en tres bloques de estudio claramente diferenciados. En el primero de ellos trataré de ofrecer un concepto formal y material del fenómeno de la corrupción urbanística, el cual, como se verá, está vinculado al marco normativo que establece el Derecho urbanístico. En el segundo bloque procuraré señalar y reflexionar sobre algunas de las causas que pueden incidir en la aparición de casos de corrupción en nuestro país. Finalmente, en el tercer bloque intentaré ofrecer un estudio sucinto de los principales delitos que dan respuesta al problema de la corrupción urbanística y con ello, afrontaré el objetivo principal del presente estudio: valorar y reflexionar sobre si el actual Código penal constituye un medio suficiente para luchar contra el fenómeno de la corrupción urbanística española, o, por el contrario, debe incrementarse la intervención punitiva del Estado en este ámbito de actuación.

Asimismo, aprovecho estas primeras páginas para advertir al lector de que en este estudio no encontrará un estudio técnico clásico y completo de la tipicidad de todos los delitos vinculados con la corrupción urbanística. Por motivos de espacio me centraré únicamente en aquéllos delitos más paradigmáticos del fenómeno, expondré sucintamente sus principales características y los relacionaré con ejemplos reales de corrupción que ayuden a entender el problema analizado.

II. ¿QUÉ ES LA CORRUPCIÓN URBANÍSTICA?

Si bien actualmente no existe una definición unívoca de corrupción, una primera aproximación la encontramos en el diccionario de la Real Academia Española de la Lengua, donde se define *corrupción* como «acción y efecto de corromper o corromperse» (primera acepción), o, también, «en las organizaciones, especialmente en las públicas, práctica consistente en la utilización de

---

[5] Véase SANZ MULAS, N, *Corrupción urbanística (la mezcla de cemento, Ayuntamientos y comisiones ilegales)*, La Ley Penal, Nº45, 2008, p. 3.

las funciones y medios de aquéllas en provecho económico o de otra índole, de sus gestores» (cuarta acepción). Asimismo, la ONG Transparencia Internacional define la *corrupción política* como la «manipulación de políticas, instituciones y normas de procedimiento en la asignación de recursos y financiamiento por parte de los responsables de las decisiones políticas para poder conservar su poder, estatus y patrimonio[6]».

Como puede observarse, idea común al fenómeno estudiado es el abuso de un poder público y, por ello, puede definirse la corrupción como la acción de aprovecharse de un poder público encomendado en beneficio particular o de terceros[7]. Cuando el abuso del poder verse sobre cuestiones de Derecho urbanístico[8] estaremos formalmente ante casos de corrupción urbanística[9]. Es decir, la utilización torcida de las normas que regulan el uso y transformación del suelo es presupuesto necesario de la corrupción urbanística, revelándose ésta como un tipo especializado de corrupción general en la cual los corruptos utilizan las competencias públicas urbanísticas para beneficiarse a sí mismos o a terceros[10].

Por ende, materialmente la corrupción urbanística puede reconocerse en cualquier decisión apartada de la legalidad del Derecho en materia de ordenación del territorio, como por ejemplo: (i) decidir la reclasificación a urbanizable de un suelo no urbanizable que, por sus características naturales, debería conservar el régimen de especial protección; (ii) permitir activamente –otorgando una licencia urbanística ilegal– o pasivamente –no realizando *dolosa-*

---

[6] En el siguiente enlace electrónico Transparencia Internacional publica un práctico glosario titulado «Guía de lenguaje claro sobre la lucha contra la corrupción»: http://transparencia.org.es/wp-content/uploads/2014/10/Gu%C3%ADa-de-lenguaje-claro-sobre-lucha-contra-la-corrupci%C3%B3n.pdf (consultado el 15 de agosto de 2016).

[7] En términos muy similares DE LA MATA BARRANCO, N, en *La respuesta a la corrupción pública, tratamiento penal de la conducta de los particulares que contribuyen a ella*, Granada, Comares, 2004, pp. 3 y 4; o, también, PEREZ CEPEDA, A y BENITO SÁNCHEZ, D, en «La política criminal internacional contra la corrupción», en BERDUGO GÓMEZ DE LA TORRE, I, (coordinador) *Estudios sobre la Corrupción, una reflexión hispano brasileña*, Salamanca, Centro de Estudios Brasileños/Universidad de Salamanca, 2013, pp. 13 y 14.

[8] Podemos definir al Derecho urbanístico como aquél conjunto de normas administrativas que regulan el uso y aprovechamiento del bien natural suelo y que controlan los procesos de urbanización y edificación sobre el mismo. Esta función regulatoria, cuya misión última pasa por restringir la libertad del propietario del suelo, se revela como fundamental si queremos proteger intereses colectivos frente a posibles intereses particulares contrarios al interés general (léase especulación del suelo, construcciones en espacios naturales dignos de protección, usos de solares incompatibles con el entorno, etc.).

[9] Entre otros, GARCÍA ARÁN, M, «Limitaciones del Derecho Penal en la prevención del delito urbanístico», en GARCÍA ARÁN, M (directora) *La delincuencia económica: prevenir y sancionar*, Valencia, Tirant Lo Blanch, 2014, p. 86, donde define «corrupción urbanística (...) como abuso de poder mediante el cual se tuerce la ordenación territorial respetuosa con el interés general y las normas que lo protegen, en beneficio de intereses económicos privados».

[10] Evidentemente, dentro del concepto *terceros* incluyo el partido político, el cual, en muchas ocasiones es el máximo interesado en obtener recursos económicos generados por la corrupción y, con ello, sufragar los costosos gastos electorales o de estructura de partido.

mente las inspecciones obligatorias pertinentes– la construcción de edificios o la realización de actividades incompatibles con la clasificación o calificación de un determinado suelo; (iii) recurrir a expedientes de modificación de planeamiento municipal con la única finalidad de legalizar de forma sobrevenida actuaciones urbanísticas declaradas ilegales en sede judicial contencioso-administrativa; (iv) permitir actuaciones en suelo urbano sin contar con el preceptivo proyecto de reparcelación urbanística y, con ello, renunciar *de facto* a las cesiones urbanísticas municipales; (v) dictar informes irreales mediante los cuales inflar el justiprecio de una expropiación urbanística; o, (vi) suspender licencias o denegar derechos legítimos urbanísticos a tercero sin base legal alguna. Evidentemente las anteriores sólo son una lista explicativa de algunos casos de incumplimiento del Derecho urbanístico que pueden ser utilizados como instrumentos para favorecer los intereses propios o de terceros y constituir con ello corrupción urbanística. No son un *númerus clausus*. Cualquier decisión que se aparte de la legalidad urbanística, dolosamente tomada, puede llegar a considerarse corrupción urbanística[11].

Generalmente los beneficios pretendidos por los corruptos, después de materializar las operaciones urbanísticas, residirán en importantes cantidades de dinero. No obstante, en ocasiones, con el presunto fin de aumentar los ingresos del consistorio o favorecer la economía de la región, se han permitido todo tipo de actividades industriales contrarias a las normas de ordenación del territorio. Quizá levantar hoteles en primera línea de mar en espacios naturales protegidos sea el ejemplo más triste y paradigmático de ello en nuestro país. Estas decisiones pueden llegan a ser aplaudidas por una parte muy importante de los habitantes del lugar. No obstante, la aceptación por parte de la ciudadanía no constituye patente de corso ni eximente penal. Evidentemente, abusar del poder público en búsqueda de réditos electoralistas también es corrupción urbanística.

III. ALGUNAS POSIBLES CAUSAS DE LA CORRUPCIÓN URBANÍSTICA EN ESPAÑA

Si bien esto es más propio de la ciencia criminológica o la sociológica, creo necesario intentar apuntar algunas de las causas que pueden propiciar el nivel

---

[11] En ocasiones la administración pública licitará obras de urbanización o construcción de infraestructuras públicas o pondrá en venta terrenos de dominio público aptos para la urbanización y construcción. Estos negocios, evidentemente, también pueden realizarse con abuso del poder de disposición encomendando y buscando un beneficio personal o de terceros, y, por ello, considerarse corrupción. No obstante, en estos escenarios no estaríamos estrictamente ante prácticas de corrupción urbanística. Aquéllas cuestiones estarían vinculadas con el derecho del suelo pero, las normas retorcidas o incumplidas serían las de contratación de las administraciones públicas o, de patrimonio de las administraciones públicas –en concreto, la Ley 33/2003, de 3 de noviembre, del Patrimonio de las Administraciones Públicas; y, el Real Decreto Legislativo 3/2011, de 14 de noviembre, por el que se aprueba el texto refundido de la Ley de Contratos del Sector Público– y, por ello, son casos estudiados como supuestos de corrupción en la contratación pública.

de corrupción urbanística en nuestro país. Además, si no se plantean las posibles causas del fenómeno de la corrupción urbanística difícilmente podrá decidirse si el actual Derecho penal es suficiente para resolver el problema planteado o, en caso contrario qué otros mecanismos serían convenientes para intentar solucionar la cuestión.

Algunos autores, como por ejemplo del Moral García, han señalado la tolerancia social como causa de algunos comportamientos corruptos. Para este autor, si no se consigue un cambio de paradigma en la aceptación social de conductas corruptas «la reacción esporádica o intermitente de la justicia penal, por contundente que sea, degenerará en mera coartada de conciencias adormecidas a las que importa más el «parecer» que el «ser»[12]».

Otra de las causas que han podido señalar los estudiosos del Derecho es la liberalización del suelo supuestamente motivada por el Real Decreto Ley 4/2000, de Medidas Urgentes de Liberalización en el Sector Inmobiliario y Transportes (Ley 4/2000) que reformó parcialmente el texto de la Ley 6/1998, de 13 de abril, sobre el régimen del suelo y valoraciones (Ley 6/1998). Respecto a este motivo estoy sólo parcialmente de acuerdo; entiendo que la Ley 4/2000 no liberalizó el suelo en España, en todo caso lo desregularizó. Ciertamente se eliminó de la Ley del Suelo la posibilidad de clasificar como no urbanizable suelo únicamente por su consideración de inadecuado para un desarrollo urbano –el conocido como suelo no urbanizable común– y, por tanto, después de la reforma comentada, solamente podían tener la condición de suelo no urbanizable aquellos suelos que estuvieran sometidos a algún régimen especial de protección incompatible con su transformación de acuerdo con los planes de ordenación territorial o la legislación sectorial –competencia de las Comunidades Autónomas–, en razón de sus valores paisajísticos, históricos, arqueológicos, científicos, ambientales o culturales, de riesgos naturales acreditados en el planeamiento sectorial, o en función de su sujeción a limitaciones o servidumbres para la protección del dominio público o, aquellos suelos que el planeamiento general –competencia municipal– considerase necesario preservar por su valor agrícola, forestal, ganadero o por sus riquezas naturales.

No obstante, en puridad técnica, la Ley 6/1998, modificada por la Ley 4/2000, no liberalizó directamente el suelo; debe recordarse que las competencias para ello estaban atribuidas en último término a las Comunidades Autónomas y, en especial, a los Ayuntamientos, esto es: para la existencia de una efectiva liberalización de suelo los entes locales deberían haber modificado sus planeamientos urbanísticos municipales, algo que, en la mayoría de munici-

---

[12] DEL MORAL GARCÍA, A, «Justicia Penal y Corrupción. Análisis singularizado de la ineficiencia procesal», en CASTRO MORENO, A / OTERO GONZÁLEZ, P (Directores) VALENTINA GRAFFE, L (Coordinadora) *Prevención y tratamiento punitivo de la corrupción en la contratación pública y privada*, Madrid, Dykinson, 2016, p. 52.

pios, no ocurrió hasta pasados varios años de la entrada en vigor de la Ley 6/1998. Es más, mediante el Real Decreto Legislativo 2/2008, de 20 de junio, por el que se aprobó el texto refundido de la Ley del Suelo se volvió a introducir en el ordenamiento jurídico español la posibilidad de clasificar suelo urbano en base a la voluntad de preservar los terrenos de la urbanización, sin otra consideración, y ello, aparentemente, no ha comportado, a partir de esa fecha, una reducción drástica de los casos de corrupción urbanística. Ahora bien, sí creo que la Ley 4/2000 provocó «que el centro de gravedad de la normativa no descanse en la discrecionalidad, sino que permita abiertamente la arbitrariedad, al consentir que cualquier municipio, con muchos o pocos vecinos, con personal competente o sin él, pueda aprobar y desarrollar crecimientos urbanísticos desaforados y manifiestamente incompatibles con las necesidades reales de la sociedad[13]» algo que, sin duda, ha coadyuvado a que se produzcan casos de corrupción urbanística.

Evidentemente las anteriores cuestiones han participado de la corrupción, pero únicamente con ellas no se explica la magnitud del fenómeno analizado. En mi opinión, las causas más relevantes del problema estudiado son las tres siguientes: (i) el gran negocio económico que constituye el urbanismo en España; (ii) la especial dificultad técnica del Derecho urbanístico administrativo; y, sobre todo (iii) el *descontrol* del Derecho urbanístico municipal. Veámoslas por separado:

1. El gran negocio del urbanismo en España

El urbanismo y la edificación se han revelado durante los últimos años, al menos hasta la llegada de la crisis económica, como una de las inversiones más rentables posibles. En contundentes palabras de Nieto García, «(...) detrás de la fachada del Derecho Urbanístico vive y triunfa un gigantesco negocio urbanístico que ha transformado sustancialmente la economía española de la segunda mitad del siglo xx y que es más importante que el del narcotráfico porqué la oferta de drogas está más concentrada y el consumo es comparativamente reducido. No todos los ciudadanos son drogadictos, mientras que prácticamente todos utilizan una vivienda (...)[14]».

Por ello, y atendiendo al lucro que puede obtenerse, con el fin de conseguir una decisión político-urbanística que les beneficie los corruptores *invierten* ingentes cantidades de dinero y ejercen todo tipo de presiones. Asimismo, el político o funcionario corrupto valora la oportunidad de ganar mucho dinero

[13] Informe de la Fundación Alternativas, de fecha 27 de junio de 2007: http://www.fundacionalternativas.org/public/storage/publicaciones_archivos/xmlimport-fL5JRu.pdf p.17 (enlace consultado en fecha 20 de agosto de 2016).

[14] NIETO GARCÍA, A, *Balada de la Justicia y la Ley*, Madrid, Trotta, 2002, p. 129.

abusando del poder público que tiene encomendado en relación al gran negocio del Derecho urbanístico.

Además de lo anterior, que, en definitiva, no deja de ser una obviedad –los corruptos y corruptores están más interesados en los sectores económicos más relevantes– existe una tendencia creciente de los Ayuntamientos en los últimos años que pasa por forzar las normas urbanísticas para aumentar su cuota de beneficio en el negocio urbanístico.

Actualmente se entiende que el incremento del aprovechamiento del suelo que propician las decisiones políticas, y, concretamente, sus plusvalías urbanísticas, deben revertir, al menos en parte, en favor de la sociedad que ha decidido graciosamente la reclasificación de los terrenos[15]. Este reparto de beneficios se materializa finalmente gracias a las normas de Derecho urbanístico y permite a la administración entrar en el negocio del Derecho urbanístico. La Ley 19/1975, de 2 de mayo, de reforma de la Ley de régimen del Suelo y Ordenación Urbana fue la primera que otorgó a la administración local el derecho a reclamar un porcentaje del 10 por 100 del aprovechamiento medio del sector resultante de las obras de urbanización, porcentaje incrementado en posteriores reformas legislativas a un 15 por 100 del aprovechamiento medio del sector.

La mayoría de los especialistas en la materia aplauden este derecho municipal. Este porcentaje de aprovechamiento lucrativo se ha revelado durante los últimos años como uno de los grandes métodos de financiación de la mayoría de Ayuntamientos del país. Asimismo, los terrenos adquiridos por estas vías pasan –o, al menos, deberían legalmente pasar– a formar parte de los patrimonios municipales de suelo, los cuales, bien gestionados –a través de la proyección de viviendas de protección oficial o la venta de terrenos municipales para nuevas urbanizaciones a precios menores que los ofrecidos por el mercado privado de suelo– podrían servir para frenar o limitar la tendencia especulativa del mercado urbanístico en general y del precio de la vivienda en particular.

---

[15] En este sentido, el uso al cual tiene derecho el titular de un determinado terreno está supeditado al uso predeterminado por la norma urbanística aplicable –en concreto, por el plan urbanístico–. No obstante, este uso reglamentado no es intangible siendo el mismo susceptible de modificación. Esto significa, por poner un ejemplo, que si un municipio, a pesar de haber consumido todo el suelo urbanizable del cual disponía, sigue con expectativas de crecimiento demográfico y con ello, con necesidades de crecimiento urbano, puede reclasificar suelo rústico –cuyo aprovechamiento urbanístico estará limitado normalmente a actividades agrarias o ganaderas–, y, con ello, posibilitar su transformación en suelo urbano. Esta decisión municipal satisfará especialmente al propietario de los terrenos objeto de reclasificación urbanística ya que éste verá, de la noche a la mañana y sin ningún esfuerzo por su parte, incrementado sustancialmente el valor de mercado de su propiedad y los potenciales aprovechamientos de la misma en base al nuevo destino urbanísticamente decidido por el consistorio –por ejemplo, suelo destinado a uso residencial plurifamiliar–.

Ahora bien, no puede silenciarse que la experiencia acumulada en numerosas ocasiones ha sido exactamente la contraria. Pretendiendo maximizar los beneficios económicos de los recursos municipales –y de paso, en ocasiones, lucrarse personalmente– en los últimos tiempos hemos conocido una intolerable lista de casos de corrupción urbanística municipal en los cuales algunos políticos han actuado como auténticos promotores mercantiles de suelos privados y, con ello, han acentuado aún más la tendencia especulativa de los terrenos urbanizables de sus municipios[16]. Para frenar esta tendencia, especialmente más acentuada en los municipios demográficamente más pequeños, varias voces se han alzado reclamado mayor presencia o participación de los Ayuntamientos en los tributos estatales o autonómicos como una posible solución.

2. La dificultad técnica del ordenamiento jurídico urbanístico

El Derecho urbanístico constituye posiblemente una de las especialidades más complejas del ordenamiento jurídico español, tanto por su amplia variedad de conceptos normativos propios (como zonificación, retranqueo, reparcelación, sistema de compensación, aprovechamiento tipo, etc) como por su compleja dispersión competencial.

En este punto comparto la reflexión de SANZ MULAS, y también creo que la «complejidad de la normativa administrativa y su excesivo tecnicismo es, sin duda, un factor que complica sobremanera la tarea de determinar si estamos o no ante un delito urbanístico, disminuyendo con ello las posibilidades de su persecución y castigo[17]».

También, como defiende PARADA VÁZQUEZ[18], en España, a diferencia de la mayoría de países de nuestro entorno, el Derecho urbanístico se configura mediante una auténtica amalgama normativa que nada ayuda a clarificar una ya de por sí difícil disciplina jurídica. En el ordenamiento urbanístico español operamos, además de con las leyes estatales de aplicación a todo el territorio nacional y sus correspondientes reglamentos de desarrollo ejecutivo, con die-

---

16 En estos términos se expresa, entre otros, VERCHER NOGUERA, A., «Reflexiones sobre corrupción y urbanismo», en *Fraude y Corrupción en la Administración pública*, editorial Universidad de Salamanca, 2002, pp. 309 y 310.

17 SANZ MULAS, *Corrupción urbanística*, p 5.

18 PARADA VÁZQUEZ, R., *Derecho Urbanístico General,* Madrid, Marcial Pons, 2007, p. 20. Este autor señala que «esa conjunción de la propiedad privada sobre el suelo y las potestades públicas que condicionan decisivamente su utilización, objeto del Derecho urbanístico, se regulan en cuerpos normativos muy prolijos, recogidos en códigos de urbanismo, como en Francia, leyes estatales generales, caso de Italia, o, como en Alemania, en la que el urbanismo se rige por un Código federal que regula la propiedad urbanística y los instrumentos de planeamiento, quedando únicamente para los Estados la regulación de la policía urbanística –infracciones y sanciones– que coordinan a los efectos de una normativa igualitaria».

cisiete leyes autonómicas que, a la luz de la STC 61/1997, tienen competencia exclusiva sobre cuestiones como planeamiento o instrumentos de ordenación urbanística, sistemas de ejecución, patrimonios de suelo, y, disciplina urbanística[19].

En este sentido, y del mismo modo que se expresa el Informe de la Fundación Alternativas citado en páginas anteriores, entiendo que una normativa difícil de comprender abre puertas a la corrupción urbanística[20].

Asimismo, atendiendo a que la utilización irregular del Derecho urbanístico es presupuesto necesario de la corrupción urbanística, y que los Ayuntamientos son las administraciones territoriales con más competencias urbanísticas ejecutivas –otorgan licencias de obras, recalifican terrenos urbanos, reclasifican suelos no urbanizables, realizan (u omiten) actuaciones de inspección y sanción en materia urbanística, etc.– la mayoría de expedientes penales

---

[19] En la conocida y trascendental STC 61/1997, de 20 de marzo, el Tribunal Constitucional resolvió que el Estado no tenía competencias en materia urbanística y ordenación del territorio. En concreto, en el fundamento jurídico sexto de la citada sentencia se dice: «la competencia autonómica exclusiva sobre urbanismo ha de integrarse sistemáticamente con aquellas otras estatales que, si bien en modo alguno podrían legitimar una regulación general del entero régimen jurídico del suelo, pueden propiciar, sin embargo, que se afecte puntualmente a la materia urbanística (establecimiento de las condiciones básicas que garanticen la igualdad en el ejercicio del derecho de propiedad urbana, determinados aspectos de la expropiación forzosa o de la responsabilidad administrativa). Pero ha de añadirse, a renglón seguido, que no debe perderse de vista que en el reparto competencial efectuado por la CE es a las comunidades autónomas a las que se ha atribuido la competencia exclusiva sobre el urbanismo, y por ende es a tales entes públicos a los que compete emanar normas que afecten a la ordenación urbanística, en el sentido más arriba expuesto». En este contexto, y sin entrar a valorar en profundidad el actual reparto competencial en materia urbanística, quiero señalar, al objeto de tener al menos una visión esquemática de la cuestión, que la competencia legislativa en materia de ordenación territorial y urbanismo está constitucionalmente reconocida –artículo 148.1.3 de la Constitución española– en favor de la Comunidades Autónomas, siempre que estas así lo prevean en sus respectivos Estatutos de Autonomía, algo que han hecho todas y cada una de ellas. Mediante la potestad legislativa apuntada, las Comunidades Autónomas deciden el modelo urbanístico propio, y determinan los instrumentos de ordenación territorial. Estos instrumentos tienen por objeto solucionar problemas de alcance supramunicipal que no pueden dejarse en manos de instrumentos de ámbito local, como la protección de determinados espacios naturales o el desarrollo de infraestructuras que afecten a más de un término municipal. Al Estado como se observa, únicamente le corresponde la regulación de las condiciones básicas de la propiedad, la expropiación forzosa, y los métodos de valoración del suelo, sin que cuente con competencias de legislación básica en la materia.

[20] Al respecto en la página 17 del Informe de la Fundación Alternativas, de fecha 27 de junio de 2007: http://www.fundacionalternativas.org/public/storage/publicaciones_archivos/xmlimport-fL5JRu.pdf (enlace consultado en fecha 20 de agosto de 2016), puede leerse lo siguiente «La disparidad normativa es un inmejorable caldo de cultivo de la corrupción. Todas las Administraciones públicas tienen competencias normativas en materia de urbanismo, lo que provoca que el panorama de las normas aplicables resulte bien confuso. En la actualidad, resultan aplicables: la Ley Estatal del Suelo y leyes sectoriales, las leyes urbanísticas autonómicas, una por Comunidad Autónoma (más, habitualmente, sus reglamentos); las normas urbanísticas de los instrumentos de planeamiento que tramitan en lo esencial los Ayuntamientos. Sólo la recopilación del conjunto de la normativa estatal y autonómica (sin contar la local) supera las 5.000 páginas».

por corrupción urbanística tendrán origen en actuaciones locales desarrolladas en un marco urbanístico propio y diferenciado del resto del territorio, a saber: el marco normativo establecido en el planeamiento municipal correspondiente[21].

Pues bien, al final el problema de la amalgama normativa, la dispersión competencial, y, la tecnificación, llega al orden jurisdiccional, donde Jueces y Magistrados de la Jurisdicción penal, no especializados en la materia urbanística, deben valorar complejas cuestiones técnico-urbanísticas en el enjuiciamiento de este tipo de delitos[22].

3. El *descontrol* del Derecho urbanístico

Sin desmerecer las anteriores causas, en mi opinión la falta de control de las decisiones municipales en materia urbanística es el principal motivo de la corrupción urbanística.

Todo acto administrativo dotado de cierta discrecionalidad sin transparencia de la actividad, posibilitará la corrupción. En el Derecho urbanístico están previstos mecanismos de acceso a la documentación mediante los cuales todo ciudadano tiene derecho a solicitar información urbanística a cualquier administración española y formular alegaciones contra todos los acuerdos urbanísticos que considere oportunos –acción pública urbanística–[23]. Ahora

---

[21] De todas maneras, cuando un Ayuntamiento decide modificar su planeamiento urbanístico general puede que, en las nuevas disposiciones, se atente contra un interés supramunicipal digno de protección. Es por ello que la mayoría de Leyes urbanísticas de las Comunidades Autónomas prevén la fiscalización autonómica del planeamiento municipal antes de su aprobación definitiva y, por ello, podrían plantearse casos de responsabilidad compartida, entre el municipio y la Comunidad Autónoma, si finalmente acontece la aprobación definitiva de un Plan urbanístico ilegal por parte de aquélla. Si a ello le sumamos que en ocasiones el Plan General municipal acaba aprobándose por silencio de la administración autonómica, el problema de la comprensión del Derecho urbanístico todavía se complica más.

[22] A mayor abundamiento, como es sabido, la jurisdicción penal no está obligada a suspender el procedimiento por cuestiones de prejudicialidad administrativa urbanística.

[23] En concreto, el artículo 5 del Real Decreto Legislativo 7/2015, de 30 de octubre, por el que se aprueba el texto refundido de la Ley del Suelo y Rehabilitación Urbana dispone, entre otras cuestiones, que serán derechos del ciudadano: «(...) (c) Acceder a la información de que dispongan las Administraciones Públicas sobre la ordenación del territorio, la ordenación urbanística y su evaluación ambiental, así como obtener copia o certificación de las disposiciones o actos administrativos adoptados, en los términos dispuestos por su legislación reguladora. (d) Ser informados por la Administración competente, de forma completa, por escrito y en plazo razonable, del régimen y las condiciones urbanísticas aplicables a una finca determinada, en los términos dispuestos por su legislación reguladora. (e) Participar efectivamente en los procedimientos de elaboración y aprobación de cualesquiera instrumentos de ordenación del territorio o de ordenación y ejecución urbanísticas y de su evaluación ambiental mediante la formulación de alegaciones, observaciones, propuestas, reclamaciones y quejas y a obtener de la Administración una respuesta motivada, conforme a la legislación reguladora del régimen jurídico de dicha Administración

bien, no podemos cargar la responsabilidad del control de los poderes públicos a los ciudadanos particulares. Estos tienen el derecho, pero no la obligación. Además, es conocida la desidia y parsimonia con la que responden solicitudes de información algunas administraciones locales.

Históricamente el gran mecanismo de control de los Ayuntamientos habían sido los funcionarios públicos de habilitación estatal que operaban en ellos, a saber: los secretarios de Ayuntamiento, interventores y tesoreros municipales; profesionales que, con su alta tecnificación e independencia, podían controlar la actuación irregular de los entes locales y denunciar los intentos de corrupción política de los representantes municipales. El problema, disfrazado de una presunta *modernización* de la administración local y adornada con el principio de *autonomía local*, ha sido el descarado e injustificado proceso de debilitamiento de las funciones de estos profesionales. Esta tendencia paulatina de modernización y que, en definitiva, ha minado el control municipal realizado históricamente por estos funcionarios, se inició con la Ley 7/1985, de 2 de abril, Reguladora de Bases de Régimen Local mediante la cual, entre otras cuestiones, se derogó el mecanismo de *advertencia de ilegalidad* prevista en el antiguo artículo 413 de la antigua Ley de Régimen Local de 1950 y se instauró un sistema de baremos específicos locales en los concursos de traslados mediante los cuales los Ayuntamientos podían forzar la elección de su *mejor* candidato –esta práctica dio lugar a esperpénticas solicitudes de méritos para el puesto como saber montar a caballo o tener experiencia como gerente de una fábrica de cerámica, entre otros[24]–. Asimismo, en reformas legales posteriores se posibilitó la libre designación de secretarios, interventores y tesoreros en algunos municipios, dando como resultado que el controlado fuese el que designara y cesara libremente a su controlador.

A consecuencia de las limitaciones que han soportado estos funcionarios, actualmente el secretario o interventor del Ayuntamiento, antes de acudir a presentar una denuncia ante el Ministerio Fiscal, deberá estar muy seguro de la viabilidad del procedimiento acusatorio penal. Trasladar la presunta noticia criminal a la justicia supone enfrentarse al gobierno municipal, del cual, en definitiva, depende finalmente su situación laboral[25].

---

y del procedimiento de que se trate. (f) Ejercer la acción pública para hacer respetar las determinaciones de la ordenación territorial y urbanística, así como las decisiones resultantes de los procedimientos de evaluación ambiental de los instrumentos que las contienen y de los proyectos para su ejecución, en los términos dispuestos por su legislación reguladora».

[24] Informe de la Fundación Alternativas, de fecha 27 de junio de 2007: http://www.fundacionalternativas.org/public/storage/publicaciones_archivos/xmlimport-fL5JRu.pdf p.17 (enlace consultado en fecha 20 de agosto de 2016).

[25] Un ejemplo de las consecuencias que puede sufrir el secretario municipal *rebelde* lo describe El País en su noticia de fecha 10 de julio de 2016, titulada «Descubrí corrupción e intentaron acabar conmigo» y en la cual se relata el padecimiento sufrido durante años por la funcionaria local que denunció irregularidades municipales: http://politica.elpais.com/politica/2016/06/21/actualidad/1466532310_568075.html

En este contexto, devolver a los secretarios e interventores locales unas plenas competencias de fiscalización y revestirlos de auténtica independencia en su función, sería un gran avance contra la corrupción. La posición que adopten nuestros políticos al respecto nos ayudará a extraer evidentes conclusiones. Todo es cuestión de voluntad.

IV. ARMAS QUE DISPONE EL CÓDIGO PENAL PARA LUCHAR CONTRA LA CORRUPCIÓN URBANÍSTICA

En lo que sigue intentaré explicar algunos casos prototípicos de corrupción urbanística y, en su caso, qué delitos existen actualmente en el Código penal para castigar aquellas conductas. No obstante, como ya he advertido en el inicio de este estudio, atendiendo al propósito del presente y los límites de extensión del mismo, el lector no encontrará un listado de cada uno de los tipos penales que podrían imaginarse en escenarios de corrupción urbanística. Me he ocupado únicamente de aquellos tipos que he considerado más paradigmáticos del problema, y con ello, he dejado fuera del estudio, por ejemplo, delitos como la prevaricación administrativa[26]; el delito de tráfico de influencias[27]; y, algunos tipos concretos del delito de cohecho, como el cohecho pasivo impropio[28];

---

[26] De hecho, el artículo 404 del Código penal constituye el tipo básico de la prevaricación administrativa, y, por ello, en los escenarios de corrupción urbanística, atendiendo que las resoluciones adoptadas estarán vinculadas al ordenamiento jurídico urbanístico, el principio de especialidad como modo de resolución de discrepancias en concursos aparentes de normas desplazará su aplicación en favor del artículo 320 del Código penal –prevaricación urbanística–. En este contexto se expresa el Tribunal Supremo cuando, en la STS, 1127/2009, de 27 de noviembre, resuelve que: «Añade el recurso que, en su caso, el delito del art. 319 entraría en concurso con el del art. 404; pero ello implicaría desconocer la especialidad del art. 320 respecto al 404».

[27] El artículo 428 del CP sanciona la influencia realizada entre funcionarios mientras que el artículo 429 del CP sanciona la influencia ejercida por el particular. En supuestos de corrupción urbanística pueden imaginarse escenarios donde el alcalde influye sobre el técnico responsable de la emisión del preceptivo informe urbanístico para que éste sea dictado favorable a los interese particulares del mismo alcalde o persona afín o, el pariente próximo o pareja sentimental del funcionario público que le ánima a modificar el planeamiento urbanístico a su favor.

[28] La única diferencia entre el cohecho pasivo propio (artículo 419 del CP) y el impropio (artículo 420 del CP) estriba en que en éste último el funcionario se compromete a realizar un acto acorde a su cargo o función y, por ende, pasa por ser un acto administrativo legal que se utiliza torticeramente con fines espurios. Evidentemente esta conducta cuenta con un desvalor del injusto menor, lo que se traduce finalmente en una más benévola consecuencia jurídica. En cuanto a su relación con la corrupción urbanística, no cabe duda que no tiene la misma significación que el tipo de cohecho pasivo propio. Podemos pensar en ejemplos como el funcionario que tiene la obligación de expedir una licencia de obras y la supedita a previa gratificación económica indebida o la tramitación discrecional de una modificación puntual del plan general municipal, cuyo resultado posibilitaría el incremento de aprovechamiento privado, y que queda paralizada hasta que el alcalde reciba el regalo solicitado. Por ejemplo, en la STS 684/2013, de 3 de septiembre, se confirma la condena por delito de cohecho pasivo impropio al Alcalde y el Concejal de Urbanismo que exigieron el pago de diversas cantidades –superiores a los 120.000 euros– a un promotor

el delito de cohecho pasivo subsiguiente o de recompensa[29]; o, el delito de cohecho impropio de facilitación[30].

Asimismo, aprovecho para insistir que tampoco procederé a realizar un estudio técnico clásico y pormenorizado de la tipicidad de los delitos seleccionados. El objetivo de los siguientes apartados pasa por demostrar que actualmente no existen lagunas de punibilidad que exijan la tipificación de nuevos ilícitos penales en la lucha contra la corrupción urbanística, no, al menos, si queremos seguir respetando el principio de *ultima ratio* del Derecho penal[31], y, para ello, entiendo que si consigo señalar las características más importantes de los delitos estudiados completaré mi propósito.

No obstante lo anterior, sí creo necesario hacer una mención sucinta al bien jurídico protegido de los delitos que vayan ser objeto de análisis, no solamente para visualizar que interés intentan proteger, sino sobre todo, para reivindicar la importancia de este instrumento penal. Como es conocido, en los últimos años han ido apareciendo posiciones académicas de cierta marginación al concepto del bien jurídico protegido –en especial, la escuela de JAKOBS y su teoría de «protección de vigencia de la norma»–. En este contexto, defiendo que la función principal del Derecho penal debe seguir siendo la protección de bienes jurídicos. Con esto no solamente se facilita la interpretación teleológica de los tipos penales –antijuricidad material del ilícito pe-

---

inmobiliario a cambio de la concesión de licencias de construcción. No obstante, al versar el tipo de injusto sobre actuaciones que serán propias del cargo del funcionario éstas no lesionaran tan gravemente el ordenamiento urbanístico y, por tanto, no constituyen medios útiles de la *gran* corrupción urbanística.

[29] Por medio del delito de cohecho subsiguiente o de recompensa (artículo 421 del CP) se castiga al funcionario que recibe o solicita la dádiva, favor o retribución, en un momento posterior al de la realización del acto administrativo. Esto es, como ha señalado la jurisprudencia, en el delito de cohecho subsiguiente se requiere que la recompensa o dádiva no haya sido solicitada, aceptada o pactada antes de la realización del acto. Entre otras STS 166/2014, de 28 de febrero (FJ 20º).

[30] El cohecho pasivo impropio (artículo 422 del CP) aparece cuando el funcionario o autoridad recibe algún tipo de retribución en consideración del cargo público que ostenta, sin requerirse la realización por parte de aquél de algún acto –inherente o no– a su función. Este delito tiene una vinculación con la corrupción urbanística relativa. Debe entenderse que en este tipo penal se exige que no haya actuación comprometida por parte del funcionario o autoridad, y, por ello, no cabe subsumir este delito de cohecho en el fenómeno de la corrupción urbanística, al menos, no directamente. No obstante, cuando el regalo descubierto es de cierta consideración económica, se representa difícil aceptar que tal presente se haya realizado a título de liberalidad. Los datos objetivos nos pueden llamar a inferir algo distinto. Es posible que se haya descubierto sólo parte del ilícito penal, la dádiva irregular, pero reste escondido el acto administrativo cometido a su razón, que sí esté vinculado con el fenómeno de la corrupción.

[31] Como es sabido, el principio de intervención mínima o *ultima ratio* determina que el Derecho penal sólo debe intervenir para proteger los bienes jurídicos más importantes para el individuo o la sociedad –carácter fragmentario– y, únicamente, cuando los demas medios de tutela y sanción que pueda disponer un Estado de Derecho se revelen insuficientes para atajar el problema –carácter subsidiario–. Entre muchos otros: MIR PUIG, S, *Derecho Penal Parte General*, Barcelona, Reppertor, 2016, p.128.

nal– sino, sobre todo, se limita la discrecionalidad del poder legislativo, al invitarle a buscar un interés o bien jurídico protegido que justifique la sanción penal[32].

1. Delitos relativos a la ordenación del territorio y el urbanismo

El Capítulo Primero del Título XVI del Libro Segundo del Código Penal se titula «De los delitos sobre la ordenación del territorio y el urbanismo» y contiene los comúnmente conocidos como delitos urbanísticos, concretamente los artículos 319 y 320 del Código penal. Ambos delitos castigan conductas que pueden afectar al suelo como recurso natural y sancionan el incumplimiento de la norma urbanística o de ordenación territorial.

1.1. Cuestiones previas del delito urbanístico: autonomía frente al fenómeno de la corrupción urbanística

El artículo 319 del Código penal tipifica el delito urbanístico estrictamente considerado. Ahora bien, esta terminología no significa que éste sea el delito más relevante contra la corrupción urbanística. De hecho, considero que paradójicamente el delito urbanístico tipificado en el artículo 319 del Código penal constituye una fracción muy minoritaria y residual de la lucha penal contra la corrupción. En términos similares se expresa García Arán cuando señala que «el art. 319 Código penal es absolutamente insuficiente (incluso con el complemento del art. 320 Código penal) para abordar el problema general de la corrupción urbanística y ni siquiera se corresponde necesariamente con ella[33]». También Rubio Lara apunta que «una cosa es hablar de corrupción pública o de corrupción privada y otra, muy diferente, aun cuando vaya asociada en múltiples casos, de los delitos urbanísticos[34]».

De hecho, a diferencia de lo defendido por parte de algunos autores[35], opino que el delito urbanístico tipificado en el artículo 319 del Código penal

---

[32] Entre otros GIMBERNAT ORDEIG en ROLAND HEFENDEHL (ed.) *La teoría del bien jurídico, ¿Fundamento de legitimación del Derecho penal o juego de abalorios dogmático?*, Madrid, Marcial Pons, 2007.

[33] GARCÍA ARÁN, «Limitaciones del Derecho Penal», p. 86.

[34] ÁNGEL RUBIO LARA, P, «Corrupción urbanística y corrupción pública en el Derecho penal: un estudio de la situación tras la reforma de 2010» en *La Corrupción a Examen*, Pamplona, Thomson Reuters Aranzadi, 2012, p. 18.

[35] Aparentemente en contra, por ejemplo, SOUTO GARCÍA, E.M, «Los Delitos Urbanísticos en España: La protección dispensada por el artículo 319 del Código Penal Español a la Ordenación del Territorio» en *Derecho Penal y Criminología: Revista del Instituto de Ciencias Penales y Criminológicas, volumen 32*, Universidad Externado de Colombia, 2011; autora que habla del «artículo 319 del Código penal como medio de represión de la Corrupción urbanística».

no castiga –al menos no sin otros tipos coadyuvantes en concurso, como la prevaricación urbanística o el cohecho– la corrupción urbanística. Como se verá el delito urbanístico persigue las obras ilegales especialmente intolerables, y con él se castiga al sujeto que decide levantar una edificación o ejecutar una construcción en terrenos inhábiles para ello infringiendo las normas urbanísticas. En este sentido, en páginas anteriores he definido la corrupción urbanística como aquél abuso de poder público urbanístico en beneficio particular o de terceros. No creo que el supuesto de hecho previsto en el artículo 319, individualmente considerado –a salvo de posibles relaciones concursales que serán ampliadas en páginas posteriores– tenga relación con el abuso de un poder público. A mayor abundamiento, y tal y como señala García Arán, «es difícil que el delito urbanístico *stricto sensu* del art. 319 CP, esto es, la urbanización, construcción o edificación ilegal, se aplique en casos en que interviene la complicidad o la tolerancia de las autoridades –lo que ya se acerca al concepto de corrupción–, porque generalmente dichas autoridades tienen amplias posibilidades de decidir sobre la legalidad o ilegalidad de las obras, lo que las coloca en posición de vaciar el contenido de la norma penal en supuestos que les afectan[36]».

1.2. El delito urbanístico dispuesto en el artículo 319 del Código penal

El bien jurídico protegido en este delito, si bien con cierta discusión doctrinal, es el valor material de la ordenación territorial en su sentido constitucional de utilización racional del suelo orientada a los intereses generales[37].

El delito urbanístico cuenta con dos supuestos de hecho diferenciados: un tipo básico –previsto en el segundo apartado del artículo– y un tipo cualificado –previsto en el primer apartado del precepto–. Entre ambos tipos se comparten todos los elementos típicos a excepción de la clase de suelo que protegen. En concreto el tipo cualificado castiga a los promotores, constructores o técnicos directores que lleven a cabo obras de urbanización, construcción o edificación no autorizables en suelos destinados a viales, zonas verdes, bienes de dominio público o lugares que tengan legal o administrativamente reconocido su valor paisajístico, ecológico, artístico, histórico o cultural, o por los mismos motivos hayan sido considerados de especial protección. A su vez, el tipo básico castiga a los mismos sujetos –promotores, constructores o técnicos

[36] GARCÍA ARÁN, «Limitaciones del Derecho Penal», p. 87.

[37] Entre otras ver lo dispuesto en el Auto TS, 1786/2013, de 3 octubre (razonamiento jurídico 2°) en el cual se dispone que «el bien jurídico protegido en los delitos de urbanismo es la utilización racional del medio como recurso natural limitado y la ordenación de su uso al interés general. (...), en el delito «urbanístico» no se tutela la normativa urbanística –un valor formal o meramente instrumental– sino el valor material en la ordenación del territorio, en su sentido constitucional de «utilización racional del medio orientada a los intereses generales (...)».

directores– cuando las obras de urbanización, construcción o edificación no autorizables hayan sido levantadas en suelo no urbanizable.

El supuesto de hecho prototípico de este delito aparece cuando se obtiene una licencia legal para llevar a cabo unas obras urbanísticamente autorizables, pero, se acaba excediendo exageradamente el permiso y se levanta finalmente una edificación totalmente diferente a la que supuestamente debía construirse y cuyas características definitivas obligan a considerarla no autorizable administrativamente. Asimismo, en ocasiones la acción delictiva es menos sutil. Puede el particular construir o edificar algún tipo de obras no autorizables sin haber solicitado ningún permiso de edificación *falso* al ente municipal. Incluso puede ocurrir que el particular sí solicite una licencia de obras pero la administración no conteste en el plazo legalmente establecido y, una vez resuelto por silencio administrativo, el particular decida iniciar la construcción. Al respecto quiero hacer dos precisiones: (i) el Derecho urbanístico establece el silencio *negativo* como respuesta en las solicitudes que versen sobre cuestiones urbanísticas no autorizables, y, por ende, no se puede obtener por silencio administrativo una licencia de obras contraria a las normas urbanísticas de aplicación[38]; y, (ii) actualmente el tipo penal castiga las obras *no autorizables*, no ya las obras *no autorizadas* y, por ello, después de la Ley Orgánica 5/2010, de 22 de junio, de modificación del Código penal, que trajo consigo esta nova-

---

[38] El artículo 23 (silencio negativo en procedimientos de conformidad, aprobación o autorización administrativa) del Real Decreto Real Decreto-ley 8/2011, de 1 de julio, de medidas de apoyo a los deudores hipotecarios, de control del gasto público y cancelación de deudas con empresas y autónomos contraídas por las entidades locales, de fomento de la actividad empresarial e impulso de la rehabilitación y de simplificación administrativa dispone lo siguiente: «1. Los actos de transformación, construcción, edificación y uso del suelo y el subsuelo que se indican a continuación requerirán del acto expreso de conformidad, aprobación o autorización administrativa que sea preceptivo según la legislación de ordenación territorial y urbanística: (a) Movimientos de tierras, explanaciones, parcelaciones, segregaciones u otros actos de división de fincas en cualquier clase de suelo, cuando no formen parte de un proyecto de reparcelación. (b) Las obras de edificación, construcción e implantación de instalaciones de nueva planta. (c) La ubicación de casas prefabricadas e instalaciones similares, ya sean provisionales o permanentes. (d) La tala de masas arbóreas o de vegetación arbustiva que, por sus características, puedan afectar al paisaje. (e) La primera ocupación de las edificaciones de nueva planta y de las casas a que se refiere la letra (c) anterior. 2. El vencimiento del plazo máximo sin haberse notificado la resolución expresa legitimará al interesado que hubiere deducido la solicitud para entenderla desestimada por silencio administrativo».

Asimismo, esta forma de entender el silencio también ha sido aceptada en las leyes autonómicas urbanísticas (recordemos que el Derecho urbanístico es una competencia eminentemente autonómica). En este sentido, y por señalar un ejemplo, en el artículo 5 del Decreto Legislativo 1/2010, de 3 de agosto, por el que se aprueba el texto refundido de la Ley de urbanismo de Cataluña se dispone que «(…) En ningún caso se pueden considerar adquiridas por silencio administrativo facultades urbanísticas que contravengan a esta Ley o al planeamiento urbanístico». Por poner un ejemplo jurisprudencia de lo anterior, en la SAP de Barcelona, 342/2011, de 16 de febrero se dispone que «en este sentido, no cabe entender concedida por silencio positivo la licencia de obras solicitada por el recurrente el 1 de diciembre de 1997, pues ello supondría adquirir por silencio administrativo facultades urbanísticas que contravienen la legislación aplicable».

ción típica, el desvalor se centra en la ilegalidad de la construcción y no en la concurrencia de un acto administrativo previo autorizando la eventual actuación urbanística.

En páginas anteriores ya hemos hecho referencia a la especial dificultad técnica de la norma administrativa urbanística, siendo la dispersión normativa uno de sus principales condicionantes. Esta complejidad toma su máxima relevancia en sede penal, cuando para completar el tipo se deberá acudir, no solamente a las normas urbanísticas estatales y autonómicas, sino también –y en especial– a las disposiciones de planeamiento urbanístico municipal de cada Ayuntamiento en particular. En el marco de esta cuestión se han planteado y estimado varias defensas penales con motivo de error de tipo en la actuación del acusado[39] o, incluso, un eventual error de prohibición de la norma[40]; en la medida en que la condición del suelo y la eventual autorización de las obras versan sobre elementos normativos del tipo, algunos Tribunales han manifestado que se hace muy sutil la línea divisoria entre ambas clases de errores[41].

Asimismo, la condición de norma penal en blanco sitúa el núcleo de injusto en la infracción de la norma administrativa, vinculado éste, en todo caso, a la posible reclasificación del suelo que decida el Ayuntamiento competente[42], algo que, en ocasiones, posibilitará la impunidad sobrevenida de obras urba-

---

[39] Por ejemplo, en la SAP Cádiz, 267/2008, de 3 de septiembre podemos leer que: «Han apreciado la existencia del error de tipo algunas Audiencias Provinciales como la de Valencia de 24 de octubre de dos mil dos, Audiencia Provincial de Almería de 29 Mar. 2000 y la Audiencia Provincial de Zaragoza de 15 Jun. 1999: «... El empleo de conceptos normativos en la conducta típica posibilita la alegación de la situación de error de tipo que tanto en su versión vencible como invencible, de conformidad con el artículo 14.1 del Código Penal y ante la impunidad de la imprudencia excluirá la responsabilidad criminal. El error puede versar sobre cualquier circunstancia de las requeridas por el precepto, a saber, que la edificación es autorizable cuando no lo es, o que el suelo es urbanizable. El sujeto activo debe saber lo que quiere y querer hacerlo, es decir, debe saber que la edificación en suelo no urbanizable no es susceptible de autorización y sin embargo querer realizarla». En algunas de estas sentencias se trataba de construcciones ejecutadas con medios propios y de carácter familiar en lugar en el que existían otras muchas y que el propio Ayuntamiento consintió su construcción».

[40] Por ejemplo, en la SAP Madrid 378/2014, de 22 de mayo (si bien el Tribunal desestima la alegación formulada por la defensa) puede leerse que: «Desde el punto de vista del juicio de inferencia, considera el recurrente que la prueba practicada no permitiría considerar acreditados los elementos del tipo. Básicamente, se sostiene que tan sólo habría ejecutado unos trabajos consistentes en una construcción de una caseta de aperos, no de posteriores actos que en el terreno hubiera realizado el propietario. Así como que éste le habría indicado que tendría las oportunas licencias para la ejecución de las obras, por lo que habría actuado en esa creencia, con lo cual considera que su conducta vendría amparada por la concurrencia de la figura del error de prohibición».

[41] SAP Cádiz, 267/2008, de 3 de septiembre (FJ 4ª).

[42] GARCÍA ARÁN, M, (directora) *La Delincuencia Económica, Prevenir y Sancionar*, Valencia, Tirant Lo Blanch, 2014, pp. 428 y 429: «(...) el hecho de que el delito urbanístico dependa de cuál sea la calificación administrativa del suelo urbanizado, sitúa el núcleo del injusto penal en la infracción de tal normativa administrativa, sin que las socorridas referencias doctrinales o ju-

nísticas *ex ante* penalmente típicas; cuestión ésta que en páginas posteriores será desarrollada y vinculada con el delito de prevaricación urbanística.

1.3. Principio de intervención mínima y delito urbanístico

Si bien el objetivo principal del presente estudio pasa por decidir si la actual respuesta penal española contra la corrupción urbanística es suficiente a efectos preventivos, en el análisis del tipo de injusto del delito urbanístico se me han planteado cuestiones vinculadas al principio de intervención mínima que me parecen oportunas compartir.

En este sentido, el delito urbanístico ha suscitado varios pronunciamientos acerca de la antijuricidad material o necesidad de determinar un umbral mínimo de relevancia penal del tipo de injusto. Esto es, en ocasiones los Tribunales de Justicia han conocido supuestos de hecho donde se había construido una edificación de características tan reducidas que se representaba como inadecuada para lesionar el bien jurídico tutelado. Personalmente tengo una opinión algo crítica respecto al abuso jurisprudencial de las técnicas de absolución penal por ausencia de antijuricidad material de la acción, aceptable sólo de forma excepcional en supuestos evidentes de irrelevancia penal[43]. De hecho, creo que esa forma de entender el Derecho penal en ocasiones puede ser contraria al principio de legalidad, al desconocer el mandato del artículo 4.3 del Código penal. Es más, como hemos señalado más arriba, el bien jurídico protegido no es la lesión del suelo como recurso natural o el medio ambiente como interés digno de protección[44], sino la ordenación territorial en un sentido material constitucional y, por ende, cualquier edificación ilegal típica es

---

risprudenciales a la «mayor gravedad» del ilícito penal como criterio rector –también utilizadas en otras materias– solucionen la cuestión de fondo ni eliminen la inseguridad jurídica».

[43] Por ejemplo, en la reciente SAP Badajoz, 77/2015, de 26 de marzo, se absuelve al constructor de unas obras no autorizables en suelo no urbanizable atendiendo únicamente a motivos de antijuricidad material. En concreto, en el Fundamento Jurídico Quinto puede leerse que: «esta Sala se inclina decididamente por la tesis que podemos llamar «material», atendiendo a la especial preponderancia otorgada según la mayoritaria jurisprudencia antes citada una auténtica contravención de un bien jurídico relevante y protegible en esta sede, desde el punto de vista pues de la antijuridicidad material. (…) El precepto citado castiga conductas objetivamente graves y dolosas que ataquen un bien jurídico comunitario (la utilización racional del suelo y la adecuación de su uso al interés general); y por ello el análisis del tipo debe realizarse desde la perspectiva de la «antijuridicidad material», aplicando en su caso el principio de mínima intervención, fragmentariedad y subsidiariedad inspiradores del Derecho Penal cuando no se aprecie afectación del bien jurídico tutelado, ya que los tipos penales no pueden servir como mero reforzamiento de la autoridad administrativa, sin contenido material de antijuridicidad».

[44] Parcialmente en contra ACALE SÁNCHEZ, M, *Los nuevos delitos sobre la ordenación del territorio y el urbanismo, Barcelona*, Bosch, 2011, p. 134 y ss., donde defiende el patrimonio histórico o al medio ambiente como intereses incluidos –o al menos vinculados– con el bien jurídico protegido del delito urbanístico.

potencialmente lesiva para el bien jurídico protegido. Ahora bien, dicho lo anterior, sí creo que actualmente la tipicidad del delito urbanístico es exageradamente punitiva, castigándose penalmente actuaciones que, a la luz del principio de minina intervención, deberían quedar confiadas al derecho administrativo sancionador.

No cabe duda que la inacabable lista de casos de infracciones urbanísticas existentes permiten argumentar que la insuficiencia del derecho administrativo sancionador, a efectos preventivos, justifican la intervención del derecho penal. No obstante, opino que la principal causa de la intolerable lista de construcciones ilegales no es la presunta ineficacia de la norma administrativa sino la desidia de las administraciones públicas competentes en ejercer las funciones inspectoras que tienen encomendadas[45]. De hecho, algún autor ha señalado que la pasividad administrativa ha tenido por efecto renunciar al sentido del principio de intervención mínima[46], algo que ha comportado la configuración de un Derecho penal *prima ratio* ajeno al postulado del principio de intervención mínima.

Pues bien, en relación al primer apartado del artículo 319 del Código penal no existen especiales objeciones, ya que con él se castigan las actuaciones urbanísticas ilegales levantadas sobre aquellos suelos *más protegidos* por el ordenamiento urbanístico y, por ende, opino que respeta el carácter fragmentario del principio de intervención mínima. Diferente opinión tengo acerca del segundo apartado del artículo, precepto mediante el cual se sancionan penalmente construcciones levantadas en todo tipo de suelo clasificado como *no urbanizable*, esto es, no solamente aquél suelo tributario de una protección administrativa reforzada, como podrían ser un eventual interés de protección forestal o ganadero –valores, dicho sea de paso, no incluidos en la tipicidad del tipo cualificado–, sino igualmente aquel suelo *no urbanizable ordinario* o *común*, que se reserva de la urbanización sin reconocer en él alguna consideración de especial protección o interés reforzado de reserva natural. Creo que esta forma de tipificación, además de propiciar un problema exegético no menor, como es la conceptuación de lo que ha de entenderse por *suelo no urbani-*

---

[45] Refrendando esta opinión cabe citarse la noticia publicada en fecha 19 de julio de 2016 en el periódico El País, cuyo titular señala: «Las investigaciones por delitos urbanísticos en Cádiz se triplican. La fiscalía alerta de la «desidia» de los Ayuntamientos para derribar casas ilegales»: http://politica.elpais.com/politica/2016/07/19/actualidad/1468926807_740333.html (enlace consultado en fecha 1 de septiembre de 2016).

[46] Por ejemplo QUINTERO OLIVARES, G, *La Justicia Penal en España*, Pamplona, Aranzadi, 1998, p. 35: «(...) en ocasiones la renuncia a cumplir con el principio de intervención mínima ha sido forzada por causas extrínsecas. Tal sucede con el fracaso de la Administración en sus tareas de control preventivo y sancionador, por ejemplo, en materia de disciplina urbanística. Curiosamente, aquellos países en los que la actividad constructora está eficazmente controlada por la Administración no han tenido la necesidad de tipificar delitos urbanísticos. Eso pone de manifiesto un fenómeno nuevo: que el derecho penal y el sistema judicial deba de actuar no porque la actuación administrativa sea insuficiente ante la gravedad de lo sucedido, sino porque esa Administración no quiere o no puede cumplir eficazmente con su cometido».

zable común u *ordinario* en cada uno de los ordenamientos urbanísticos autonómicos, atenta al principio de intervención mínima, el cual no debe retorcerse por la falta de voluntad de la administración a la hora de realizar sus funciones, y, propicia la condena penal de actuaciones que, a la luz del carácter fragmentario del principio de intervención mínima, deberían quedar reservadas al ámbito del derecho administrativo sancionador.

Así, considero que sería conveniente proponer al legislador una modificación parcial del tipo penal que viniera a respetar el principio de intervención mínima, y, por ello, planteo la siguiente propuesta de *lege ferenda*, según la cual, el segundo apartado del artículo 319 del Código penal podría quedar redactado del siguiente modo: «Se impondrá la pena de prisión de uno a tres años, multa de doce a veinticuatro meses, salvo que el beneficio obtenido por el delito fuese superior a la cantidad resultante en cuyo caso la multa será del tanto al triplo del montante de dicho beneficio, e inhabilitación especial para profesión u oficio por tiempo de uno a cuatro años, a los promotores, constructores o técnicos directores que lleven a cabo obras de urbanización, construcción o edificación no autorizables en suelos no urbanizables que legal o administrativamente tengan reconocido su valor agrícola, ganadero, cinegético o forestal, o que por cualquier otro motivo hayan sido considerados de especial protección y no estén incluidos en el apartado anterior».

El resultado práctico de esta propuesta legislativa sería el siguiente: (i) Si el sujeto realiza obras no autorizables en suelo especialmente protegido estaremos ante un delito del artículo 319 del Código penal; si las construcciones se realizan sobre espacios destinados a viales, zonas verdes, bienes de dominio público o lugares que tengan legal o administrativamente reconocido su valor paisajístico, ecológico, artístico, histórico o cultural, o por los mismos motivos hayan sido considerados de especial protección respondería por el tipo cualificado; en cambio, si las obras se levantan sobre suelo «no urbanizable protegido», no incluido en los supuestos del tipo cualificado –como podrían ser los suelos no urbanizables por sus valores agrícolas, ganaderos, cinegéticos, forestales, etc.–, respondería por el tipo básico del delito urbanístico. (ii) Si un sujeto realiza obras no autorizables en suelo «no urbanizable común» –suelo reservado de la urbanización pero sobre el cual no pesa ningún régimen de especial protección– su conducta será atípica penalmente pero ilícita administrativamente, siendo competentes los instrumentos de derecho administrativo sancionador. (iii) Ahora bien, si para realizar las obras ilegales, en cualquier tipo de suelo, el particular ha contado con la connivencia del funcionario municipal –facilitando permisos ilegales, silenciando inspecciones obligatorias, etc.– ambos podrían responder por un delito de prevaricación urbanística o, en su caso, por alguno de los tipos de cohecho.

En definitiva, la modificación legislativa propuesta no propiciaría espacios de impunidad sobrevenida. El suelo y la ordenación territorial seguirían estando protegidos penalmente. Sí se evitarían procedimientos penales contra aquellas edificaciones menos lesivas para el bien jurídico protegido, las cuales, a la luz del principio de intervención mínima, deberían quedar confiadas a la sanción administrativa.

1.4. La prevaricación urbanística tipificada en el artículo 320 del Código penal

El artículo 320 del Código penal es conocido comúnmente como el delito de *prevaricación urbanística*. El bien jurídico protegido en este delito, del mismo modo que el del artículo 319, es el valor material de la ordenación territorial en su sentido constitucional de utilización racional del suelo orientada a los intereses generales. No obstante, este precepto cuenta además con un segundo bien jurídico protegido –y, por tanto, se configura como un delito pluriofensivo– consistente en el correcto funcionamiento de la administración pública[47].

Se trata de un delito especial cuyo autor solamente puede ser un funcionario o autoridad pública[48] y cuya pena se determina por remisión a la prevista en el artículo 404 del Código penal, delito de prevaricación administrativa general, –técnica legislativa por remisión que ha sido definida por algún autor

---

[47] Entre otros, ACALE SÁNCHEZ, *Los nuevos delitos*, p. 307; y, VILLACAMPA ESTIARTE, C, «Delitos sobre la ordenación del territorio y el urbanismo (arts. 319 y 320)» en QUINTERO OLIVARES, G, (director) *La Reforma Penal de 2010: Análisis y Comentarios*, Navarra, Aranzadi, 2010, p. 272.

[48] Atendiendo a la relevancia penal que tiene la consideración de funcionario o autoridad pública en prácticamente todos los delitos relacionados con la corrupción urbanística, creo que es oportuno dedicarle aquí unas líneas de común aplicación a los delitos seleccionados. En este sentido, la mayoría de preceptos que están vinculados con la corrupción son tipos penales especiales cuyo autor debe ser un funcionario o autoridad pública. El artículo 24.2 del Código penal establece qué debe entenderse por funcionario o autoridad a efectos penales, a saber: «todo el que por disposición inmediata de la Ley o por elección o por nombramiento de autoridad competente participe en el ejercicio de funciones públicas». Dentro de este concepto, el ordenamiento jurídico penal asume un concepto mucho más amplio de funcionario del que estrictamente definiría el Derecho administrativo. Por ejemplo, funcionario, a efectos penales, también es el concejal de Ayuntamiento, el cual, en derecho administrativo no tendría necesariamente siempre aquélla consideración. A mayor abundamiento, la figura del asesor jurídico municipal, ocupación normalmente desarrollada por abogados externos que ocasionalmente hayan sido contratados por el consistorio, también podrá considerarse funcionario a efectos penales. Por ejemplo en la STS 901/2012, de 22 de noviembre, el alto Tribunal confirma la condena, por un delito de prevaricación urbanística –artículo 320 del Código penal–, a un asesor jurídico externo, el cual, no tenía la condición de funcionario público administrativo. En este sentido, en el Fundamento de Derecho noveno puede leerse que: «siendo por demás obvio, que no tenía la condición jurídico-administrativa de funcionario, que no lo era , al no ser parte de alguno de los cuerpos integrantes del staff de una administración; lo cierto es que, no obstante esto, en el trámite relacionado con la vivienda que aquí interesa, como en otros expedientes semejantes, desempeño un cometido institucional que, a los efectos del artículo 24 Código penal, le confería esa consideración. Por razón del nombramiento que le habilitaba para «participar en el ejercicio de [esas] funciones públicas» en el Ayuntamiento de Andratx».

como «pereza legislativa[49]»– a la que debe sumarse la de prisión de un año y seis meses a cuatro años y la de multa de doce a veinticuatro meses.

En la primera parte del artículo 320.1 se castiga a «la autoridad o funcionario público que, a sabiendas de su injusticia, haya informado favorablemente instrumentos de planeamiento, proyectos de urbanización, parcelación, reparcelación, construcción o edificación o la concesión de licencias contrarias a las normas de ordenación territorial o urbanística vigentes, (...)». Se sancionan aquí actuaciones previas a la toma de decisión administrativa y entiendo que acertó el legislador al incluir esta previsión. Piénsese que normalmente los órganos que resuelven en materia urbanística son políticos municipales con escasos conocimientos en la materia[50] y, por tanto, es conveniente que puedan apoyar sus resoluciones administrativas urbanísticas en opiniones técnicas favorables de profesionales especializados.

La importancia de estos informes antecedentes a la toma de decisiones urbanísticas ha sido apreciada por las legislaciones autonómicas en materia de urbanismo y, por ello, las Comunidades Autónomas ordenan la emisión de informes técnicos previos en la mayoría de actuaciones urbanísticas relevantes. Estos informes previos pueden haberse dictado abusando del poder encomendado y constituir un ejemplo típico de corrupción urbanística[51].

Asimismo, en la práctica, si media el informe favorable del técnico especialista, y aun así, se acusa penalmente al político por haber acordado una resolución contraria al ordenamiento urbanístico, éste alegará que no es experto en la materia urbanística, y que «se ha limitado a cumplir con lo que han informado antes quienes entienden, los técnicos, y como estos han informado de forma favorable, ha tomado la decisión en ese sentido[52]» algo que, de forma habitual propiciará su absolución.

---

[49] MUÑOZ CONDE, F., GARCÍA ARÁN, M, *Derecho Penal Parte General*, Valencia, Tirant lo Blanch, 2015, p. 38.

[50] También GARCÍA PLANAS, G, *El delito urbanístico. Delitos relativos a la ordenación del territorio*, Valencia, Tirant lo Blanch, 1997, p. 86.

[51] Un ejemplo de informe malicioso sancionable penalmente lo encontramos en la SAP de las Islas Baleares, 114/2011, de 6 de octubre, –en lo que aquí importa, posteriormente confirmada por la STS 901/2012, de 22 de noviembre–, en la cual puede leerse lo siguiente: «el asesor jurídico informó en abierta contradicción con la legalidad a sabiendas de la legislación aplicable. Así de manera arbitraria favoreciendo a los promotores, bien por la influencia que estos ejercieron sobre el asesor o a través de terceras personas, ya fuera por mediación del acusado Hermenegildo o, a través del Alcalde o por otros personas con capacidad o poder de influencia en el asesor se consiguió mediante engaño a la Corporación el otorgamiento de una licencia nula de pleno derecho al no cumplirse lo previsto en la Ley de Espacios Naturales, Plan Territorial de Mallorca y Ley de Suelo Rústico lo que permitió que por el promotor y bajo la dirección del arquitecto, se realizara una vivienda de nueva planta ilegal en terreno protegido».

[52] PELEGRÍN LÓPEZ, A, «La responsabilidad penal de los funcionarios públicos y autoridades en los delitos sobre la ordenación del territorio y el urbanismo, y contra el medio ambiente», en *Cuadernos de Derecho Local*, Fundación Democracia y Gobierno Local, 2013, p. 95.

En la segunda parte del primer apartado del artículo 320 del Código se posibilita la sanción penal del funcionario o autoridad en los casos que, con motivo de inspecciones haya silenciado la infracción de las normas urbanísticas o, en supuestos de inspecciones obligatorias, haya omitido la realización de las mismas. El supuesto de hecho es simple y recurrente. En el término municipal existen obras urbanísticas ilegales. El funcionario tiene conocimiento de ellas y decide silenciarlas, omitiendo con ello el expediente sancionador administrativo y la orden de demolición, en el caso de ser procedente. La referencia final del tipo, en la cual se castiga la omisión de la inspección obligatoria, se relaciona con la posibilidad, muy cierta en los municipios pequeños donde el funcionario, afín de los eventuales infractores urbanísticos, tiene conocimiento de una posible edificación u obra ilegal y opta por olvidarla. Este olvido o descuido puede tener razón en una relación de afinidad o estar motivada por algún tipo de contraprestación. Lo primero constituiría el delito del artículo 320 del Código penal; lo segundo formaría parte también de la tipicidad del delito de cohecho previsto en el artículo 419 del Código penal, que será estudiado más adelante.

Asimismo, en el segundo apartado del referido artículo se castiga, con las mismas penas, «a la autoridad o funcionario público que por sí mismo o como miembro de un organismo colegiado haya resuelto o votado a favor de la aprobación de los instrumentos de planeamiento, los proyectos de urbanización, parcelación, reparcelación, construcción o edificación o la concesión de las licencias a que se refiere el apartado anterior, a sabiendas de su injusticia». Como se observa, mediante el segundo apartado del artículo 320 del Código penal el legislador tipifica una prevaricación administrativa especial más penada que la prevista en el artículo 404 del Código penal, al asumirse un desvalor cualificado si la resolución injusta versa sobre cuestiones de derecho urbanístico y ordenación territorial.

Dentro de este supuesto típico cabe subsumirse la utilización torcida del ordenamiento urbanístico al objeto de legalizar *ex post facto* obras urbanísticas típicas del delito urbanístico. En este sentido recuérdese que el delito urbanístico descrito en el artículo 319 del CP consiste en llevar a cabo obras no autorizables en suelos no urbanizables. Asimismo, he apuntado que la eventual posibilidad de autorización de la construcción más la clasificación jurídica del suelo dependerá de la norma urbanística administrativa.

Pues bien, en estos escenarios es imaginable el supuesto de hecho siguiente: un particular levanta una edificación ilegal subsumible en el tipo del delito urbanístico, que, no obstante, a lo largo de procedimiento penal –o incluso antes de iniciarse éste– será legalizada por la *interesada* modificación sobrevenida del planeamiento municipal. Es decir, o bien la obra edificada, en base a la nueva norma urbanística, pasa a tener la condición de edificación autorizable, o bien, el suelo que la soporta inicialmente no urbanizable será reclasificado como suelo urbanizable. Esta posibilidad comporta que en ocasiones la finalidad de la corrupción urbanística sea la de *blanquear* el delito urbanístico. Esto es, por medio de la prevaricación urbanística –en un escenario donde quepa probarse algún ofrecimiento o recibimiento de contraprestación que motive la decisión urbanística de referencia estaríamos igualmente ante la consumación de un delito de cohecho– se utiliza torticeramente un poder público para legalizar unas obras que, según la normativa urbanística vigente al momento de ser levantadas, cumplían con todos los elementos del tipo de injusto del delito urbanístico.

En este sentido, todas las normas que integran el tipo de injusto, también las remisiones a las normas administrativas en las estructuras de la norma penal en blanco, ayudan a delimitar la conducta prohibida por el Código penal, y, con ello, rigen para ellas los mismos principios generales del Derecho penal, incluido el principio de retroactividad favorable proclamado en el artículo 2.2 del Código penal. No obstante lo anterior, debe recordarse en este punto que el Tribunal Supremo ha señalado que el principio de retroactividad de las normas que completan las leyes penales en blanco, en cuanto resulten favorables al reo, tiene muchas matizaciones, y, que, por ejemplo, no cabrá exigir la aplicación retroactiva de la nueva configuración de la norma penal en blanco si con aquélla no se ha procedido a la *modificación de la antijuricidad de la conducta consumada*[53].

El legislador penal, respecto a la tipicidad de las formas del delito del artículo 320 del Código penal, no discriminó ningún tipo de suelo. A diferencia del delito urbanístico en el delito de prevaricación urbanística, el informe ilegal, la omisión de investigación, el silencio de la infracción, o la votación urbanística antijurídica, pueden tener como objeto actuaciones urbanísticas en *cualquier tipo de suelo*, ya sea urbano, urbanizable, no urbanizable común o,

[53] Por ejemplo, en el Fundamento Jurídico Tercero del Auto del TS 7314/2014 se apunta lo siguiente: «solo cuando esa nueva norma extrapenal suponga una valoración distinta de la conducta sancionada será predicable esa aplicación a hechos anteriores. En muchas ocasiones las modificaciones legislativas no implican una nueva valoración jurídica de los hechos por parte del legislador –razón última de la aplicación retroactiva de la legislación extrapenal–, sino puros cambios fácticos que afectan al supuesto de hecho regulado. Entonces, como se ha dicho «pese al cambio normativo producido, continúa cumpliendo perfectamente sus fines preventivos la sanción penal impuesta a un individuo que, en un momento en que determinados bienes jurídicos se hallaban especialmente expuestos al riesgo… realizó una conducta de puesta en peligro relevante de los mismos que todavía hoy se pretende evitar… El comportamiento realizado en un momento anterior continúa estando desvalorado». Que posteriormente la normativa varíe esas condiciones no afecta a la antijuricidad de la conducta pasada, ni supone necesariamente una valoración diferente y más benigna de la misma. Lo relevante es la normativa que regía en el momento de los hechos. Solo las modificaciones legislativas que obedecen a verdaderos cambios valorativos –el legislador opina que no es necesario seguir protegiendo del mismo modo un determinado bien jurídico o que determinado comportamiento ya no es lesivo para el bien jurídico de manera que no se mantiene la necesidad político criminal de un concreto tipo delictivo–, deben aplicarse retroactivamente si son favorables. Carecen de esa vocación de retroactividad aquellas modificaciones que no afectan al núcleo del injusto, sino a otros elementos típicos… ».

no urbanizable especialmente protegido, siendo lo únicamente relevante que las actuaciones administrativas sean tomadas *dolosamente* en contra del ordenamiento urbanístico; en concreto debe probarse que el autor actuó «a sabiendas de su injusticia[54]».

Finalmente, si con la prevaricación urbanística se acaba propiciando la consumación de un delito urbanístico cabría fallar la doble condena, tanto del funcionario prevaricador como del sujeto común promotor o constructor, siempre que haya connivencia en la actuación de ambos. En relación a este extremo la jurisprudencia ha tenido oportunidad de fallar que «la aplicación del artículo 319 junto al 320 no encierra colisión con el principio *non bis in ídem*, por cuanto no se da coincidencia total de «desvalores» en bienes jurídicos protegidos; y tampoco se trata de mera progresión en el ataque a un solo y mismo bien penalmente tutelado[55]».

2. Delitos contra la Administración Pública vinculados con el fenómeno de la corrupción urbanística

Los delitos contra la Administración Pública se recogen en el Título XIX del Libro II del Código penal. Entre estos delitos, que van desde el artículo 404 al 444 del Código penal, encontraremos el grueso de conductas prohibidas que pueden relacionarse con el problema de la corrupción pública, como el delito de cohecho, la malversación de caudales públicos, el tráfico de influencias o, entre otros, la utilización abusiva de información privilegiada. En este sentido, en los puntos siguientes intentaré explicar los rasgos principales de algunos de estos tipos penales, en concreto de aquellos que, junto a los delitos sobre el urbanismo y la ordenación del territorio, completan la respuesta penal al problema de la corrupción urbanística.

---

[54] En algunos delitos de construcción típica similar, y bienes jurídicos protegidos de cierta proximidad al urbanístico se permite la condena penal por actuaciones imprudentes –léase por ejemplo el tipo imprudente del delito medioambiental: artículo 331 del Código penal–. Por todo lo anterior, difícil justificación tiene actualmente la exigencia *sine qua non* de un dolo directo o primer grado en el delito de corrupción urbanística. En términos similares se expresa ACALE SÁNCHEZ, *Los nuevos delitos,* p. 348: «Por lo que toca a la construcción del tipo subjetivo, de *lege ferenda*, podría plantearse qué sentido tiene la inclusión del «*a sabiendas de su injusticia*» que no hace más que impedir la admisión del dolo eventual.

[55] Entre otras: STS, 1127/2009, de 27 de noviembre (Fundamento Jurídico Cuarto). En contra, entre otros, MARTÍNEZ-BUJÁN PÉREZ, C, *Derecho Penal Económico y de la Empresa, Parte Especial*, Valencia, Tirant Lo Blanch, 2013, pp. 984 y 985: « (…) lo que resulta de todo punto insostenible tras las reforma de 2010 es la tesis jurisprudencial (vid. STS 1127/2009, 27 11) de apreciar un concurso de delitos entre los arts. 319 y 320. Esta solución (…) supone una vulneración del principio *ne bis in idem*, dado el solapamiento parcial de ambos injustos (…)».

2.1. Introducción al delito de cohecho: el soborno del funcionario o autoridad

De entre todos los tipos penales que se incluyen en el Capítulo XIX relativo a los delitos contra la administración pública –y, posiblemente, de cuantos delitos puedan encontrarse en el Código penal–, el delito de cohecho representa la mejor medida penal contra el fenómeno de la corrupción urbanística.

La doctrina ha estimado que el delito de cohecho consta de dos categorías: el cohecho activo –en el cual el protagonista es un sujeto común– y el cohecho pasivo –cuyo autor será funcionario o autoridad pública[56]–. A su vez, el cohecho pasivo comprende cuatro formas distintas, a saber: (i) el que tiene por objeto un acto contrario a los deberes inherentes al cargo público, tipificado en el artículo 419 del Código y conocido como cohecho pasivo propio; (ii) el cohecho que compromete un acto inherente al cargo público, previsto en el artículo 420 del Código penal y conocido como cohecho pasivo impropio; (iii) el que busca un beneficio por un acto administrativo previamente realizado, dispuesto en el artículo 421 del Código penal y conocido como tipo de cohecho subsiguiente o de recompensa, y; (iv) el cohecho que pasa por la obtención de beneficios por la simple consideración al cargo público, previsto en el artículo 422 del Código penal y conocido como el tipo de cohecho de facilitación. Asimismo, el delito de cohecho activo persigue la conducta del particular, sujeto común, que ofrece o entrega algún tipo de retribución al funcionario para que éste consuma cualquiera de las formas del cohecho pasivo[57].

Por todo lo anterior, no es fácil acotar un bien jurídico tutelado común para todas las formas posibles de cohecho[58] existiendo actualmente distintas posiciones doctrinales, las cuales, muy sintéticamente, serían las siguientes: (i) la existencia en los delitos de cohecho de un bien jurídico vinculado a la incorruptibilidad e integridad del funcionario y el quebrantamiento de su deber de fidelidad, lealtad y probidad[59]; (ii) la necesaria protección de la buena imagen, prestigio y dignidad de la Administración Pública[60]; y, finalmente, (iii) un bien

---

[56] Si bien el artículo 423 del Código penal equipara esta condición personal a «los jurados, árbitros, mediadores, peritos, administradores o interventores designados judicialmente, administradores concursales o a cualesquiera personas que participen en el ejercicio de la función pública».

[57] En la introducción de este capítulo se ha señalado que, por motivos de espació y sistematización del trabajo, únicamente serán desarrollados en este estudio los delitos de cohecho que hemos considerados más paradigmáticos del fenómeno de la corrupción, a saber: el delito de cohecho pasivo propio y el delito de cohecho activo.

[58] DE LA MATA BARRANCO, *La respuesta a la corrupción pública*, pp. 51 y ss.

[59] MUÑOZ CONDE, F, *Derecho Penal Parte Especial*, Valencia, Tirant lo Blanch, 2015, p. 873. Este autor considera que el bien jurídico protegido en este tipo de delitos debe verse desde una doble perspectiva: «el quebrantamiento del deber y la confianza depositada en el funcionario (cohecho pasivo), [y] el respeto que se debe al normal y correcto funcionamiento de los órganos estatales (cohecho activo).

[60] Posición doctrinal actualmente minoritaria y «de dudosa legitimación desde las concepciones actuales del Derecho Penal, al ofrecer una visión autoritaria de la Administración en cuan-

jurídico protegido vinculado a la tutela de la Administración Pública desde una perspectiva orientada a los fundamentos constitucionales que imponen su correcto funcionamiento[61]. En este sentido, considero que la última posición de las señaladas es la más acertada. Lo que debe protegerse con el delito de cohecho «no es un ente abstracto con independencia de su función jurídico-social[62]», sino que la tutela debe versar sobre el correcto funcionamiento del Sector Público para que éste pueda servir con eficacia y objetividad a los intereses generales que la Constitución española le obliga respetar[63].

Considerando lo anterior, entiendo que idea común a toda forma de cohecho es que su bien jurídico tutelado, en todo caso, está directamente relacionado con el desvalor que se asigna al abuso de un poder público, presupuesto necesario de la corrupción urbanística ya que con este delito se intenta «evitar que los funcionarios públicos realicen actos de su competencia que sean constitutivos de delito o sean injustos, o que se abstengan de actuar cuando la Ley les ordena actuar, siempre que dichas conductas u omisiones tengan por causa la venalidad (corrupción)[64]».

2.2. *El delito de cohecho pasivo propio*

El autor del cohecho pasivo, tipificado en el artículo 419 del CP, es un funcionario o autoridad pública que solicita o acepta algún tipo de retribución a cambio de la realización de un acto contrario a los deberes de su cargo o, la omisión de un acto debido y, por ello, la relevancia de este tipo de injusto con el fenómeno de la corrupción urbanística es más que evidente.

Con este delito se castiga al funcionario público que se deja corromper sin que sea menester la obtención del regalo ni la realización del acto administrativo ilegal, presentándose por ello como un delito de mera actividad. Esto es, la consumación del tipo de cohecho pasivo aparece con la simple aceptación

---

to se concibe como fin en sí misma y no organización al servicio del ciudadano»: DE LA MATA BARRANCO, *La respuesta a la corrupción pública*, p. 64.

[61] En términos aproximados se expresan RODRIGUEZ LÓPEZ, P., y SOBRINO MARTÍNEZ, A, *Delitos contra la administración pública. Delincuencia Administrativa. Cuando el representante de la administración participa en el delito*, Barcelona, Bosch, 2008, p. 230, donde apuntan que: «Las figuras típicas del cohecho, en último término, persiguen la protección del normal funcionamiento de los servicios públicos que los órganos e instituciones del Estado vienen obligados a ofrecer a los miembros de la comunidad, con arreglo a los principios y criterios marcados por la Constitución y el resto del ordenamiento jurídico».

[62] De La Mata Barranco, *La respuesta a la corrupción pública*, p. 66.

[63] Artículo 103.1 de la Constitución española: «La Administración Pública sirve con objetividad los intereses generales y actúa de acuerdo con los principios de eficacia, jerarquía, descentralización, desconcentración y coordinación, con sometimiento pleno a la ley y al Derecho».

[64] MIR PUIG, C, «El delito de cohecho en la reforma del Código Penal», en *Diario La Ley, Nº 7603, Sección Doctrina*, La Ley, 2011.

de una contraprestación –aún ésta no se reciba– o la mera solicitud de prebenda por parte del funcionario. A mayor abundamiento, este delito no impide que los funcionarios corruptos respondan, además del cohecho, por varios ilícitos penales vinculados con la corrupción urbanística adicionales. Así, si el funcionario acepta o solicita dádiva, favor o retribución de cualquier clase para realizar un acto contrario a los deberes inherentes de su cargo consumará el tipo del cohecho. Si además, finalmente, se realiza el acto ilegal comprometido y éste está vinculado con el Derecho urbanístico, como por ejemplo facilitar una licencia ilegal, se habrá consumado un segundo delito, el de prevaricación urbanística prevista en el artículo 320 del Código penal y cuyos presupuestos, en este supuesto de hecho, son efectos concomitantes del soborno consumado. A mayor abundamiento, si el acto administrativo ilegal es coadyuvante de la materialización de una construcción o edificación ilegal, podría consumarse y penarse un tercer delito, a saber, el delito urbanístico tipificado en el artículo 319 del Código penal.

La consumación de los tres tipos penales apuntados en el párrafo precedente puede generar algunas tensiones concursales y posturas doctrinales enfrentadas, ya sea defendiendo el concurso aparente de normas penales o bien, en favor del concurso de delitos. No obstante, parte del posible debate ha sido solucionado expresamente por el legislador penal al incluir en el último inciso del tipo de injusto estudiado la referencia «sin perjuicio de la pena correspondiente al acto realizado, omitido o retrasado en razón de la retribución o promesa, si fuera constitutivo de delito» referencia que impone la apreciación del concurso de delitos entre el cohecho y el delito que pueda cometerse al realizar el acto comprometido[65]. Recordemos que no solamente la consumación del cohecho –aceptar o solicitar la contraprestación– se producirá normalmente en un estadio anterior al de la realización de la prevaricación –realizar el acto administrativo urbanístico ilegal–, sino que incluso, el bien jurídico protegido en el soborno no es plenamente coincidente con el tutelado en la prevaricación urbanística, siendo éste último un delito pluriofensivo protector del correcto funcionamiento de la administración pública, más, del valor material de la ordenación territorial en su sentido constitucional de utilización racional del suelo orientada a los intereses generales.

---

[65] Esta solución concursal me parece la más acertada en escenarios de corrupción urbanística. Recuérdese que el Tribunal Supremo ha señalado que «la diferencia esencial [entre el concurso de delitos y el de normas penales] radica en que en el concurso de normas el hecho es único, en su doble vertiente natural (de la realidad) y jurídica (de la valoración), pues se entiende que el hecho lesiona del mismo modo el bien jurídico que es tutelado por las normas concurrentes, por lo que el contenido de injusto y de reproche de este hecho queda totalmente cubierto con la aplicación de sólo una de dichas normas penales, haciendo innecesaria la aplicación de las demás. Sin embargo en el concurso de delitos el hecho lesiona más de un bien jurídico, cada uno de los cuales es tutelado por un precepto penal diferente, de modo que para responder al diverso contenido de injusto del hecho deben ser aplicadas las diversas normas que tutelan los diversos bienes jurídicos frente a acciones que también son diversas; entre otras: STS 1493/1999, de 21 de diciembre (FJ 30º).

Más problemas puede presentar la posibilidad de castigar al funcionario en la eventual realización material del acto urbanístico antijurídico, por ejemplo la construcción ilegal subsumible en artículo 319 del Código penal, si ésta fuera consecuencia última del soborno y la subsiguiente prevaricación urbanística. No obstante, en mi opinión, nada impide defender la punición de los tres tipos penales en concurso real de delitos. Fácticamente pasan por ser tres actuaciones distintas, consumadas en momentos diversos, cuyos bienes jurídicos tutelados no son plenamente coincidentes.

2.3. El delito de cohecho activo

La modalidad de cohecho activo está previsto en el artículo 424 del Código penal. Con este tipo de injusto se castiga la actividad del particular que ofrece o retribuye al funcionario con cualquier tipo de dádiva. Por tanto, el sujeto común que intervenga en el delito de cohecho no deberá responder como *extraneus* en el delito especial cometido por el funcionario o autoridad. El particular que ofrezca o entregue el regalo indebido será castigado como autor del delito de cohecho activo. Esta subsunción también comporta negar para aquél sujeto la posibilidad prevista en el artículo 65.3 del Código penal.

Este tipo penal tiene una gran relevancia práctica en el favorecimiento de la corrupción urbanística. El corrupto urbanístico necesita del concurso del corruptor. La actuación del corruptor podrá presentarse de distintas formas, siendo especialmente relevantes aquellas que, en búsqueda de un provecho egoísta promueven una modificación torticera de una norma general, cuyos efectos al final deberá soportar toda la comunidad[66].

Finalmente, en el artículo 426 del Código penal, y en relación al delito de cohecho activo, se prevé una exención de la pena dispuesta del siguiente modo: «quedará exento de pena por el delito de cohecho el particular que, habiendo accedido ocasionalmente a la solicitud de dádiva u otra retribución realizada por autoridad o funcionario público, denunciare el hecho a la autoridad que tenga el deber de proceder a su averiguación antes de la apertura del procedimiento, siempre que no haya transcurrido más de dos meses desde la fecha de los hechos». Esta excusa absolutoria ideada para favorecer la lucha contra la corrupción en general me parece políticamente acertada. Puede animar a de-

---

[66] Por ejemplo, en la STS 670/2015, de 30 de octubre, se confirma la condena a título de cohecho activo respecto a la actividad de un promotor inmobiliario que mediante entregas de dinero en favor de responsables municipales interesó la recalificación urbanística de unos terrenos en los cuales interesaba un negocio inmobiliario: «(...) El dinero fue entregado materialmente por el gerente de las empresas del recurrente, Placido Benito, quien abonó por orden de su jefe 30.000 euros a cada uno de ellos, dinero que entregó en mano a Gines Imanol, para solventar problemas relacionados con la calificación de suelo en que se iban a construir los bloques cuya construcción había de adjudicarse al impugnante de la sentencia».

nunciar casos de corrupción y, en definitiva, trasladar la noticia criminal al orden jurisdiccional penal para que éste utilice sus medios de lucha contra la corrupción urbanística.

2.4. El delito consistente en la utilización indebida de información privilegiada

El Capítulo IX del Título XIX del Libro Segundo del Código penal se titula como «De las negociaciones y actividades prohibidas a los funcionarios públicos y de los abusos en el ejercicio de su función». Dentro de este Capítulo encontraremos el delito de utilización indebida de información privilegiada tipificado en el delito 442 del Código penal, precepto que, en mi opinión, puede constituir una medida muy útil en la lucha contra la corrupción urbanística.

En páginas anteriores he apuntado que el urbanismo es una función pública que sirve como medio para regular los usos del suelo a la luz del interés general. En este sentido el suelo cuenta con clasificaciones y calificaciones urbanísticas que lo vinculan a una serie de derechos y obligaciones. Si un suelo se clasifica como no urbanizable disfrutará de menos aprovechamientos económicos que un suelo urbano. Si un terreno se califica para uso de vivienda plurifamiliar *a priori* tendrá un mayor aprovechamiento económico que un terreno calificado para usos agrícolas. Como es sabido, estas condiciones dominicales no son eternas y, las mismas, son susceptibles de modificación; la conocida reclasificación o recalificación del suelo respectivamente. Estas operaciones urbanísticas requieren normalmente de un largo periodo reflexivo y de varios trámites administrativos: aprobación inicial, exposición pública, alegaciones, aprobación provisional, aprobación definitiva. Ahora bien, en muchas ocasiones antes de darse el primer paso administrativo «oficial» la decisión urbanística ya habrá sido acordada. El poseedor de esta información, normalmente alcalde y/o concejal de urbanismo, podrá intentar utilizarla indebidamente. El supuesto de hecho es simple: el funcionario que sabe que un terreno será reclasificado o recalificado, procura su compra cuando todavía tiene naturaleza rústica y su precio es acorde a tal condición. Después, modificará el planeamiento urbanístico municipal y en esos terrenos antes aptos únicamente para la horticultura levantará legalmente varios bloques de viviendas: el «pelotazo» se habrá consumado.

Pues bien, lo descrito en el párrafo anterior es un acto de corrupción urbanística y está penado en el artículo 442 del Código penal, cuyo tipo de injusto castiga al funcionario público que haga uso de un secreto del que tenga conocimiento por razón de su oficio o cargo, o de una información privilegiada, con ánimo de obtener un beneficio económico para sí o para un tercero.

Como puede observarse, el tipo de injusto del delito permite dos clases de información típica: la *información secreta* y la *información privilegiada*. La información secreta versa sobre aquella información que es conocida por muy pocos individuos y que, además, se confía en que siga así. En cambio, la información privilegiada está relacionada con el no conocimiento real o potencial de la información por la generalidad de personas al estar pendiente aquélla de publicación o comunicación pública[67]. En este sentido, el principal problema acusatorio en la utilización de este tipo penal es determinar hasta qué momento debe considerarse una determinada información secreta o privilegiada. Por ejemplo, en la SAP Sevilla, 280/2009, de 29 de mayo, se absuelve al acusado de la presunta utilización de información privilegiada en asuntos urbanísticos, al considerar que la información dejó de tener carácter privilegiado desde el momento en que aquélla fue debatida en el pleno municipal, aunque al momento de ser utilizada por el acusado no hubiera sido todavía publicada[68].

Finalmente, puede señalarse que la conducta típica del delito exige que se haga uso del secreto o información privilegiada con ánimo de obtener un beneficio económico, para sí o en favor de terceros. Si el funcionario simplemente revela indebidamente la información sin que concurra el ánimo del provecho económico el supuesto fáctico, en su caso, será subsumible en el artículo 417 del Código penal.

3. ¿Son suficientes los instrumentos penales actuales para luchar contra la corrupción urbanística?

Para poder responder a la pregunta formulada en el título de este apartado deberá plantearse antes la siguiente cuestión: ¿suficiente para qué? Si la suficiencia pasa por castigar penalmente las conductas que constituyen actos de corrupción urbanística la respuesta puede ser afirmativa. No obstante, si el carácter suficiente pasa por prevenir los actos de corrupción, la respuesta debe ser negativa.

A lo largo de este estudio he señalado algunos de los medios penales que dispone el Estado de Derecho para luchar contra la corrupción urbanística. Asimismo, como he intentado reflejar en las páginas anteriores, la mayoría de los supuestos prácticos que pueden constituir casos de corrupción urbanística están perseguidos penalmente mediante el delito de prevaricación urbanística –en ocasiones en concurso con el delito urbanístico–, y el delito de cohecho

---

[67] RODRÍGUEZ LÓPEZ, y SOBRINO MARTÍNEZ, *Delitos contra la administración pública*, p. 396.

[68] SAP Sevilla, 280/2009, de 29 de mayo: «(...) las sesiones de los Plenos municipales son públicas (...) Desde luego, en las actuaciones no consta que hubiera sido vedada al acceso de los ciudadanos a tal sesión plenaria. Puede, así, decirse, que desde un punto de vista material –el relevante desde la perspectiva jurídico-penal en que nos movemos– la información relativa a la voluntad municipal de recalificación de los terrenos controvertidos era pública desde aquella fecha (...). En consecuencia, a partir de tal fecha no cabe decir que los acusados manejasen «información privilegiada» en el concepto legal ínsito en los tipos penales aplicados».

–en cualquiera de sus formas, en especial el cohecho activo y el cohecho pasivo propio– y, concluyo, que los delitos apuntados a lo largo de estudio son suficientes para dar respuesta al fenómeno de la corrupción urbanística[69]. En definitiva, no creo que actualmente existan lagunas de punibilidad que inviten engordar *todavía más* el Código penal[70]. En el mismo sentido, también opino que las consecuencias jurídicas de los delitos de corrupción urbanística cumplen con el propósito de la doble prevención, general y especial, y que por ello, no necesitamos una nueva reforma legislativa que propicie una mayor punición[71].

---

[69] A mayor abundamiento, en este estudio solamente he analizado algunos de los delitos que están relacionados con la corrupción urbanística –los que considero más paradigmáticos– pero, en el Código penal están tipificados otros delitos que pueden completar el instrumental penal utilizable para castigar conductas corruptas. Entre estos delitos encontraríamos el tráfico de influencias –artículos 428 y 429 CP–; la prevaricación administrativa –artículo 404 CP–; la malversación de patrimonio público –artículos 432 a 435 del Código penal–; las negociaciones prohibidas de los funcionarios públicos –artículos 439 a 441 del Código penal– eventuales estafas patrimoniales –artículos 248 a 251 del Código penal–; etc.

[70] No obstante, en términos generales, no ha sido éste el modelo de conducta seguida por el legislador contemporáneo. En los últimos años, el legislador penal español, amparándose en el argumento de ser el único representante de la voluntad popular, ha venido aprobado todo tipo de decisiones legislativas innecesarias, injustificadas y trufadas de oportunismo que, recurrentemente, han servido para tipificar cada vez más delitos y aumentar progresivamente las penas de los tipos ya existentes. Algunos autores han encontrado la explicación de esta dinámica legislativa en el fenómeno del populismo punitivo, el cual, puede entenderse a partir de la suma de tres factores interdependientes: (i) unos medios de comunicación que han descubierto la *explotación* de la noticia criminal, cuanto más penosa mejor, como método de competencia audiovisual; (ii) una opinión pública sensible y permeable a cada nuevo escándalo televisivo, que exige indignada soluciones; y, (iii) un poder legislativo irresponsable que, a la luz de todo lo anterior, decide satisfacer las exigencias de los ciudadanos tipificando nuevos delitos y agravando las consecuencias jurídicas de los tipos (cual solución mágica se tratara). En este contexto, hace casi veinte años que QUINTERO OLIVARES publicó las siguientes palabras, las cuales, siguen estando de tremenda actualidad: «(…) lo cierto es que se percibe una constante demanda de reformas, ampliaciones, nuevas tipificaciones del número de amenazas penales que contienen las leyes. Esa huida sistemática al derecho punitivo como *refugium peccatorum* sólo puede explicarse cómo modo demagógico de satisfacer a la llamada opinión pública, mientras que se desprecia o ignora que el grado de ineficacia consustancial al sistema penal resultará más patente y lamentable conforme se haga crecer el marco de tareas que se le asignan»: QUINTERO OLIVARES, *La Justicia Penal,* pp. 35 y 36. Asimismo, atendiendo a la dinámica legislativa criticada, algunos autores, como DIEZ RIPOLLÉS, han empezado a reivindicar la necesidad de sentar las bases de la ciencia de la legislación penal como paso previo a conseguir «sacar las leyes penales del conyunturalismo que ahora padecen y reintegrarlas al campo del debate racional: DIEZ RIPOLLÉS, J,L. *La racionalidad de las leyes penales*, Madrid, Trotta, Madrid, 2003.

[71] En este sentido, comparto plenamente la reflexión de DEL MORAL GARCÍA cuando señala que «existe un error de política criminal muy habitual en el legislador consistente en creer que las penas más largas son las más efectivas, las más disuasorias. Ante la proliferación de algunos delitos o el clamor social por otros, la respuesta fácil barata pero nada inteligente, suele ser la de incrementar las penas. Esa senda suelen seguir los primeros anuncios de los políticos tras algún escándalo de corrupción, buscando más apaciguar a una justamente indignada opinión pública que atajar realmente el problema»: DEL MORAL GARCÍA, A, «Justicia Penal y Corrupción», p. 56.

Ahora bien, no podremos acabar con el problema estudiado utilizando solamente el Código penal. Si queremos prevenir nuevos casos de corrupción urbanística deberemos mejorar los recursos de prevención existentes en otras instancias distintas a las del Derecho penal.

Por ejemplo, en los últimos años se han publicado varios trabajos de investigación que han detectado algunos problemas cuya solución ayudaría a la prevención y persecución de la corrupción urbanística. En este contexto, el equipo de investigación responsable de la obra «La Delincuencia Económica, Prevenir y Sancionar[72]» señalaron, en el apartado de Conclusiones Generales, como posibles circunstancias coadyuvantes del fenómeno estudiado, entre otras, las siguientes: (i) una cierta indefinición entre el ámbito de protección penal en detrimento de la infracción administrativa, y, por ende, el padecimiento de situaciones de inseguridad jurídica; (ii) la confusión normativa en la aplicabilidad del derecho penal, sujeto a las modificaciones de la norma administrativa que completa su tipo, y que repercute inescindiblemente en la eficacia preventiva de la norma; (iii) falta de funcionalidad del control administrativo previo en el tipo del delito urbanístico; (iv) importantes dilaciones temporales en la resolución de controversias en sede contencioso-administrativa, que hace ilusoria la pretensión de eliminar o disminuir, al menos en ese ámbito, las condiciones que propician el delito; o, entre otras, (v) una deficiente coordinación entre las dos instancias sancionadoras, cuya solución no se consigue únicamente apelando a la prejudicialidad penal. Intentar solucionar alguna de las anteriores cuestiones, que, como se observa, no exigen tipificar más delitos ni aumentar las penas de los existentes, tendría un efecto muy positivo en la lucha contra la corrupción urbanística.

Finalmente, y a mayor abundamiento, a lo largo del presente estudio he ido apuntando algunas ideas adicionales, como la posible especialización de los órganos judiciales en cuestiones de Derecho urbanístico; la necesidad de replantear el sistema de financiación de los entes locales, el cual, actualmente pasa en gran medida por *explotar* el negocio urbanístico; o, entre otras, procurar devolver a los secretarios e interventores de Ayuntamientos unas funciones de control de la actividad municipal con plenas garantías de independencia.

Adicionalmente, un instrumento que creo sería de gran utilidad pasaría por crear la figura del Inspector urbanístico: un funcionario del Estado o de las Comunidades Autónomas, independiente en todo caso de los municipios y provincias, que contase con amplios conocimientos técnicos en Derecho urbanístico y cuyas funciones fuesen la inspección aleatoria y, sin previo aviso, de todo tipo de expedientes urbanísticos en los archivos de las administraciones locales. Si de la inspección se revelase algún tipo de infracción o irregularidad

[72] GARCÍA ARÁN, M (directora) *La delincuencia económica: prevenir y sancionar*, Valencia, Tirant Lo Blanch, 2014.

urbanística el funcionario la debería comunicar a la justicia, facilitando con ello el traslado de la posible noticia criminal.

A modo de conclusión quiero reiterar la siguiente idea: actualmente sí existen suficientes medios penales de persecución y represión del fenómeno de la corrupción urbanística. No obstante, únicamente con el Derecho penal no se podrá cambiar la realidad criminológica del problema, no, al menos, a los niveles deseables. Para ello serán necesarios medios administrativos coadyuvantes que posibiliten atajar la corrupción urbanística en instancias anteriores a la de la intervención del Código penal. Evidentemente no niego aquí la importancia que tiene la jurisdicción penal, no obstante, si realmente existe una voluntad política de atajar el problema estudiado debe intervenirse en una fase previa, estableciéndose mayores sistemas de control administrativo y mejores procedimientos de transparencia de las actuaciones funcionariales. De lo que se trata, en definitiva, es que los potenciales corruptos y corruptores dejen de representarse a sí mismos como sujetos invisibles a los ojos de la justicia.

V. BIBLIOGRAFÍA

ACALE SÁNCHEZ, M, *Los nuevos delitos sobre la ordenación del territorio y el urbanismo, Barcelona*, Bosch, 2011.

ÁNGEL RUBIO LARA, P, «Corrupción urbanística y corrupción pública en el Derecho penal: un estudio de la situación tras la reforma de 2010» en *La Corrupción a Examen*, Pamplona, Thomson Reuters Aranzadi, 2012.

DE LA MATA BARRANCO, N, en *La respuesta a la corrupción pública, tratamiento penal de la conducta de los particulares que contribuyen a ella*, Granada, Comares, 2004.

DEL MORAL GARCÍA, A, «Justicia Penal y Corrupción. Análisis singularizado de la ineficiencia procesal», en CASTRO MORENO, A / OTERO GONZÁLEZ, P (directores) VALENTINA GRAFFE, L (Coordinadora) *Prevención y tratamiento punitivo de la corrupción en la contratación pública y privada*, Madrid, Dykinson, 2016.

DIEZ RIPOLLÉS, J,L. *La racionalidad de las leyes penales*, Madrid, Trotta, Madrid, 2003.

GARCÍA ARÁN, M (directora) *La delincuencia económica: prevenir y sancionar*, Valencia, Tirant Lo Blanch, 2014.

GARCÍA ARÁN, M, «Limitaciones del Derecho Penal en la prevención del delito urbanístico», en GARCÍA ARÁN, M (directora) *La delincuencia económica: prevenir y sancionar*, Valencia, Tirant Lo Blanch, 2014.

GARCÍA PLANAS, G, *El delito urbanístico. Delitos relativos a la ordenación del territorio*, Valencia, Tirant lo Blanch, 1997.

GIMBERNAT ORDEIG en ROLAND HEFENDEHL (ed.) *La teoría del bien jurídico, ¿Fundamento de legitimación del Derecho penal o juego de abalorios dogmático?*, Madrid, Marcial Pons, 2007.

MARTÍNEZ-BUJÁN PÉREZ, C, *Derecho Penal Económico y de la Empresa, Parte Especial*, Valencia, Tirant Lo Blanch, 2013.

MIR PUIG, C, «El delito de cohecho en la reforma del Código Penal», en *Diario La Ley, Nº 7603, Sección Doctrina*, La Ley, 2011.
MIR PUIG, S, *Derecho Penal Parte General*, Barcelona, Reppertor, 2016
MUÑOZ CONDE, F, *Derecho Penal Parte Especial*, Valencia, Tirant lo Blanch, 2015.
MUÑOZ CONDE, F., GARCÍA ARÁN, M, *Derecho Penal Parte General*, Valencia, Tirant lo Blanch, 2015.
NIETO GARCÍA, A, *Balada de la Justicia y la Ley*, Madrid, Trotta, 2002.
PARADA VÁZQUEZ, R., *Derecho Urbanístico General*, Madrid, Marcial Pons, 2007.
PELEGRÍN LÓPEZ, A, «La responsabilidad penal de los funcionarios públicos y autoridades en los delitos sobre la ordenación del territorio y el urbanismo, y contra el medio ambiente», en *Cuadernos de Derecho Local*, Fundación Democracia y Gobierno Local, 2013.
PEREZ CEPEDA, A y BENITO SÁNCHEZ, D, en «La política criminal internacional contra la corrupción», en BERDUGO GÓMEZ DE LA TORRE, I, (coordinador) *Estudios sobre la Corrupción, una reflexión hispano brasileña*, Salamanca, Centro de Estudios Brasileños/Universidad de Salamanca, 2013.
QUINTERO OLIVARES, G, *La Justicia Penal en España*, Pamplona, Aranzadi, 1998.
RODRIGUEZ LÓPEZ, P., y SOBRINO MARTÍNEZ, A, *Delitos contra la administración pública. Delincuencia Administrativa. Cuando el representante de la administración participa en el delito*, Barcelona, Bosch, 2008.
SANZ MULAS, N, *Corrupción urbanística (la mezcla de cemento, Ayuntamientos y comisiones ilegales)*, La Ley Penal, Nº45, 2008.
SOUTO GARÍA, E.M, «Los Delitos Urbanísticos en España: La protección dispensada por el artículo 319 del Código Penal Español a la Ordenación del Territorio» en *Derecho Penal y Criminología: Revista del Instituto de Ciencias Penales y Criminológicas, volumen 32*, Universidad Externado de Colombia, 2011.
VERCHER NOGUERA, A., «Reflexiones sobre corrupción y urbanismo», en *Fraude y Corrupción en la Administración pública*, editorial Universidad de Salamanca, 2002.
VILLACAMPA ESTIARTE, C, «Delitos sobre la ordenación del territorio y el urbanismo (arts. 319 y 320)» en QUINTERO OLIVARES, G, (director) *La Reforma Penal de 2010: Análisis y Comentarios*, Navarra, Aranzadi, 2010.

Capítulo IV

EL BUEN GOBIERNO DEL TERRITORIO: UNA APROXIMACIÓN AL DELITO DE PREVARICACIÓN URBANÍSTICA

Ana M. Garrocho Salcedo
Universidad Carlos III de Madrid
Profesora Visitante Lectora de Derecho penal
orcid.ID. 0000-0001-9557-1567

I. INTRODUCCIÓN

Junto a la inoperatividad de los controles administrativos y la percepción social de impunidad, la corrupción urbanística existe fundamentalmente porque la gestión del suelo –dirigida y controlada por la Administración Pública, principalmente por la Administración Local– genera importantes plusvalías para el propietario del suelo, la Administración actuante, y los intermediarios que operan en el sector de la construcción[1]. Una decisión administrativa puede multiplicar el valor de un terreno por el mero hecho de recalificarlo, produciendo una revalorización del objeto de manera inmediata. Este posible negocio fácil y lucrativo, unido a una falta de ética ciudadana, explica que ciertos propietarios intenten sobornar a los gestores públicos del urbanismo, y que estos a su vez accedan a dichas prácticas corruptas, resultando el urbanismo y la ordenación territorial uno de los focos principales de corrupción pública de las últimas décadas en España[2].

Conforme al art 47 de la CE, los poderes públicos regularán la utilización del suelo de acuerdo «con el interés general para impedir la especulación». Así, pues, por expreso mandato constitucional, la Administración debe evitar la especulación en la gestión territorial y urbanística. Conforme al DRAE, la *especulación* consiste en una «operación comercial que se practica con mercancías, valores o efectos públicos, con ánimo de obtener lucro». La especulación urbanística consiste, por tanto, en una práctica comercial en materia de urbanismo que obedece únicamente a la obtención del lucro por parte de los operadores en la materia, sin atender a la debida protección de otros valores conexos, como la protección del interés general, que, por expreso mandato constitucional, debe conformar la actuación de los poderes públicos.

En ese sentido, y como señala, entre nosotros, CAPDEFERRO VILLAGRASA, la especulación supone «la adquisición de bienes con la única finalidad de obtener un beneficio derivado de las fluctuaciones del precio, y no para hacer un uso propio del bien, lo que en el ámbito inmobiliario significa que los propietarios (especuladores) no obtienen el suelo para aprovechar los usos permitidos (...) y urbanizar o edificar (...), sino que los adquieren para venderlos al cabo de un

---

[1] Este trabajo de investigación ha sido realizado en el marco del Proyecto de Investigación I+D (referencia **DER2013-46523-R**), sobre «*Prevención y tratamiento punitivo de la corrupción en la contratación pública y privada*», financiado por el MINECO (Ministerio de Economía, Industria y Competitividad), y en el marco del New Trust-CM **S2015/HUM-3466**. Programa Interuniversitario en Cultura de la Legalidad (Comunidad de Madrid).

Agradezco al profesor Antonio Descalzo González sus aportaciones en la elaboración de este manuscrito.

Sobre las causas de la corrupción urbanística, véase el reciente y minucioso estudio de CAPDEFERRO VILLAGRASA, O., *El derecho administrativo y la prevención de la corrupción urbanística,* Madrid-Barcelona, Marcial Pons, 2016, pp. 114 y ss.

[2] Cfr. CORRAL ESCARIZ, V., *La lucha contra la corrupción urbanística en España,* Valencia, Tirant Lo Blanch, 2014, pp. 46-59.

tiempo, cuando su precio sea mayor»[3]. El Estado, sin embargo, está emplazado constitucionalmente a delimitar la propiedad privada para que esta sirva al interés general en el acceso a la vivienda y a la gestión del suelo público (arts. 33 y 47 CE) evitando que el lucro sea la única finalidad que oriente la gestión del suelo[4].

Asimismo, el art 4.1 del Real Decreto Legislativo 7/2015, de 30 de octubre, por el que se aprueba el texto refundido de la Ley de Suelo y Rehabilitación Urbana (LSRU), establece que «la ordenación territorial y la urbanística son funciones públicas no susceptibles de transacción que organizan y definen el uso del territorio y del suelo de acuerdo con el interés general, determinando las facultades y deberes del derecho de propiedad del suelo conforme al destino de este. Del mismo modo –prosigue esta norma– «el ejercicio de la potestad de ordenación territorial y urbanística deberá ser motivado, con expresión de los intereses generales a que sirve».

A pesar de lo anterior, es bien conocida la alteración que *de facto* se ha producido en la salvaguarda del interés general en el urbanismo, en sustitución de la protección de los intereses del sector inmobiliario, que solo mediatamente y como generador de empleo, protege el interés ciudadano. Como ha destacado Gaja i Diaz, el planeamiento urbanístico ha abandonado sus objetivos fundacionales, para mejorar las condiciones de vida de las personas, siendo sustituidos por los intereses del mercado inmobiliario, favoreciéndose la competitividad, la captación de inversiones y el marketing urbano[5]. Como consecuencia del negocio urbanístico, el país padece una urbanización masiva, con lamentables consecuencias medioambientales y paisajísticas[6], y un precio de la vivienda en España absolutamente disparado[7]. A juzgar por la falta de intervención del Estado ante el *boom* inmobiliario en España, no parece que los poderes públicos hayan precavido el interés general como debían y podían haberlo hecho. Con todo, en un país donde el «sector de la construcción» sigue siendo un claro motor económico y de creación de puestos de trabajos, el análisis de los delitos de ordenación del territorio y el urbanismo resulta especialmente pertinente, siendo necesario que los poderes públicos no descuiden, como ha sido habitual, la razonable gestión del suelo y del territorio.

---

[3] CAPDEFERRO VILLAGRASA, O., *El derecho administrativo y la prevención de la corrupción urbanística*, p. 65, con ulteriores referencias.

[4] Cfr. Sentencia de 10 de diciembre de 2002 en el asunto C-491/01, *British American Tobacco (Investments) e Imperial Tobacco*, Rec. 2002, p. I11453 sobre la concepción y delimitación de la propiedad privada en el Derecho Comunitario.

[5] GAJA I DÍAZ, F., ¿Corrupción urbanística o corrupción del urbanismo?, en línea: http://personales.upv.es/fgaja/publicaciones/corrupcion.pdf (texto consultado el 22 de noviembre de 2016)

[6] Cfr. Manifiesto por una nueva cultura del territorio, elaborado por el Colegio de Geógrafos y la Asociación de Geógrafos españoles (2006).

[7] Sobre la desastrosa situación en España, véase el Informe «Auken» del Parlamento Europeo, de 20 de Febrero de 2009 sobre el impacto de la urbanización extensiva en España en los derechos individuales de los ciudadanos europeos, el medio ambiente y la aplicación del Derecho comunitario, con fundamento en determinadas peticiones recibidas.

En este contexto, la intervención penal en materia de ordenación del territorio y del urbanismo está doblemente justificada[8]. Por un lado, en atención al valor que dichos bienes jurídicos ostentan, y, por otro lado, ante la manifiesta incapacidad con la que el Derecho administrativo ha operado para proteger dichos bienes. El carácter de *ultima ratio* del Derecho penal se ve perfectamente preservado y la tipificación penal se proyecta sobre dos infracciones concretas: el delito de edificación o construcción ilegal (319 CP) y la prevaricación urbanística (320 CP)[9].

El presente trabajo tiene como objeto analizar la prevaricación urbanística[10], dejando al margen del objeto de este estudio el delito urbanístico de construcción ilegal (art 319 CP) o los delitos de cohecho (arts. 419 y ss.), con los que habitualmente irá acompañado[11]. En las líneas sucesivas se tratará de someter a una prueba de verificación este delito, para valorar si su incriminación ofrece una respuesta satisfactoria al complejo fenómeno de la corrupción urbanística, o de si, por el contrario, se trata de una legislación simbólica, vacía de contenido, e inservible para hacer frente a algunos de los problemas que pueden plantearse en esta materia.

---

[8] Véase al respecto la acertadas consideraciones sobre las críticas de la llamada expansión del Derecho penal de POZUELO PÉREZ, L., «La delincuencia urbanística», en POZUELO PÉREZ, L., (Coord.) *Derecho penal de la construcción. Aspectos urbanísticos, inmobiliarios y de seguridad en el trabajo*, Comares, Granada, 1° ed., 2006, pp. 8-16 y ss.

[9] En el mismo sentido se ha pronunciado la Sala Segunda del Tribunal Supremo en STS, 1197/2009, de 27 de noviembre (F.J^{a} 2°), afirmando con contundencia que: «*La desastrosa situación a que, a pesar de la normativa legal y administrativa, se ha llegado en España respecto a la ordenación del territorio, incluida la destrucción paisajista, justifica que, ante la inoperancia de la disciplina administrativa, se acude al Derecho Penal, como Última Ratio*».

[10] El art 320 CP dispone: «*1. La autoridad o funcionario público que, a sabiendas de su injusticia, haya informado favorablemente instrumentos de planeamiento, proyectos de urbanización, parcelación, reparcelación, construcción o edificación o la concesión de licencias contrarias a las normas de ordenación territorial o urbanística vigentes, o que con motivo de inspecciones haya silenciado la infracción de dichas normas o que haya omitido la realización de inspecciones de carácter obligatorio será castigado con la pena establecida en el artículo 404 de este Código y, además, con la de prisión de un año y seis meses a cuatro años y la de multa de doce a veinticuatro meses.*

2. Con las mismas penas se castigará a la autoridad o funcionario público que por sí mismo o como miembro de un organismo colegiado haya resuelto o votado a favor de la aprobación de los instrumentos de planeamiento, los proyectos de urbanización, parcelación, reparcelación, construcción o edificación o la concesión de las licencias a que se refiere el apartado anterior, a sabiendas de su injusticia».

[11] Ciertamente no todo delito de prevaricación urbanística debe ser englobado en el fenómeno de la corrupción urbanística, puesto que esta debe restringirse a situaciones en las que el funcionario cobra por efectuar determinadas conductas contrarias o propias del cargo (cohecho) y figuras afines (tráfico de influencias. etc.). En ciertas ocasiones, la prevaricaciones urbanísticas pueden no venir acompañadas de contraprestación alguna, sino que solo obedecerán a una mala gestión urbanística, orientada por una visión cortoplacista de los gestores públicos que redunda en una mala gestión del suelo. Sobre ello, véase solo, CAPDEFERRO VILLAGRASA, O., *El derecho administrativo y la prevención de la corrupción urbanística,* pp. 66-67, 69 y nota 119.

Con todo, y antes de comenzar, debe recordarse que la conducta del funcionario que incumple la normativa urbanística no solo puede constituir un delito de prevaricación urbanística, sino también un ilícito administrativo conforme al derecho urbanístico sancionador[12], que dará lugar a la responsabilidad disciplinaria del funcionario. Esta cuestión entronca directamente con la cuestión del bien jurídico protegido en la prevaricación urbanística, concretamente, en si la incriminación penal pretende reforzar la sanción de la mera infracción administrativa en materia urbanística[13], o de si, por el contrario, como pareciese razonable, en todas la conductas sancionadas en el art 320 CP, se puede identificar un objeto de tutela autónomo al margen de la mera legalidad administrativa, en el sentido material de la protección de una ordenación del territorio vinculada con el bienestar ciudadano[14]. En todo caso, la doctrina de forma unánime conviene que el bien jurídico en la prevaricación urbanística es pluriofensivo, donde no sólo se tutela el buen funcionamiento de la Administración Pública, sino, adicionalmente, la utilización racional del territorio por parte de los poderes públicos[15].

II. CONSIDERACIONES GENERALES SOBRE EL DELITO DE PREVARICACIÓN URBANÍSTICA

En España la incorporación de los delitos contra la ordenación del territorio y el urbanismo se produjo en 1995. Ellos se regulan en el Capítulo I, del Título XVI entre los «delitos relativos a la ordenación del territo-

[12] A este respecto debe tenerse en cuenta la legislación autonómica en materia de urbanismo, en las que se encontrarán disposiciones sancionadoras de funcionarios por contravenciones de la normativa de urbanismo; al respecto véase, por ejemplo, entre otros, art 201 y ss. de la Ley del Suelo de la Comunidad de Madrid, (Ley 9/2001, de 17 de julio); art 225 y ss. de la Ley 2/2016, de Suelo y Urbanismo de País Vasco; arts. 207 y ss. de la Ley 7/2002, de 17 de diciembre, de Ordenación Urbanística de Andalucía; arts. 213 y ss. Decreto Legislativo 1/2010, de 3 de agosto Ley de Urbanismo de Cataluña. cfr. el marco general en el art 95 del Real Decreto Legislativo 5/2015, de 30 de octubre, por el que se aprueba el texto refundido de la Ley del Estatuto Básico del Empleado Público; asimismo podrá acudirse al marco general a los distintos estatutos de los empleados públicos de las Comunidades Autónomas (p. e. art 83 d) de la Ley 1/1986, sobre la Ley de la función pública en la CCAA Madrid) y de los entes locales (p.e, art 81 de la ley de la función pública de la comunidad de Madrid).

[13] GÓMEZ TOMILLO, M., «Estado actual de la discusión en torno a la regulación de los delitos sobre la ordenación del territorio (ii): los llamados delitos de prevaricación urbanística», en *Revista de Derecho urbanístico y medio ambiente*, nº 224, 2006, pp. 74-75.

[14] Cfr. sobre ello, CABALLERO SALINAS, J. M., *Los delitos urbanísticos tras la reforma de la LO 5/2010*, Cizur Menor, Thomson Reuters– Aranzadi, 2014, pp. 53-54.

[15] Por todos, ACALE SÁNCHEZ, M., *Los delitos urbanísticos* Barcelona, Cedecs, 1997, p. 235; GÓNZALEZ CUSSAC, J.L., *El delito de prevaricación de autoridades*, p. 156; SOUTO GARCÍA, E.M., «Art. 320» en FARALDO CABANA, P., (Dir.), PUENTE ABA, L.M., (Coord.) *Ordenación del territorio, patrimonio histórico y medio ambiente en el Código penal español,* Valencia, Tirant Lo Blanch, 2011, p. 164 con ulteriores referencias.

rio y el urbanismo, la protección penal del patrimonio histórico y el medio ambiente».

La «ordenación del territorio» hace referencia a un ámbito más general e integral que el urbanismo en la gestión del suelo y del espacio, cuya ejecución depende de las Comunidades Autónomas. El «urbanismo», que se incluye en la ordenación del territorio, es una materia de competencia municipal, que se ejerce, fundamentalmente, a través de las licencias[16]. Como advierte Menéndez Rexach, la distinción entre urbanismo y ordenación del territorio no es nítida[17], y ambas están altamente relacionadas entre sí, con independencia de la cuestión estrictamente competencial o formal que las trata de distinguir.

La adecuada ordenación del territorio y del urbanismo puede lesionarse tanto por los **operadores de la construcción**, cuando construyan de forma ilegal, como por los **funcionarios y autoridades**, que debiendo velar por el cumplimiento de la legalidad, se apartan de ella en sus deberes esenciales de protección de la legalidad y de evitación de los comportamientos ilícitos de los administrados.

El legislador penal ha configurado el injusto del delito de prevaricación urbanística siguiendo al derecho administrativo, que regula la legalidad en la ordenación del territorio y el urbanismo, sin que el derecho penal haya adoptado una posición regulatoria autónoma a este respecto. En ese sentido, es preciso que la actividad prevaricadora del funcionario se sitúe claramente extramuros de la legalidad vigente en el momento de comisión de los hechos, concurriendo al respecto una consciencia del funcionario de la ilegalidad de su conducta, cuando el tipo, expresamente, alude a que este actúe «a sabiendas de su injusticia». En casos en los que el funcionario dude acerca de la legalidad o no de su actuación, estaremos ante supuestos que se sitúan al margen de la tipicidad penal, siempre que, por lo demás, no se deduzca de las circunstancias un desconocimiento burdo de la normativa aplicable.

En cualquier caso, el delito de prevaricación urbanística (art 320 CP) es independiente del delito urbanístico de construcción ilegal (art 319 CP), que cometen los promotores o constructores o directores técnicos, y autónomo también respecto al delito de prevaricación genérica de funcionarios (art 404 CP). La incriminación separada del delito de prevaricación urbanística subraya la necesidad de cualificar y sancionar independientemente a los funcionarios y autoridades que, con su comportamiento, toleran o auspician las conductas ilícitas de los operadores de la construcción.

---

[16] Sobre ello, véase solo MARTÍNEZ ATIENZA G., *Prevaricación urbanística y su sanción*, Barcelona, VLEX, 2016, pp. 41-42.

[17] MENÉNDEZ REXACH, A., «Ordenación del territorio supramunicipal y urbanismo municipal: El control de las actuaciones de interés regional», en *Encuentros multidisciplinares*, vol. 17, nº 50, 2015, p. 3.

El fundamento de dicha incriminación autónoma radica en dos aspectos esenciales. Por un lado, y con carácter general, los funcionarios y las autoridades competentes de la ordenación del territorio y urbanismo ostentan una posición de garante en la ordenación territorial y en la gestión del suelo, que es una competencia exclusiva de la Administración Pública. Por otro lado, la importancia del bien jurídico para la calidad de vida de los ciudadanos, unido a la notable extensión del volumen delictivo y al fracaso del control administrativo en la ordenación del territorio, justifican una intervención punitiva autónoma y más severa que en otros sectores del ordenamiento jurídico[18]. Con ello, se explica así la inclusión en el Código penal del delito de prevaricación urbanística a pesar de los no pocos problemas aplicativos que la legislación penal plantea. Por ello –y a pesar de que, en ausencia de una eventual previsión específica como la del art 320 CP, las conductas de los funcionarios podrían ser constitutivas de actos de participación criminal en el delito urbanístico de los operadores del sector– su incriminación constituye, en principio, un acierto del legislador penal. Dicho acierto radica en que, por un lado, subraya la importancia que los poderes públicos tienen en la ordenación del territorio y del urbanismo, y, por otro lado, en que permite sancionar conductas previas al inicio de la tentativa de los delitos urbanísticos, que de otro modo serían atípicas, y que sin embargo se muestran como altamente lesivas en la praxis de la gestión del suelo.

El delito de prevaricación urbanística (320 CP) es un delito especial propio que debe agruparse entre las prevaricaciones específicas del CP[19], y que difiere, por tanto, de la prevaricación genérica del art 404 CP[20]. Las prevaricaciones específicas afectan únicamente al urbanismo (320 CP), al patrimonio histórico (322 CP) y al medio ambiente (329 CP). Estas prevaricaciones presentan una diferente *estructura típica*[21] y una mayor *penalidad* que la prevaricación genérica de funcionarios. Ello deberá justificarse sobre la base de un injusto de mayor lesividad en estos casos, que se traduce en una protección penal reforzada por razón de la materia a la que afecta (en el caso que aquí interesa, a la ordenación del territorio y al urbanismo).

---

[18] En palabras del Fiscal coordinador de Medio Ambiente y Urbanismo de Barcelona, Antoni PELEGRÍN LÓPEZ, «la Administración no actúa correctamente en muchas ocasiones, haciéndolo de manera deliberada y poniendo en riesgo los valores protegidos por estos delitos en beneficio de intereses particulares»; PELEGRÍN LÓPEZ, A., «La responsabilidad penal de los funcionarios públicos y autoridades en los delitos sobre la ordenación del territorio y el urbanismo, y contra el medio ambiente», en *Cuadernos de Derecho local*, nº 33, 2013, p. 94.

[19] La jurisprudencia reconoce la especialidad de las prevaricación urbanística respecto a la prevaricación genérica de funcionarios, cfr. STS 663/2005, de 23 de mayo (FJª 15).

[20] Por todos, con ulteriores referencias, GÓRRIZ ROYO, E., *Los delitos de prevaricación urbanística*, Valencia, Tirant lo Blanch, 2004, p. 83.

[21] Véase *infra* sobre la conducta típica en la prevaricación urbanística, apartado IV. Algunos autores como BOLDOVA PASAMAR han calificado al delito de prevaricación urbanística como una prevaricación impropia, frente a la prevaricación genérica de funcionarios; cfr. solo BOLDOVA PASAMAR, M.A., *Los delitos urbanísticos*, Atelier, Barcelona, 2007, p. 215.

Tras la reforma del CP en 2010, la pena prevista en el delito de prevaricación urbanística consiste, además de la inhabilitación especial del art 404 CP, en una pena de prisión aumentada (1 año y 6 meses a 4 años)[22], que, por cierto, coincide con la pena de prisión prevista para el delito urbanístico del art 319.1 CP, y en una pena adicional y obligatoria de multa por cuotas diarias (12 a 24 meses)[23]. La prescripción de este delito se producirá, por tanto, a los 5 años (art 131.1 CP).

Atendiendo a la penalidad del delito de prevaricación urbanística, de *lege ferenda,* habría que haber restringido su tipicidad a que el delito urbanístico se hubiese efectivamente cometido, o, en su caso, haber modulado la pena en aquellos casos en los que, tras la prevaricación, no se hubiese cometido el delito urbanístico. Sin embargo, con la configuración actual del precepto, el delito es de mera actividad y queda consumado en el momento en que el funcionario realiza alguna de las tres modalidades signadas en el tipo, y con independencia de que los operadores de la construcción realicen posteriormente la actuación lesiva contra la ordenación del territorio y el urbanismo. En los casos en los que no se realice efectivamente el delito urbanístico, esta desproporción punitiva solo puede corregirse modulando la pena e imponiendo los límites mínimos previstos en el art 320 CP. Por ello, parece importante, de *lege ferenda*, que se introduzca una restricción típica en el sentido propuesto en la próxima reforma del código penal que se lleve a cabo.

III. SIMILITUDES ENTRE LA CONDUCTA DE PREVARICACIÓN URBANÍSTICA Y LA PREVARICACIÓN GENÉRICA DE FUNCIONARIOS

Al margen de la remisión penológica que establece el art 320 CP a la pena de inhabilitación especial de la prevaricación genérica del art 404, la principal identidad típica entre estas prevaricaciones radica en el ámbito subjetivo al

---

[22] Como afirma CORRAL ESCARIZ, nótese que el limite inferior de la pena de prisión es bastante elevado, aproximándose al limite máximo para poder suspender la pena de prisión; CORRAL ESCARIZ, V., *La lucha contra la corrupción urbanística*, p. 160.

[23] En el caso de la prevaricación en el ámbito del patrimonio histórico, el art 322 prevé una pena de prisión (6 meses a 2 años) o una pena *alternativa* de multa por cuotas diarias (de 12 a 24 meses). En el caso de la prevaricación medioambiental, el art 329 CP impone una pena de prisión (6 meses a tres años) y una pena obligatoria de multa (8 a 24 meses). En ambos casos, estas penas se impondrán junto a la pena de inhabilitación especial para empleo o cargo público y para el ejercicio del derecho a sufragio pasivo por tiempo de entre 9-15 años. Con todo, la doctrina ha criticado que el sistema escogido por el CP en la configuración de la multa sea el sistema día-multa y no una multa proporcional; cfr. por ejemplo, ACALE SÁNCHEZ, M., *Los delitos urbanísticos*, p. 324; POZUELO PÉREZ, L., «La respuesta penal ante la delincuencia urbanística», en *Anuario de la Facultad de Derecho de la Universidad Autónoma de Madrid*, nº 12, 2009, p. 76. También lo criticó el Informe del Consejo General del Poder Judicial al Anteproyecto de Reforma del CP, emitido el 26 de febrero de 2009, Comisiones e Estudios e Informes, p. 132.

que afecta este delito: las prevaricaciones las cometen los **funcionarios públicos y las autoridades.** Es sobradamente conocido el contenido que doctrinalmente y jurisprudencialmente se otorga a estos sujetos[24], por lo que no me detendré en este aspecto. Solamente mencionaré que en relación con la prevaricación urbanística, en este punto van a ser especialmente relevantes los funcionarios municipales, los funcionarios de las Diputaciones Provinciales, los inspectores urbanísticos, incluyendo aquí al personal laboral o interino, y adicionalmente al cuerpo de técnicos externos –como los arquitectos municipales y otros técnicos– que son esenciales en la conformación de informes técnicos y jurídicos, imprescindibles en la disciplina de ordenación territorial y de urbanísimo[25]. A este efecto lo esencial es que hayan sido nombrados como dispone el CP (nombramiento legal, elección o nombramiento de la autoridad) y que desde el punto de vista funcional participen en el ejercicio de las funciones públicas.

El segundo elemento que confluye en la prevaricación genérica y en la prevaricación urbanística radica en el **elemento subjetivo** con el que actúa el autor: toda conducta de prevaricación presupone que el funcionario actúe *a sabiendas de su injusticia*. Este elemento ha sido interpretado como una modalidad concreta de dolo[26], aduciendo que con esta previsión típica se elimina la posibilidad de actuar con dolo eventual[27], mientras que otros le han otorgado la

---

[24] Como es sabido el concepto penal de funcionario es más amplio que el ofrecido por el Derecho administrativo, tal y como puede deducirse del art 24 del CP. De acuerdo con el art 24 CP, «1. A los efectos penales se reputará autoridad al que por sí solo o como miembro de alguna corporación, tribunal u órgano colegiado tenga mando o ejerza jurisdicción propia. En todo caso, tendrán la consideración de autoridad los miembros del Congreso de los Diputados, del Senado, de las Asambleas Legislativas de las Comunidades Autónomas y del Parlamento Europeo. Se reputará también autoridad a los funcionarios del Ministerio Fiscal. 2. Se considerará funcionario público todo el que por disposición inmediata de la Ley o por elección o por nombramiento de autoridad competente participe en el ejercicio de funciones públicas». La doctrina y la jurisprudencia reconocen que el concepto penal de funcionario público no exige las notas de incorporación ni permanencia en el cargo, sino fundamentalmente «la participación en la función pública» (STS de 4 de diciembre de 2002), a la que debe accederse por cualquiera de las tres vías de designación que recoge el precepto. Como dispone la STS 166/2014, de 28 de febrero: «El concepto incluye, por tanto, a los empleados de concesionarios de servicios públicos (STS de 19 de diciembre de 1999); gestores de empresas que prestan servicios públicos cuyo patrimonio se integra en el de una Administración Pública (STS de 29 de abril de 1997); así como a las entidades estatales reguladas en los arts. 6.2 LGP, pues al ser éstas parte del sector público y tener asignada la prestación de un servicio público el perjuicio causado con su administración ilícita no puede dejar de gravar los Presupuestos Generales del Estado (STS de 13 de noviembre de 2002)».

[25] GÓRRIZ ROYO, E., *Los delitos de prevaricación*, pp. 255-264.

[26] GÓRRIZ ROYO, E., *Los delitos de prevaricación*, p. 107.

[27] Ello es afirmado por ejemplo por ACALE SÁNCHEZ, M., *Los delitos urbanísticos*, p. 363; SAP Barcelona de 25 de abril de 2002, (FJ[a]. 4º). No obstante, favorables a admitir la comisión del delito de prevaricación genérico con dolo eventual, por ejemplo, OCTAVIO DE TOLEDO Y UBIETO, E., *La prevaricación del funcionario público*, Instituto de Criminología de la Universidad Complutense/Civitas, Madrid, 1980, pp. 370-374; GÓNZALEZ CUSSAC, J.L., *El delito de prevaricación de autoridades y funcionarios públicos*, Valencia, Tirant lo Blanch, 1997, p. 116; GÓRRIZ ROYO, E., *Los delitos de prevaricación*, pp. 111, 338; BOLDOVA PASAMAR, M. A., *Los delitos urbanísticos*, p. 254.

calificación de elemento subjetivo específico del tipo, diferente por tanto del dolo[28].

El TS ha considerado que este elemento referido a que el funcionario actúe «a sabiendas de su injusticia», debe tratarse de una «injusticia clara y manifiesta, con verdadero y patente torcimiento del derecho por su total contradicción con el ordenamiento jurídico en su conjunto». En concreto, en la prevaricación urbanística, «la injusticia de la resolución debe venir de la vulneración de la legalidad urbanística aplicable al caso, ya sean unas normas subsidiarias, ya normas con rango de Ley, y ya en cuanto al fondo de la resolución, ya en cuanto a la competencia o el procedimiento, pues todas ellas constituyen el derecho urbanístico aplicable» (STS 497/2012, de 4 de junio, FJº 2º).

Adicionalmente, no es infrecuente encontrar que la jurisprudencia interpreta la locución «a sabiendas» cuando la autoridad o funcionario, «teniendo plena conciencia de que resuelve al margen del ordenamiento jurídico y de que ocasiona un resultado materialmente injusto, actúa de tal modo porque quiere ese resultado, anteponiendo el contenido de su voluntad a cualquier otro razonamiento o consideración» (SSTS 766/1999 de 18 mayo; FJº 5º; 636/2006, de 28 de marzo, FJº, 17º; 497/2012, de 4 de junio, FJº 2º). La alusión la creación de un *resultado materialmente injusto* es ciertamente equívoca, puesto que la prevaricación (tanto genérica, como urbanística) es un delito de mera actividad que no requiere la comisión de un resultado injusto separado espacio-temporalmente de la conducta del funcionario. Por ello, el elemento subjetivo del tipo referido al dolo exige, en estos casos, que el funcionario *conozca* que su comportamiento incumple la legalidad vigente de ordenación del territorio y urbanismo, pero no que su actuación generará un resultado injusto separado, puesto que ello excede con mucho la estructura típica de la prevaricación, genérica o no, como delito de mera actividad, y el dolo, en estos casos, debe referirse a los elementos del tipo objetivo. Ello conlleva que el funcionario sea consciente de que actúa de forma contraria a lo que dispone la normativa vigente, que se aparta de dicha legalidad, pero sin necesidad de conocer otros extremos situados al margen del tipo[29].

---

[28] DE LA CUESTA AGUADO, P., «Delitos sobre la ordenación del territorio y el urbanismo», en ÁLVAREZ GARCÍA, F.J., (Dir.) *Derecho penal español. Parte especial (II)*, Valencia, Tirant Lo Blanch, 2013, p. 987.

[29] Autoras como POZUELO PÉREZ han destacado la necesidad de que el funcionario actúe de forma *arbitraria* también en la prevaricación urbanística, a modo de restricción del tipo. En esos casos, se exige que el funcionario se comporte con desviación de poder, al margen del interés general, obedeciendo a intereses particulares propios o de terceros. POZUELO PÉREZ, L., «La delincuencia urbanística», en POZUELO PÉREZ, L., (Coord.) *Derecho penal de la construcción. Aspectos urbanísticos, inmobiliarios y de seguridad en el trabajo*, 2ª ed., Comares, Granada, 2012, pp. 84, *passim*. Dicha restricción es muy razonable y sugestiva aunque debe remarcarse que el legislador no la ha previsto en la configuración típica. Con todo, lo normal es que dicha arbitrariedad concurra, y en caso de no hacerlo, en muchas ocasiones, por principio de insignificancia dicha conducta puede resultar atípica.

IV. DIFERENCIAS ENTRE LA PREVARICACIÓN URBANÍSTICA Y LA PREVARICACIÓN GENÉRICA DE FUNCIONARIOS: MODALIDADES TÍPICAS Y OBJETO MATERIAL

Las principales diferencias entre la prevaricación genérica (404 CP) y la prevaricación urbanística (320 CP) radican en el ámbito de los *comportamientos punibles* y su respectivo *objeto material*. Los funcionarios públicos y autoridades pueden cometer un delito de prevaricación urbanística (320 CP) a través de tres comportamientos típicos, que difieren abiertamente de la prevaricación genérica de funcionarios, consistente en dictar una resolución administrativa arbitraria a sabiendas de su injusticia (404 CP). Veamos cada conducta típica del art 320 CP de forma pormenorizada.

No obstante, y antes de revisar las distintas modalidades típicas de prevaricación urbanística, conviene recordar que, tal y como se deduce del art 11. 3 del RD 7/2015, de 30 de octubre, por el que se aprueba el texto refundido de la Ley de Suelo y Rehabilitación Urbana de ámbito estatal, «todo acto de edificación requerirá del acto de conformidad, aprobación o autorización administrativa que sea preceptivo, según la legislación de ordenación territorial y urbanística, debiendo ser motivada su denegación».

De lo anterior, proviene la necesidad de que la actividad urbanística se contenga en un acto administrativo que lo regule, donde se destacan tres fases diferentes: 1°) **la fase inicial informativa**[30], que consta de informes técnicos y jurídicos, que suelen ser emitidos por personal técnico; 2ª) la **fase decisoria**, donde la administración concede o deniega la pertinente licencia, que proviene del organismo local otorgante, normalmente del alcalde y los concejales; y 3ª) una vez concedida la licencia, es obligatorio que la **inspección urbanística** visite, al menos, en dos ocasiones la obra, al principio y al final de las mismas, para valorar posibles incumplimientos de la normativa administrativa o, incluso, penal.

Uno de los problemas más habituales en relación con la prevaricación urbanística proviene de la excesiva e inevitable complejidad del proceso urbanístico. Así, mientras unos son los responsables de aprobar el instrumento urbanístico, otros efectúan los preceptivos documentos e informes técnicos, que dicha actividad exige, mientras que otros se encargan de la inspección de las obras. La elevada complejidad de la actividad exige el desdoblamiento de la actividad y la necesaria delegación de funciones, entre los muchos intervinientes en la actividad urbanística. En cualquiera de estas fases del procedimiento administrativo puede localizarse el comportamiento de prevaricación urbanística, de modo que el legislador penal ha acomodado la incriminación de las

---

[30] Sobre la importancia de esta fase informativa en los expedientes sobre ordenación del territorio y urbanismo, PELEGRÍN LÓPEZ, A., «La responsabilidad penal de los funcionarios públicos y autoridades», pp. 95-96.

conductas de prevaricación urbanística a las distintas fases del procedimiento, en las que los funcionarios y autoridades han de intervenir[31].

1. La tipicidad en la fase consultiva: La conducta de informar favorablemente un instrumento urbanístico

La primera cuestión a destacar es que con la incriminación de la prevaricación urbanística se **adelanta la barrera de protección** respecto a la prevaricación genérica[32], puesto que, en la prevaricación urbanística, el acto prevaricador puede consistir en un mero acto de trámite (el informe favorable) y no en un acto administrativo de contenido decisorio[33] como sucede en la prevaricación del art 404 CP[34]. Con ello, se amplía notablemente el ámbito de lo punible con respecto a estas conductas de mero trámite, cuando este sea de carácter favorable de una serie de instrumentos urbanísticos.

En relación con esta cuestión, una parte de la doctrina ha defendido que las conductas del funcionario de mero informe favorable, contraviniendo la normativa urbanística, pero sin ulterior concesión de la licencia, no pueden perfeccionar el tipo por falta de lesividad material[35]. Ello, sin embargo, casa mal con el tenor del precepto y con la necesaria anticipación con la que conviene que el legislador reaccione ante la extensión y lesividad de la corrupción urbanística. El delito de prevaricación urbanística es un delito de mera actividad y de peligro abstracto, y no de resultado, y por ello no se requiere para su consumación la realización de un resultado lesivo separado espacio-temporalmente de la mera conducta de informar favorablemente, contraviniendo la normativa vigente. De hecho, si tras el informe favorable del técnico, poste-

---

[31] En sentido parecido, por ejemplo, POMARES CINTAS, E., /BERMEJO, A. J, «¿Era necesario reformar los delitos urbanísticos? Especial referencia a los delitos de corrupción urbanística y a su trayectoria jurisprudencial», en *Revista de Derecho penal y criminología*, nº 6, 2011, p. 121.

[32] Por todos, GÓRRIZ ROYO, E., *Los delitos de prevaricación urbanística*, Valencia, Tirant lo Blanch, 2004, p. 227; POZUELO PÉREZ, L., «La respuesta penal ante la delincuencia urbanística», p. 79; POMARES CINTAS, E., /BERMEJO, A. J, «¿Era necesario reformar los delitos urbanísticos?», pp. 126, 129.

[33] Por *«resolución»* se entiende todo acto administrativo que suponga una declaración de voluntad de contenido decisorio, que afecte a los derechos de los administrados y a la colectividad en general, quedando excluidos los actos políticos. Comprende tanto la realización del derecho objetivo a situaciones concretas o generales, lo que supone que abarca tanto los actos de contenido singular, nombramientos, decisiones, resoluciones de recursos, como los generales, órdenes y reglamentos con un objeto administrativo; cfr. en ese sentido la jurisprudencia constante del TS (STS 627/2006, de 8 de junio). Véase asimismo el art 88 de la Ley 39/2015, de 1 de octubre, del Procedimiento Administrativo Común de las Administraciones Públicas, sobre el contenido de la resolución respecto al acto administrativo.

[34] GÓRRIZ ROYO, E., *Los delitos de prevaricación urbanística*, pp. 279-229; GÓMEZ TOMILLO, «Estado actual de la discusión», p. 2 con ulteriores referencias.

[35] A este respecto cfr. GONZÁLEZ CUSSAC, J. L., *El delito de prevaricación de autoridades* p. 155.

riormente, otro funcionario acaba *concediendo* dolosamente la licencia o el instrumento de planeamiento, a sabiendas, por tanto, de su contrariedad a la normativa administrativa, habrá un segundo delito de prevaricación urbanística independiente del sujeto que ha resuelto a favor de su concesión, y que normalmente es distinto del funcionario o el técnico que informa favorablemente en la primera fase del procedimiento[36].

Por ejemplo, imaginemos que un técnico de un ayuntamiento decide emitir un informe favorable abiertamente ilegal sobre una construcción, y que alguien, posteriormente, ataca dicho informe por resultar inveraz, de modo que finalmente el informe queda sin efecto jurídico. En ese caso –y con independencia de la ilicitud de dicho informe de construcción– es evidente que el funcionario ha cometido una prevaricación urbanística, a pesar de que no existe un resultado material injusto más allá de la conducta del funcionario[37]. El efecto o la consecuencia que genere *a posteriori* el informe positivo es un dato independiente de la actividad delictiva del funcionario. Ella consiste exclusivamente en informar favorablemente contraviniendo la normativa administrativa, con independencia de si genera efectos o no; esta cuestión deberá necesariamente tenerse en cuenta en el ámbito de la gradación penológica dentro del marco penal correspondiente, pero no podrá conformar –con la norma vigente– un criterio para restringir la tipicidad de la forma pretendida[38].

Es importante reseñar también que, a diferencia de lo que ocurre en el delito de prevaricación medioambiental previsto en el art 329 CP, donde se exige que la conducta del funcionario sea «*manifiestamente ilegal*» y en relación con el delito medioambiental contaminante del art 325 CP, en la prevaricación urbanística la conducta del funcionario debe ser simplemente «*contraria a las normas de ordenación territorial o urbanísticas vigentes*». De ese modo, el informe favorable en la prevaricación urbanística no está conectado con los delitos urbanísticos que la preceden conforme a la ordenación sistemática del CP, ni se exige en que haya una contrariedad de especial intensidad con normas de rango legal como en el 329 CP[39].

---

[36] Así, POZUELO PÉREZ, L., «La respuesta penal ante la delincuencia urbanística», pp. 81-82.

[37] GÓRRIZ ROYO, E., *Los delitos de prevaricación urbanística*, p. 306, afirmando que la consumación de los delitos del art 320 CP se produce con la «*mera acción de informar favorablemente por lo general mediante firma* (cursiva en el original)…y «ello con independencia de las consecuencias que puedan derivarse de la emisión de dicho informe»; SOUTO GARCÍA, E.M., «Art. 320», p. 174; PELEGRÍN LÓPEZ, A., «La responsabilidad penal de los funcionarios públicos y autoridades», p. 97.

[38] GÓRRIZ ROYO, E., *Los delitos de prevaricación urbanística*, p. 227, *passim*, pp. 306-307; GÓMEZ TOMILLO, «Estado actual de la discusión», p. 76. En el mismo sentido, y con respecto a la prevaricación administrativa del art 404 CP, en relación con un resultado material más allá de la resolución administrativa arbitraria, véase, recientemente, ARRIBAS LÓPEZ, E., «La omisión impropia en los delitos de prevaricación administrativa», en *Revista de Derecho UNED*, nº 16, 2015, pp.1213-1216.

[39] A este respecto debe recordarse la acertada posición de SILVA SÁNCHEZ y MONTANER FERNÁNDEZ quienes señalan que, en el delito de prevaricación medioambiental del 329.1

La única restricción típica que debe significarse aquí es la necesidad de que el acto de trámite favorable, materializado en un informe, oral o escrito, debe ser idóneo para, en su caso, fundar un acto administrativo de concesión o denegación ilícito, poniendo en peligro la salvaguarda de la legalidad administrativa, y, mediatamente, los intereses por ella protegidos (45 y 47 CE). En ese sentido, la conducta sancionada en primer lugar en el art 320 CP contempla un delito de peligro abstracto para la ordenación del territorio y el urbanismo, y no un delito de lesión[40]. Es decir, la conducta para ser típica requiere evidenciar que con ella se pone en riesgo la ordenación del territorio y el urbanismo, ordenadas y protegidos por la ley. En caso de inidoneidad de la conducta para poner en peligro la licitud del acto administrativo posterior, la conducta será atípica[41].

Asimismo, y en aras de restringir la tipicidad de la conducta, algunos autores han considerado que los informes favorables solo son aquellos que sean *preceptivos* y *vinculantes* conforme a la normativa urbanística, dejando al margen a los informes *facultativos*[42]. Sin embargo, en mi opinión, el legislador no ha efectuado ninguna restricción de forma expresa a este respecto, y por ello considero que los informes facultativos o no vinculantes pueden ser asimismo prevaricaciones urbanísticas, siempre que, por lo demás, cumplan con los elementos objetivos y subjetivos requeridos por el tipo penal.

CP, y en aras de respectar el principio de legalidad, se exige que el informe favorable sea contrario de forma manifiesta a una norma de rango legal y no reglamentario, y que debe de algún modo dar lugar o desembocar en la comisión de un delito ambiental (art 325 CP), SILVA SÁNCHEZ, J-M. /MONTANER FERNÁNDEZ, R., *Los delitos contra el medio ambiente. Reforma legal y aplicación judicial,* Barcelona, Atelier, 2012, pp. 237, *passim* 233-235.

[40] Así, por ejemplo, GÓRRIZ ROYO, E., *Los delitos de prevaricación urbanística,* pp. 267, 268, *passim,* pp. 306-307; GÓMEZ TOMILLO, M., «Estado actual de la discusión», p. 76; DE LA CUESTA AGUADO, P., «Delitos sobre la ordenación del territorio y el urbanismo», p. 986; POMARES CINTAS, E., /BERMEJO, A. J, «¿Era necesario reformar los delitos urbanísticos?», p. 132; MARTÍNEZ ATIENZA G., *Prevaricación urbanística y su sanción*, p. 58. En sentido parecido, aunque en relación con el delito de prevaricación medioambiental, también SILVA SÁNCHEZ, J-M. /MONTANER FERNÁNDEZ, R., *Los delitos contra el medio ambiente*, pp. 235-236, abogando por una razonable restricción típica en este punto, donde no todo informe favorable es típico sino solo aquel que sea preceptivo, y por ello la resolución arbitraria aparezca como consecuencia inmediata o casi necesaria del informe.

[41] La jurisprudencia ha mencionado, en ocasiones, la necesidad de acudir a la perspectiva de la «antijuridicidad material, aplicando, en su caso, los criterios de proporcionalidad, insignificancia e intervención mínima cuando no se aprecie afectación del bien jurídico tutelado», para efectuar la interpretación del tipo del art 320 CP; cfr. por ejemplo, STS 497/2012, de 4 de junio; STS 752/2016, de 11 de octubre.

[42] Así lo sostiene en la doctrina, GÓRRIZ ROYO, E., *Los delitos de prevaricación urbanística,* pp. 230-231 para tratar de limitar la tipicidad del amplio tipo del art 320.1 CP y en aras de salvaguardar el principio de ofensividad penal. En sentido contrario, admitiendo que los informes favorables pueden ser preceptivos o facultativos, vinculantes o no, por ejemplo, GÓMEZ TOMILLO, «Estado actual de la discusión», p. 85; DE LA CUESTA AGUADO, P., «Delitos sobre la ordenación del territorio y el urbanismo», pp. 985-986; POMARES CINTAS, E., /BERMEJO, A. J, «¿Era necesario reformar los delitos urbanísticos?, p. 133; SANTANA VEGA, D., «Articulo 320» en CORCOY BIDASOLO, M. / MIR PUIG, S., (Dirs.) VERA SÁNCHEZ, J.S., *Comentarios al Código penal. Reforma LO 1/2015 y LO 2/2015,* Tirant Lo Blanch, Valencia, 2015, p. 1153.

El art 320.1 CP tipifica dentro de las acciones prohibidas todas aquellas que consistan en **informar favorablemente** varios elementos diferentes, siempre que ello sea contrario a las normas vigentes de ordenación territorial o urbanística, y se actúe con dolo; esto es, la conducta prohibida del funcionario consiste en informar favorablemente con conocimiento de su ilegalidad alguno de los siguiente elementos [43]: 1º) un *instrumento de planeamiento, o 2º) un proyecto de urbanización, 3º) un proyecto de parcelación o reparcelación, 4º) o un proyecto de construcción o de edificación,* o, *5º) se informe favorablemente la concesión de una licencia*[44]. Por ello, no todo informe favorable contra la legalidad vigente será típico, sino solo aquellos en los que dicha actividad se efectúa a sabiendas de su injusticia, esto es: de su ilegalidad con la normativa vigente, de modo que las actuaciones del funcionario fundadas en el desconocimiento por falta de cuidado o por error, al resultar imprudentes, son atípicas, pues el delito de prevaricación urbanística es exclusivamente doloso[45]. A este respecto, conviene llamar la atención de que si el Estado quiere tomarse en serio la protección del urbanismo debe contratar a personas expertas que conozcan el régimen jurídico del mismo y coadyuven con los poderes públicos al cumplimiento de la legalidad de forma imparcial. Sin embargo, en muchas ocasiones la precariedad en el empleo público, fomentando el régimen de la interinidad y la subcontración externa, no hace sino favorecer la desorganización, la falta de independencia ante las presiones, y las descoordinación que culmina en la formación de expedientes que lesionan el interés general en esta materia[46].

---

[43] Si el informe fuese *desfavorable* pero contraviniese igualmente la normativa de ordenación del territorio o urbanística, la conducta del funcionario comportará, en su caso, una conducta de cooperación necesaria o complicidad en un delito de prevaricación genérica de funcionarios, pero resultará atípica a efectos del art 320 CP, puesto que no habrá afectación alguna a la ordenación del territorio ni al urbanísimo; por todos, GÓRRIZ ROYO, E., *Los delitos de prevaricación urbanística,* p. 233 con ulteriores referencias.

[44] Con anterioridad a la reforma de 2010 del código penal, el art 320 hacía referencia únicamente al informe favorable de los «proyectos de edificación» o a la «concesión de licencias». Tras la reforma de 2010, se ha tipificado con total acierto los informes favorables de un *proyecto de urbanización, parcelación, reparcelación, construcción o edificación,* cubriéndose como debía las fases anteriores a la edificación. Cfr. en el mismo sentido, Grupo de Estudios de Política Criminal (GEPC) , *Una regulación alternativa contra la corrupción urbanística y otras conductas delictivas relacionadas,* documento 11, 2010, disponible en abierto http://www.gepc.es/web/sites/default/files/ficheros/corrupcion.pdf pp. 36-37 (versión consultada el 2 de enero de 2017). En sentido parecido también POMARES CINTAS, E., /BERMEJO, A. J, «¿Era necesario reformar los delitos urbanísticos?», pp. 13 y ss.

[45] Con todo, y como advierte PELEGRÍN LÓPEZ, «la manera de actuar de quien, en el momento de hacer el informe, actúa con voluntad de no estudiar seriamente la cuestión planteada, y se pone ya de manera intencionada en una situación de ignorancia deliberada, para hacer un informe favorable, equivale a la de quien informa de manera intencionada y con conocimiento de causa», *vid.*, PELEGRÍN LÓPEZ, A., «La responsabilidad penal de los funcionarios públicos y autoridades», p. 96.

[46] Véase PELEGRÍN LÓPEZ, A., «La responsabilidad penal de los funcionarios públicos y autoridades», pp. 96-97. Muchas veces la prueba del dolo requiere valorar todos los elementos de contexto y allí donde se encuentren irregularidades procedimentales importantes puede perfilarse

1.1. Los instrumentos del planeamiento

La incriminación de esta conducta –consistente en informar favorablemente un instrumento del planeamiento– se produjo tras la reforma de la LO 5/2010, de 22 de junio, entrando en vigor el 23 de diciembre de 2010. Con anterioridad a esta fecha, la tipicidad de restringía incomprensiblemente al informe favorable (o a la concesión) de los «proyectos de edificación» o las «licencias», habida cuenta del alto impacto que, en la corrupción urbanística, tenían los actos de calificación y recalificación del suelo en los instrumentos de planeamiento[47]. Esta laguna de punibilidad fue colmada satisfactoriamente en 2010 incluyendo a los instrumentos de planeamiento entre el objeto material de la actividad de prevaricación urbanística[48].

El **«instrumento del planeamiento»** contempla el ***planeamiento general*** (planes generales de ordenación urbanística, los planes de ordenación intermunicipal y los planes de sectorización), así como los ***planes de desarrollo*** que concretan el planeamiento general (planes parciales de ordenación, planes especiales, estudios de detalle o catálogos)[49]. La aprobación de los instrumentos del planeamiento pasan por diversas fases en las que interviene tanto la administración local como la autonómica. Los primeros esbozan y aprueban inicialmente el planeamiento, y la administración autonómica es la encargada de aprobar de forma definitiva el planeamiento urbanístico[50]. Esta doble instancia debe ser muy tenida en cuenta para dilucidar las responsabilidades de cada ente territorial concernido en la aprobación del planeamiento, puesto que varias son los responsables de su aprobación.

1.2. Los proyectos de urbanización

De conformidad al art 67 del Real Decreto 2159/1978, de 23 de junio, por el que se establece el Reglamento del Planeamiento Urbanístico, los **proyectos**

la prueba indiciaria que el dolo requiere. A este respecto, cfr., por ejemplo, la SAP Almería, 25/2015, de 8 de junio (FJª 6 *in fine*).

[47] DE LA CUESTA AGUADO, P., «Delitos sobre la ordenación del territorio y el urbanismo», p. 984. Con anterioridad a 2010, las recalificaciones de terreno solo eran reconducibles a la tipicidad de la prevaricación administrativa del art 404 CP cuando se pudiese determinar que dichos actos de planeamiento urbanístico fuesen resoluciones arbitrarias, patentes y groseras contra la legalidad vigente, menoscabando el interés general, o, al cohecho si mediase dádiva, recompensa o promesa. Sobre ello cfr. el detallado estudio de POZUELO PÉREZ, L., «La delincuencia urbanística», 1° ed., 2006, pp. 87-92, y ss.

[48] A favor de la sanción de este tipo de instrumentos, antes de la reforma de 2010, por ejemplo, GÓMEZ TOMILLO, M., «Estado actual de la discusión», p. 84; JORDANO FRAGA, J., «La reclasificación del Suelo No Urbanizable», en *Revista Aranzadi de Urbanismo y Edificación*, 2009, p. 367.

[49] Véase al respecto Real Decreto 2159/1978, de 23 de junio, por el que se establece el Reglamento del Planeamiento Urbanístico.

[50] Sobre esta fase véase solo, POZUELO PÉREZ, L., «La delincuencia urbanística», 2ª ed., 2012, pp. 98-100.

de urbanización son proyectos de obras cuya «finalidad es llevar a la práctica, en suelo urbano, las determinaciones correspondientes de los Planes Generales y de las Normas Complementarias y Subsidiarias del Planeamiento, y, en suelo urbanizable, la realización material de las propias de los Planes Parciales. (…) Constituirán, en todo caso, instrumentos para el desarrollo de todas las determinaciones que el Plan prevea en cuanto a obras de urbanización, tales como vialidad, abastecimiento de agua, alcantarillado, energía eléctrica, alumbrado público, jardinería y otras análogas».

Estos proyectos de urbanización son redactados por técnicos o facultativos de grado superior (arquitectos, ingeniero superior de caminos, etc.) que posteriormente serán aprobados por la Administración local, concretamente por el Alcalde o por la Junta de Gobierno local en municipios de gran población[51].

1.3. Los proyectos de parcelación y reparcelación

Los **proyectos de parcelación** pueden ser urbanísticos o rústicos y consisten en efectuar una actuación urbanística en una sola parcela y requieren de licencia urbanística previa. La **reparcelación** supone una nueva restructuración parcelaria.

Según lo dispuesto en el art 143.1 de la Ley 9/2001 del Suelo de la Comunidad de Madrid, «tendrán la consideración de **actos de parcelación** (…) cualesquiera que supongan la modificación de la forma, superficie o lindes de una o varias fincas. La parcelación rústica serán todos aquellos actos legales que se produzcan en suelo no urbanizable de protección o suelo urbanizable no sectorizado en que no se haya aprobado definitivamente el Plan de Sectorización».

Conforme al art 32. 1. del Decreto 29/2011, de 19/04/2011, por el que se aprueba el Reglamento de la Actividad de Ejecución del Texto Refundido de la Ley de Ordenación del Territorio y de la Actividad Urbanística, «se entiende por **reparcelación** la operación urbanística consistente en la agrupación material de fincas o parcelas existentes en el ámbito de una unidad de actuación, continua o discontinua, delimitada para la gestión y ejecución del planeamiento urbanístico, con la finalidad de su división ajustada a este y con adju-

---

[51] Conforme al art 21.1. j) de la LBRL: «El alcalde (….) ostenta las siguientes atribuciones: j) Las aprobaciones de los instrumentos de planeamiento de desarrollo del planeamiento general no expresamente atribuidas al Pleno, así como la de los instrumentos de gestión urbanística y de los proyectos de urbanización». Por su parte el art 23.2 de la mencionada disposición determina que: «Corresponde a la Junta de Gobierno Local (…) Las atribuciones que el Alcalde u otro órgano municipal le delegue o le atribuyan las leyes», entre las que se encuentran la aprobación de los proyectos de instrumentos de ordenación urbanística cuya aprobación definitiva o provisional corresponda al Pleno (art 127.1 c) LBRL).

dicación de las nuevas fincas o parcelas a la Administración correspondiente, al agente responsable de la ejecución en pago de su gestión y de los gastos de urbanización y, en su caso, de edificación y a las personas propietarias, en este caso en proporción a sus respectivos derechos» (...). Tendrá la consideración de agente responsable de la ejecución el Agente urbanizador, edificador o rehabilitador adjudicatario de la ejecución del Programa de que se trate o aquél a quien se encomiende la ejecución de la obra pública ordinaria o del Plan o Programa de Singular Interés».

1.4. Los proyectos de construcción y de edificación

Dichos proyectos deben distinguirse entre sí en función del objeto que proyectan. La construcción y la edificación mantienen una relación de especie y género, donde la «construcción» es más amplia y contempla la realización de obras arquitectónicas o de ingeniería, entre las que se incluyen también a las edificaciones. Las «edificaciones» son obras que están destinadas al albergue de personas (morada o habitación de personas). Es, por tanto, el destino de unas y otras lo que puede arrojar un criterio para la determinación de ambos conceptos[52].

Por su parte, la Ley 38/1999, de 5 de noviembre, de Ordenación de la Edificación define en su art 2 el *proceso de edificación* como «construir un edificio de carácter permanente, público o privado, cuyo uso principal esté comprendido en los siguientes grupos: **a)** Administrativo, sanitario, religioso, residencial en todas sus formas, docente y cultural; **b)** Aeronáutico; agropecuario; de la energía; de la hidráulica; minero; de telecomunicaciones (referido a la ingeniería de las telecomunicaciones); del transporte terrestre, marítimo, fluvial y aéreo; forestal; industrial; naval; de la ingeniería de saneamiento e higiene, y accesorio a las obras de ingeniería y su explotación; **c)** Todas las demás edificaciones cuyos usos no estén expresamente relacionados en los grupos anteriores».

1.5. Las licencias

Dentro del proceso de concesión de licencias urbanísticas de todo tipo (edificación, construcción, demolición, tala de árboles, etc.) existe un periodo

---

[52] En sentido parecido, POMARES CINTAS, E., /BERMEJO, A. J, «¿Era necesario reformar los delitos urbanísticos?, pp. 140-141. Sobre la distinción entre construcción y edificación, cfr.,. SÁENZ DE PIPAÓN Y MENGS, J., /SÁENZ DE PIPAÓN Y DEL ROSAL, J., *La ciudad, objeto de protección penal. Acerca del llamado delito urbanístico*, La Ley – Wolter Kluwer, 2009, pp. 60 y ss.; Madrid, CABALLERO SALINAS, J. M., *Los delitos urbanísticos tras la reforma de la LO 5/2010,* pp. 140-143.

anterior a la concesión que consiste en el trámite de informes, donde eventualmente puede residir la tipicidad de la conducta del art 320 1 CP, cuando se informa favorablemente una licencia contraviniendo la normativa vigente.

El tipo no ha precisado a qué tipo de licencias se refiere por lo que parece que alberga cualquier clase de licencias[53]. Los proyectos de construcción, edificación, parcelación, y reparcelación requieren licencia urbanística previa por lo que no es descartable que un mismo expediente encontremos varios intervinientes que cometen delitos autónomos de prevaricación urbanística[54].

Con carácter general, las licencias las conceden los Alcaldes (órgano unipersonal), salvo que las ordenanzas o las leyes sectoriales se las atribuyan al Pleno o a la Comisión de Gobierno (órgano colegiado) (art 41.9 del Reglamento de Organización, Funcionamiento y Régimen Jurídico de las Entidades Locales).

---

[53] Así, por ejemplo, GÓMEZ TOMILLO, M., «Estado actual de la discusión», pp. 88-89. Críticamente sobre la amplitud e indeterminación del tipo, por ejemplo POMARES CINTAS, E., /BERMEJO, A. J, «¿Era necesario reformar los delitos urbanísticos?», p. 141.

[54] Conforme al art 151. 1 y 2 de la Ley 9/2001, de 17 de julio, del Suelo de la Comunidad de Madrid: «1. Están sujetos a licencia urbanística, en los términos de la presente Ley y sin perjuicio de las demás autorizaciones que sean procedentes con arreglo a la legislación sectorial aplicable, todos los actos de uso del suelo, construcción y edificación para la implantación y el desarrollo de actividades y, en particular, los siguientes: *a)* Las parcelaciones, segregaciones o cualesquiera otros actos de división de fincas o predios en cualquier clase de suelo, no incluidos en proyectos de reparcelación. *b)* Las obras de edificación, así como las de construcción e implantación de instalaciones de toda clase de nueva planta. *c)* Las obras de ampliación, reforma, modificación o rehabilitación de edificios, construcciones e instalaciones ya existentes, cualquiera que sea su alcance, finalidad y destino. *d)* Las obras y los usos que hayan de realizarse con carácter provisional. *e)* La demolición de las construcciones y los edificios, salvo en los casos declarados de ruina física inminente. *f)* La primera utilización y ocupación de los edificios e instalaciones en general. *g)* El cambio objetivo, total o parcial, del uso de las construcciones, edificaciones e instalaciones. *h)* Los movimientos de tierra y las obras de desmonte y explanación en cualquier clase de suelo. *i)* La extracción de áridos y la explotación de canteras. *j)* La acumulación de vertidos y el depósito de materiales ajenos a las características propias del paisaje natural que contribuyan al deterioro o degradación del mismo. *k)* El cerramiento de fincas, muros y vallados. *l)* La apertura de caminos, así como su modificación o pavimentación. *m)* La ubicación de casas prefabricadas e instalaciones similares, provisionales o permanentes. *n)* La instalación de invernaderos o instalaciones similares. *ñ)* La tala de masas arbóreas, de vegetación arbustiva o de árboles aislados que, por sus características, puedan afectar al paisaje o estén protegidos por la legislación sectorial correspondiente. *o)* La colocación de carteles y vallas de propaganda visibles desde la vía pública. *p)* Las instalaciones que afecten al subsuelo. *q)* La instalación de tendidos eléctricos, telefónicos u otros similares y la colocación de antenas o dispositivos de telecomunicaciones de cualquier clase. *r)* La construcción de presas, balsas, obras de defensa y corrección de cauces públicos, vías públicas o privadas y, en general, cualquier tipo de obras o usos que afecten a la configuración del territorio. *s)* Los actos de construcción, edificación e intervención consistente en ampliación, mejora, reforma, modificación o rehabilitación de las instalaciones existentes, en los aeropuertos y estaciones destinadas al transporte terrestre, salvo lo dispuesto por la legislación estatal. *t)* Los demás actos que señalen los instrumentos de planeamiento urbanístico. 2. Están también sujetos a licencia urbanística los actos de uso del suelo, construcción y edificación que realicen los particulares en terrenos de dominio público, sin perjuicio de las autorizaciones o concesiones que deba otorgar el ente titular de dicho dominio».

2. La conducta de prevaricación omisiva: silenciar la infracción de normas urbanísticas o no efectuar las inspecciones debidas (320.1 *in fine* CP)

Tras la reforma del CP de 2010, se incluyó en el art 320.1 *in fine* la conducta omisiva de funcionario, que bien **haya silenciado**[55] **la infracción de las normas** administrativas de ordenación del territorio o de urbanismo cuando se estaban llevando a cabo las inspecciones, o bien cuando el funcionario **omita la realización de inspecciones** que está obligado a efectuar.

La primera de las conductas –silenciar la infracción de normas vigentes de urbanismo u ordenación del territorio– pretende prevenir los escenarios de pasividad de los funcionarios que no restablecen la legalidad vigente, cuando tienen conocimiento de su conculcación en el ámbito de las inspecciones. Ello favorece que la corrupción en el sector se consolide, sin que, tras la comisión de los hechos delictivos, nadie restablezca la legalidad infringida. Por ello, la doctrina reclamaba su inclusión en el CP. Este precepto reproduce el art 329 en materia de prevaricación medioambiental, del que trae causa, puesto que fue la primera modalidad de prevaricación especial que contempló la incriminación del comportamiento pasivo del funcionario ante contravenciones de la normativa medioambiental[56].

Con respecto a esta primera conducta omisiva, referida a **silenciar las infracciones urbanísticas** en el contexto de la inspección por parte de quien debe comunicar, debe acudirse a la regulación autonómica de referencia.

En el caso de la Comunidad de Madrid, el art 191 de la Ley del suelo establece que: «*1. La Comunidad de Madrid y los municipios tienen plena competencia, en materia de inspección urbanística, debiendo cooperar y, en su caso, coordinarse para el desarrollo de las tareas de inspección. 2. Los servicios de inspección urbanística de la Comunidad de Madrid están adscritos a la Consejería competente en materia de ordenación urbanística. 3. Todos los Ayuntamientos deberán contar con al menos una unidad administrativa dedicada exclusivamente al ejercicio de funciones inspectoras. Cuando no tengan capacidad para contar con una propia deberán asegurar el desarrollo de la función inspectora*

---

[55] Advierte la problemática que plantea el verbo típico «silenciar», de cara a la salvaguarda del principio de legalidad de los delitos, entre nosotros, PELEGRÍN LÓPEZ, A., «La responsabilidad penal de los funcionarios públicos y autoridades», p. 98.

[56] Hasta la reforma del CP de 2010, la prevaricación urbanística omisiva no se contemplaba en modo alguno. A diferencia de ello, la prevaricación medioambiental (art 329 CP) sí lo hacía desde 1995 en la modalidad de silenciar la infracción de leyes o disposiciones normativas de carácter general, y en 2010 se amplió esta forma de prevaricación omisiva a supuestos en los que el funcionario hubiere omitido la realización de inspecciones de carácter obligatorio. En el ámbito de patrimonio histórico, esta prevaricación omisiva no está recogida en el Código penal de forma totalmente incomprensible. Sobre ello, véase críticamente, por ejemplo, OTERO GONZÁLEZ, P., «Protección penal de los daños al patrimonio histórico (tras la Reforma del Código Penal operada por la LO 1/2015)», en *Anuario de la Facultad de Derecho de la Universidad Autónoma de Madrid*, nº 19, 2015, pp. 340-341.

mediante cualesquiera de las fórmulas de cooperación con la Consejería competente en materia de ordenación urbanística previstas en la presente Ley».

Lo anterior indica que efectivamente cada Ayuntamiento debe contar con una actividad inspectora y que, en esos contextos, los funcionarios garantes de dicha inspecciones tienen un deber de comunicar y denunciar las irregularidades que constaten, dando traslado al Ministerio Fiscal en su caso, y, en todo caso, incoando un procedimiento sancionador (art 192.1 Ley del Suelo CCAA Madrid). En caso de no hacerlo, el funcionario se expone a ser condenado por un delito de prevaricación urbanística omisiva[57].

Cada vez que se concede una licencia urbanística, los inspectores urbanísticos deben visitar la obra y hacer una inspección correspondiente, al menos en dos ocasiones: al principio y al final de la obra (art 192.1 Ley del Suelo CCAA Madrid). Todo ello deberá ser reflejado en el correspondiente acta de inspección reflejando los datos más significativos (personas intervinientes y circunstancias, datos y resultados de la actuación que se practique). La falsedad en ese acta comportará adicionalmente un delito de falsedad en documento público (art 390 CP) con el que el delito de prevaricación urbanística entrará en concurso (medial) de delitos.

Con respecto a la segunda conducta típica omisiva, el art 320. 1 *in fine* hace referencia a que el funcionario **omita la realización de inspecciones** que está obligado a efectuar. En estos casos se trata de una suerte de omisión pura de mera actividad (no realizar inspecciones a las que se estaba obligado)[58], aunque cabe plantearse si, por la penalidad prevista, no debiese, en realidad, tratarse de una omisión con referencia a resultado. Es decir, que lo que se reprocha en esta segunda modalidad omisiva es que el funcionario desconozca deliberadamente lo que debería haber conocido si hubiese efectuado la conducta debida de inspección. La imputación del 320 CP exigiría, pues, en estos casos, que la imposición de la conducta debida tenga algún efecto de cara a evitar el resultado lesivo, que consiste, precisamente, en constatar o detectar la comisión de irregularidades de la normativa de ordenación del territorio y urbanismo. Es muy discutible que la mera no realización de inspecciones urbanísticas sean en sí mismas un delito de prevaricación, puesto que, en esos casos, puede ocurrir que, a pesar de no realizar inspección alguna, nadie haya incumplido la legalidad vigente, procediendo en tal situación la impunidad de dicha conducta de omisa inspección del funcionario.

---

[57] Advierte la dificultad que pueden tener los municipios pequeños con presupuestos limitados en materia de inspección urbanística, por ejemplo, CORRAL ESCARIZ, V., *La lucha contra la corrupción urbanística*, p. 160.

[58] DE LA CUESTA AGUADO, P., «Delitos sobre la ordenación del territorio y el urbanismo», p. 986; ÁLVAREZ GARCÍA, F.J, «Problemas de desobediencia, retroactividad de la ley penal y omisión de los deberes de inspección urbanística» en SANTANA RODRÍGUEZ, J. J. (Coord.), *Estudios sobre urbanismo, turismo y responsabilidad penal*, Tirant lo Blanch, Valencia, 2017, pp. 315-316, 321.

Con todo, la formulación típica del art 320.1 *in fine* CP parece clara a pesar de su incorrección, y parece –como expuse al principio– que se trata de una omisión pura consistente en no inspeccionar, por lo que, en esos casos, convendría aminorar significativamente la pena, pues la gravedad de dicha situación es muy inferior de aquellos casos en los que el funcionario silencia o falsea el acta conociendo la *efectiva* infracción de la legalidad administrativa[59].

Asimismo debe determinarse en cada caso quién es el obligado a realizar las inspecciones oportunas. En este marco, y como advierte entre nosotros, F.J Álvarez García, debe reflexionarse acerca de las cualidades de los garantes de realizar estas funciones de inspección urbanística, destacando en este ámbito ciertos nombramientos más que discutibles con los llamados «arquitectos honoríficos»[60], que menoscaban palmariamente la imparcialidad e independencia que los servidores públicos deben tener en materias tan importantes como la fiscalización e inspección urbanística. En estos casos, cabe cuestionarse si la responsabilidad penal no debe recaer en el órgano unipersonal o colegiado que delegó indebidamente en quien carece de toda competencia al respecto.

3. La tipicidad en la fase decisoria: la conducta de resolver o votar a favor para aprobar instrumentos de planeamiento, los proyectos de urbanización, parcelación, reparcelación, construcción o edificación o la concesión de las licencias contrarias a normativa sobre la ordenación del territorio o urbanísticas

En el art 320.2 CP, se contempla la tipicidad de la conducta del funcionario ya en fase decisoria o resolutoria[61], donde efectivamente se aprueba un instrumento del planeamiento, o proyectos de urbanización, parcelación, etc. contrarios a la normativa urbanística vigente a sabiendas de su injusticia. La efectiva concesión de la licencia forma parte del agotamiento del delito, y no es necesaria para la consumación del mismo, pues esta se produce con la realización de las dos conductas que el tipo penal recoge[62].

En cualquier caso, la conducta de prevaricación definida en el 320.2 CP se sitúa en la fase decisoria del expediente administrativo donde el Alcalde (órgano unipersonal) **haya resuelto la concesión**, o los miembros del Pleno del Ayuntamiento (órgano colegiado) **hayan votado a favor** de la dicha concesión. En el primer supuesto –el de la resolución favorable– se trata de un supuesto de autoría

---

[59] En sentido crítico también GÓRRIZ ROYO, E., «Los delitos sobre la ordenación del territorio: arts. 319 y 320 CP», en ÁLVAREZ GARCÍA, F.J./GÓNZALEZ CUSSAC, J.L. (Dirs.) *Comentarios a la Reforma penal de 2010*, Tirant lo Blanch, Valencia, 2010, pp. 379-380; SOUTO GARCÍA, E.M., «Art. 320», p. 170.

[60] ÁLVAREZ GARCÍA, F.J, «Problemas de desobediencia, retroactividad de la ley penal y omisión de los deberes de inspección urbanística», pp. 318 y ss.

[61] GÓRRIZ ROYO, E., *Los delitos de prevaricación urbanística*, pp. 227-228.

[62] GÓRRIZ ROYO, E., *Los delitos de prevaricación urbanística*, p. 287 con ulteriores referencias.

única, mientras que en el segundo se trata de un supuesto de coautoría, donde intervienen varios funcionarios que gestionan de forma conjunta el riesgo para la ordenación del territorio o el urbanismo. En los supuestos en los que se trate de una coautoría, donde intervienen varias personas como miembros de un órgano colegiado, son imaginables varios escenarios que requieren alguna clarificación.

En primer lugar, puede ocurrir que la persona que vota a favor desconozca por error o falta de diligencia la ilegalidad del acto que está concediendo. En ese caso, dicho sujeto no cometerá ninguna conducta punible, pues la tipicidad exige la actuación dolosa. Puede asimismo suceder que el funcionario sea plenamente consciente de la ilegalidad de votar a favor de la concesión, aunque sabe que no va a lograr su propósito, puesto que los demás miembros de la corporación no van a votar a favor. En ese caso, estaremos ante una conducta de tentativa inidónea punible siempre que pueda constatarse un mínimo de riesgo *ex ante* para el bien jurídico. También puede ocurrir que el funcionario vote a favor conociendo que existe un *quorum* suficiente para aprobar el instrumento o licencia contrario a la legalidad, podrá responder por un delito consumado del art 320.2 CP. Finalmente puede acontecer que el sujeto se abstenga irregularmente o que ni siquiera acuda a la votación. Dichos supuestos pueden representar modos de comisión por omisión pero no serían reconducibles a la conducta omisiva de «votar a favor», sino a la propia concesión de la licencia o de los demás objetos materiales designados en el art 320 CP[63].

V. CONCURSOS

El delito de prevaricación urbanística contempla un delito especial propio, en el que el funcionario o la autoridad correspondiente incumple deberes que ostenta en materia urbanística. Este delito de prevaricación urbanística desplaza a la prevaricación genérica de funcionarios del art 404 en virtud del principio de especialidad (art 8.1 CP).

Si junto a la prevaricación urbanística pudiese probarse un vínculo de connivencia del funcionario con el promotor o constructor que comete el delito del art 319 CP, pueden plantearse dos escenarios.

El primero es cómo sancionar al técnico-funcionario que emite *informe favorable* contraviniendo la normativa para favorecer que, posteriormente, la autoridad conceda una licencia ilícita, estando compinchado con el operador inmobiliario, que después construye ilegalmente en zonas protegidas especialmente (319.1 CP). En esos casos la conducta de informe favorable no constituye nin-

---

[63] En el mismo sentido, por ejemplo, GÓRRIZ ROYO, E., *Los delitos de prevaricación urbanística*, p. 283; DE LA CUESTA AGUADO, P., «Delitos sobre la ordenación del territorio y el urbanismo», p. 987; SOUTO GARCÍA, E.M., «Art. 320», p. 171; SANTANA VEGA, D., «Artículo 320», pp. 1153-1154.

guna conducta de autoría de prevaricación genérica (404 CP), puesto que esta –como es sabido– precisa de una resolución arbitraria de contenido decisorio y no un acto de mero trámite. En esos casos puede sancionarse al funcionario como autor del delito del art 320.1 CP exclusivamente y al particular por el el 319.1 CP cometido. No obstante, si no se quiere privilegiar en exceso la conducta del funcionario por la lesión efectiva a la ordenación del territorio, se puede también sancionar al funcionario como cooperador necesario en un delito de construcción ilegal del particular (319.1 CP) en concurso ideal con un delito de cooperación necesaria o complicidad en un delito de prevaricación genérica (404 CP)[64]. En esos casos procede, a mi modo de ver, que el juez haga uso de su facultad y rebaje la pena un grado en virtud del art 65.3 CP, para diferenciarlo de los casos en los que existe una verdadera situación de *autoría* de la prevaricación del funcionario que concede una licencia, etc. de forma arbitraria.

El segundo escenario a tener en cuenta es en aquellas situaciones en las que el funcionario concede o vota a favor de un instrumento del planeamiento, etc. contrario a la normativa vigente. Ello comporta respecto a la conducta del funcionario o autoridad una prevaricación genérica (404 CP) a título de autoría en concurso ideal con una cooperación necesaria en el delito de construcción ilegal agravado del que derive dicha concesión (319.1 CP).

Debe tenerse en cuenta que si el delito cometido por el operador inmobiliario es una construcción ilegal del tipo básico –construcción no autorizada en suelo no urbanizable– (319.2 CP) el escenario puede verse alterado, puesto que la penalidad del 319.2 CP es ligeramente menor que la contemplada en el art 320 CP, por lo que no es descartable que, en ese caso, al funcionario se le castigue por el delito de prevaricación urbanística, dejando al margen la punición por su intervención delictiva en el delito de construcción ilegal por resultar más benigna.

Asimismo el delito de prevaricación urbanística en cualquiera de sus modalidades puede entrar en concurso de delitos (ideal o medial) con un delito de falsedad en documento público (390 CP), o con el delito de cohecho pasivo con el que con frecuencia irá acompañado (fundamentalmente el cohecho del art 419 CP, o el cohecho de recompensa 421 CP en relación con el 419 CP).

VI. CONSIDERACIONES CONCLUSIVAS

La legislación penal en materia de protección del territorio y del urbanismo es lo suficientemente completa como para abarcar los principales fenómenos de corrupción en el sector. Dicha regulación se ha visto ciertamente reforzada tras la reforma del Código penal del año 2010, fundamentalmente en la

---

[64] Cfr. al respecto solo, GÓRRIZ ROYO, E., *Los delitos de prevaricación urbanística*, pp. 374-375 con referencias.

expansión de los objetos materiales del delito, y también en la inspección urbanística con la incriminación de la prevaricación urbanística omisiva. Sentado esto, es decir, que la norma penal contenida en el art 320 CP interviene convenientemente en las fases anteriores a la resolución de expedientes, anticipándose al frecuente escenario de concesión de instrumentos del planeamiento, licencias, etc. contrarios a la legalidad vigente, no es menos cierto que la aplicación de la norma plantea no poco problemas de aplicación práctica.

El primer problema que puede atisbarse es el de la pluralidad de intervinientes en el fenómeno de la gestión pública del territorio y del suelo. Esa descentralización de actores puede generar problemas en la individualización de cada intervención delictiva.

Asimismo la prueba del dolo no está exenta de dificultades, en la medida que los tribunales no han sido especialmente exigentes con los funcionarios que intervienen en estos procesos, exigiendo el conocimiento de la normativa de referencia, para no escudarse después en desconocimientos latentes o inducidos por parte de los servicios técnicos que los auxilian. Para ello, sería conveniente concretar, normativamente, los conocimientos exigibles a los funcionarios delegados en la gestión del territorio y el suelo público. Con ello, se facilitaría al juez penal la prueba del dolo, siempre compleja en el proceso penal. Los funcionarios y autoridades que gestionan el suelo público deben recibir la información y la formación adecuada sobre los procedimientos y contenidos fundamentales de la legalidad en materia de urbanismo y ordenación territorial, para así poder fortalecer su posición como protectores de la gestión razonable del suelo.

Del mismo modo, la Administración debe limitar las contrataciones temporales o interinidades que debilitan claramente a quienes deben evitar que otros (autoridades o particulares) traten de construir de forma ilegal, habida cuenta, además, de la importante actividad lucrativa que la construcción conlleva. Es ineludible que para gestionar convenientemente cualquier sector público se requiere personal cualificado e independiente que desempeñe la función, fortaleciendo siempre el control y la inspección de que se trate. De nada sirven las normas si, para su ejecución, se carece de medios técnicos y humanos para su cumplimiento eficaz. Por ello, al margen de las cuestiones técnicas penales esbozadas con anterioridad, los poderes públicos deber efectuar las reformas legislativas precisas, dotándolas económicamente de los recursos necesarios para poder implementarlas adecuadamente. De lo contrario, las políticas públicas se tornan en ineficientes, hipócritas y cosméticas, debilitando al Estado y a sus poderes en su totalidad.

VII. BIBLIOGRAFÍA

ACALE SÁNCHEZ, M., *Los delitos urbanísticos*, Barcelona, Cedecs, 1997.

ÁLVAREZ GARCÍA, F.J, «Problemas de desobediencia, retroactividad de la ley penal y omisión de los deberes de inspección urbanística» en SANTANA RODRÍGUEZ, J.J. (Coord.), *Estudios sobre urbanismo, turismo y responsabilidad penal,* Tirant lo Blanch, Valencia 2017, pp. 297-321.

ARRIBAS LÓPEZ, E., «La omisión impropia en los delitos de prevaricación administrativa», en *Revista de Derecho UNED*, nº 16, 2015, pp. 1207-1235.

BOLDOVA PASAMAR, M. Á., *Los delitos urbanísticos*, Atelier, Barcelona, 2007.

CABALLERO SALINAS, J. M., *Los delitos urbanísticos tras la reforma de la LO 5/2010*, Cizur Menor, Thomson Reuters-Aranzadi, 2014.

CAPDEFERRO VILLAGRASA, O., *El derecho administrativo y la prevención de la corrupción urbanística,* Madrid-Barcelona, Marcial Pons, 2016.

CORRAL ESCARIZ, V., *La lucha contra la corrupción urbanística en España,* Valencia, Tirant Lo Blanch, 2014.

DE LA CUESTA AGUADO, P., «Delitos sobre la ordenación del territorio y el urbanismo», en ÁLVAREZ GARCÍA, F.J., (Dir.) *Derecho penal español. Parte especial (II),* Valencia, Tirant Lo Blanch, 2013, pp. 965-992.

GAJA I DÍAZ, F., ¿Corrupción urbanística o corrupción del urbanismo?, en línea: http://personales.upv.es/fgaja/publicaciones/corrupcion.pdf

GÓMEZ TOMILLO, M., «Estado actual de la discusión en torno a la regulación de los delitos sobre la ordenación del territorio (ii): los llamados delitos de prevaricación urbanística», en *Revista de Derecho urbanístico y medio ambiente*, nº 224, 2006, pp. 69-124.

GÓNZALEZ CUSSAC, J.L., *El delito de prevaricación de autoridades y funcionarios públicos*, Valencia, Tirant lo Blanch, 1997.

GÓRRIZ ROYO, E., *Los delitos de prevaricación urbanística*, Valencia, Tirant lo Blanch, 2004.

GÓRRIZ ROYO, E., «Los delitos sobre la ordenación del territorio: arts. 319 y 320 CP», en ÁLVAREZ GARCÍA, F.J./GÓNZALEZ CUSSAC, J.L. (Dirs.) *Comentarios a la Reforma penal de 2010*, Tirant lo Blanch, Valencia, 2010, pp. 365-381.

MARTÍNEZ ATIENZA G., *Prevaricación urbanística y su sanción*, Barcelona, VLEX, 2016.

MENÉNDEZ REXACH, A., «Ordenación del territorio supramunicipal y urbanismo municipal: El control de las actuaciones de interés regional», en *Encuentros multidisciplinares,* vol. 17, n.º 50, 2015, pp. 1-8.

OCTAVIO DE TOLEDO Y UBIETO, E., *La prevaricación del funcionario público,* Instituto de Criminología de la Universidad Complutense/Civitas, Madrid, 1980.

OTERO GONZÁLEZ, P., «Protección penal de los daños al patrimonio histórico (tras la Reforma del Código Penal operada por la LO 1/2015)», en *Anuario de la Facultad de Derecho de la Universidad Autónoma de Madrid,* nº 19, 2015, pp. 325-370.

PELEGRÍN LÓPEZ, A., «La responsabilidad penal de los funcionarios públicos y autoridades en los delitos sobre la ordenación del territorio y el urbanismo, y contra el medio ambiente», en *Cuadernos de Derecho local,* nº 33, 2013, pp. 90-111.

POMARES CINTAS, E., /BERMEJO, A. J, «¿Era necesario reformar los delitos urbanísticos? Especial referencia a los delitos de corrupción urbanística y a su trayectoria jurisprudencial», en *Revista de Derecho penal y criminología*, nº 6, 2011, pp. 109-150.

POZUELO PÉREZ, L., «La delincuencia urbanística», en POZUELO PÉREZ, L., (Coord.) *Derecho penal de la construcción. Aspectos urbanísticos, inmobiliarios y de seguridad en el trabajo*, Comares, Granada, 2006, pp. 1-119.

POZUELO PÉREZ, L., «La delincuencia urbanística», en POZUELO PÉREZ, L., (Coord.) *Derecho penal de la construcción. Aspectos urbanísticos, inmobiliarios y de seguridad en el trabajo*, 2ª ed., Comares, Granada, 2012, pp. 1-147.

POZUELO PÉREZ, L., «La respuesta penal ante la delincuencia urbanística», en *Anuario de la Facultad de Derecho de la Universidad Autónoma de Madrid*, nº 12, 2009, pp. 71-98.

SÁENZ DE PIPAÓN Y MENGS, J., /SÁENZ DE PIPAÓN Y DEL ROSAL, J., , *La ciudad, objeto de protección penal. Acerca del llamado delito urbanístico*, La Ley-Wolter Kluwer, 2009.

SANTANA VEGA, D., «Articulo 320» en CORCOY BIDASOLO, M. / MIR PUIG, S., (Dirs.) VERA SÁNCHEZ, J.S., *Comentarios al Código penal. Reforma LO 1/2015 y LO 2/2015, Tirant Lo Blanch*, Valencia, 2015, pp. 1151-1156.

SILVA SÁNCHEZ, J-M. /MONTANER FERNÁNDEZ, R., *Los delitos contra el medio ambiente. Reforma legal y aplicación judicial,* Barcelona, Atelier, 2012.

SOUTO GARCÍA, E.M., «Art. 320», en FARALDO CABANA, P., (Dir.), PUENTE ABA, L.M., (Coord.), *Ordenación del territorio, patrimonio histórico y medio ambiente en el Código penal español,* Valencia, Tirant Lo Blanch, 2011, pp. 163-176.

Capítulo V

NUEVAS TENDENCIAS SOBRE EL DELITO DE BLANQUEO: ¿ANTEBLANQUEO? DELITO FISCAL, BLANQUEO DE CAPITALES Y REGULARIZACIÓN TRIBUTARIA[1]

Abraham Castro Moreno
Universidad Carlos III de Madrid
Catedrático de Derecho Penal

I. INTRODUCCIÓN Y CONSIDERACIONES DE POLÍTICA CRIMINAL

Es bien sabido que desde hace ya tiempo se viene experimentando en Derecho penal un notable afán expansivo de la regulación y la interpretación de los delitos económicos, en general, a lo que han contribuido en buena medida tanto el Código Penal de 1995, como sus amplias reformas operadas por las

[1] Trabajo realizado en el marco del Proyecto de Investigación I+D (referencia DER2013-46523-R), sobre «*Prevención y tratamiento punitivo de la corrupción en la contratación pública y privada*», financiado por el Ministerio de Economía y Competitividad.

LO 15/2003, de 25 de noviembre, LO 5/2010, de 23 de junio, y LO 1/2015, de 30 de marzo.

El delito de blanqueo de capitales objeto de reflexión en estas páginas, es buena muestra de ello. Desde su configuración en el anterior Código Penal[2], hasta la actual regulación en los artículos 301 a 304 del Código Penal vigente, pasando por la reforma operada por las mencionadas reformas de 2003, 2010 y 2015, la regulación del delito de blanqueo de capitales no ha hecho más que ir en aumento[3]. Generalmente, con la excusa de la armonización de nuestro Derecho interno con las prescripciones normativas impuestas por el Derecho Comunitario sobre la materia, aunque en determinados ámbitos nuestra legislación punitiva haya ido más allá de lo que exigían los instrumentos internacionales como sucede, por ejemplo, con la peculiar incriminación de la modalidad imprudente[4].

En la última década se ha convertido en todo un clásico entre la doctrina, la crítica a la expansión sin límites que ha venido experimentando tanto la regulación del delito de blanqueo de capitales, cuanto su interpretación jurisprudencial. Gómez Benítez lo expresó hace justo una década al destacar que la mayor parte de los Estados europeos habían impuesto «un deslizamiento paulatino y perverso del delito de blanqueo desde su sentido originario»[5]vinculado a la persecución de los bienes procedentes de determinadas actividades delictivas como narcotráfico o crimen organizado, para venir a servir en la actualidad de instrumento de control y recaudación fiscal.

Desde entonces, la progresiva ampliación del delito no ha dejado de acrecentarse. Hasta tal punto es así que si ya hace una década la doctrina denunciaba la exacerbada regulación e interpretación del delito, no podíamos entonces imaginar hasta qué punto se iba a llegar en la actualidad. Se puede afirmar que la actual regulación resulta absolutamente criticable desde el pun-

---

[2] Primero, en el artículo 546 *bis* f), conforme a la Ley Orgánica 1/1988, de 24 de marzo y, posteriormente, en el artículo 344 *bis* h) e i), con la redacción dada por la LO 8/1992, de 23 de diciembre.

[3] Así, la doctrina se ha referido frecuentemente a «la expansión» del delito de blanqueo de capitales. MILANS DEL BOSCH Y JORDÁN DE URRÍES, S.: «El abogado como sujeto obligado de la normativa sobre medidas preventivas del blanqueo de capitales y del secreto profesional», en *La Ley Penal*, 2005, nº 20, octubre, p. 44. Expansión del delito que igualmente se ha producido en la propia interpretación de los límites y criterios que fundamentan su aplicación, como ha sucedido en el ámbito de los honorarios profesionales de los abogados, sobre cuya incorrecta interpretación puede verse el magnífico trabajo de GÓMEZ-JARA DÍEZ, C., «El criterio de los honorarios *bona fides* como barrera del abogado defensor frente al delito de blanqueo de capitales: un apunte introductorio», en BAJO FERNÁNDEZ, M. / BACIGALUPO SAGGESE, S. (Eds.), *Política Criminal y blanqueo de capitales*. Madrid, Marcial Pons, 2009.

[4] Véase críticamente, al respecto, GÓMEZ BENÍTEZ, J. M.: «Reflexiones técnicas y de política criminal sobre el delito de blanqueo de bienes y su diferencia con la defraudación fiscal», en *Cuadernos de Política Criminal*, 2007, nº 91, I, pp. 12-15.

[5] GÓMEZ BENÍTEZ, J. M.: «Reflexiones técnicas y de política criminal sobre el delito de blanqueo de bienes y su diferencia con la defraudación fiscal», pp. 15-16.

to de vista político criminal. La configuración del delito y su interpretación jurisprudencial han exacerbado hasta tal punto su aplicación, que el propio delito resulta difícilmente reconocible. Ello explica que una de las grandes incógnitas del delito, y uno de sus elementos más controvertidos, sea la identificación del bien jurídico protegido por el mismo.

Estamos ante un delito sobre el que la doctrina no se pone de acuerdo para determinar qué es lo que protege, más allá de expresiones tan grandilocuentes como vagas e imprecisas, cuando no vacías, que van desde la protección del sistema socio-económico hasta la propia Administración de Justicia, pasando por bienes jurídicos tan dispares de los anteriores como la evitación de delitos, la seguridad interior del Estado o la leal y libre competencia en el mercado, entre otros muchos. La simple constatación de tan diferentes y difusos bienes jurídicos como objeto de protección por el delito, pone claramente de manifiesto la crítica político criminal indicada. Nos encontramos así con un delito configurado de forma extraordinariamente amplia, que es incesantemente reformado para extender cada vez más su ámbito de aplicación, al que se le atribuyen penas de prisión extraordinariamente elevadas, y sobre el que paradójicamente, nadie sabe muy bien qué protege.

En el presente trabajo, vamos a reflexionar sobre algunas de las últimas tendencias que están marcando esta expansiva tendencia que no parece tener fin ni límite alguno, excepción hecha de algunas recientes y plausibles Sentencias del Tribunal Supremo que tienden a evitar algunos excesos de doble punición, a las que luego nos referiremos. En concreto, nos ocuparemos de la configuración del objeto material del delito en lo atinente a la determinación del delito previo, a la delimitación de las conductas determinantes del delito precedente con las del delito de blanqueo, a la delimitación del ámbito de aplicación de los actos preparatorios, tanto del delito determinante como del blanqueo, así como a las relaciones concursales entre el delito fiscal y el blanqueo de capitales, y a la incidencia de la prescripción y de la regularización tributaria respecto del delito de blanqueo.

Quizás donde esta exacerbación legislativa se haya puesto de manifiesto con más claridad en la regulación del delito de blanqueo de capitales, es en la definición del objeto material de referencia del delito previo. Como es sabido, inicialmente (entre 1988 y 1995), el delito de blanqueo únicamente podía recaer sobre bienes procedentes del «tráfico de drogas» (artículo 344 bis h) del anterior Código Penal. El actual Código Penal de 1995 amplió el ámbito de aplicación del actual artículo 301 para extender el blanqueo a bienes procedentes de «delitos graves» (con pena superior a tres años de prisión). Sin embargo, la reforma del Código Penal de 2003, eliminó la limitación a los delitos graves, extendiendo nuevamente el delito de blanqueo a bienes procedentes de «cualquier delito» (fuera o no grave).

Pensábamos, en aquél entonces, que con la regulación de 2003 ya no era posible extender más el ámbito de aplicación del delito de blanqueo de capitales en cuanto al objeto material. Pero no fue así. La reforma de 2010 volvió a ampliar por enésima vez el delito, eliminando la necesidad de que los bienes blanqueados procedieran de un delito cualquiera, para exigir únicamente que tuvieran su origen en una «actividad delictiva», con cuya expresión se quería indicar que la procedencia podía ser indirecta y que ni siquiera era necesario acreditar la existencia de una sentencia que declarara la concurrencia del delito previo.

Con esta regulación de 2010, únicamente quedaban al margen del delito de blanqueo los bienes que no procedían de delitos, sino de faltas penales. Lo que tenía todo el sentido al sancionarse generalmente éstas con simples penas de multa, mientras que el delito de blanqueo alcanza en su forma más leve penas de hasta seis años de prisión. Sin embargo, en este punto llegó la reforma de 2015 que, al convertir la mayoría de las faltas en delitos leves –pero delitos, al fin y al cabo– amplió con ello el delito de blanqueo de capitales a estos nuevos delitos leves (antes faltas).

Pues bien, como veremos a lo largo de las presentes reflexiones, en la práctica forense española existe un procedimiento penal donde se ha imputado a diversas personas ampliando el ámbito de aplicación del delito fiscal todavía más allá de todo lo anterior, pretendiendo sancionar como blanqueo conductas anteriores («anteblanqueo») al propio delito previo del que deberían proceder los bienes. Esto es, ya no sería necesario que los bienes blanqueados procedieran de un delito previo, sino que se puede blanquear primero, si en el futuro se termina cometiendo un delito relacionado con esos bienes.

Para analizar todo ello, tomaremos en abstracto como excusa un supuesto de hecho extraído de la reciente praxis forense española, en el que se plantean todas las anteriores cuestiones. El supuesto de hecho seleccionado recoge las tesis que mantiene la acusación, que aquí se tomarán como hipotéticamente ciertas a los meros efectos de su análisis y comentario.

II. SUPUESTO DE HECHO DE PARTIDA

Unas personas intervienen profesionalmente en una operación de compraventa de inmuebles en España realizada en 2007, en virtud de la cual deben recibir de la empresa extranjera compradora determinados honorarios. La operación inmobiliaria en sí misma es lícita y, por tanto, también lo son los honorarios que deben percibir los profesionales que intervienen en la misma. De este modo, al proceder dichos honorarios de una operación legal, no tienen su origen en ninguna actividad delictiva.

Sin embargo, con la supuesta intención de no tributar en España por dichas rentas, los profesionales decidieron ocultar su percepción a la Hacienda Pública. Para ello, los pagos –que fueron realizados a comienzos de 2008– no les fueron hechos a ellos personalmente, sino que la empresa compradora extranjera que debe pagar, lo hizo a unas sociedades de otro país europeo, propiedad de terceras personas. Estas empresas que reciben los fondos, a su vez, los transfirieron a otras sociedades situadas en paraísos fiscales, de las que los profesionales españoles resultan ser los últimos beneficiarios reales («*UBO*»[6]).

Tanto la empresa compradora extranjera que debe abonar los honorarios, como a las empresas europeas que intermedian entre aquélla y las finalmente perceptoras de los fondos situadas en los paraísos fiscales, conocen la verdadera identidad de los UBO, por medio de los correspondientes «*KYC*»[7].

Como era de prever, los profesionales españoles, últimos beneficiarios reales de los fondos abonados, no declararon la recepción de estos honorarios a la Hacienda Pública española en sus declaraciones fiscales correspondientes al año 2008, que deben realizarse antes del 1 de julio de 2009[8].

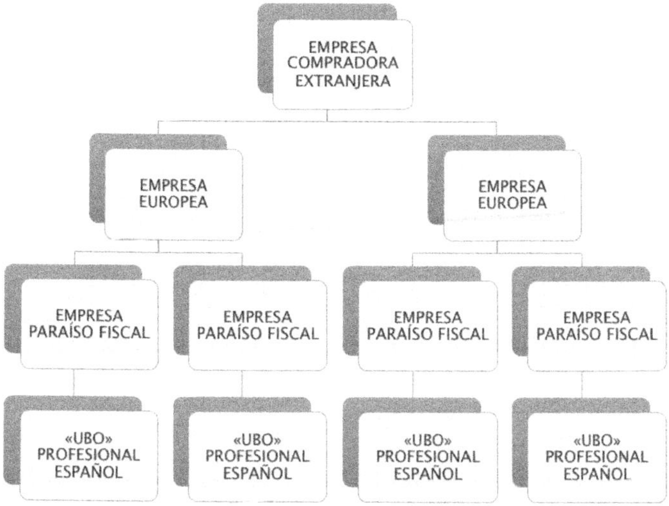

[6] *Ultimate Beneficiary Owner*.

[7] *Know your customer*.

[8] Téngase en cuenta que, en España, la declaración del Impuesto sobre la Renta de las Personas Físicas («IRPF»), se puede presentar hasta el 30 de junio del año siguiente a aquél en el que se han percibido las rentas. De modo que las rentas percibidas en 2008, se pueden declarar legalmente hasta el 30 de junio de 2009. En consecuencia, el delito fiscal que pudiera cometerse por no declarar las rentas percibidas en 2008, no se comete hasta el 1 de julio de 2009, al no tener el contribuyente obligación de declararlas hasta ese momento. Ello determina también que el plazo de inicio del cómputo del periodo de prescripción (*dies a quo*) del delito fiscal que en el momento de los hechos era de cinco años, no empiece a contar hasta el 1 de julio de 2009, por ser éste el momento en el que se comete el delito fiscal.

Entre 2012 y 2016, todos los profesionales españoles que resultaban ser los últimos beneficiarios de las empresas ubicadas en los paraísos fiscales, declararon a la Hacienda Pública española los honorarios percibidos por estas empresas, legalizando y regularizando así su situación fiscal en España de forma voluntaria. En el momento en el que legalizaron estas rentas, ninguno de ellos había sido inspeccionado por la Hacienda española ni estaba siendo investigado por la Justicia española por delito fiscal relacionado con la percepción de dichos honorarios.[9]

A pesar de las regularizaciones llevadas a cabo en 2012 y principios de 2016, y de que el hipotético delito fiscal estaría prescrito desde el 1 de julio de 2014 (cinco años desde la consumación del delito en la regulación vigente en el momento de los hechos), la Fiscalía española solicita la imputación de los profesionales españoles y ésta es acordada por el Juzgado por un presunto delito de blanqueo de capitales.

La imputación no abarca el delito fiscal al estar prescrito, y además, haber sido regularizada la situación tributaria con anterioridad a la apertura del procedimiento penal.

III. ANÁLISIS JURÍDICO-PENAL DEL SUPUESTO

1. El llamado «Anteblanqueo», «preblanqueo» o «reblanqueo». Delito fiscal vs. blanqueo de capitales: conductas de ocultamiento previo y actos preparatorios

Es comúnmente conocido que el delito de blanqueo de capitales puede cometerse mediante el ocultamiento de bienes que procedan de una actividad delictiva. A este delito del que proceden los bienes blanqueados se le conoce

---

[9] El artículo 305.4 del Código Penal español, establece que se entenderá regularizada la situación tributaria cuando se abone la deuda fiscal en los términos allí contemplados. Art. 305.4 CP: «Se considerará regularizada la situación tributaria cuando se haya procedido por el obligado tributario al completo reconocimiento y pago de la deuda tributaria, antes de que por la Administración Tributaria se le haya notificado el inicio de actuaciones de comprobación o investigación tendentes a la determinación de las deudas tributarias objeto d regularización o, en el caso de que tales actuaciones no se hubieran producido, antes de que el Ministerio Fiscal, el Abogado del Estado o el representante procesal de la Administración autonómica, foral o local de que se trate, interponga querella o denuncia contra aquél dirigida, o antes de que el Ministerio Fiscal o el Juez realicen actuaciones que le permitan tener conocimiento formal de la iniciación de diligencias. Asimismo, los efectos de la regularización prevista en el párrafo anterior resultarán aplicables cuando se satisfagan deudas tributarias una vez prescrito el derecho de la Administración a su determinación en vía administrativa. La regularización por el obligado tributario de su situación tributaria impedirá que se le persiga por las posibles irregularidades contables u otras falsedades instrumentales que, exclusivamente en relación con la deuda tributaria objeto de regularización, el mismo pudiera haber cometido con carácter previo a la regularización de su situación tributaria.»

como delito «base», «previo», «precedente», «determinante» o «predeterminante» o «principal».

Como su propio nombre indica, el delito previo, precedente o predeterminante ha de ser lógicamente anterior al de blanqueo. Pues si fuere posterior, los bienes supuestamente blanqueados no podrían proceder de él, de modo que al no tener su origen en una actividad delictiva, tampoco podría hablarse ya de conductas propias del delito de blanqueo.

Aplicando lo anterior al supuesto de hecho analizado, se puede observar cómo en éste, la creación de las estructuras societarias que intermedian en el pago entre la entidad compradora extranjera que abona los honorarios y los profesionales finales que resultan ser los últimos beneficiarios de las sociedades radicadas en paraísos fiscales, es anterior a la comisión del delito fiscal. De hecho, la creación de estas estructuras societarias que a veces se denominan «pantalla», será ordinariamente anterior incluso a la propia percepción de los honorarios que en el futuro no se declararán a la Hacienda Pública española.

Cuando los profesionales españoles que resultan ser los verdaderos beneficiarios de los honorarios recurren a estas sociedades intermediarias para ocultarse detrás de ellas y dificultar que la Hacienda Pública española conozca que han percibidos tales pagos, lo que están realizando es un mero acto preparatorio de un delito fiscal que aún no se ha cometido, ni en el momento en el que se crean estas estructuras societarias, ni en el momento en el que se perciben las rentas a través de las mismas, sino al año siguiente cuando las rentas percibidas no fueran declaradas al Fisco español.

A este respecto, ha de tenerse en cuenta que en el sistema penal español los actos preparatorios del delito fiscal no son punibles (artículos 17.3 y 18.2 CP)[10]. Su posible sanción sólo podría producirse por medio de la consumación posterior del delito fiscal preparado, cuya comisión –si es que se llega a producir–, ya comprendería el desvalor de los actos preparatorios realizados con anterioridad a la comisión del delito.

Lo anterior es plenamente lógico porque el ocultamiento de la percepción de las rentas que no van a ser declaradas en el futuro, forma parte de la misma esencia del propio delito fiscal. En efecto, como es sabido, el artículo 305.1 CP[11] no se limita a incriminar como delito el mero impago de cuotas tributa-

[10] Los artículos 17.3 y 18.2 CP disponen que la conspiración, la proposición y la provocación para cometer un delito, sólo serán punibles cuando expresamente lo establezca la Ley para ese delito. Siendo así que el delito fiscal (artículo 305 CP) no prevé la punición de estos actos preparatorios, por lo que no resultan sancionables. Excepción hecha del delito contable tributario tipificado en el artículo 310 CP, que incrimina como una figura delictiva autónoma, conductas falsarias que constituyen, en puridad, actos preparatorios de delito fiscal.

[11] El artículo 305.1 CP establece que: «El que, por acción u omisión, defraude a la Hacienda Pública estatal, autonómica, foral o local, eludiendo el pago de tributos, cantidades retenidas o que se hubieran debido retener o ingresos a cuenta, obteniendo indebidamente devoluciones o disfrutando beneficios fiscales de la misma forma, siempre que la cuantía de la cuota defraudada,

rias superiores a 120.000 euros, lo que supondría la criminalización del mero impago de una deuda y que resultaría incompatible con los principios de *ultima ratio* e intervención mínima del derecho penal. Para que el delito exista, junto al impago de la cuota tributaria adeudada, es necesario que el contribuyente actué «defraudando». La defraudación se constituye así en el núcleo de la esencia delictiva, y concurre cuando el contribuyente «engaña» a la Hacienda Pública mediante la aportación de datos fiscales falsos o le «oculta» la existencia de las rentas que no declara. En tal sentido, defrauda y, por tanto, comete delito fiscal quien, con engaño u ocultación, no paga una cuota tributaria adeudada superior a 120.000 euros.

De este modo, la ocultación forma parte de la propia dinámica comisiva del delito fiscal. Es parte de su misma esencia que determina la existencia del propio delito, del que es parte sustancial, inherente e inseparable. Por eso no tiene sentido incriminar de forma autónoma ni separada respecto del delito fiscal los actos de ocultamiento al Fisco de las rentas o de sus últimos beneficiarios reales. Porque este mismo ocultamiento es precisamente lo que caracteriza al propio delito fiscal y le dota de contenido material de antijuridicidad. En la pena del delito fiscal ya se castigan las conductas de ocultamiento tendentes a cometerlo. Por lo que pretender sancionar estos actos de ocultamiento de forma separada a través del delito de blanqueo de capitales, supondría castigar dos veces el mismo ocultamiento, infringiendo el principio de legalidad penal, en su manifestación del *non bis in ídem.*[12]

---

el importe no ingresado de las retenciones o ingresos a cuenta o de las devoluciones o beneficios fiscales indebidamente obtenidos o disfrutados exceda de ciento veinte mil euros será castigado con la pena de prisión de uno a cinco años y multa del tanto al séxtuplo de la citada cuantía, salvo que hubiere regularizado su situación tributaria en los términos del apartado 4 del presente artículo. La mera presentación de declaraciones o autoliquidaciones no excluye la defraudación, cuando ésta se acredite por otros hechos. Además de las penas señaladas, se impondrá al responsable la pérdida de la posibilidad de obtener subvenciones o ayudas públicas y del derecho a gozar de los beneficios o incentivos fiscales o de la Seguridad Social durante el período de tres a seis años.»

[12] Tradicionalmente, cuando la doctrina española (por todos, MARTÍNEZ-BUJÁN PÉREZ, C., *Derecho penal Económico y de la Empresa, Parte Especial, 5ª Ed.* Valencia, Tirant Lo Blanch, 2015, pp. 568-569; GALLEGO SOLER, J, I. /Carpio Briz, D,: «Blanqueo de capitales», en CORCOY BIDASOLO, M, / GÓMEZ MARTÍN, V,: *Derecho Penal Económico y de la Empresa, Parte General y Parte Especial.* Valencia, Tirant Lo Blanch, 2016, pp. 498-499) aborda la cuestión de las relaciones concursales entre el delito fiscal y el delito de blanqueo de capitales para criticar la vulneración de principio *non bis in ídem* por la aplicación conjunta de ambos delitos, se suele ubicar el problema en los supuestos de «autoblanqueo» de la cuota tributaria defraudada, al considerar que estas conductas de blanqueo posteriores al delito fiscal previo son actos copenados que forman parte del agotamiento del delito previo.

En esta misma línea, la reciente jurisprudencia del Tribunal Supremo, sintetizada en la Sentencia 265/2015, de 29 de abril y, yendo un paso más allá que la anterior, en la Sentencia 286/2015, de 19 de noviembre que, con apoyo en la conocida Sentencia 884/2012, de 8 de noviembre, ha establecido que resulta indispensable operar con un criterio restrictivo, con el fin de no identificar, siempre y en todo caso, el agotamiento del delito principal con la comisión de un nuevo delito por el hecho de que se adquiera, posea, utilice, convierta o transmita bienes procedentes de esa activi-

Prueba de ello es que el propio delito fiscal, al incriminar los tipos agravados en el artículo 305 bis 1, c) CP[13], eleva las penas básicas cuando se hayan utilizado personas jurídicas interpuestas, negocios o instrumentos jurídicos fiduciarios o paraísos fiscales para ocultar o dificultar la determinación de la identidad del obligado tributario o del responsable del delito, o la determinación de la cuantía defraudada. Es claro así, que la misma conducta de ocultamiento que constituye el elemento agravatorio del delito fiscal, y que fundamenta un aumento de la pena básica, no puede al mismo tiempo sancionarse por la vía del delito de blanqueo de capitales. Porque nuevamente, se estaría infringiendo el mencionado principio *non bis in ídem* con tal proceder.

---

dad delictiva que precede en el tiempo. Lo cual es relevante en el caso de delitos previos en los que existe una vocación de aprovechamiento económico, en los que la doble punición no es posible en la medida en que el aprovechamiento ya forma parte de la estructura del delito antecedente y ya penado en éste. Esta consideración ha llevado al Alto Tribunal a considerar que no se pude sancionar por blanqueo de capitales, por ejemplo, cuando existe identidad entre las ganancias y beneficios resultantes de un delito de tráfico de drogas y la realización de actos de conversión y transmisión sobre esos mismos bienes, resultando improcedente la doble sanción del mismo hecho, como agotamiento del delito originario y como blanqueo de dinero, pues el mismo patrimonio sería objeto de una doble punición penal. Esa doble punición lesionaría el non *bis in ídem* y, además, ya aparece contemplado y recogido en la penalidad del delito antecedente como pena de comiso y entrega la pena pecuniaria y, por lo tanto, ya está penado. De este modo, los actos posteriores al hecho delictivo que tienen por objeto asegurar o realizar el beneficio obtenido de un concreto hecho delictivo antecedente que son actos penados en el tipo penal objeto del inicial reproche y no procede ser objeto de su punición en otra figura delictiva, en la medida en que están ya penados y absorbidos por el delito del que traen causa. El acto de transformación de las ganancias procedentes de un hecho delictivo que es objeto de sanción penal es un hecho que entra en la tipicidad del delito que lo genera. Esos hechos son también típicos del blanqueo pero su consideración de ser los mismos hacen que queden absorbidos por el primer delito y constituye un hecho posterior copenado.

Sin embargo de esta loable jurisprudencia, hay que destacar la vulneración del principio *non bis in ídem* de la que se trata en este trabajo deriva de una situación diferente, ya que los actos de ocultamiento comentados no son actos de agotamiento del delito fiscal posteriores a su consumación, sino la propia acción típica que configura la misma esencia del delito fiscal, en unos casos; cuando no incluso, actos preparatorios del delito fiscal futuro cuya comisión ni siquiera se ha empezado a cometer, en otros casos.

[13] El artículo 305 bis CP dispone que: «1. El delito contra la Hacienda Pública será castigado con la pena de prisión de dos a seis años y multa del doble al séxtuplo de la cuota defraudada cuando la defraudación se cometiere concurriendo alguna de las circunstancias siguientes: a) Que la cuantía de la cuota defraudada exceda de seiscientos mil euros. b) Que la defraudación se haya cometido en el seno de una organización o de un grupo criminal. c) Que la utilización de personas físicas o jurídicas o entes sin personalidad jurídica interpuestos, negocios o instrumentos fiduciarios o paraísos fiscales o territorios de nula tributación oculte o dificulte la determinación de la identidad del obligado tributario o del responsable del delito, la determinación de la cuantía defraudada o del patrimonio del obligado tributario o del responsable del delito. 2. A los supuestos descritos en el presente artículo les serán de aplicación todas las restantes previsiones contenidas en el artículo 305. En estos casos, además de las penas señaladas, se impondrá al responsable la pérdida de la posibilidad de obtener subvenciones o ayudas públicas y del derecho a gozar de los beneficios o incentivos fiscales o de la Seguridad Social durante el período de cuatro a ocho años.»

Pero además, supondría castigar como actos de blanqueo de capitales, actos que han sido realizados antes –y no después– del delito previo, que no es otro que el delito fiscal. Si como hemos indicando al inicio de este apartado, las conductas de blanqueo deben recaer sobre bienes que proceden de un delito previo, no es posible realizar actos de blanqueo antes de que el llamado delito «previo» se haya realizado. El delito precedente debe ser anterior a los actos de blanqueo, y no posterior. Pues, en caso contrario, nos encontraríamos ante conductas que hemos denominado como «anteblanqueo», «preblanqueo» o incluso «reblanqueo», que recaen sobre bienes que no proceden de una actividad delictiva en el momento de su ocultamiento. Estos actos de ocultamiento de los bienes anteriores al delito (fiscal) previo, nunca pueden determinar un delito de blanqueo, puesto que en el momento en el que se realizan estos actos de ocultamiento, los bienes ocultados son «blancos» (de origen lícito). Su ocultamiento no puede suponer un blanqueamiento de algo que ya era blanco, salvo que hablemos de «reblanqueo».

Dicho de otro modo, cuando el artículo 301.1 CP incrimina como delito de blanqueo de capitales los actos de ocultamiento de bienes que proceden de una actividad delictiva, ese ocultamiento no puede ser el mismo –ni confundirse con él– que el ocultamiento en el que consiste la defraudación tributaria anterior. El artículo 301.1 CP incrimina sólo los actos de ocultamiento posteriores a la comisión del delito previo –en nuestro supuesto, posteriores al 30 de junio de 2009–, pero no los anteriores encaminados precisamente a la realización de aquél, que además conforman la propia esencia criminal del delito fiscal precedente, que ya sanciona dichos actos de ocultamiento como actos de defraudación. Y, si además, como en el ejemplo propuesto, estos actos de ocultamiento consisten en el empleo de sociedades o empresas intermediarias, o de paraísos fiscales, o en fin, de ambas cosas, ello determina la aplicación del delito fiscal en su forma agravada.

De este modo, en el supuesto examinado, es claro que la creación y la utilización de las estructuras societarias interpuestas en terceros países y paraísos fiscales para canalizar los pagos con la intención de ocultarlos al Erario Público español, no son actos de ocultamiento propios del delito de blanqueo de capitales. Lo contrario supondría invertir el orden de la relación entre ambos delitos, apreciando el delito de blanqueo antes de que se cometiera el delito «previo», que en este caso sería futuro. Y con ello, se daría una interpretación simplemente absurda de que el delito previo fuera posterior al acto de blanqueo. Todo un sinsentido.

Cuestión distinta es que, con posterioridad a la comisión del delito fiscal previo, los sujetos continuaran realizando actos de ocultamiento –ahora sí– posteriores al delito tributario, que pudieran ser calificados como actos de blanqueo de capitales. Ahora bien, a este respecto, debe tenerse en cuenta que la jurisprudencia del Tribunal Supremo, desde la conocida sentencia de 29 de abril de 2015, no considera actos de blanqueo el simple hecho de emplear para vivir los fondos no declarados y ocultados a Hacienda.

Tampoco resulta admisible la opción de incriminar estos actos de «ante-blanqueo» anteriores al delito previo todavía no cometido, como actos preparatorios del delito de blanqueo de capitales. El delito de blanqueo, a diferencia del delito fiscal, sí contempla expresamente la punición de los actos preparatorios de conspiración, proposición y provocación (artículo 304 CP[14]). Ahora bien, por un lado, en el delito de blanqueo, los actos preparatorios también deben ser posteriores al delito previo. Por otro, en el supuesto analizado, no concurre ninguno de los tres actos preparatorios a los que se limita la punición en el artículo 304 CP. Y, finalmente, si estos supuestos e hipotéticos actos preparatorios del delito de blanqueo consisten en la misma esencia del delito fiscal previo, y en éste el legislador ha decidido que sus actos preparatorios no sean punibles, más que a través del propio delito cuando éste se llega a cometer; si no se comete, el acto preparatorio deviene naturalmente impune.

2. Delito fiscal vs. blanqueo de capitales: prescripción y regularización tributaria

En la breve exposición del supuesto de hecho se puede apreciar claramente que el delito fiscal cometido por el ocultamiento a la Hacienda Pública de la percepción de los honorarios y su no tributación, se encuentran penalmente prescritos.

Recuérdese que las rentas se obtuvieron en la primera mitad de 2008, y que conforme a la normativa fiscal española, en este caso, las rentas obtenidas en 2008 deben ser declaradas hasta el 30 de junio de 2009. De modo que el delito fiscal se comete el 1 de julio de 2009, momento a partir del cual empieza a contar el plazo de prescripción del delito. Dicho plazo, en el momento de los hechos (2008-2009) era de cinco años[15], por lo que el delito fiscal estaría indiscutiblemente prescrito el día 1 de julio de 2014, con anterioridad a que se dirigiera el procedimiento penal contra los perceptores de los honorarios a finales de 2016.

Estando así prescrito el delito fiscal, la cuestión es si dicha prescripción impide, o no, la apreciación del delito de blanqueo de capitales. Esto es, ¿comete el delito de blanqueo quien realiza actos de ocultamiento de los bienes que proceden de un delito que se encuentra prescrito? En este caso, creemos que la respuesta es afirmativa. El artículo 300 CP dispone que el delito se apli-

---

[14] Artículo 304 CP: «La provocación, la provocación y la proposición para cometer los delitos previstos en los artículos 301 a 303 se castigará, respectivamente, con la pena inferior en uno o dos grados.»

[15] Actualmente, en delito fiscal cometido en el supuesto de hecho analizado prescribiría a los diez años, al concurrir un tipo agravado por la utilización de empresas interpuestas y de paraísos fiscales para ocultar la identidad del obligado tributario y la determinación de la cuota defraudada. Si bien, al haber sido ampliado el plazo de prescripción en aplicación de la reforma producida en 2012, no es posible aplicar ésta de forma retroactiva en perjuicio del sujeto afectado.

ca igual aunque el responsable del hecho del delito previo fuera irresponsable o estuviere personalmente exento de pena. Siendo ello así, y dado que la prescripción no es una causa personal de exclusión de pena, sino general, derivada de la exigencia de seguridad jurídica, su constatación no impide ni elimina la existencia del delito previo ni del hecho cierto de que los bienes blanqueados procedan o tengan su origen en aquél.

Por consiguiente, cabe concluir que la prescripción del delito previo, no impide que se haya cometido y se pueda perseguir el delito de blanqueo de capitales cuyo periodo de prescripción es de diez años.

Ahora bien, la anterior conclusión no se puede extender a los supuestos de regularización tributaria. De modo que no puede construirse un delito de blanqueo de capitales procedentes de un delito fiscal que ha sido legalmente regularizado. Ello es así porque la regularización, a diferencia de la prescripción, elimina el desvalor de la defraudación y con él, el del delito fiscal mismo. En la prescripción, el desvalor del hecho no desaparece, aunque no se pueda perseguir por razones de seguridad jurídica.

A este respecto, es preciso tener en cuenta que la actual regulación del delito fiscal y de la regularización tributaria, operada por la Ley Orgánica 7/2012, de 27 de diciembre, ha variado sustancialmente la redacción del artículo 301 CP para otorgar a la regularización tributaria naturaleza jurídica como causa de atipicidad (sobrevenida). Así se indicaba expresamente por el legislador en el Preámbulo del Proyecto de Ley que dio lugar a la reforma y que con parecidos términos se trasladó al Preámbulo final de la Ley, en cuyo apartado III, el legislador considera a la regularización tributaria como un acto de pleno retorno a la legalidad, que hace desaparecer tanto el desvalor de la acción defraudatoria como el del resultado.[16]

---

[16] El Preámbulo de la LO 7/2012, de 27 de diciembre, en su apartado III, establece que: «(...) Una primera modificación ha consistido en configurar la regularización de la situación tributaria como el verdadero reverso del delito de manera que, con la regularización, **resulte neutralizado no sólo el desvalor de la acción, con una declaración completa y veraz, sino también el desvalor del resultado** mediante el pago completo de la deuda tributaria y no solamente de la cuota tributaria como ocurre actualmente.

Esta nueva configuración de la regularización hace que ésta guarde una relación de equivalencia práctica con el pago tempestivo del impuesto, tal y como han destacado tanto la Fiscalía General del Estado, como el Tribunal Supremo, que de forma muy expresiva se han referido a la regularización como **el pleno retorno a la legalidad que pone fin a la lesión provisional del bien jurídico protegido** producida por la defraudación consumada con el inicial incumplimiento de las obligaciones tributarias.

En coherencia con esta nueva configuración legal de la regularización tributaria como el reverso del delito que **neutraliza completamente el desvalor de la conducta y el desvalor del resultado**, se considera que la regularización de la situación **tributaria hace desaparecer el injusto** derivado del inicial incumplimiento de la obligación tributaria y así se refleja en la nueva redacción del tipo delictivo que anuda a ese **retorno a la legalidad** la desaparición del reproche penal. Esta modificación se complementa con la del apartado 4 relativa a la regularización **suprimiendo las menciones que la conceptuaban como una excusa absolutoria**. (...)»

En este sentido, se considera que la lesión del bien jurídico protegido por el delito fiscal con la acción defraudatoria es sólo provisional, de modo que si el contribuyente regulariza en tiempo y forma su situación tributaria, esa lesión provisional del bien jurídico no alcanza a revestir trascendencia penal. Conforme indica el citado Preámbulo de la Ley, la regularización tributaria hace desaparecer el injusto derivado del inicial incumplimiento al neutralizar completamente el desvalor de la conducta y del resultado.

Abundando en ello, añade todavía el Preámbulo legal, que las modificaciones introducidas en la reforma de 2012 tienen por objeto suprimir las menciones que conceptuaban a la regularización tributaria como una excusa absolutoria. Esto es, el legislador está dejando absolutamente claro que tras la reforma, la regularización tributaria no tiene naturaleza de excusa absolutoria que simplemente exima de pena al autor del delito fiscal, pero sin hacer desaparecer el delito. Sino, muy al contrario, se quiere expresamente otorgar a la regularización la naturaleza de causa de atipicidad (sobrevenida) que elimina el desvalor del delito mismo provisionalmente cometido. El Preámbulo de la Ley no puede ser más claro en este sentido.

De acuerdo con esta voluntad expresada por el legislador en el referido Preámbulo, la nueva redacción del artículo 301.1 CP, al definir el delito fiscal, indica que comete el delito quien defraude a la Hacienda Pública: «salvo que hubiere regularizado su situación tributaria en los términos del apartado 4 del presente artículo». En tal sentido, la existencia del delito fiscal tras la nueva regulación, precisa de la constatación de un elemento positivo (defraudar a la Hacienda Pública más de 120.000 euros) y de un elemento negativo (no regularizar). Así, sólo comete delito fiscal quien defrauda y no regulariza legalmente.

En la misma línea, en la mencionada reforma también se ha dado una nueva redacción al artículo 305.4 CP, que se ocupa de la regularización tributaria, que igualmente tiene por finalidad desmarcar a la regularización de la naturaleza jurídica de excusa absolutoria, reforzando su nueva naturaleza de causa de atipicidad. En efecto, mientras que la anterior regulación indicaba que «Quedará exento de responsabilidad penal quien regularice su situación tributaria...» y «La exención de responsabilidad contemplada en el párrafo anterior...», en la actual se han suprimido esas referencias a la exención de responsabilidad, que parecían apuntar hacia su consideración como una excusa absolutoria o a una causa personal de exención de pena. En cambio, en la redacción vigente, el artículo 305.4 CP se limita a indicar que: «Se considerará regularizada la situación tributaria cuando...» y que «...los efectos de la regularización prevista en el párrafo anterior resultarán aplicables cuando...»

Todo ello permite concluir que tras la reforma operada por la LO 7/2012, de 27 de diciembre, la regularización tributaria elimina el delito fiscal previo provisionalmente realizado, de modo que éste deja de existir al concurrir una causa de atipicidad sobrevenida. Lo que supone el pleno retorno a la legalidad y, con él, la imposibilidad de considerar estos casos como delito previo a los efectos del delito de blanqueo de capitales.

En contrapartida, la nueva regulación del delito fiscal y de la regularización tributaria ha sido endurecida notablemente por la citada reforma legal, ya que ahora es preciso que el sujeto pague la «deuda»[17] tributaria, mientras que antes bastaba con el abono de la «cuota» defraudada. De modo que, en la actualidad, es más caro regularizar que hasta la reforma. Si bien, a cambio, quien regulariza ahora elimina el delito fiscal provisionalmente realizado, mientras que antes únicamente se eliminaba la pena, pero no el delito.

Como decimos, todo lo anterior reviste una extraordinaria importancia en el tema que nos ocupa de las relaciones entre el delito fiscal y el delito de blanqueo de capitales, con la conclusión señalada de que no se puede apreciar un delito de blanqueo sobre un delito fiscal previo legalmente regularizado.

Esta misma conclusión es asimismo extensible a los supuestos en los que el sujeto ha realizado un tipo agravado o cualificado de delito fiscal. Por ejemplo, porque se ha servido de sociedades instrumentales intermediarias o de paraísos fiscales para ocultar la percepción de las rentas no declaradas a la Hacienda Pública. Estos elementos agravatorios también quedan regularizados con plenos efectos. Por ello, si se pretendieran perseguir por la vía del delito de blanqueo de capitales por considerarse como actos tendentes a ocultar el origen delictivo de unos bienes, como sucede en el ejemplo propuesto, se estaría burlando ilícitamente los efectos de la regularización tributaria por la vía de una aplicación expansiva del delito de blanqueo de capitales.

A ello se suma que una interpretación incorrecta como la anterior que permitiera perseguir estos actos de ocultamiento a través del delito de blanqueo de capitales cuando el delito fiscal provisionalmente cometido ha sido regularizado legalmente, desincentivaría a los contribuyentes a regularizar su situación tributaria, por miedo a ser acusados de blanqueo de capitales. Lo que redundaría en perjuicio de las Arcas Públicas. Téngase en cuenta que, al ser el ocultamiento un elemento esencial del delito fiscal como se ha indicado, es muy difícil en la práctica encontrar supuestos en los que el delito fiscal no venga asociado a un posterior blanqueo por ocultamiento de la percepción de los bienes.

IV. CONCLUSIONES

La actual regulación resulta absolutamente criticable desde el punto de vista político criminal. La configuración del delito y su interpretación juris-

---

[17] La deuda tributaria resulta comprensiva de la cuota defraudada, más los recargos e intereses legalmente exigibles.

prudencial han exacerbado hasta tal punto su aplicación, que el propio delito resulta difícilmente reconocible, como muestra el que una de las grandes incógnitas del delito, y uno de sus elementos más controvertidos, sea precisamente la identificación del bien jurídico protegido por el mismo. Nos encontramos así con un delito configurado de forma extraordinariamente amplia, que es incesantemente reformado para extender cada vez más su ámbito de aplicación, al que se le atribuyen penas de prisión extraordinariamente elevadas, y sobre el que paradójicamente ni la doctrina ni la jurisprudencia se ponen de acuerdo en identificar qué es lo que exactamente pretende proteger, más allá de expresiones vagas e imprecisas de muy diversa índole.

Existe una tendencia expansiva en la interpretación del delito de blanqueo de capitales absolutamente exorbitada que parece no tener fin. Y que, en lo que atañe a sus relaciones con el delito fiscal como delito previo determinante, resulta contraria al principio de legalidad penal por vulneración de la prohibición del *bis in ídem*.

Para evitar lo anterior, debe huirse de interpretaciones que permitan tanto la doble incriminación y sanción de los mismos actos de ocultamiento como delito fiscal y como delito de blanqueo de capitales al mismo tiempo o, la burla de los efectos que la Ley atribuye a la regularización tributaria por la vía de la sanción como blanqueo de capitales de los actos de ocultamiento fiscal regularizados.

Los actos de ocultamiento de los bienes cuya percepción no va a ser declarada al Fisco constituyen actos preparatorios del delito fiscal cuya punición precisa de la comisión posterior del propio delito fiscal básico o agravado, dentro de cuya sanción ya se encuentran copenados. Pretender sancionarlos también por la vía del delito de blanqueo de capitales como actos de ocultamiento del origen delictivo de los bienes supone, por un lado, una doble sanción incompatible con el principio *non bis ídem* y, por otro, una tergiversación del propio delito de blanqueo de capitales que al conformarse con los actos preparatorios y previos al delito fiscal, resulta anterior al delito previo, que termina siendo futuro respecto del blanqueo. Lo que constituye precisamente la situación inversa a la que requiere la regulación del delito de blanqueo de capitales. El blanqueo no puede ser anterior en el tiempo al delito previo. Lo contrario, además de absurdo, sería el mundo al revés.

Dado que de acuerdo con la actual regulación legal la regularización tributaria supone el pleno retorno a la legalidad, que elimina la lesión del bien jurídico provisionalmente realizada neutralizando totalmente el injusto típico y los desvalores de la acción y del resultado, no es posible construir un delito de blanqueo de capitales sobre la base de una conducta que deviene atípica por haber sido legalmente regularizada. Lo contrario supondría contrariar la voluntad del legislador y la propia regulación legal, desincentivando las conductas regularizadoras en perjuicio de la Hacienda Pública. Constituyendo ello, en definitiva, una interpretación que además de ilegal, produciría efectos penales y tributarios absurdos.

V. BIBLIOGRAFÍA

GALLEGO SOLER, J, I. /CARPIO BRIZ, D,: «Blanqueo de capitales», en CORCOY BIDASOLO, M, /GÓMEZ MARTÍN, V,: *Derecho Penal Económico y de la Empresa, Parte General y Parte Especial.* Valencia, Tirant Lo Blanch, 2016.

GÓMEZ-JARA DÍEZ, C., «El criterio de los honorarios *bona fides* como barrera del abogado defensor frente al delito de blanqueo de capitales: un apunte introductorio», en BAJO FERNÁNDEZ, M. / BACIGALUPO SAGGESE, S. (Eds.), *Política Criminal y blanqueo de capitales*. Madrid, Marcial Pons, 2009.

GÓMEZ BENÍTEZ, J. M.: «Reflexiones técnicas y de política criminal sobre el delito de blanqueo de bienes y su diferencia con la defraudación fiscal», en *Cuadernos de Política Criminal*, 2007, nº 91, I, pp. 5-26.

MARTÍNEZ-BUJÁN PÉREZ, C., *Derecho penal Económico y de la Empresa, Parte Especial, 5ª Ed.* Valencia, Tirant Lo Blanch, 2015.

Capítulo VI

LAS OFICINAS DE RECUPERACIÓN DE ACTIVOS COMO INSTRUMENTO DE LUCHA CONTRA EL CRIMEN ORGANIZADO Y LA CORRUPCIÓN

Vicente Corral Escariz
Comandante de la Guardia Civil. Diplomado en Estado Mayor

I. INTRODUCCIÓN

Durante mucho tiempo, el proceso penal y la política criminal en España han centrado sus esfuerzos en la imposición al delincuente de penas privativas de libertad como forma de sanción del delito, dejando de lado las ganancias ilícitamente obtenidas por este, a las que se llegaba sólo al final de la investigación criminal y como consecuencia lógica de la misma[1]. En cambio, la figura

[1] *Vid.* JIMÉNEZ-VILLAREJO FERNÁNDEZ, F., «Propuestas para mejorar la eficacia de la recuperación de activos criminales en un contexto de crisis económica», en *Revista de Derecho Penal*, núm. 37, 2012, pp. 92-93.

del comiso había tenido una importancia secundaria, debido a que en la tradición penal española el porcentaje de criminalidad a la que era posible incautar instrumentos o bienes que tuvieran algún valor era muy bajo, motivo por el cual no se atribuían al comiso funciones político-criminales[2].

Así pues, a diferencia del importante papel que la incautación siempre ha tenido en el ámbito aduanero, no ha sido hasta épocas muy recientes cuando el comiso ha comenzado a merecer la atención de nuestro Derecho Penal, tanto sustantivo como procesal, convirtiéndolo en un arma esencial de lucha contra la delincuencia organizada[3], encaminada a privar a las organizaciones criminales de las ganancias procedentes de sus actividades delictivas[4].

Sin embargo, la criminalidad organizada es un fenómeno que presenta muchas facetas, que genera enormes beneficios y que abarca diferentes actividades, incluido el tráfico de drogas, de seres humanos o de armas, así como la trata de personas y el blanqueo de dinero, acciones todas ellas perpetradas con evidente ánimo de lucro y frecuentemente relacionadas con más de un país[5].

Según estimaciones de la Organización de las Naciones Unidas (ONU), el importe total del producto de la delincuencia a escala mundial ascendió en 2009 a unos 2,1 billones de dólares, es decir, el 3,6% del Producto Interior Bruto (PIB) de la Tierra[6]. El Director Ejecutivo de la Oficina de Naciones Unidas contra la Droga y el Delito (ONUDD) manifestó en 2014 que el crimen organizado internacional genera alrededor de 870.000 millones de dólares (seis veces más de lo que se gasta en el mundo en ayuda al desarrollo y equivalente al 7% de las exportaciones globales o el 1,5 % del PIB mundial), de modo que, si el crimen organizado fuera un país, sería una de las 20 mayores economías del planeta, equivalente más o menos a la riqueza anual que producen los Países Bajos[7].

Aunque no existen estimaciones fiables del volumen de los beneficios de la delincuencia en la Unión Europea (UE), el Banco de Italia cifró en 150.000 millones de euros el importe del producto de la delincuencia blanqueado en

---

[2] *Vid.* QUINTERO OLIVARES, G., *Comentarios a la reforma penal de 2015,* Aranzadi, 2015.

[3] *Vid.* SÁNCHEZ GARCÍA DE PAZ, I., *La criminalidad organizada. Aspectos penales, procesales, administrativos y policiales,* Dykinson, 2005, p. 45.

[4] *Vid.* KILCHLING, M., «Tracing, Seizing and Confiscating Proceeds from Corruption (and other Illegal Conduct) Within or Outside the Criminal Justice System», *European Journal of Crime, Criminal Law and Criminal Justice,* vol. 9, num. 4, 2001, pp. 264-280.

[5] *Vid.* JORQUERA GARCIA, L. *et al., Código sobre Prevención del Blanqueo de Capitales,* La Ley, 2005, p. 27.

[6] *Vid.* UNODC, *Estimating illicit financial flows resulting from drug trafficking and other transnational organized crimes,* 2011, p. 127.

[7] Informe sobre el 23º período de sesiones (13 de diciembre de 2013 y 12 a 16 de mayo de 2014) de la Comisión de Prevención del Delito y Justicia Penal del Consejo Económico y Social de la ONU, E/2014/30.

2011 en ese país. En el Reino Unido, los beneficios de la delincuencia organizada en 2006 se estimaron en 15.000 millones de libras, aunque existen otras aproximaciones al valor de los mercados de la delincuencia[8].

Aunque España no dispone de cifras fiables relativas al impacto económico de la delincuencia, en 2013 el Instituto Nacional de Estadística (INE) comenzó a aplicar el nuevo Sistema Europeo de Cuentas (SEC), que obliga a los Estados miembros (EM) de la UE a incluir los beneficios de las actividades criminales a la hora de calcular el PIB de cada país desde el 2010 en adelante[9]. Como consecuencia, resulta que el PIB de España correspondiente a dicho año 2010 se vio incrementado en un 3,36% (35.293 millones de euros), siendo un 1,55% de dicho incremento debido a cambios metodológicos (consideración del gasto militar y en I+D como inversión), un 0,44% a cambios estadísticos (nuevo censo de 2011 y nueva balanza de pagos) y el 0,87% restante a actividades ilegales. De estas, inicialmente sólo se han tenido en cuenta las relacionadas con la prostitución, que representan el 0,35% del PIB (3.800 millones de euros); el tráfico de drogas, que equivale a un 0,50% (5.400 millones de euros) y el contrabando de tabaco y el juego ilegal, que conjuntamente suman apenas un 0,02% (200 millones de euros). Ese 0,87% del PIB de España que sólo en 2010 procede de actividades ilícitas (9.400 millones de euros) debe ponerse en relación con el declarado por otros países vecinos de la UE, como Italia y Grecia, que lo estiman en un 1%, Reino Unido (0,7%), Portugal (0,4%) o Alemania (0,2%).

Una vez tenemos al menos una idea aproximada de las enormes cifras de las que estamos hablando, resulta que los beneficios derivados de dichas actividades delictivas se blanquean y reinvierten en actividades lícitas, de modo que los grupos de delincuencia organizada ocultan y reintroducen cada vez más los activos en EM distintos de aquel donde se cometió el delito[10]. Esto dificulta la lucha contra la delincuencia transfronteriza grave y organizada en el conjunto de la UE e influye en el funcionamiento del mercado interior, al afectar a la competencia con las empresas lícitas y socavar la confianza en el sistema financiero[11]. Por último, la delincuencia transfronteriza grave y orga-

---

[8] Así, el comercio mundial de drogas generó 321.000 millones de dólares en 2005, según la ONU. El tráfico de seres humanos asciende a escala mundial a 42 500 millones de dólares al año según el Consejo de Europa. El valor del mercado mundial de productos falsificados fue estimado por la Organización para la Cooperación y el Desarrollo Económicos (OCDE) en 250.000 millones de dólares al año. Se ha estimado que la corrupción en la UE representa el 1% del PIB anual de la UE.

[9] Reglamento (UE) núm. 549/2013 del Parlamento Europeo y del Consejo, de 21 de mayo de 2013, relativo al Sistema Europeo de Cuentas Nacionales y Regionales de la Unión Europea.

[10] *Vid.* Conclusiones del Consejo sobre el decomiso y la recuperación de activos (documento del Consejo 7769/3/10, de 28 de mayo de 2010) y, en el mismo sentido, *Informe anual de Eurojust de 2010.*

[11] *Vid.* Conclusiones del Consejo sobre prevención de crisis económicas y apoyo de la actividad económica (documento del Consejo 7881/10, de 23 de abril de 2010).

nizada priva a los gobiernos nacionales y al presupuesto de la UE de cuantiosos ingresos fiscales.

Sin embargo, aunque el decomiso de los activos de origen delictivo está bien regulado en las legislaciones nacionales y de la UE, como luego se verá, sigue estando poco desarrollado e infrautilizado. Así, según estudios recientes, en 2010 los mercados ilícitos en la UE generaron alrededor de 110.000 millones de euros, es decir, aproximadamente el 0,9% del PIB de la UE en dicho año[12]. No obstante, Europol estima que entre 2010 y 2014 sólo el 2,2% anual de los beneficios procedentes del delito en la UE fueron provisionalmente embargados (2,4 billones de euros), mientras que apenas el 1,1% fue finalmente confiscado (1,2 billones de euros)[13].

Por este motivo, en el actual contexto de crisis financiera y ralentización del crecimiento económico, que crea nuevas oportunidades para los delincuentes, incrementa la vulnerabilidad de nuestra economía y de nuestro sistema financiero y presenta nuevos retos para las autoridades a la hora de atender las necesidades cada vez mayores de los servicios públicos, entre ellos la propia policía, es urgente avanzar hacia un sistema de recuperación de activos más eficiente y eficaz.

II. LA RECUPERACIÓN DE ACTIVOS COMO ESTRATEGIA DE POLÍTICA CRIMINAL

La recuperación de activos criminales como estrategia de lucha contra el delito tiene su origen en el ámbito internacional, en el que ha sido impulsada fundamentalmente por la UE. Como antecedente más remoto, la Comunicación de la Comisión al Consejo y al Parlamento Europeo relativa a *«La prevención y la lucha contra la delincuencia organizada en el sector financiero»*[14], ya señalaba expresamente que *«la creación de instancias especializadas en la recuperación de activos puede ser la piedra angular en el esfuerzo para privar a los autores del delito de sus beneficios y activos ilegales, por cualesquiera que sean los medios legales disponibles conforme a la ley penal y/o civil»*.

Poco tiempo después, el Programa de La Haya, sobre *«Consolidación de la Libertad, la Seguridad y la Justicia en la Unión Europea»*[15] abogaba por el refuerzo de los instrumentos para hacer frente a los aspectos económicos de la

[12] *Vid.* SAVONA, E.U. and RICCARDI, M. (eds.), *From illegal markets to legitimate businesses: the portfolio of organised crime in Europe,* Final Report of Project OCP (Organised Crime Portfolio), Trento: Transcrime–Università degli Studi di Trento, 2015, p. 35.

[13] *Vid.* EUROPOL, *Does crime still pay? Criminal asset recovery in the EU. Survey of statistical information 2010-2014,* 2016, p. 4.

[14] COM(2004) 262 final.

[15] DOUE 2005/C 53/01.

delincuencia organizada, concretamente mediante el fomento de la creación en los EM de unidades de inteligencia especializadas en activos delictivos.

Pero será la Comunicación de la Comisión al Parlamento Europeo y al Consejo sobre *«Productos de la delincuencia organizada. Garantizar que el delito no resulte provechoso»*[16], la que proponga de una forma mucho más concreta crear *Assets Recovery Offices (ARO)* u Oficinas de Recuperación de Activos (ORA) con una estructura multidisciplinar que comprenda policías y autoridades judiciales, aduaneras, etc., encargadas entre otras de las siguientes funciones: actuar como puntos de contacto nacionales para las actividades relacionadas con el decomiso, promover mediante una estrecha cooperación el seguimiento más rápido posible de los bienes de origen delictivo, cooperar efectivamente con las *Financial Intelligence Units (FIU)* o Unidades de Inteligencia Financiera (UIF) y con las autoridades judiciales, ejercer sus funciones y compartir información con las otras ORA sin límites derivados del secreto profesional, ser los puntos de contacto de las solicitudes de otros países y realizar estadísticas sobre los embargos y decomisos.

Posteriormente, el Programa de Estocolmo, sobre *«Una Europa abierta y segura que sirva y proteja al ciudadano»*[17], tras constatar que la confiscación de las ganancias ilícitas debería ser más eficaz y tendría que reforzarse la cooperación entre los organismos de recuperación de activos, con vistas a determinar las ganancias ilícitas de forma más eficaz y a confiscarlas, habría de instar a los EM y, en su caso, a la Comisión, a aumentar la capacidad para investigaciones financieras combinando todos los instrumentos disponibles en Derecho fiscal, civil y penal.

Más tarde, la Estrategia de Seguridad Interior de la Unión Europea, *«Hacia un modelo europeo de seguridad»*[18], identificaba entre las amenazas que suponen un mayor desafío para la seguridad interior de la UE, en segundo lugar, después del terrorismo, la delincuencia organizada y grave, incluyendo dentro de ella (en lo que aquí interesa) la delincuencia económica, el blanqueo de capitales y la corrupción.

La Comunicación de la Comisión al Parlamento Europeo, al Consejo, al Comité Económico y Social Europeo y al Comité de las Regiones, sobre una *«Agenda Europea de Seguridad»*[19], reconoce sin ambigüedad que *«la inmovilización y el decomiso de activos de origen delictivo, aún no se utilizan de manera sistemática en todos los casos pertinentes»*, en mejora de lo cual *«los jueces nacionales deberían aprovechar la Red Judicial Europea (RJE) para la ejecución de las órdenes de detención europeas, así como para las órdenes de inmovilización*

---

[16] COM(2008) 766 final.

[17] DOUE 2010/C 115/01.

[18] Adoptada por el Consejo de Justicia y Asuntos de Interior en su sesión de los días 25 y 26 de febrero de 2010, y aprobada por el Consejo Europeo de los días 25 y 26 de marzo de 2010 (documento del Consejo 5842/2/2010, de 23 de febrero de 2010).

[19] COM(2015) 185 final.

y decomiso». La Comisión confía en que *«la articulación de los trabajos de los organismos nacionales de recuperación de activos mejorará la inmovilización y el decomiso transfronterizos de activos de origen delictivo»,* pero para ello *«es preciso adaptar y reforzar las competencias de las UIF, puesto que las diferencias en sus funciones obstaculizan la cooperación y el intercambio de información»* y *«Eurojust también podría ofrecer más asesoramiento y ayuda a las autoridades nacionales en la realización de investigaciones financieras»,* concluyendo que *«el reconocimiento mutuo de las órdenes de embargo y decomiso debería mejorarse».*

A nivel nacional, la Estrategia Española de Seguridad, *«Una responsabilidad de todos»,* publicada en 2011, identifica entre las principales amenazas y riesgos que debe afrontar nuestro país, dos de gran importancia en relación con el tema que nos ocupa: el crimen organizado y la inseguridad económica y financiera. Para combatir cada uno de ellos, se diseñan una serie de líneas estratégicas de acción:

— En relación con el crimen organizado, la mejora de la coordinación entre organismos nacionales e internacionales, tanto a través de las comunicaciones con servicios policiales y de inteligencia de otros países, como reforzando la cooperación interinstitucional; así como la adaptación y mejora permanente de los instrumentos jurídicos necesarios para luchar con eficacia contra todas las modalidades del crimen organizado.

— Con respecto a la inseguridad económica y financiera, se propone luchar contra las actividades delictivas, ya que, a los desequilibrios generados por el funcionamiento legal del sistema, se unen las amenazas derivadas del crimen económico, por lo que es prioritaria la lucha contra el blanqueo de capitales procedentes del crimen organizado.

La Estrategia de Seguridad Nacional, *«Un proyecto compartido»,* publicada en 2013 a modo de revisión de la anterior y hoy todavía en vigor[20], coincide en señalar de nuevo al crimen organizado y a la inestabilidad económica y financiera entre los principales riesgos y amenazas a combatir. Se proponen para ello varias líneas estratégicas de acción:

— En cuanto al crimen organizado, la potenciación y mejora de los recursos, mecanismos y procedimientos de investigación policial relacionados con el tráfico de influencias en las instituciones y la corrupción en todas sus formas; la mejora de la eficacia policial mediante reformas normativas que fomenten y desarrollen la dirección centralizada y la coordinación en la lucha contra el crimen organizado, así como a través del refuerzo de la colaboración con los órganos judiciales y de la

---

[20] No obstante, ya se han iniciado los trabajos para su actualización y revisión, que tendrá lugar este año, según consta en la Orden PRA/115/2017, de 9 de febrero, por la que se publica el Acuerdo del Consejo de Seguridad Nacional por el que se aprueba el procedimiento para la elaboración de la Estrategia de Seguridad Nacional 2017.

Fiscalía; la mejora de la colaboración entre los centros y agencias de inteligencia estratégica, especialmente a través del fomento del intercambio de información; así como la potenciación y mejora de las investigaciones por blanqueo de capitales con la finalidad de minimizar su impacto en el ámbito económico y financiero.

— En relación con la inseguridad económica y financiera, se insiste en la lucha contra las actividades delictivas.

Como se puede comprobar, dos ideas subyacen de forma recurrente en ambas estrategias: la importancia de combatir el componente económico de la delincuencia organizada y la necesidad de colaboración entre todos los organismos e instituciones afectados, ya sean nacionales o internacionales, tanto públicos como privados.

III. REGULACIÓN LEGAL DE LA RECUPERACIÓN DE ACTIVOS

La UE y, consiguientemente, también España, han impulsado normativamente la recuperación de activos desde los tres grandes ámbitos propios de toda política europea del Espacio de Justicia, Libertad y Seguridad, antiguo *tercer pilar* antes de la entrada en vigor del Tratado de Lisboa, también conocido como Justicia y Asuntos de Interior o cooperación policial y judicial penal:

— En materia de armonización legislativa, creando un único concepto de comiso en toda la UE, comprensivo de sus diferentes variedades (comiso por sustitución o por valor equivalente, comiso extendido o ampliado, comiso a terceros e incluso comiso sin condena).

— En materia de reconocimiento mutuo, permitiendo la *libre circulación* de órdenes judiciales tanto de embargo preventivo como de confiscación definitiva[21].

— En materia de cooperación internacional, obligando a los EM a crear ORA y facilitando el intercambio de información entre ellas.

A continuación, analizaremos cada uno de estos tres ámbitos europeos de actuación y cómo han tenido su reflejo a nivel nacional, de una manera un

[21] La libre circulación y el consiguiente reconcomiendo mutuo de resoluciones judiciales dentro de la UE es denominada por algunos autores la *«quinta libertad»*, junto con las cuatro tradicionales de libre desplazamiento de personas, mercancías, capitales y servicios, que son la base del espacio Schengen y uno de los mayores logros hasta la fecha de la UE, junto con el euro. *Vid.* entre otros muchos, YBARRA BORES, A., «La implantación del principio de reconocimiento mutuo en el ámbito de las sanciones administrativas pecuniarias en la Unión Europea», en *Revista Electrónica de Estudios Internacionales*, núm. 11, 2006, p. 11. El concepto de *«libre circulación de resoluciones judiciales»* es citado incluso en la bibliografía procesalista de mayor prestigio. *Vid.*, por todos, MORENO CATENA, V., «La orden europea de detención en España», en *Revista del Poder Judicial*, núm. 78, 2005, p. 14.

poco más somera en los dos primeros casos, para centrarnos en profundidad en el tercero, que es el principal objeto de este estudio.

1. Armonización legislativa

La armonización legislativa en materia penal dentro de la UE ha operado tanto en el ámbito sustantivo (aproximación de la tipificación de determinados delitos, equiparación de las penas mínimas) como en el procesal (derechos de los sospechosos, detenidos y encausados, estatuto de las víctimas).

El caso que ahora nos ocupa, por la doble consideración que tiene el comiso de medida de aseguramiento (durante la instrucción judicial) y de consecuencia accesoria de la pena (una vez recaída sentencia), es de naturaleza mixta y por ello se sitúa entre una y otra modalidad de armonización, no en vano en el derecho penal español se trata de una institución regulada en unos aspectos en la LECrim y en otros en el Código Penal (CP).

La armonización sigue siendo, no obstante, igualmente necesaria en este ámbito y requisito para que surja entre los EM la confianza recíproca que hará posible el reconocimiento mutuo de resoluciones judiciales de comiso que abordaremos en el apartado siguiente.

Pese a la aparente sencillez de llegar a un acuerdo común sobre lo que deba entenderse por *comiso,* ha sido necesario legislar profusamente a nivel europeo, y consiguientemente transponer luego al ordenamiento jurídico nacional, sobre las distintas modalidades de comiso que hoy son generalmente reconocidas.

Así, la Decisión Marco 2001/500/JAI del Consejo, de 26 de junio, relativa al blanqueo de capitales, la identificación, seguimiento, embargo, incautación y decomiso de los instrumentos y productos del delito, introdujo por primera vez, aunque con limitaciones, el denominado *comiso por valor equivalente* o *comiso por sustitución*, a cuyo fin *«cada Estado miembro adoptará las medidas necesarias para que su legislación y procedimientos sobre decomiso del producto del delito también permitan, al menos en los casos en que dichos productos no pueden ser aprehendidos, el decomiso de bienes cuyo valor corresponda al de los productos, tanto en procedimientos estrictamente nacionales como en procedimientos incoados a petición de otro Estado miembro, incluidas las solicitudes para la ejecución de órdenes de decomiso procedentes del extranjero. No obstante, los Estados miembros podrán excluir el decomiso de bienes de un valor que corresponda al producto del delito en los casos en que dicho valor sea inferior a 4 000 euros».*

Inicialmente, la transposición a nuestro ordenamiento de la Decisión Marco citada fue llevada a cabo por la Ley Orgánica 15/2003, de 25 de noviembre, por la que se modifica la Ley Orgánica 10/1995, de 23 de noviembre, del Código Penal, reformando el art. 127 CP para incorporar el comiso por valor equivalente.

La Decisión Marco 2005/212/JAI del Consejo, de 24 de febrero, relativa al decomiso de los productos, instrumentos y bienes relacionados con el delito, complementa la anterior, requiriendo que cada EM adoptase las medidas necesarias para que sea posible decomisar, ya sea de manera total o parcial, los instrumentos y productos de delitos que lleven aparejadas penas privativas de libertad de duración superior a un año, o de bienes cuyo valor corresponda a tales productos.

Dicha norma comunitaria introdujo también como novedad la posibilidad del *comiso ampliado* o *extendido*, obligando a cada EM a adoptar como mínimo las medidas necesarias para poder proceder al decomiso, total o parcial, de los bienes pertenecientes a una persona condenada por una infracción cometida en el marco de una organización delictiva relacionada con la falsificación de euros, el blanqueo de capitales, la trata de seres humanos, la inmigración irregular, la explotación sexual de los niños y la pornografía infantil, el tráfico ilícito de drogas y el terrorismo, siempre que se dé alguna de las circunstancias siguientes: que los bienes provengan de las mismas o similares actividades delictivas desarrolladas por la persona condenada durante un período anterior a la condena por la infracción; y además, que se tenga constancia de que el valor de la propiedad es desproporcionado con respecto a los ingresos legales de la persona condenada y que los bienes en cuestión provienen de la actividad delictiva de esta.

La Decisión Marco también hace mención al *comiso a terceros,* disponiendo que *«cada Estado miembro podrá estudiar además la posibilidad de adoptar las medidas necesarias que le permitan proceder [...] al decomiso, total o parcial, de bienes adquiridos por los allegados de la persona de que se trate y de bienes transferidos a una persona jurídica sobre la que la persona de que se trate ejerza un control efectivo individualmente o junto con sus allegados. La misma regla será de aplicación si la persona interesada recibe una parte considerable de los ingresos de la persona jurídica»*.

Con el fin de incorporar a nuestro ordenamiento esta última Decisión Marco, la Ley Orgánica 5/2010, de 22 de junio, por la que se modifica la Ley Orgánica 10/1995, de 23 de noviembre, de Código Penal, introdujo por vez primera en nuestro país el denominado *comiso ampliado o extendido,* añadiendo un párrafo segundo al art. 127.1 CP con el que se establecía la presunción *iuris tantum* de considerar que procede de actividades delictivas el patrimonio cuyo valor sea desproporcionado con respecto a los ingresos legales de las personas condenadas por delitos cometidos en el seno de una organización o grupo criminal o terrorista, de modo que no será necesario probar la vinculación concreta de los bienes decomisados con el hecho ilícito que la sentencia declara probado.

La Directiva 2014/42/UE del Parlamento Europeo y del Consejo, de 3 de abril de 2014, sobre el embargo y el decomiso de los instrumentos y del producto del delito en la Unión Europea, ha seguido avanzando en la definición armonizada de las diferentes modalidades de comiso, introduciendo las siguientes novedades:

— El *decomiso ampliado o extendido,* entendido como la capacidad de decomisar activos que superan los beneficios directamente procedentes de un delito, podrá realizarse cuando un tribunal concluya, basándose en hechos concretos (como, por ejemplo, que el valor de los bienes y efectos en poder del condenado sea desproporcionado en comparación con sus ingresos de origen lícito), que una persona condenada por alguno de los denominados *eurodelitos*[22] posee activos que procedan de otras actividades criminales.

— El *decomiso a terceros,* entendido como el decomiso de activos transferidos a terceros por personas investigadas o condenadas, con el conocimiento de aquéllos y con el fin de evitar el decomiso, cuando los bienes o efectos les hubieran sido transferidos a título gratuito o por un precio inferior al real de mercado, o bien cuando los hubieran adquirido con conocimiento de que de este modo se dificultaba su decomiso o cuando una persona diligente habría tenido motivos para sospechar, en las circunstancias del caso, que de ese modo se dificultaba su decomiso.

— El *decomiso no basado en condena,* entendido como el que se produce sin una condena previa del propietario de los bienes por un tribunal penal, cuando este haya fallecido o sufra una enfermedad crónica que impida su enjuiciamiento y exista el riesgo de que puedan prescribir los hechos, o bien cuando se encuentre en rebeldía y ello impida que los hechos puedan ser enjuiciados dentro de un plazo razonable.

La nueva directiva contempla el uso de bienes confiscados para actividades de interés público (entre las cuales se entiende incluida lógicamente la lucha contra la delincuencia) o para fines sociales, siempre y cuando se garantice que la medida de decomiso no impida a las víctimas reclamar una indemnización (art. 8.10).

Además, encomienda a los EM adoptar «*las medidas necesarias, por ejemplo, mediante la creación de oficinas nacionales centrales, de un conjunto de oficinas especializadas o de mecanismos equivalentes, con objeto de garantizar la*

---

[22] Con arreglo al art. 83 TFUE, los *eurodelitos* son delitos que revisten una especial gravedad y tienen una dimensión transfronteriza derivada de su carácter o repercusiones, o de una necesidad particular de combatirlos según criterios comunes. Se trata de los siguientes: el terrorismo, la trata de seres humanos y la explotación sexual de mujeres y niños, el tráfico ilícito de drogas, el tráfico ilícito de armas, el blanqueo de capitales, la corrupción, la falsificación de medios de pago, la delincuencia informática y la delincuencia organizada.

administración adecuada de los bienes embargados preventivamente con miras a su posible decomiso» (art. 10.1).

Los cambios introducidos por la Ley Orgánica 1/2015, de 30 de marzo, por la que se modifica la Ley Orgánica 10/1995, de 23 de noviembre, del Código Penal, han venido a incorporar al ordenamiento jurídico español las principales innovaciones que introduce la Directiva 2014/42/UE, incluso antes de la aprobación de la misma. Así, las distintas modalidades de comiso se contemplan ahora de la manera siguiente:

— *Comiso por delito doloso* (art. 127.1 CP), que no sufre cambios respecto a su redacción anterior, salvo los derivados de la desaparición de las faltas.

— *Comiso por delito imprudente* (art. 127.2 CP), que sigue siendo potestativo y sólo aplicable cuando concurren penas superiores a un año de privación de libertad.

— *Comiso por sustitución o por valor equivalente,* que podrá llevarse a cabo cuando por cualquier circunstancia no fuera posible el decomiso de los bienes o si el valor de los bienes es inferior al que tenían en el momento de su adquisición (art. 127.3 CP), pero también si la ejecución del decomiso no hubiera podido llevarse a cabo, en todo o en parte, a causa de la naturaleza o situación de los bienes, efectos o ganancias de que se trate, o por cualquier otra circunstancia (art. 127 *septies* CP).

— *Comiso extendido o ampliado* (arts. 127 *bis,* 127 *quinquies* y 127 *sexies* CP), aplicable no sólo a los *eurodelitos* que contempla la Directiva 2014/42/UE, sino también a otros que igualmente generan beneficios[23], y no sólo cuando exista desproporción entre el valor de los bienes y efectos y los ingresos de origen lícito de la persona condenada, como ya prevé la citada Directiva, sino también cuando se aprecie ocultación de la titularidad o de cualquier poder de disposición sobre los bienes o efectos mediante la utilización de personas físicas o jurídicas o entes sin personalidad jurídica interpuestos, o paraísos fiscales o territorios de nula tributación que oculten o dificulten la determinación de la verdadera titularidad de los bienes, así como también cuando se haya producido una transferencia de los bienes o efectos mediante operaciones que dificulten o impidan su localización o destino, y carezcan de una justificación legal o económica válida.

---

[23] En concreto, según el apartado 1 del art. 127.bis CP: delitos contra el patrimonio y el orden socioeconómico, insolvencias punibles, delitos contra la propiedad intelectual o industrial, receptación, delitos contra la Hacienda Pública y la Seguridad Social, delitos contra los derechos de los trabajadores y de los ciudadanos extranjeros, cohecho y malversación.

— *Comiso sin condena* (art. 127 *ter*), en los mismos supuestos que ya recoge la Directiva 2014/42/UE, pero también cuando al propietario de los bienes no se le imponga pena por estar exento de responsabilidad criminal o por haberse esta extinguido.

— *Comiso a terceros* (127 *quáter*), de nuevo añadiendo a los supuestos que ya contempla la Directiva 2014/42/UE, aquellos otros en que los efectos y ganancias hubieran sido adquiridos con conocimiento de que proceden de una actividad ilícita o cuando una persona diligente habría tenido motivos para sospechar, en las circunstancias del caso, de su origen ilícito.

2. Reconocimiento mutuo

La Decisión Marco 2003/577/JAI del Consejo, de 22 de julio, relativa a la ejecución en la Unión Europea de las resoluciones de embargo preventivo de bienes y de aseguramiento de pruebas, establece las normas mediante las cuales cualquier EM debe reconocer y ejecutar en su territorio una resolución de embargo preventivo de bienes dictada por una Autoridad Judicial de otro EM en el marco de un procedimiento penal.

La Decisión Marco 2006/783/JAI del Consejo, de 6 de octubre, relativa a la aplicación del principio de reconocimiento mutuo de resoluciones de decomiso, refuerza la cooperación entre países de la UE, al permitir el reconocimiento y la ejecución de las resoluciones judiciales de decomiso (definitivo) con arreglo a unos plazos estrictos.

En un principio, las dos normas comunitarias anteriores fueron respectivamente traspuestas a nuestro ordenamiento jurídico por la Ley 18/2006, de 5 de junio, para la eficacia en la Unión Europea de las resoluciones de embargo y de aseguramiento de pruebas en procedimientos penales (complementada por la Ley Orgánica 5/2006, de 5 de junio, por la que se modifica la Ley Orgánica 6/1985, de 1 de julio, del Poder Judicial) y por la Ley 4/2010, de 10 de marzo, para la ejecución en la Unión Europea de resoluciones judiciales de decomiso.

En la actualidad, ambas normas nacionales han sido derogadas y reemplazadas por la Ley 23/2014, de 20 de noviembre, de reconocimiento mutuo de resoluciones penales en la Unión Europea, que reúne en un solo texto legal y regula de forma sistemática todos los instrumentos de reconocimiento mutuo existentes actualmente en la UE en el ámbito penal.[24]

---

[24] Incluyendo no sólo el embargo preventivo de bienes, el aseguramiento de pruebas y el decomiso, sino también la orden europea de detención y entrega, la orden europea de protección, las penas o medidas privativas de libertad, la libertad vigilada, las medidas alternativas a la prisión provisional, las sanciones pecuniarias y el exhorto europeo de obtención de pruebas, pero sin incluir todavía la orden europea de investigación, que aún no ha sido traspuesta a nuestro ordenamiento jurídico.

Finalmente, la nueva Propuesta de Reglamento del Parlamento Europeo y del Consejo sobre *«El reconocimiento mutuo de las resoluciones de embargo y decomiso»*[25], presentada por la Comisión el 21 de diciembre de 2016, traerá en un futuro próximo las siguientes novedades:

— Un único instrumento de reconocimiento mutuo de resoluciones de embargo y decomiso que contenga normas y plazos claros y directamente aplicables por los EM, lo que eliminará problemas de transposición a los ordenamientos nacionales y garantizará que las resoluciones sean reconocidas y ejecutadas inmediatamente en la Unión.

— Ampliación del ámbito de aplicación del reconocimiento mutuo para incluir, además de los tipos de decomiso ya cubiertos por las Decisiones Marco antes citadas (decomiso ordinario y decomiso ampliado), el decomiso de terceros y el decomiso civil, sin permitir la amplia facultad discrecional que hasta ahora existía para denegar el reconocimiento en caso de decomiso ampliado.

— Ampliación del ámbito de aplicación de la Directiva 2014/42/UE antes citada para cubrir, además las resoluciones de decomiso civil emitidas en el marco de un proceso penal cuando el encausado haya fallecido o no pueda ser identificado, supuestos como los de inmunidad, prescripción y otros casos en que un órgano jurisdiccional penal podrá decomisar civilmente activos una vez que haya decidido que los mismos proceden de actividades delictivas.

— Utilización de un certificado normalizado de reconocimiento mutuo de las resoluciones de decomiso y de un formulario normalizado, que contienen toda la información pertinente sobre la resolución, lo que ayudará a la autoridad de ejecución a identificar con precisión la propiedad contemplada y facilitará el reconocimiento y la ejecución de la medida por las autoridades nacionales competentes, sin necesidad de otra resolución nacional de embargo.

— Derechos de la víctima a indemnización y restitución, que siempre tendrán prioridad sobre el interés de los EM de ejecución y de emisión.

3. Cooperación internacional

Ya en el año 2000, la Estrategia de la Unión Europea para el comienzo del nuevo milenio, *«Prevención y control de la delincuencia organizada»*[26], se ocupaba de analizar el seguimiento, embargo, incautación y decomiso de los productos del delito, recomendando a los EM *«encontrar los medios de fomentar*

---

[25] COM(2016) 819 final.

[26] DOUE 2000/C 124/01.

un intercambio rápido de información (incluidos datos de instituciones financieras) entre unidades de información financiera en el marco de la Unión Europea», así como *«de acelerar la aplicación en otros Estados miembros de las resoluciones judiciales relativas al embargo de cuentas corrientes y, en general, a la asistencia en el seguimiento de los activos ilícitos»*, estableciendo *«unos estándares mínimos que posibiliten el reconocimiento mutuo y la ejecución de dichas decisiones lo antes posible en las investigaciones y procedimientos en materia penal»*.

La Decisión 2007/845/JAI del Consejo, de 6 de diciembre, sobre cooperación entre los organismos de recuperación de activos de los Estados miembros en el ámbito del seguimiento y la identificación de productos del delito o de otros bienes relacionados con el delito, crea formalmente los organismos nacionales de recuperación de activos.

El art. 1.1 de dicha Decisión establece como finalidad de tales organismos *«facilitar el seguimiento y la identificación de los productos de actividades delictivas y otros bienes relacionados con el delito que puedan ser objeto de una orden de embargo preventivo, incautación o decomiso dictada por una autoridad judicial competente en el curso de un proceso penal, o, en la medida que lo permita el Derecho nacional del Estado miembro afectado, de un proceso civil»*.

El art. 1.2 permite a los EM la creación o designación de un máximo de dos organismos de recuperación de activos, de tal modo que todos puedan cooperar plenamente antes del 18 de diciembre de 2008 (art. 8.1), intercambiando información con rapidez tanto de manera espontánea como a petición de cualquiera de ellos.

Estos intercambios de información deben seguir los procedimientos establecidos en la Decisión Marco 2006/960/JAI del Consejo, de 18 de diciembre de 2006, sobre la simplificación del intercambio de información e inteligencia entre los servicios de seguridad de los Estados miembros de la Unión Europea, traspuesta a nuestro ordenamiento jurídico mediante la Ley 31/2010, de 27 de julio, sobre simplificación del intercambio de información e inteligencia entre los servicios de seguridad de los Estados miembros de la Unión Europea.

Con cierto retraso respecto del calendario previsto por el legislador comunitario, la disposición final 1.3 de Ley Orgánica 5/2010, de 22 de junio, por la que se modifica la Ley Orgánica 10/1995, de 10 de noviembre, de Código Penal, vino a introducir un nuevo art. 367 *septies* en nuestra LECrim, que en su primera redacción rezaba como sigue:

> *El Juez o Tribunal, a instancia del Ministerio Fiscal, podrá encomendar la localización, conservación, administración y realización de los efectos, bienes, instrumentos y ganancias procedentes de actividades delictivas cometidas en el marco de una organización criminal a una Oficina de Recuperación de Activos.*
>
> *Dicha Oficina tendrá la consideración de Policía Judicial, y su organización y funcionamiento, así como sus facultades para desempeñar por sí o con la colabo-*

ración de otras entidades o personas las funciones de conservación, administración y realización mencionadas en el párrafo anterior, se regularán reglamentariamente.

Asimismo, la autoridad judicial podrá acordar que, con las debidas garantías para su conservación y mientras se sustancia el procedimiento, el objeto del decomiso, si fuese de lícito comercio, pueda ser utilizado provisionalmente por la Oficina de Recuperación de Activos o, a través de ella, por cualquier otra unidad de la Policía Judicial encargada de la represión de la criminalidad organizada.

El producto de la realización de los efectos, bienes, instrumentos y ganancias a los que se refiere este apartado podrá asignarse total o parcialmente de manera definitiva, en los términos y por el procedimiento que reglamentariamente se establezcan, a la Oficina de Recuperación de Activos y a los órganos del Ministerio Fiscal encargados de la represión de las actividades de las organizaciones criminales.

El Plan Nacional sobre Drogas actuará como oficina de recuperación de activos en el ámbito de su competencia, de acuerdo con lo dispuesto en esta Ley, en el Código Penal y en las demás disposiciones legales y reglamentarias que lo regulan.

La Directiva 2014/42/UE, ya citada, da un paso más en la configuración de las ORA y en su art. 10 sobre *«Administración de bienes embargados preventivamente y decomisados»*, dispone en su apartado 1 que *«los Estados miembros adoptarán las medidas necesarias, por ejemplo mediante la creación de oficinas nacionales centrales, de un conjunto de oficinas especializadas o de mecanismos equivalentes, con objeto de garantizar la administración adecuada de los bienes embargados preventivamente con miras a su posible decomiso»*, ampliando así las labores de localización y recuperación de activos tradicionalmente encomendadas a estas oficinas, también a las de gestión o administración de dichos bienes.

En línea con este nuevo enfoque, la disposición final 2.7 de la Ley Orgánica 1/2015, de 30 de marzo, por la que se modifica la Ley Orgánica 10/1995, de 23 de noviembre, del Código Penal, vino a reemplazar la versión anterior del art. 367 *septies* LECrim por una mucho más parca y escueta, que tiene como seña de identidad el cambio de nombre de la propia Oficina, que ahora pasa a denominarse de Recuperación y Gestión de Activos (ORGA):

El juez o tribunal, de oficio o a instancia del Ministerio Fiscal o de la propia Oficina de Recuperación y Gestión de activos, podrá encomendar la localización, la conservación y la administración de los efectos, bienes, instrumentos y ganancias procedentes de actividades delictivas cometidas en el marco de una organización criminal a la Oficina de Recuperación y Gestión de Activos.

La organización y funcionamiento de dicha Oficina se regularán reglamentariamente.

No obstante, la brevedad del nuevo art. 367 *septies* no debe sorprender, puesto que parte del contenido de la anterior redacción ha ido a parar tras la última reforma a los artículos inmediatamente precedentes, que también albergan alguna novedad:

— El art. 367 *quáter* contempla la posibilidad de que la ORGA pueda instar al juez la realización de los efectos judiciales.

— El art. 367 *quinquies* regula la posible asignación total o parcial, de manera definitiva, del producto de la realización de los efectos, bienes, instrumentos y ganancias, *«en los términos y por el procedimiento que reglamentariamente se establezcan, a la Oficina de Recuperación y Gestión de Activos y a los órganos del Ministerio Fiscal encargados de la represión de las actividades de las organizaciones criminales. Todo ello sin perjuicio de lo dispuesto para el Fondo de bienes decomisados por tráfico ilícito de drogas y otros delitos relacionados»*.

— El art. 367 *sexies* recoge la posibilidad de que la ORGA pueda instar al juez la utilización provisional de los bienes o efectos decomisados cautelarmente y, en caso positivo, resolver sobre la adjudicación de su uso y sobre las medidas de conservación que deban ser adoptadas, informando de lo acordado al juez o tribunal y al Fiscal.

La comparación del marco regulador surgido de las sucesivas reformas penales de 2010 y 2015 muestra evidentes diferencias:

Para empezar, la consideración de Policía Judicial que el art. 367 *septies* (2010) atribuía a la ORA ya no se contempla por el art. 367 *septies* (2015) respecto de la ORGA. Dicha atribución en su momento fue considerada extraña, toda vez que otorgaba tal consideración a un ente orgánicamente situado fuera de la estructura de las Fuerzas y Cuerpos de Seguridad (FCS), pero en realidad no lo es tanto, puesto que el art. 283 LECrim, todavía (sorprendentemente) en vigor, sigue considerando Policía Judicial, entre otros, a los *«Alcaldes, Tenientes de Alcalde y Alcaldes de barrio»*, así como a los *«Serenos, Celadores y cualesquiera otros Agentes municipales de policía urbana o rural»*.

Discrepamos en este punto de ACÓN ORTEGO[27], para quien *«no es necesario –y probablemente tampoco es conveniente– que se le atribuya ese carácter»*, basándose para ello en una artificiosa distinción *«entre la función de localización y recuperación de activos del delito, que es una función «judicial», de la investigación «policial» del hecho delictivo»*, cuando poco después no tarda en aceptar *«la interconexión que se produce entre ambas actividades, ya que en muchas ocasiones la investigación patrimonial permite acreditar un delito y al mismo tiempo localizar las ganancias obtenidas»*, puesto que:

---

[27] *Vid.* ACÓN ORTEGO, I., «La oficina de recuperación y gestión de activos: Aspectos procesales», en *Decomiso y Oficina de gestión y recuperación de activos,* Fiscalía General del Estado, 2016, pp. 12-13.

El problema es que en la práctica no resultará sencillo deslindar las actuaciones de averiguación patrimonial de la ORGA con la investigación criminal del delito. Muchas figuras delictivas (ej. blanqueo de capitales, delito fiscal, estafas...) requieren de una averiguación patrimonial para acreditar los indicios y pruebas de su comisión, que al mismo tiempo será útil para localizar las ganancias del delito y poder llevar a cabo el decomiso de bienes. Y a la inversa, una investigación patrimonial encaminada a localizar los efectos de un delito no necesariamente patrimonial (pensemos por ejemplo en un delito de tráfico de drogas) puede dar lugar al descubrimiento de indicios de otro hecho criminal (ej. blanqueo de capitales).

Por este motivo, la privación a la nueva ORGA de la consideración de Policía Judicial no puede dejar de valorarse negativamente. A pesar de ello y como se verá más adelante, no parece que esto vaya a tener mayores consecuencias que las puramente formales, pues la ausencia de tal carácter quedará solucionada por vía de la adscripción de unidades policiales, que serán las que verdaderamente llevarán a cabo la labor investigadora propiamente dicha.

En relación con la gestión de los bienes incautados, conviene hacer notar que el art. 367 *septies,* tanto en su versión de 2010 como de 2015, generaliza la posibilidad de uso de los *«efectos, bienes, instrumentos y ganancias»* intervenidos o decomisados, hasta ahora limitada en exclusiva a los procedentes del tráfico de drogas y blanqueo de capitales relacionado con dicho delito, a los que deriven de cualquier actividad delictiva cometida en el marco de una organización criminal. Sin embargo, mientras que el art. 367 *septies* (2010) permitía dicha utilización a la ORA o, a través de ella, a cualquier otra unidad de la Policía Judicial encargada de la represión de la criminalidad organizada, el art. 367 *sexies* (2015) atribuye a la ORGA la capacidad de resolver sobre la adjudicación de su uso, una vez que el mismo haya sido autorizado por la Autoridad Judicial y conforme a lo previsto legal y reglamentariamente. Esto aumenta en cualquier caso la lista de potenciales destinatarios provisionales de dichos bienes, como luego se verá al abordar el desarrollo reglamentario de este precepto por el que efectivamente se crea la ORGA. En cuanto a la adjudicación definitiva –se entiende por lo tanto que una vez recaída sentencia firme– de dichos bienes, tanto el art. 367 *septies* (2010) como el art. 367 *quinquies* (2015) coinciden en atribuir la misma a la propia OR(G)A o a los órganos del Ministerio Público encargados de la represión de criminalidad organizada.

Por otra parte, hay que significar que el último párrafo del art. 367 *septies* (2010) establecía que el Plan Nacional sobre Drogas actuará como ORA en el ámbito de su competencia, de acuerdo con lo dispuesto en la LECrim, en el CP y en las demás disposiciones legales y reglamentarias que lo regulan[28].

---

[28] La Delegación del Gobierno para el Plan Nacional sobre Drogas, en virtud de los dispuesto en el art. 12.2.o) del Real Decreto 1258/2010, de 8 de octubre, por el que se desarrolla la estruc-

Aunque esta excepción ha desaparecido del art. 367 *septies* (2015), el art. 367 *quinquies* (2015) sigue dejando a salvo de la asignación definitiva a la ORGA o al Ministerio Fiscal los bienes decomisados por tráfico ilícito de drogas y otros delitos relacionados, que seguirán siendo gestionados por el citado Fondo. Más adelante esto será también objeto de cierta crítica desde el punto de vista de la eficiencia de mantener dos estructuras organizativas dedicadas exactamente a la misma actividad, que no es otra que la administración de bienes decomisados, pero procedentes de distintos delitos.

IV. ORGANIZACIÓN DE LA RECUPERACIÓN DE ACTIVOS

La excelencia en la recuperación de los activos procedentes del delito no depende exclusivamente de la presencia de un marco legal adecuado que, tal y como se ha comprobado en el apartado anterior, dentro de la UE y por ende también en España, es más que suficiente e incluso realmente avanzado, sino también del desarrollo de toda una estructura organizativa que permita la implementación del acervo normativo existente en este ámbito.

En este sentido, hacemos nuestras las palabras de JIMÉNEZ-VILLAREJO, cuando señala que *«la eficacia en la recuperación de activos depende del desarrollo de una estructura equipada con los recursos humanos y materiales, así como con las competencias y atribuciones, necesarias para llevar a cabo eficazmente dicha tarea de asesoramiento a las autoridades judiciales en la lucha contra el crimen organizado, la corrupción, el terrorismo y la delincuencia grave en general».*[29]

A continuación analizaremos, en primer lugar, los esfuerzos institucionales llevados a cabo desde la UE para apoyar la labor nacional de recuperación de activos para, después de un breve recorrido por el derecho comparado en busca de las mejores soluciones organizativas que otros países han adoptado para el desempeño de dicha función, estudiar en detalle el modelo español que, como pronto se verá, ha apostado por la coexistencia de varias ORA (policial, judicial e incluso otras de naturaleza administrativa).

---

tura orgánica básica del Ministerio de Sanidad y Política Social, tiene la función de colaborar con los órganos judiciales competentes en la enajenación anticipada de los bienes de lícito comercio aprehendidos o incautados por la comisión de cualquiera de los delitos referidos en el art. 1 de la Ley 17/2003, de 29 de mayo, por la que se regula el Fondo de los bienes decomisados por tráfico ilícito de drogas y otros delitos relacionados.

[29] *Vid.* JIMÉNEZ-VILLAREJO FERNÁNDEZ, F., «La nueva regulación del decomiso y la recuperación de activos delictivos en el ordenamiento jurídico español», en *Revista del Ministerio Fiscal,* núm. 0, 2015, p. 137.

1. El apoyo a la recuperación de activos desde la UE

1.1. Europol

Europol, cuyo nuevo Reglamento[30] acaba de entrar en vigor el 1 de mayo de 2017, nació como organismo intergubernamental regulado por un convenio celebrado entre los EM que entró en vigor en 1999. En virtud de una Decisión del Consejo de 2009[31], Europol se convirtió en una agencia de la UE financiada con cargo al presupuesto comunitario.

A pesar de que no es infrecuente encontrar referencias a Europol como un FBI europeo o una policía federal[32], es importante aclarar que en realidad *«no es la fuerza ejecutiva de policía con la autoridad autónoma y supranacional»*[33], por lo que carece de poderes para efectuar intervenciones telefónicas, registros, detenciones u otro tipo de acciones coercitivas[34].

En cambio, la función de Europol es apoyar la actuación de los servicios con funciones coercitivas nacionales, así como su colaboración, en la prevención y la lucha contra la delincuencia grave y el terrorismo, en todos los ámbitos que forman parte de su mandato[35].

Para ello, Europol facilita el intercambio de información e inteligencia criminal entre las autoridades policiales de los EM, a través distintas herramientas:[36]

— Las *Europol National Units (ENU)* o Unidades Nacionales de Europol (UNE), una suerte de oficinas de enlace de Europol en cada uno de los EM, integradas por funcionarios policiales de dicho país.

— El *Europol Information System (EIS)* o Sistema de Información de Europol, una base de datos que contiene información facilitada por

---

[30] Reglamento (UE) 2016/794 del Parlamento Europeo y del Consejo, de 11 de mayo de 2016, relativo a la Agencia de la Unión Europea para la Cooperación Policial (Europol) y por el que se sustituyen y derogan las Decisiones 2009/371/JAI, 2009/934/JAI, 2009/935/JAI, 2009/936/JAI y 2009/968/JAI del Consejo.

[31] Decisión 2009/371/JAI del Consejo, de 6 de abril de 2009, por la que se crea la Oficina Europea de Policía (Europol).

[32] *Vid.* ESTÉVEZ MENDOZA, L.M., «La cooperación policial en la Unión Europea: Europol», en BENEYTO PÉREZ, J.M. (dir.), *Ciudadanía Europea y Espacio de Libertad, Seguridad y Justicia,* Aranzadi, 2016, p. 283.

[33] *Vid.* BURES, O., «Europol's Fledging Counterterrorism Role», *Terrorism and Political Violence,* num. 20 (4), 2008, p. 501.

[34] *Vid.* STORBECK, J., «La cooperación policial europea», en MONTERO, J., ROMERO, F. y VALIENTE, E., *¿Hacia una Policía Europea?,* Fundación Policía Española, 2002, p. 167.

[35] Terrorismo, tráfico de drogas ilegales, trata de seres humanos, facilitación de la inmigración ilegal, ciberdelincuencia, delitos contra la propiedad intelectual, contrabando de tabaco, falsificación del euro, fraude en el IVA, blanqueo de dinero y seguimiento de activos, grupos de delincuencia organizada itinerantes, bandas de motociclistas al margen de la ley.

[36] *Vid.* PÉREZ MARTÍN, M.A., *La lucha contra la criminalidad en la Unión Europea,* Atelier, 2013, pp. 324-325.

los EM sobre delitos transfronterizos que entran dentro de la competencia de Europol, las personas involucradas y otros datos relacionados.

— Los *Analysis Work Files (AWF)* o Ficheros de Trabajo de Análisis, que permiten a Europol facilitar análisis operativos con el fin de apoyar las investigaciones transfronterizas.

— Una aplicación segura para el intercambio de información por la red, conocida como *Secure Information Exchange Network Application (SIENA)* o Aplicación para el Intercambio Seguro de Información en Red.

Además, con el fin de ofrecer a los EM una visión más detallada de los delitos a los que se enfrentan, Europol lleva a cabo evaluaciones periódicas que proporcionan análisis prospectivos de gran exhaustividad sobre las actividades delictivas y el terrorismo en la UE, entre los que destacan como principales productos:

— La *EU Serious and Organised Crime Threat Assessment (SOCTA)* o Evaluación de la Amenaza de la Delincuencia Grave y Organizada en la UE, en la que se identifican y valoran las amenazas emergentes, se describe la estructura de los grupos de delincuencia organizada y el modo en que operan, así como los principales tipos de delito que afectan a la UE.

— El *EU Terrorism Situation and Trend Report (TE-SAT)* o Informe sobre la Situación y las Tendencias del Terrorismo en la UE, en el que se refiere con detalle el estado del terrorismo en la Unión.

El nuevo marco legal que acaba de entrar recientemente en vigor otorga a Europol un amplio mandato en materia de lucha contra el blanqueo de capitales, en cumplimiento del cual proporciona a los EM inteligencia y apoyo forense para prevenir y combatir las actividades internacionales de lavado de dinero, con el objetivo de detener a sus autores y confiscar los bienes procedentes del delito.

Para el cumplimiento de dicha misión, Europol pone a disposición de los EM dos herramientas fundamentales:

— Por una parte, la *European Criminal Assets Bureau (ECAB)* u Oficina Europea de Activos Criminales apoya a los EM en la localización de los beneficios del delito cuando los mismos han sido ocultados fuera de sus fronteras[37]. Además, la ECAB ejerce la Secretaría de la

[37] Ya la Comunicación de la Comisión al Consejo y al Parlamento Europeo relativa a «La prevención y la lucha contra la delincuencia organizada en el sector financiero», COM(2004) 262 final, manifestó su apoyo al proyecto de Europol de *«crear un «centro de conocimiento de embargo de activos» para facilitar la identificación de activos delictivos en el curso de investigaciones criminales importantes llevadas a cabo por los Estados miembros»*.

Camden Asset Recovery Inter-Agency Network (CARIN) o Red Interinstitucional de Recuperación de Activos de Camden, una red informal que se fundó en La Haya en septiembre de 2004, a partir de una reunión de expertos mundiales celebrada en Dublín en 2002, para reaccionar a la falta de agilidad de los cauces habituales de información para cooperar en las investigaciones patrimoniales sobre grupos internacionales de crimen organizado. Formalizada por la UE en 2007[38], hoy comprende expertos de 54 jurisdicciones y 9 organizaciones internacionales diferentes, que auxilian a los EM en sus peticiones de localización, embargo, decomiso y administración de bienes de procedencia delictiva u otros activos pertenecientes a una persona sospechosa.

— Por otra parte, desde 2016 Europol ha incorporado a su estructura la *Financial Intelligence Units network (FIU.net)* o Red de Unidades de Inteligencia Financiera, una sofisticada red informática descentralizada que apoya a las UIF de los EM en su lucha contra el blanqueo de capitales y la financiación del terrorismo.

1.2. Eurojust

Los ataques terroristas de 11 de septiembre de 2001 contribuyeron a la creación, en 2002, de la Unidad Europea de Cooperación Judicial (Eurojust)[39]. Actualmente, Eurojust es una agencia de la UE cuyo objetivo es mejorar la coordinación de investigaciones y acciones penales en los EM y la coordinación entre las autoridades nacionales competentes, para lo cual cubre los mismos tipos de delitos que Europol. Con este mandato y para la ejecución de sus tareas, los 28 miembros nacionales de Eurojust, que forman su Colegio, tienen acceso a los datos personales de los sospechosos y presuntos delincuentes[40], los cuales han sido previamente facilitados por los EM.

El *Financial and Economic Crime (FEC) Team* o Equipo de Delincuencia Económica y Financiera de Eurojust asesora al Colegio sobre todos los asun-

---

[38] Considerando 5 de la Decisión 2007/845/JAI del Consejo, de 6 de diciembre de 2007, sobre cooperación entre los organismos de recuperación de activos de los Estados miembros en el ámbito del seguimiento y la identificación de productos del delito o de otros bienes relacionados con el delito.

[39] Creada por Decisión 2002/187/JAI del Consejo, de 28 de febrero de 2002, por la que se crea Eurojust para reforzar la lucha contra las formas graves de delincuencia, modificada por la Decisión 2009/426/JAI del Consejo, de 16 de diciembre de 2008, por la que se refuerza Eurojust y se modifica la Decisión 2002/187/JAI.

[40] Estos datos incluyen, entre otras cosas: información biográfica, datos de contacto, registros de matriculación de vehículos, perfiles de ADN, fotografías, impresiones dactilares, así como datos sobre el tráfico, la localización y el abonado suministrados por los proveedores de servicios de telecomunicaciones.

tos relacionados con dichas modalidades delictivas, trabaja en estrecha colaboración con la red CARIN antes citada y la plataforma informal de ORA de la UE, y ha desarrollado modelos de formularios para las solicitudes internacionales de embargo y confiscación.[41]

En lo que aquí interesa, desde el punto de vista operacional, Eurojust lleva a cabo las siguientes actividades[42]:

— Auxilia, también en casos muy urgentes, en la redacción de las órdenes de embargo y confiscación, la identificación de las autoridades competentes de los EM, el intercambio de información y la traducción de información relevante.

— Asiste a las autoridades de los EM en sus esfuerzos para confiscar y repatriar los beneficios del delito, ayudando a resolver las dificultades encontradas.

— Ayuda a los EM a llegar a acuerdos sobre la utilización de los bienes confiscados y el reparto de activos.

— Juega un papel importante para garantizar la aplicación de los instrumentos de la UE en el ámbito del embargo y confiscación de activos.

Por último, conviene recordar que el art. 18.1.d) de la Ley 16/2015, de 7 de julio, por la que se regula el estatuto del miembro nacional de España en Eurojust, los conflictos de jurisdicción, las redes judiciales de cooperación internacional y el personal dependiente del Ministerio de Justicia en el Exterior, establece que en el Sistema de Coordinación Nacional de Eurojust (SCNE) se integrará un punto de contacto designado por la red establecida de conformidad con la Decisión 2007/845/JAI (es decir, la red de ORA), que a estos efectos deberá coordinarse con los corresponsales nacionales de Eurojust, como la propia Comisión recomienda en la Propuesta de Reglamento del Parlamento Europeo y del Consejo sobre la *«Agencia Europea de Cooperación en materia de Justicia Penal (Eurojust)»*[43].

1.3. Oficina Europea de Lucha contra el Fraude y futura Fiscalía Europea

La *Office Européen de Lutte Antifraude (OLAF)* u Oficina Europea de Lucha contra el Fraude y la *European Public Prosecutor´s Office (EPPO)* o Fiscalía Europea se abordan en un mismo apartado, puesto que la futura configuración de la primera está ligada al efectivo nacimiento de la segunda, y en ambos casos están llamadas a mantener una estrecha relación con las activi-

---

[41] *Vid.* EUROJUST, «Asset recovery», *EUROJUST News,* num. 13, 2015, p. 4.

[42] *Vid.* EUROJUST, Report on Eurojust's Experience in the field of Asset Recovery, including Freezing and Confiscation, 2014, p. 2.

[43] COM(2013) 535 final.

dades de recuperación de activos, en esta ocasión en defensa de los intereses económicos de la Unión.

La OLAF se instauró en 1999 mediante una Decisión de la Comisión[44] y es actualmente el único organismo de la UE encargado de detectar, investigar y detener el fraude con fondos de la UE. El presupuesto de la UE subvenciona una gran variedad de programas y proyectos para mejorar la vida de los ciudadanos de la UE y de otros países, de modo que el uso inadecuado de los fondos del presupuesto o la evasión de los impuestos, derechos y aranceles que lo financian perjudican directamente a los ciudadanos y a todo el proyecto europeo. Aunque la OLAF es independiente en sus cometidos de investigación, forma parte de la Comisión Europea.

En el ejercicio de sus competencias, la OLAF lleva a cabo investigaciones independientes sobre el fraude y la corrupción que afectan a los fondos de la UE, con el fin de velar por que el dinero de los contribuyentes de la UE se destine a proyectos que puedan generar crecimiento y empleo en Europa[45].

Ahora bien, según el art. 86 del Tratado de Funcionamiento de la Unión Europea (TFUE), *«para combatir las infracciones que perjudiquen a los intereses financieros de la Unión, el Consejo podrá crear [...] una Fiscalía Europea a partir de Eurojust»* que, *«en su caso en colaboración con Europol, será competente para descubrir a los autores y cómplices de infracciones que perjudiquen a los intereses financieros de la Unión [...] y para incoar un procedimiento penal y solicitar la apertura de juicio contra ellos»*, ejerciendo *«ante los órganos jurisdiccionales competentes de los Estados miembros la acción penal relativa a dichas infracciones»*.

Tras la presentación por la Comisión en 2013 de una Propuesta de Reglamento del Consejo relativo a la *«creación de la Fiscalía Europea»*[46] y ante la ausencia de la unanimidad a la que hace referencia el art. 86 TFUE antes citado, 16 EM[47] han comunicado su intención de iniciar una cooperación reforzada con vistas a crear una Fiscalía Europea para investigar, procesar y llevar ante la justicia a los autores de delitos contra los intereses financieros de la Unión.

---

[44] Decisión 1999/352/CE, CECA, Euratom, de 28 de abril de 1999, por la que se crea la Oficina Europea de Lucha contra el Fraude, modificada por la Decisión 2013/478/UE de la Comisión, de 27 de septiembre de 2013, y por la Decisión (UE) 2015/512 de la Comisión, de 25 de marzo de 2015.

[45] El Reglamento (CE) 1073/1999 del Consejo, el Reglamento (Euratom) 1074/1999 del Consejo y el Acuerdo interinstitucional, de 25 de mayo de 1999, disponen la forma en que la OLAF debe llevar a cabo sus investigaciones.

[46] COM(2013) 534 final.

[47] Alemania, Bélgica, Bulgaria, Chipre, Croacia, Eslovaquia, Eslovenia, España, Finlandia, Francia, Grecia, Lituania, Luxemburgo, Portugal, la República Checa y Rumanía. Documento del Consejo 8027/2017, de 05/04/2017.

Según la Comunicación de la Comisión al Parlamento Europeo, el Consejo, el Comité Económico y Social Europeo y el Comité de las Regiones, sobre «*Mejorar la gobernanza de la OLAF y reforzar las garantías procedimentales en las investigaciones: un enfoque gradual para la creación de la Fiscalía Europea*»[48], la puesta en marcha de esta última conllevará un cambio importante en la forma en que se efectúan las investigaciones de fraude y de otras actividades ilegales que afectan a los intereses financieros de la UE. En el futuro, cada vez que surjan sospechas acerca de comportamientos delictivos que sean competencia de la Fiscalía Europea, será esta última la que realice las investigaciones pertinentes en calidad de órgano *judicial,* en lugar de la OLAF, que llevará a cabo sólo investigaciones *administrativas.*

La futura creación de la Fiscalía Europea traerá consigo la reducción de las funciones de la OLAF en relación con los comportamientos delictivos que afectan a los intereses financieros en asuntos de interior de la UE (a saber, las instituciones, los organismos y las agencias de la Unión). En estos casos, una vez que la Fiscalía Europea se encuentre operativa, la OLAF sólo se encargará de realizar una evaluación preliminar de las denuncias que se le presenten. Por consiguiente, dejará de realizar investigaciones, pero podrá ayudar a la Fiscalía Europea en caso de que esta así se lo solicite (como sucede actualmente con los fiscales nacionales).[49]

En ese escenario futuro, todavía lejano pero cada vez más cierto, en el que tanto la OLAF como la Fiscalía Europea tendrán encomendada la defensa de los intereses económicos, financieros y fiscales de la UE, la primera en un plano más administrativo, pero la segunda desde un enfoque puramente penal, resulta evidente que dicha misión nunca resultará plenamente cumplida si no culmina con la localización y reincorporación al presupuesto comunitario de las cantidades defraudadas, distraídas o no abonadas, lo cual es tanto como decir que ambos organismos deberán prestar una atención prioritaria a la recuperación de activos y colaborar con la red de ORA con la misma intensidad con la que hoy ya lo hacen Europol y Eurojust, como se ha visto más arriba[50].

2. Las Oficinas de Recuperación de Activos en el derecho comparado

En el ámbito europeo existen diferentes modelos de ORA, cuyas estructuras varían: unas tienen naturaleza de organismo autónomo, otras constituyen

[48] COM(2013) 533 final.

[49] *Vid.* PÉREZ MARTÍN, M.A., «La futura fiscalía europea», en JIMENO BULNES, M. (dir.), *Aproximación legislativa versus reconocimiento mutuo en el desarrollo del espacio judicial europeo: una perspectiva multidisciplinar,* Bosch, 2016, p. 291.

[50] De hecho, la OLAF también es miembro de la red CARIN y en febrero de 2010 ya coorganizó una conferencia en Milán sobre «Seizure, confiscation and asset recovery to protect financial interests of the European Union: EU Legislation and its enforcement in the European countries».

una unidad especializada dentro de la Fiscalía y otras tienen una dimensión exclusivamente policial[51].

Sin ánimo de exhaustividad, por imperativo del limitado espacio disponible, se exponen a continuación algunos ejemplos de países que han sido seleccionados, unas veces, atendiendo a criterios de proximidad geográfica; otras, en función del éxito logrado con su modelo y, por fin, en algún otro caso, para ofrecer ejemplos de una tradición jurídica distinta de la nuestra, como la *common law*.

2.1. Alemania

Alemania designó en julio de 2009 dos ORA: una de carácter policial, dependiente del Ministerio Federal del Interior, que se encuadra en la División de Crimen Organizado de la Policía Federal Criminal o *Bundeskriminalamt;* y otra de carácter judicial, dependiente del Ministerio Federal de Justicia, localizada dentro de la Oficina Federal de Justicia o *Bundesamt für Justiz.* Ambas trabajan de manera muy próxima y se apoyan mutuamente en sus tareas, hasta el punto de que se encuentran ubicadas en el mismo edificio, además de ser puntos de contacto CARIN. Sin embargo, no existe en Alemania una oficina de administración de activos centralizada, ya que la gestión de los mismos es realizada directamente por la Fiscalía.[52]

2.2. Bélgica

El modelo belga, creado a imagen y semejanza del de los Países Bajos, se considera un ejemplo a imitar, no en vano ha servido de inspiración a Europol para la creación de su equipo de asistencia técnica que asesora a otros EM en la constitución de sus propias ORA nacionales, y resulta especialmente interesante desde el punto de vista de España, que es junto con Bélgica uno de los pocos países europeos que aún conserva la figura del Juez Instructor.

El *Organe Central pour la Saisie et la Confiscation (OCSC)* u Órgano Central para el Embargo y la Confiscación fue creado mediante Ley de 26 de marzo de 2003, relativa al establecimiento de una Oficina Central para la Confiscación, como una institución federal de carácter judicial (art. 25), integrada dentro de la Fiscalía y dirigida por un fiscal (art. 17). Las funciones del OCSC

---

[51] *Vid.* JAÉN VALLEJO, M. Y PERRINO PÉREZ, A.L., *La recuperación de activos frente a la corrupción (La Oficina de recuperación de Activos)*, Dykinson, 2016, p. 150.

[52] COUNCIL OF THE EUROPEAN UNION, Evaluation report on the fifth round of mutual evaluations «Financial Crime and Financial Investigations», Report on Germany 16269/2/11, Brussels, 2012.

(art. 3) son múltiples, destacando entre ellas la de asistir a las autoridades judiciales, policía y departamento de finanzas en la gestión centralizada e informatizada de los datos relativos a sus diversas competencias, gestión de activos decomisados y enajenación de los mismos (previa autorización del Fiscal o la Autoridad Judicial), etc.[53]

Es importante destacar que el OCSC cuenta con miembros de la Agencia Tributaria y de la Policía Federal destacados por los Ministerios de Hacienda y del Interior, respectivamente (art. 19), así como con asesores, que pueden ser miembros de la judicatura (art. 24), lo cual lo configura como una agencia de composición heterogénea.

2.3. Francia

En cumplimiento de la Decisión del Consejo 2007/845/JAI, inicialmente Francia designó como Oficina Nacional de Recuperación de Activos la *Plateforme d'Identification des Avoirs Criminels (PIAC)* o Plataforma de Identificación de Activos Criminales, que en febrero de 2011 fue reemplazada por la *Agence de Gestion et de Recouvrement des 'Avoirs Saisis et Confisqués (AGRASC)* o Agencia de Gestión y de Recuperación de Activos Embargados y Confiscados, considerada un ejemplo a seguir en materia de innovación y que en los últimos años ha crecido a pasos agigantados.[54]

Bajo la supervisión conjunta de los Ministerios de Justicia y de Finanzas, la AGRASC gestiona de forma centralizada el dinero incautado en los procesos penales y, aunque en Francia como regla general el propietario del bien intervenido judicialmente es responsable de su conservación, en determinados casos legalmente previstos también se ocupa de la administración de los bienes decomisados, así como de su enajenación o destrucción, cuando proceda, asumiendo sus costes.[55]

2.4. Irlanda

El *Criminal Assets Bureau (CAB)* forma parte de la policía nacional irlandesa, *An Garda Síochána – Ireland's National Police Service*[56], y fue creado por la *Criminal Assets Bureau Act 1996* o *Ley de Activos Criminales de 1996,* apro-

---

[53] Más información en http://www.om-mp.be/page/2649/2649/organe_central_pour_la_saisie_et_la_confiscation_ocsc.html.

[54] *Vid.* JIMÉNEZ-VILLAREJO FERNÁNDEZ, F., «Propuestas para mejorar la eficacia...», *loc. cit.*

[55] Más información en http://www.justice.gouv.fr/justice-penale-11330/agrasc-12207.

[56] Más información en http://www.garda.ie/Controller.aspx?Page=28.

bada por el Parlamento Irlandés juntamente con la *Proceeds of Crime Act 1996* o *Ley de Beneficios del Delito de 1996,* para la confiscación y administración de los activos que proceden de cualquier actividad delictiva.[57]

Se trata de un organismo multiagencia, del que forman parte no solo policías de la *Garda Síochána,* sino también funcionarios la agencia tributaria *(Revenue Commissioners Taxes),* fronteras *(Revenue Commissioners Customs)* y asuntos sociales y familiares *(Department of Social, Community & Family Affaires).*[58]

2.5. Italia

La *Agenzia Nazionale per l'Amministrazione e la Destinazione del Beni Sequestrati e Confiscati alla Criminalità Organizzata* (*ANBSC*) o Agencia Nacional para la Administración y Asignación de los Bienes Embargados y Confiscados a la Criminalidad Organizada, dependiente del Ministerio del Interior y bajo la supervisión del Tribunal de Cuentas, fue creada por la Ley 50, de 31 de marzo de 2010, en sustitución de la antigua *Agenzie del Demanio* o Agencia del Dominio, con la misión de asistir a las autoridades judiciales en el comiso de activos procedentes del delito, así como de su administración, conservación y, cuando proceda, adjudicación al Estado para su utilización por las autoridades judiciales, fiscales, cuerpos policiales y otras Administraciones, incluso regionales o locales.[59]

La Agencia transfiere los activos monetarios que recupera, una vez descontada la responsabilidad civil del delito y los gastos de gestión, al Ministerio de Economía y Finanzas o al denominado *Fondo Unico Giustizia,* donde también se ingresa la recaudación de multas y otros tributos responsabilidad de los Ministerios de Justicia e Interior.[60]

Paralelamente a la ANBSC y en cumplimiento a la Decisión 2007/845/JAI, en mayo de 2011, Italia designó también al Servicio Internacional de Cooperación Policial de la Dirección Central de la Policía como Oficina Nacional de Recuperación de Activos, de cuya labor se ocupa la *Sala Operativa Internazionale,* ubicada en la 3ª División de dicho Servicio.[61]

---

[57] *Vid.* WILLIAMS, P., *The Untouchables: Ireland's Criminal Assets Bureau and its War on Organised Crime,* Merlin Publishing, 2008.

[58] *Vid.* BLANCO CORDERO, I., *La aplicación del comiso y la necesidad de crear organismos de recuperación de activos,* Asociación Internacional de Derecho Penal, 2007, p. 10.

[59] Más información en http://www.benisequestraticonfiscati.it.

[60] *Vid.* SAVONA, E.U. and RICCARDI, M. (eds.), *From illegal markets..., op. cit.,* pp. 269-270.

[61] *Vid.* JIMÉNEZ-VILLAREJO FERNÁNDEZ, F., «Propuestas para mejorar la eficacia...», *loc. cit.*

2.6. *Países Bajos*

La *Bureau Ontnemingswetgeving Openbaar Ministerie (BOOM)* u Oficina de Privación de Activos Delictivos del Ministerio Fiscal de los Países Bajos está considerada toda una referencia en la UE. Fue creada en el año 2005 por una Directiva de la Junta de Fiscales y, aunque está integrada dentro del Ministerio Público, es una agencia multidisciplinar en la que trabajan alrededor de 90 personas, entre investigadores de la Policía y de la propia Fiscalía, con una estructura descentralizada que incluye seis delegaciones regionales, lo que la distingue de otros modelos estudiados y la convierte en una experiencia aún más interesante desde el punto de vista español.[62]

2.7. *Reino Unido*

En cumplimiento de la Decisión 2007/845/JAI, el Reino Unido designó en 2008 dos oficinas de recuperación de activos: la *Serious Organised Crime Agency (SOCA)* o Agencia de Criminalidad Grave Organizada, predecesora de la actual *National Crime Agency (NCA)* o Agencial Nacional del Crimen, para Inglaterra, Gales e Irlanda del Norte; y la *Scottish Crime and Drug Enforcement Agency (SCDEA)* o Agencia Escocesa de Lucha contra el Crimen y las Drogas, para Escocia, que desde el 1 de abril de 2013 se ha unido con los ocho cuerpos de policía de Escocia y la *Association of Chief Police Officers in Scotland (ACPOS)* o Asociación de Jefes de Policía de Escocia, para constituir la nueva Policía de Escocia.

La antigua SOCA fue creada el 1 de abril de 2006 en base a la *Serious Organised Crime and Police Act (SOCPA)* o Ley de Criminalidad Grave Organizada y de Policía de 2005, mediante la fusión de la Brigada Criminal Nacional, el Servicio Nacional de Inteligencia Criminal, la Unidad Nacional de Crimen Tecnológico, las secciones investigadoras de Hacienda y Aduanas de narcotráfico a gran escala y las del Servicio de Inmigración respecto al tráfico de personas.[63]

La nueva NCA actúa con mayores poderes en Inglaterra y Gales que en Escocia e Irlanda del Norte, donde trabaja con la SCDEA y la Fuerza Operativa contra el Crimen Organizado, respectivamente, las cuales comparten algunas de sus funciones en sus respectivas jurisdicciones.

El Reino Unido no dispone de una oficina de administración de activos central, sino que los propios fiscales y la Unidad de Beneficios del Delito del

---

[62] *Vid.* PROYECTO CEART, *Libro blanco de mejores prácticas sobre recuperación de activos*, Madrid, 2012, pp. 287-289.

[63] *Vid.* FITZPATRICK, D., «Crime fighting in the twenty-first century? A practitioner's assessment of the Serious Organised Crime and Police Act 2005», *Journal of Money Laundering Control*, num. 9, 2006, pp. 129-140.

Servicio de la Fiscalía de la Corona son los responsables de solicitar la confiscación de los activos delictivos, aunque también es posible, en algunos casos, nombrar administradores que gestionen las propiedades antes de su confiscación definitiva y/o su venta.[64]

3. Las Oficinas de Recuperación de Activos en España

3.1. Ámbito policial

A los afectos del art. 1.2 de la Decisión 2007/845/JAI, mediante el oficio de la Representación Permanente de España ante la UE de 19 de mayo de 2009, nuestro país designó como organismo nacional de recuperación de activos al entonces denominado Centro de Inteligencia contra el Crimen Organizado (CICO) que, actualmente y tras su fusión con el Centro Nacional de Coordinación Antiterrorista (CNCA), ha pasado a formar parte del Centro de Inteligencia contra el Terrorismo y el Crimen Organizado (CITCO)[65], integrado en el organigrama del Ministerio del Interior y dependiente de la Secretaría de Estado de Seguridad, que por lo tanto ha heredado la consideración de ORA *policial.*

En la práctica, sin embargo, el CITCO no realiza ninguna función real de localización de activos, ni por supuesto de recuperación propiamente dicha, sino que se limita a actuar como intermediario, recibiendo las solicitudes procedentes del extranjero y canalizando las mismas a las Fuerzas y Cuerpos de Seguridad del Estado (FCSE), así como también a la inversa[66], según el siguiente procedimiento[67]:

---

[64] *Vid.* FITZPATRICK, D., «Advising the Serious Organised Crime Agency: the role of the specialist prosecutors», *Journal of Financial Crime,* num. 12, 2005, pp. 251-263.

[65] Creado por Real Decreto 873/2014, de 10 de octubre, por el que se modifica el Real Decreto 400/2012, de 17 de febrero, por el que se desarrolla la estructura orgánica básica del Ministerio del Interior, como resultado de la fusión de los hasta ese momento independientes Centro Nacional de Coordinación Antiterrorista (CNCA) y Centro de Inteligencia contra el Crimen Organizado (CICO), con la finalidad de optimizar los recursos dedicados a lucha contra ambos tipos de amenazas, cada vez más relacionadas entre sí.

[66] En 2015 se tramitaron 547 peticiones de localización de activos para un total de 1.740 personas físicas y 698 personas jurídicas, localizándose bienes por un valor aproximado de 65 millones de euros. Los países que hicieron un mayor número de peticiones de información a España fueron, por parte de la UE, Reino Unido, Países Bajos, Francia y Bélgica; por parte de Latinoamérica, Argentina y Colombia. Por parte de España, los países a los que se solicitó más información fueron Reino Unido, Rumania, Colombia, Brasil, Francia y Países Bajos. *Vid.* OLIVERA SERRANO, J.L., «Importancia de la investigación patrimonial en la lucha contra el crimen organizado: Técnicas de investigación, metodología, operativa y directrices policiales en las investigaciones patrimoniales», en *Decomiso y Oficina de gestión y recuperación de activos,* Fiscalía General del Estado, 2016, p. 19.

[67] *Vid.* JIMÉNEZ-VILLAREJO FERNÁNDEZ, F., «La nueva regulación del decomiso...», *loc. cit.,* p. 139.

— Cuando el CITCO recibe una solicitud de recuperación de activos de otro país, consulta en una base de datos conjunta que alimentan tanto la Guardia Civil como la Policía Nacional, si alguno de dichos cuerpos policiales tiene ya una investigación abierta sobre las personas respecto de las cuales se interesa la gestión. Si es así, la solicitud se envía a la Oficina de Localización de Activos (OLA) del cuerpo correspondiente, para su tramitación.
— Si no existe ninguna investigación previa, pero consta en la solicitud algún tipo de indicación geográfica sobre dónde pudieran encontrarse los bienes a recuperar, se envía a la OLA del cuerpo policial competente por razón de territorio.
— Finalmente, si no se da ninguna de las dos circunstancias anteriores, una aplicación informática distribuye de forma automática las solicitudes recibidas a la OLA de la Guardia Civil o de la Policía Nacional, alternativamente.

Para el cumplimiento de esta misión de localización de activos, los cuerpos policiales se han dotado de diferentes estructuras: la Policía Nacional dispone de una OLA en la Unidad de Delincuencia Económica y Fiscal (UDEF) de la Comisaría General de Policía Judicial, mientras que la Guardia Civil dispone de otra OLA en la Unidad Técnica de Policía Judicial (UTPJ) de la Jefatura de Policía Judicial.

Sin embargo, es importante aclarar que, tanto en el caso de la Policía Nacional como de la Guardia Civil, la investigación patrimonial que realizan sus respectivas OLA no implica la judicialización de la petición, por lo que no tienen acceso a datos obtenibles sólo previo mandamiento judicial (como movimientos de cuentas bancarias), sino que sólo se sirven de las fuentes de información directamente accesibles a la Policía Judicial: fundamentalmente, se trata de la Dirección General del Catastro, la Dirección General de Tráfico, el Índice Único Informatizado del Consejo General del Notariado[68], el Registro de la Propiedad, Mercantil y de Bienes Muebles[69] y, sólo muy recientemente, el Fichero de Titularidades Financieras[70] del Servicio Ejecutivo de la Comisión de Prevención del Blanqueo de Capitales e Infracciones Monetarias (SEPBLAC), en funcionamiento desde el 6 de mayo de 2016[71]. Además, las OLA policiales tampoco realizan ninguna actividad operativa que permita

[68] Orden EHA/2963/2005, de 20 de septiembre, reguladora del Órgano Centralizado de Prevención en materia de blanqueo de capitales en el Consejo General del Notariado.

[69] Orden ECC/2402/2015, de 11 de noviembre, por la que se crea el Órgano Centralizado de Prevención del blanqueo de capitales y de la financiación del terrorismo del Colegio de Registradores de la Propiedad, Mercantiles y de Bienes Muebles.

[70] Orden ECC/2503/2014, de 29 de diciembre, por la que se crea el fichero de datos de carácter personal denominado Fichero de Titularidades Financieras.

[71] Orden ECC/2314/2015, de 20 de octubre, por la que se determina la fecha de entrada en funcionamiento del Fichero de Titularidades Financieras.

detectar la posesión *de facto* de determinados bienes como vehículos o inmuebles a nombre de terceros (testaferros), pero sobre los que el investigado ostenta el dominio de hecho.

Tampoco puede dejar de matizarse que, desde el punto de vista de la cooperación internacional en materia de recuperación de activos, aunque ciertamente el CITCO es el punto oficial de contacto para la recepción de peticiones policiales extranjeras, el principio de libertad en la elección del canal de comunicación que rige en el ámbito de la cooperación policial internacional permite que las mismas se puedan recibir por múltiples vías. Aunque la comisión rogatoria internacional basada en un convenio bilateral o multilateral es el instrumento legal universal, sólo dentro de la UE existen al menos las siguientes posibilidades: asistencia mutua entre órganos judiciales, intercambio de información directo entre autoridades policiales[72], Europol, Eurojust, *Joint Investigation Teams (JIT)* o Equipos Conjuntos de Investigación (ECI), Oficina SIS-SIRENE, Centros de Cooperación Policial y Aduanera (CCPA), Oficiales de Enlace entre cuerpos policiales, así como Consejeros y Agregados de Interior en las Embajadas de España en el extranjero, entre otros. Sin perjuicio de respetar la libre elección del canal de comunicación, lo cierto es que la misma puede generar cierta falta de coordinación, duplicidades y dificultades para obtener una visión de conjunto sobre lo que se está haciendo en cada momento en materia de recuperación de activos a requerimiento de otros países o en el territorio de terceros países, por lo cual sería deseable que, con independencia del medio de comunicación utilizado, toda la actividad en este ámbito fuese centralizada o al menos coordinada por la ORA. Esto supondría evolucionar desde un concepto de ORA como mero punto de contacto o de recepción de solicitudes, hacia una ORA que se constituya en verdadero gestor eficaz de las solicitudes de cooperación internacional encaminadas a la recuperación de activos.

3.2. Ámbito judicial

A los afectos del art. 1.2 de la Decisión 2007/845/JAI y mediante el mismo oficio de la Representación Permanente de España ante la UE de 19 de mayo de 2009 anteriormente citado, nuestro país designó también como organismo nacional de recuperación de activos a la Fiscalía Especial Antidroga, lo que

---

[72] Al amparo de la Decisión marco 2006/960/JAI del Consejo, de 18 de diciembre, sobre la simplificación del intercambio de información e inteligencia entre los servicios de seguridad de los Estados miembros de la Unión Europea, traspuesta al derecho nacional por Ley 31/2010, de 27 de julio, sobre simplificación del intercambio de información e inteligencia entre los servicios de seguridad de los Estados miembros de la Unión Europea, según la cual el punto de contacto del Ministerio del Interior a los efectos de suministro de información e inteligencia es la Secretaría de Estado de Seguridad.

no deja de ser una consecuencia de la herencia histórica que asocia el blanqueo de capitales (y con él la recuperación de activos) al tráfico de drogas, hoy en día superada por una concepción más amplia de la delincuencia organizada, a la que hay que unir además la corrupción.

La Circular 4/2010 de la Fiscalía General del Estado, de 30 de diciembre de 2010, sobre las funciones del Fiscal en la investigación patrimonial en el ámbito del proceso penal, incluye un apartado 4 dedicado por entero a las ORA, en el que se afirma que el objeto de las mismas debe ser triple: *«ser un instrumento para la localización de patrimonios relacionados con la actividad criminal; contar con los medios técnicos y jurídicos precisos para la gestión y realización de los bienes incautados; y constituir el cauce adecuado para el fluido intercambio de información con las Oficinas similares de cada Estado, de manera que se facilite la localización e incautación de activos de forma inmediata, cualquiera que sea el lugar donde los infractores los hayan situado».*

El 14 y 15 de marzo de 2011 se celebró en la Fiscalía General del Estado (FGE) un seminario sobre ORA, en cuya conferencia inaugural, titulada *«La recuperación de activos en la UE»*[73], el Fiscal General del Estado señaló la conveniencia de que *«de forma paralela a lo ocurrido con el blanqueo de dinero, mediante el establecimiento de las Unidades de Inteligencia Financiera, en el ámbito del comiso, se proponga la creación de organismos nacionales que asistan a las autoridades judiciales en la localización e identificación de los bienes de procedencia delictiva».* Asimismo, insistió en la importancia de *«trabajar juntos para estudiar y analizar las fórmulas más adecuadas para dotar a los organismos de recuperación de activos de las facultades y medios necesarios para hacerlos eficaces como instrumentos de cooperación entre nuestros Estados».*

Aunque dicho *desiderátum* había comenzado a materializarse formalmente con la introducción del art. 367 *septies* LECrim por la reforma penal de 2010, el mismo no empezó a tomar cuerpo hasta la aprobación de la Ley 41/2015, de 5 de octubre, de modificación de la Ley de Enjuiciamiento Criminal para la agilización de la justicia penal y el fortalecimiento de las garantías procesales, cuyo art. único.18 vino a añadir una Disposición adicional sexta a la LECrim, donde ya se adelantaba la naturaleza, fines y procedimiento de actuación de la ORGA.

El anunciado desarrollo reglamentario de la misma por fin se lleva a cabo mediante el Real Decreto 948/2015, de 23 de octubre, por el que se regula la Oficina de Recuperación y Gestión de Activos, cuyo art. 1 la configura *«como un órgano de la Administración General del Estado y auxiliar de la Administra-*

---

[73] *Vid.* FISCALÍA GENERAL DEL ESTADO, Intervención del Fiscal General del Estado en el acto de inauguración del Seminario sobre Oficinas Nacionales de Recuperación de Activos (ARO's), «La recuperación de activos en la UE», dentro del marco del proyecto FÉNIX, 2011, pp. 4 y 7.

ción de Justicia, al que corresponden las competencias de localización, recuperación, conservación, administración y realización de los efectos, bienes, instrumentos y ganancias procedentes de actividades delictivas cometidas en el marco de una organización criminal y de cualesquiera otras que se le atribuyan».

La elección de la ubicación de la ORGA, de entre las tres alternativas disponibles para una oficina de naturaleza judicial –FGE, Consejo General del Poder Judicial (CGPJ) y Ministerio de Justicia, la finalmente escogida– no resultó ni mucho menos pacífica. Así, si bien dicha previsión no suscitó ningún comentario en los informes al proyecto de Real Decreto emitidos por el Consejo Fiscal y el Consejo de Estado, el informe del CGPJ de 14 de octubre de 2015 consideraba en su punto 50 la posibilidad de que dicha oficina se ubicara en la Fiscalía como una opción *«especialmente perturbadora»*, argumentando que *«en nuestro país, hasta el momento, la instrucción de los delitos –con la consecuente adopción de medidas cautelares– ni la ejecución de las responsabilidades civiles declaradas en sentencia están encomendadas a los fiscales»*.

Resulta paradójico que esa alternativa tan perturbadora a los ojos del CGPJ español sea en realidad la más exitosa y extendida en la UE, algo que sin duda se podría justificar por el hecho de que en los países donde la ORA se ha incardinado dentro del Ministerio Público es porque la Fiscalía tiene atribuida la instrucción de los procesos penales, de no ser porque entre dichos casos se encuentra también el notable ejemplo de Bélgica, que todavía conserva como se ha dicho la figura del Juez de Instrucción, al igual que España.

Por eso, muy al contrario de lo argumentado por el CGPJ, no solamente la posible ubicación de la ORA dentro de la FGE habría casado bien con la función de promoción de la acción de la Justicia en defensa de la legalidad y de los derechos fundamentales que el art. 124 de la Constitución Española (CE) atribuye al Ministerio Público, sino que, en cambio, su actual localización dentro del Ministerio de Justicia (que, recordemos, es un órgano de apoyo administrativo al Poder Judicial, dependiente del Poder Ejecutivo) no se compadece bien con la exclusividad de la función de *«hacer ejecutar lo juzgado»* que, como parte de las potestad jurisdiccional, atañe en exclusiva a jueces y magistrados *ex* art. 117.3 CE.

En cualquier caso, la nueva ORGA, tal y como ha sido configurada, puede actuar cuando se lo encomiende el juez o tribunal competente, ya sea de oficio o a instancia del Ministerio Fiscal o de la propia Oficina, así como también directamente a instancia del Ministerio Fiscal en el ámbito de unas diligencias de investigación, de la cooperación jurídica internacional o de un procedimiento de decomiso autónomo.

Según el art. 3 del citado Real Decreto 948/2015, las funciones de la ORGA son:

— Localizar[74] y recuperar los efectos, bienes, instrumentos y ganancias procedentes de actividades delictivas, su conservación, administración y realización.

— Resolver sobre la adjudicación del uso de los efectos embargados cautelarmente y sobre las medidas de conservación que deban ser adoptadas.

— Asesorar técnicamente a los juzgados, tribunales y fiscalías que lo soliciten en materia de ejecución de embargos y decomisos, a los efectos de evitar actuaciones antieconómicas y garantizar el máximo beneficio económico.

La ORGA está adscrita a la Secretaría de Estado de Justicia y tiene rango de Dirección General (art. 4). Su titular tiene por lo tanto rango de Director General (art. 5) y de él dependen dos subdirecciones generales, con las siguientes funciones (art. 6.1):

— La Subdirección General de localización y recuperación de bienes, encargada de la identificación y búsqueda de los efectos, bienes, instrumentos y ganancias provenientes del delito radicados dentro o fuera del territorio nacional, así como su puesta a disposición judicial.

— La Subdirección General de conservación, administración y realización de bienes, que ejerce entre otras las siguientes funciones: el mantenimiento y gestión de los efectos, bienes, instrumentos y ganancias provenientes del delito, así como de los beneficios, frutos y rentas de tales bienes, lo cual podrá comprender también su destrucción, cuando sea acordada por la autoridad competente; la elaboración de informes sobre el estado y circunstancias de los bienes gestionados; y la realización de los bienes, incluyendo la venta de los decomisados definitivamente y también la venta anticipada de los embargados de forma cautelar, en ambos casos tras la oportuna autorización judicial.

Además del personal propio de la ORGA, a esta podrán asignarse jueces, fiscales o letrados de la administración de justicia (art. 7), así como también adscribirse personal de las FCSE, en el marco de un convenio de colaboración con el Ministerio del Interior (art. 6.2)[75].

---

[74] Para facilitar el cumplimiento de dicha función de localización, el art. 1 de la Ley 34/2015, de 21 de septiembre, de modificación parcial de la Ley 58/2003, de 17 de diciembre, General Tributaria, introdujo una nueva letra m) en el apartado 1 del art. 95 de esta última ley, estableciendo la colaboración de la Administración tributaria con la ORGA *«mediante la cesión de los datos, informes o antecedentes necesarios para la localización de los bienes embargados o decomisados en un proceso penal, previa acreditación de esta circunstancia»*.

[75] Hasta el momento, la Oficina ha firmado convenios de colaboración, además de con el Ministerio del Interior, con los siguientes organismos: CGPJ, FGE, Dirección General de la Marina Mercante, Dirección General de Bellas Artes y Bienes Culturales, Museo Nacional Centro de Arte Reina Sofía, Consejo General del Notariado, Dirección General del Plan Nacional sobre

Según el art. 2 del Real Decreto de organización, el producto de la gestión y realización de los efectos, bienes, instrumentos y ganancias del delito se aplicará a los fines previstos en la LECrim, con los siguientes objetivos prioritarios:

— El apoyo a programas de atención a víctimas del delito, tanto de las Administraciones Públicas, como de organizaciones no gubernamentales o entidades privadas sin ánimo de lucro.

— El impulso y dotación de medios de las Oficinas de Asistencia a las Víctimas.

— El apoyo a programas sociales orientados a la prevención del delito y el tratamiento del delincuente.

— La intensificación y mejora de las actuaciones de prevención, investigación, persecución y represión de los delitos, incluyendo los gastos necesarios para la obtención de pruebas periciales, adquisición de medios materiales, formación y capacitación, entre otros.

— La cooperación internacional en la lucha contra las formas graves de criminalidad.

— La satisfacción de los propios gastos de funcionamiento y gestión de la oficina, incluyendo los que se hubieran causado en el ejercicio de sus funciones.

Para el cumplimiento de los fines anteriores, el art. 16 enumera los organismos, instituciones, administraciones públicas y personas jurídicas que podrán ser beneficiarios de los recursos de la Oficina, a saber:

— La propia ORGA, que lógicamente recibirá de manera prioritaria los recursos necesarios para su adecuado funcionamiento.

— Cualquier órgano, organismo o entidad pública dependiente de la Administración General del Estado, para el desarrollo de programas o acciones relacionados con los fines anteriormente indicados.

— Las Comunidades Autónomas y las Entidades Locales, aunque solamente en determinados supuestos[76].

Drogas y Agencia Estatal de Administración Tributaria. http://www.mjusticia.gob.es/cs/Satellite/Portal/es/plan-accion-2016-oficina (consultado por última vez el 15 de enero de 2017).

[76] Para el desarrollo y ejecución de los planes y programas de atención a las víctimas de delitos, incluido el impulso de las Oficinas de Asistencia a las Víctimas; para la dotación de medios materiales a sus propios Institutos de Medicina Legal y afrontar los gastos derivados de las pericias realizadas en dichos Institutos; para la dotación de medios a las respectivas policías con competencia en la prevención, investigación, persecución y represión de los delitos; y para las organizaciones no gubernamentales o entidades privadas sin ánimo de lucro cuyo ámbito no supere el de la respectiva comunidad autónoma, para el desarrollo de programas comprendidos en los fines anteriores.

— Las organizaciones no gubernamentales o entidades privadas sin ánimo de lucro, de ámbito estatal o de dos o más comunidades autónomas, cuya labor se desarrolle total o parcialmente en materia de asistencia a víctimas del delito.

— Las FCSE.

— La FGE.

— La AEAT.

— El Instituto Nacional de Toxicología y Ciencias Forenses y los Institutos de Medicina Legal y Ciencias Forenses.

— Los organismos internacionales, entidades supranacionales y Gobiernos de Estados extranjeros, para el desarrollo de programas destinados a satisfacer los fines previstos.

La distribución de los recursos económicos obtenidos por la ORGA corresponderá a tenor del art. 8 a una Comisión de Adjudicación de bienes producto del delito, orgánicamente adscrita al Ministerio de Justicia a través de la Secretaría de Estado de Justicia, con la siguiente composición: como Presidente, el Secretario de Estado de Justicia; como Vicepresidente, el Director General de la ORGA; como Vocales, representantes de los Ministerios de Justicia, de Interior, de Hacienda y Administraciones Públicas, de Sanidad, Servicios Sociales e Igualdad, así como del CGPJ y de la FGE; y finalmente, con voz, pero sin voto, un funcionario de la ORGA, que actuará como Secretario, y un representante de la Abogacía del Estado del Ministerio de Justicia.

Según el calendario regulado en el art. 3 de la Orden JUS/188/2016, de 18 de febrero, por la que se determina el ámbito de actuación y la entrada en funcionamiento operativo de la Oficina de Recuperación y Gestión de Activos y la apertura de su cuenta de depósitos y consignaciones, la ORGA comenzó su funcionamiento operativo a iniciativa propia a la entrada en vigor de dicha orden, mientras que en materia de cooperación internacional lo hizo el 1 de junio de 2016 y, a instancia de los órganos judiciales o de la Fiscalía, el 1 de enero de 2017, tras su progresiva implantación en diferentes demarcaciones judiciales a lo largo de 2016[77]. En consecuencia, recientemente se ha comunicado a las instituciones europeas la sustitución de la Fiscalía Especial Antidroga por la ORGA, como punto de contacto judicial a los efectos de la normativa de la UE[78].

No obstante, es necesario aclarar que el art. 5 de la Orden JUS/188/2016 excluye por el momento de la función de gestión que realice la Oficina[79] el

---

[77] Según la Memoria del primer semestre de 2016, durante dicho periodo de tiempo la ORGA ya había asumido la gestión de bienes por valor de más de 23 millones de euros.

[78] *Vid.* ACÓN ORTEGO, I., «La oficina de recuperación...», *loc. cit.*, p. 18.

[79] El procedimiento completo de gestión viene regulado por la Resolución de la Secretaria de Estado de Justicia, de 10 de septiembre de 2016, por la que se desarrolla el procedimiento de gestión de activos por la Oficina de Recuperación y Gestión de Activos y su régimen económico.

mero depósito de los bienes que le sean encomendados y la gestión de sociedades, en tanto no se dicte resolución en contra por la Secretaría de Estado de Justicia.

Mientras que el Plan de Acción 2016 de la ORGA contemplaba solamente dos estrategias, una de asunción progresiva de las funciones de localización y gestión de activos y otra de dotación de los instrumentos y recursos necesarios para la actuación de la ORGA, el nuevo Plan de Acción 2017 pretende centrarse sobre tres grandes líneas de acción:

— El impulso de la localización y recuperación de activos en el ámbito nacional e internacional, mediante la consolidación de la presencia de la ORGA en la plataforma ARO y el impulso de su participación en el resto de foros europeos de recuperación de activos, el impulso de la colaboración con los organismos y foros de recuperación de activos fuera de la UE (especialmente ONU, América y Países Árabes), la coordinación con las policías autonómicas y la consolidación de la colaboración y de los procedimientos de coordinación con el Ministerio del Interior.

— La consolidación de la gestión de bienes en todo el territorio del Estado, mediante la firma de convenios, acuerdos de colaboración y otros instrumentos de impulso de la gestión de bienes, la regulación de procedimientos de actuación, contratos y encomiendas de gestión, y la continuidad de la actuación de choque.

— La dotación de los recursos humanos y los medios materiales necesarios para la actuación de la ORGA en todo el Estado, mediante la creación de una unidad administrativa dependiente de la misma, el ajuste de la Relación de Puestos de Trabajo y la adecuación del personal adscrito, el desarrollo del aplicativo informático y de las comunicaciones telemáticas, y el impulso de las actuaciones de difusión y participación de la ORGA en la formación de profesionales de la Administración de Justicia.

En relación con este último apartado, suscribimos plenamente el punto 63 del informe del CGPJ al borrador del Real Decreto 948/2015, ya citado, cuando subraya la necesidad de regular la relación de la ORGA con la Policía Judicial, en el sentido de que esta última debería estar representada o formar parte de la Subdirección General de localización y recuperación de bienes, lo que sin duda ha debido ser tenido en cuenta a la hora de nombrar a un Coronel de la Guardia Civil como Subdirector General de dicho departamento, y ya ha cristalizado en la adscripción de unidades de Policía Judicial de las FCSE que se encarguen de realizar las investigaciones patrimoniales necesarias para la localización de dichos bienes.

A modo de conclusión, debemos unirnos a JIMÉNEZ-VILLAREJO en su positiva valoración de la creación de la ORGA, puesto que *«disponer de una normativa sustantiva y procesal, actualizada, e incluso muy avanzada, en materia de decomiso no garantiza por sí misma el éxito en su aplicación, por ello la necesaria dotación de un organismo de auxilio o equipamiento institucional, en lo que se ha venido a denominar el «institutional brick», es esencial en la construcción del edificio de la Justicia y, por ello, la ORGA es especialmente bienvenida al colmar una laguna histórica de nuestro sistema legal».* [80]

Sin embargo, no podemos compartir el exceso de optimismo de dicho autor, que califica la decisión de creación de la ORGA de *«ocasión histórica»*, frente al *«error casi dramático»* que habría supuesto una decisión más conservadora de mantener la situación existente con algunos retoques[81], pues creemos que esto es en parte lo que ha sucedido, como esperamos demostrar en el apartado siguiente.

3.3. Otros actores

Como ya se adelantó en su momento al abordar la configuración legal de la OR(G)A en la LECrim, debemos volver a criticar que la disposición adicional 1º del Real Decreto 948/2015 siga excluyendo de su ámbito objetivo de aplicación, y por lo tanto de la esfera de competencias de la Oficina, los bienes procedentes del tráfico de drogas y otros delitos relacionados, los cuales se integrarán en el fondo regulado por la Ley 17/2003, de 29 de mayo, por la que se regula el Fondo de Bienes Decomisados por tráfico ilícito de drogas y otros delitos relacionados, y quedarán sometidos al régimen específico establecido en dicha ley y en su normativa de desarrollo, por lo que, como otros autores, también nosotros opinamos que *«puede surgir un conflicto»* entre la ORGA y dicho Fondo[82].

Sin embargo, nos unimos a quienes interpretan[83] que la ORGA sí podría tener competencia tanto en la localización y recuperación de estos activos, como en la gestión de bienes embargados en procesos por este tipo de delitos cuyo último fin es que se integren en el fondo de bienes decomisados en las mejores condiciones económicas posibles. Además, en el caso de bienes que sufren elevada depreciación o cuyos costes de conservación sean elevados, la ORGA puede impulsar su realización anticipada dentro de las previsiones del

---

[80] *Vid.* JIMÉNEZ-VILLAREJO FERNÁNDEZ, F., «La nueva regulación del decomiso...», *loc. cit.*, p. 136.

[81] *Ibidem*, p. 138.

[82] *Vid.* LÓPEZ-YUSTE PADIAL, C. y RASILLO LÓPEZ, E., «La nueva regulación del decomiso y la investigación patrimonial», en *Decomiso y Oficina de gestión y recuperación de activos*, Fiscalía General del Estado, 2016, p. 16.

[83] *Vid.* TARAZONA LAFARGA, I., «La Oficina de Recuperación y Gestión de Activos: aspectos organizativos», en *Decomiso y Oficina de gestión y recuperación de activos*, Fiscalía General del Estado, 2016, p. 10.

art. 367 *quáter* LECrim, actuación esta última que le está vedada al Plan, que sólo tiene competencia una vez estén decomisados los bienes.

De nuevo insistimos en que, desde el punto de vista de la eficiencia y racionalización de los servicios públicos, carece de sentido el mantenimiento de dos organismos (la Oficina y el Plan) que llevan a cabo funciones esencialmente idénticas con respecto a bienes decomisados, los cuales solamente se diferencian entre sí por su distinta procedencia. Aun estando de acuerdo, como no puede ser de otra manera, en que la Delegación del Gobierno para el Plan Nacional sobre Drogas (DGPNSD) atesora una dilatada experiencia en la gestión y administración de activos procedentes de dicha tipología delictiva, y que por lo tanto bajo ningún concepto podía desperdiciarse el *know-how* acumulado por sus funcionarios, en esta ocasión estamos con ACÓN ORTEGO[84] cuando afirma que *«el legislador del año 2015 debió ser más ambicioso y proceder a una integración del Plan Nacional sobre Drogas, entendido como Oficina de recuperación de activos, dentro de la nueva ORGA»*, que sería la que *«se haga cargo de las tareas propiamente policiales y judiciales que hasta ahora desempeñaba el Plan Nacional sobre Drogas: la localización, la gestión y la realización de bienes decomisados, incluso en causas por tráfico de drogas»*, lo cual no obsta para que *«el producto de los bienes decomisados se destinara íntegramente al Plan en cumplimiento de la Ley 17/2003, de 29 de mayo»*. En este sentido, no hay que perder de vista que el Ministerio de Sanidad está representado por un vocal en la Comisión de Adjudicación de bienes producto del delito, por lo que no debería existir temor alguno a que peligrase la partida correspondiente de dichos bienes que tradicionalmente viene dedicándose a aspectos preventivos y asistenciales de la lucha contra la drogodependencia, y que siempre podría seguir siendo proporcional a la parte de los activos recuperados que proceden de dichos delitos.

Todavía más sorprendente resulta la disposición adicional 2ª del Real Decreto 948/2015 antes citado, que excluye también de su ámbito de aplicación los bienes decomisados por delito de contrabando, los cuales se regularán por lo dispuesto en la Ley Orgánica 12/1995, de 12 de diciembre, de represión del contrabando, cuyo art. 5.6 otorga a la AEAT la competencia para la enajenación de los bienes de lícito comercio procedentes de dicha modalidad delictiva, salvo que esta lo sea de drogas tóxicas, estupefacientes y sustancias psicotrópicas, o de precursores de las mismas, en cuyo caso la determinación del destino de los mismos corresponderá a la Mesa de Coordinación de Adjudicaciones, conforme a lo dispuesto en el artículo 6.2 a) y c) de la Ley 17/2003.

Tenemos por lo tanto no ya dos, sino tres organismos diferentes encargados de la gestión y administración de bienes decomisados procedentes del delito, en función de la naturaleza de este: DGPNSD, para delitos de tráfico y

---

[84] *Vid.* ACÓN ORTEGO, I., «La oficina de recuperación...», *loc. cit.*, pp. 33-34.

contrabando de drogas y otros relacionados; AEAT, para los restantes delitos de contrabando; y ORGA, para todos los demás.

Conviene recordar que las labores que comprende dicha función de gestión y administración de bienes decomisados son esencialmente las mismas[85]: conservación y administración a la espera de la resolución definitiva del procedimiento, realización de los que se deterioren o pierdan valor con el paso del tiempo o cuya conservación resulte antieconómica (incluida la realización anticipada de los bienes embargados), destrucción de los que sean de ilícito comercio, utilización provisional por la Administración o ingreso en la Cuenta de Depósitos y Consignaciones del dinero embargado o decomisado. Resulta pues a todas luces innecesario dispersar dichas funciones entre tres órganos diferentes de la Administración, cuando uno solo de ellos podría optimizar más el personal y sacar mayor partido de las economías de escala.

La existencia en un mismo EM de distintas ORA con competencias solapadas contradice las conclusiones del Consejo sobre el decomiso y la recuperación de activos[86], así como un Informe de Parlamento Europeo[87], ambos coincidentes en señalar la conveniencia de reunir en una sola oficina las funciones de localización, gestión y administración de activos recuperados.

Además, un estudio realizado por Europol[88] concluye que, entre los principales obstáculos que impiden que la recuperación de activos en la UE siga progresando a un ritmo adecuado, se encuentra la existencia en un mismo EM de varias ORA que recopilan diferentes tipos de datos, correspondientes a distintas etapas del procedimiento, así como la restricción de acceso a las bases de datos necesarias para el cumplimiento de su labor y, por supuesto, los limitados recursos (tanto humanos como materiales) de los que disponen; críticas todas ellas que resultan de aplicación a nuestro país.

De hecho, resulta sorprendente que, varios años después de que España fuese sometida a la Quinta Ronda de Evaluaciones Mutuas[89], centrada en los *«Delitos Financieros e Investigaciones Financieras»,* todavía sigan plenamente vigentes las conclusiones que en su día recogía nuestro informe de evaluación, de las cuales se reproduce a continuación el siguiente fragmento, por su relevancia:

> *En el momento de la visita* in situ *estaba pendiente la plena aplicación de la Decisión 2007/845/JAI del Consejo. Por ello, las funciones que debiera desempeñar una Oficina de Recuperación de Bienes y/o Activos (ORA) seguían divididas*

---

[85] *Ibidem.*, p. 13.

[86] Documento del Consejo 7769/3/10, de 28 de mayo de 2010.

[87] EUROPEAN PARLIAMENT, *The need for the new EU legislation allowing the assets confiscated from criminal organisations to be used for civil society and in particular for social purposes,* 2012.

[88] *Vid.* EUROPOL, *Does crime still pay?, op. cit.*, p. 12.

[89] Documento del Consejo 12657/12, de 2 de agosto de 2012.

entre varias unidades organizativas en distintos cuerpos y fuerzas de seguridad. Sin embargo, ante la perspectiva de la próxima futura creación de una ORA (que también incluiría la función de gestión de activos embargados), cuyas características se presentaron a los expertos, esto supondrá un paso de gigante con respecto a una aplicación más estricta de un enfoque nacional de la recuperación y gestión de activos. Esta conclusión también debe interpretarse teniendo en cuenta que en el momento de la visita in situ, *la gestión de activos parecía dividida entre el CICO y el poder judicial. Por ello, los expertos consideraron conveniente recomendar una aplicación rápida y global de los planes presentados, también con vistas a intensificar y acelerar la cooperación entre las ORA de los Estados miembros de la UE.*

V. CONCLUSIONES

A la luz de todo lo expuesto, se puede llegar a las siguientes conclusiones:

— En primer lugar, la recuperación de los activos procedentes del delito es una estrategia muy eficaz de lucha contra la criminalidad organizada y la corrupción, no sólo por el efecto disuasorio que ejerce sobre los delincuentes, tan poderoso o más que el riesgo de ingresar en prisión, dado que se exponen a perder todas sus ganancias, sino también por la posibilidad de reutilizar las mismas para luchar contra el delito y asistir a sus víctimas.

— En segundo lugar, la UE dispone de una estrategia política y de un marco legislativo adecuado para fomentar la recuperación de activos entre sus EM, incluyendo la aproximación de sus legislaciones nacionales para lograr un entendimiento común de la figura del comiso en todas sus modalidades; el establecimiento de mecanismos de reconocimiento mutuo de resoluciones judiciales de embargo y de confiscación que permitan ejecutar las mismas en cualquier EM de la UE, con independencia de aquel en el que hayan sido acordadas; así como la necesaria cooperación internacional y el consiguiente intercambio de información entre ORA nacionales especializadas en dicha labor.

— En tercer lugar, España ha implementado correctamente dichos instrumentos legislativos comunitarios, mediante sucesivas modificaciones de su legislación penal tanto sustantiva como procesal, hasta hacer posible en nuestro país todas las modalidades de comiso contempladas por la UE (incluso las más ajenas a nuestra tradición jurídica, como el comiso sin condena), la ejecución de órdenes judiciales de embargo y confiscación acordadas por otros EM y la cooperación internacional e intercambio de información con los organismos competentes del resto de EM.

— Sin embargo, nuestro país todavía no ha desarrollado adecuadamente la arquitectura institucional necesaria para la ejecución de todo el acervo legislativo anterior, en la medida en que se ha apartado de las recomendaciones de la UE y de las mejores prácticas identificadas en otros EM, esencialmente en dos cuestiones:

- Por una parte, España sigue permitiendo la coexistencia de diferentes organismos con competencias solapadas en algunos de los ámbitos que comprende la recuperación de activos (particularmente en materia de gestión y administración de bienes): uno de naturaleza policial, el CITCO del Ministerio del Interior; otro judicial, la ORGA del Ministerio de Justicia; y otros dos de carácter administrativo, la DGPNSD y la AEAT. Tal multiplicidad de actores favorece los conflictos de competencias, dificulta la coordinación y supone un aprovechamiento ineficiente de los siempre limitados recursos humanos y materiales de las Administraciones Públicas, dado que dichos órganos realizan idéntica función de recuperación de activos, diferenciándose simplemente por el distinto origen delictivo de los bienes (criminalidad organizada, tráfico de drogas o contrabando, respectivamente).
- Por otra parte, la ubicación escogida para la ORGA nos aleja nuevamente de la tendencia generalizada seguida por otros EM de la UE, la mayoría de los cuales han optado por residenciar su ORA dentro del Ministerio Fiscal, incluso en aquellos países como Bélgica en los que este no tiene atribuida la instrucción penal. Nuestro país, en cambio, ha incardinado la ORGA dentro del Ministerio de Justicia, configurándola como un órgano de apoyo de la Administración de Justicia, al que además ha desposeído de la consideración de Policía Judicial que anteriormente le otorgaba la ley. Resulta llamativo que la pérdida de tal carácter se haya producido a pesar de que una de las dos Subdirecciones en que se estructura la ORGA tiene expresamente encomendada la localización de los bienes procedentes del delito, tarea prácticamente imposible de desligar de la investigación del delito en sí mismo, y la otra tiene atribuida la gestión y administración de los activos confiscados por sentencia firme (y, mientras esta no haya recaído, de los embargados cautelarmente), función que forma parte esencial del *«hacer ejecutar los juzgado»* y por lo tanto de hondo calado jurisdiccional.

No se puede dejar de reconocer que la creación de la ORGA ha supuesto un paso de gigante con respecto a la situación existente anteriormente, pero a nadie se le escapa que apenas acaba de iniciar su actividad, por lo que será el trascurrir del tiempo y la progresiva implementación de los diferentes convenios de colaboración firmados con el resto de organismos implicados en la recuperación de activos, lo que poco a poco vaya haciendo encajar las múltiples piezas de este complejo puzle.

Sin duda, el legislador español podía haber sido mucho más ambicioso a la hora de diseñar un andamiaje organizativo más racional y eficiente, pero será la práctica forense y los hipotéticos problemas que en un futuro haya que encarar, los que pongan de manifiesto la necesidad de una nueva reforma, que posiblemente no será tan sustantiva ni procesal, como organizativa y procedimental.

VI. BIBLIOGRAFÍA

1. Literatura científica

ACÓN ORTEGO, I. «La oficina de recuperación y gestión de activos: Aspectos procesales», en *Decomiso y Oficina de gestión y recuperación de activos.* Fiscalía General del Estado, 2016. Disponible en https://www.fiscal.es/fiscal/PA_WebApp_SGNTJ_NFIS/descarga/Ponencia%20Ac%C3%B3n%20Ortego%20Ignacio.pdf?idFile=c4179f52-6d31-4078-ab3b-8b0c45bc3c02 (consultado por última vez el 15 de mayo de 2017).

BLANCO CORDERO, I. *La aplicación del comiso y la necesidad de crear organismos de recuperación de activos.* Asociación Internacional de Derecho Penal, 2007.

BURES, O. «Europol's Fledging Counterterrorism Role», *Terrorism and Political Violence,* num. 20 (4), 2008, pp. 498-517.

ESTÉVEZ MENDOZA, L.M. «La cooperación policial en la Unión Europea: Europol», en BENEYTO PÉREZ, J.M. (dir.). *Ciudadanía Europea y Espacio de Libertad, Seguridad y Justicia,* Aranzadi, 2016, pp. 241-328.

FITZPATRICK, D. «Crime fighting in the twenty-first century? A practitioner's assessment of the Serious Organised Crime and Police Act 2005», *Journal of Money Laundering Control,* num. 9, 2006, pp. 129-140.

— «Advising the Serious Organised Crime Agency: the role of the specialist prosecutors», *Journal of Financial Crime,* num. 12, 2005, pp. 251-263.

JAÉN VALLEJO, M. Y PERRINO PÉREZ, A.L. *La recuperación de activos frente a la corrupción (La Oficina de recuperación de Activos).* Dykinson, 2016.

JIMÉNEZ-VILLAREJO FERNÁNDEZ, F. «La nueva regulación del decomiso y la recuperación de activos delictivos en el ordenamiento jurídico español», en *Revista del Ministerio Fiscal,* núm. 0, 2015, pp. 94-145. Disponible en https://www.fiscal.es/fiscal/PA_WebApp_SGNTJ_NFIS/descarga/revista%20n%C2%BA%200,%20 2015.pdf?idFile=a9adf1a7-89c3-4753-afbb-410dd9c7919f (consultada por última vez el 7 de mayo de 2017).

— «Propuestas para mejorar la eficacia de la recuperación de activos criminales en un contexto de crisis económica», en *Revista de Derecho Penal,* núm. 37, 2012, pp. 103-148.

— «Novedades legislativas en materia de decomiso y recuperación de activos», en *Revista de Derecho Penal,* núm. 34, 2011, pp. 91-116.

JORQUERA GARCIA, L. *et al. Código sobre Prevención del Blanqueo de Capitales.* La Ley, 2005.

KILCHLING, M. «Tracing, Seizing and Confiscating Proceeds from Corruption (and other Illegal Conduct) Within or Outside the Criminal Justice System», *European*

Journal of Crime, Criminal Law and Criminal Justice, vol. 9, num. 4, 2001, pp. 264-280.

LÓPEZ-YUSTE PADIAL, C. y RASILLO LÓPEZ, E. «La nueva regulación del decomiso y la investigación patrimonial», en *Decomiso y Oficina de gestión y recuperación de activos.* Fiscalía General del Estado, 2016. Disponible en https://www.fiscal.es/fiscal/PA_WebApp_SGNTJ_NFIS/descarga/Ponencia%20Sras.%20Rasillo-y%20Yuste.pdf?idFile=d76642f5-e5fb-4f58-92bf-09f246800d91 (consultado por última vez el 15 de mayo de 2017).

MORENO CATENA, V., «La orden europea de detención en España», en *Revista del Poder Judicial,* núm. 78, 2005, pp. 11-38.

OLIVERA SERRANO, J.L. «Importancia de la investigación patrimonial en la lucha contra el crimen organizado: Técnicas de investigación, metodología, operativa y directrices policiales en las investigaciones patrimoniales», en *Decomiso y Oficina de gestión y recuperación de activos.* Fiscalía General del Estado, 2016. Disponible en https://www.fiscal.es/fiscal/PA_WebApp_SGNTJ_NFIS/descarga/Ponencia%20Olivera%20Serrano%20J.%20Luis%20%20.pdf?idFile=54b-6ff2b-7ed9-40d8-bc57-ac7967b4fd9a (consultado por última vez el 15 de mayo de 2017).

PÉREZ MARTÍN, M.A. «La futura fiscalía europea», en JIMENO BULNES, M. (dir.), *Aproximación legislativa* versus *reconocimiento mutuo en el desarrollo del espacio judicial europeo: una perspectiva multidisciplinar.* Bosch, 2016.

— *La lucha contra la criminalidad en la Unión Europea.* Atelier, 2013.

QUINTERO OLIVARES, G. *Comentarios a la reforma penal de 2015.* Aranzadi, 2015.

SÁNCHEZ GARCÍA DE PAZ, I. *La criminalidad organizada. Aspectos penales, procesales, administrativos y policiales.* Dykinson, 2005.

SAVONA, E.U. and RICCARDI, M. (eds.). *From illegal markets to legitimate businesses: the portfolio of organised crime in Europe.* Final Report of Project OCP (Organised Crime Portfolio), Trento: Transcrime–Università degli Studi di Trento, 2015. Disponible en http://www.ocportfolio.eu/_File%20originali/OCP%20Full%20Report.pdf (consultado por última vez el 3 de mayo de 2017).

STORBECK, J., «La cooperación policial europea», en MONTERO, J., ROMERO, F. y VALIENTE, E., *¿Hacía una Policía Europea?,* Fundación Policía Española, 2002, pp.155-169.

TARAZONA LAFARGA, I. «La Oficina de Recuperación y Gestión de Activos: aspectos organizativos», en *Decomiso y Oficina de gestión y recuperación de activos.* Fiscalía General del Estado, 2016. Disponible en https://www.fiscal.es/fiscal/PA_WebApp_SGNTJ_NFIS/descarga/Ponencia%20Tarazona%20Lafarga%20-No%20retribuida—.pdf?idFile=52c32cf8-8ac3-43ea-ada1-49729d45d00a (consultado por última vez el 15 de mayo de 2017).

WILLIAMS, P. *The Untouchables: Ireland's Criminal Assets Bureau and its War on Organised Crime.* Merlin Publishing, 2008.

YBARRA BORES, A. «La implantación del principio de reconocimiento mutuo en el ámbito de las sanciones administrativas pecuniarias en la Unión Europea», en *Revista Electrónica de Estudios Internacionales,* núm. 11, 2006. Disponible en http://www.reei.org/index.php/revista/num11/articulos/implantacion-principio-reconocimiento-mutuo-ambito-sanciones-administrativas-pecuniarias-union-europea (consultado por última vez el 13 de mayo de 2017).

2. Documentos y publicaciones oficiales

COMISIÓN EUROPEA. Propuesta de Reglamento del Parlamento Europeo y del Consejo sobre «El reconocimiento mutuo de las resoluciones de embargo y decomiso». COM(2016) 819 final. Bruselas, 21.12.2016.

— Comunicación al Parlamento Europeo, al Consejo, al Comité Económico y Social Europeo y al Comité de las Regiones sobre la «Agenda Europea de Seguridad». COM(2015) 185 final. Estrasburgo, 28.4.2015.

— Propuesta de Reglamento del Parlamento Europeo y del Consejo sobre la «Agencia Europea de Cooperación en materia de Justicia Penal (Eurojust)». COM(2013) 535 final. Bruselas, 17.7.2013.

— Propuesta de Reglamento del Consejo relativo a la «creación de la Fiscalía Europea». COM(2013) 534 final. Bruselas, 17.7.2013.

— Comunicación al Parlamento Europeo, el Consejo, el Comité Económico y Social Europeo y el Comité de las Regiones, sobre «Mejorar la gobernanza de la OLAF y reforzar las garantías procedimentales en las investigaciones: un enfoque gradual para la creación de la Fiscalía Europea». COM(2013) 533 final. Bruselas, 17.7.2013.

— Comunicación al Parlamento Europeo y al Consejo sobre «Productos de la delincuencia organizada: garantizar que «el delito no resulte provechoso»». COM(2008) 766 final. Bruselas, 20.11.2008.

— Comunicación al Consejo y al Parlamento Europeo relativa a «La prevención y la lucha contra la delincuencia organizada en el sector financiero». COM(2004) 262 final. Bruselas, 16.4.2004.

CONSEJO DE LA UNIÓN EUROPEA. Notification to the European Parliament, the Council and the Commission with a view to establishing enhanced cooperation on the draft Regulation on the establishment of the European Public Prosecutor's Office in accordance with the third subparagraph of Article 86(1) of the Treaty on the Functioning of the European Union (document of the Council 8027/17, 5 April 2017).

— Informe sobre la Quinta Ronda de Evaluaciones Mutuas, sobre «Delitos Financieros e Investigaciones Financieras» (documento del Consejo 12657/12, de 2 de agosto de 2012).

— Evaluation report on the fifth round of mutual evaluations «Financial Crime and Financial Investigations». Report on Germany (document of the Council 16269/2/11, 19 January 2012).

— Conclusiones del Consejo sobre el decomiso y la recuperación de activos (documento del Consejo 7769/3/10, de 28 de mayo de 2010).

— Conclusiones del Consejo sobre prevención de crisis económicas y apoyo de la actividad económica (documento del Consejo 7881/10, de 23 de abril de 2010).

CONSEJO EUROPEO. Estrategia de Seguridad Interior de la Unión Europea, «Hacia un modelo europeo de seguridad» (documento del Consejo 5842/2/2010, de 23 de febrero de 2010).

— Programa de Estocolmo, sobre «Una Europa abierta y segura que sirva y proteja al ciudadano». DOUE 2010/C 115/01.

— Programa de La Haya, sobre «Consolidación de la Libertad, la Seguridad y la Justicia en la Unión Europea». DOUE 2005/C 53/01.

— Estrategia de la unión europea para el comienzo del nuevo milenio, «Prevención y control de la delincuencia organizada». DOUE 2000/C 124/01.

EUROJUST. «Asset recovery», *EUROJUST News,* num. 13, 2015. Disponible en http://www.eurojust.europa.eu/doclibrary/register/Documents/Eurojust%20News%20Issue%2013%20(June%202015)%20on%20the%20freezing%20and%20confiscation%20of%20the%20proceeds%20of%20crime.pdf (consultado por última vez el 14 de mayo de 2017).

— *Report on Eurojust's Experience in the field of Asset Recovery, including Freezing and Confiscation,* 2014. Disponible en http://www.eurojust.europa.eu/doclibrary/Eurojust-framework/Casework/Report%20on%20Eurojust%20Experience%20in%20the%20field%20of%20Asset%20Recovery/Report%20on%20Eurojust%20Experience%20in%20the%20field%20of%20Asset%20Recovery.pdf (consultado por última vez el 14 de mayo de 2017).

— *Informe anual de Eurojust 2010.* Disponible en http://bookshop.europa.eu/es/informe-anual-de-eurojust-2010-pbQPAA11001/ (consultado por última vez el 7 de mayo de 2017).

EUROPEAN PARLIAMENT. *The need for the new EU legislation allowing the assets confiscated from criminal organisations to be used for civil society and in particular for social purposes,* 2012. Disponible en http://www.europarl.europa.eu/RegData/etudes/note/join/2012/462437/IPOL-LIBE_NT(2012)462437_EN.pdf (consultado por última vez el 7 de mayo de 2017).

EUROPOL. *Does crime still pay? Criminal asset recovery in the EU. Survey of statistical information 2010-2014,* 2016. Disponible en https://www.europol.europa.eu/sites/default/files/documents/criminal_asset_recovery_in_the_eu_web_version.pdf (consultado por última vez el 15 de mayo de 2017).

FISCALÍA GENERAL DEL ESTADO. Intervención del Fiscal General del Estado en el acto de inauguración del Seminario sobre Oficinas Nacionales de Recuperación de Activos (ARO's), «La recuperación de activos en la UE», dentro del marco del proyecto FÉNIX, 2011. Disponible en https://www.fiscal.es/fiscal/PA_WebApp_SGNTJ_NFIS/descarga/Seminario_Fenix_14-03-2011pdf?idFile=6024fbef-53a6-4fb4-a246-1ea5bc99aa33 (consultado por última vez el 14 de mayo de 2017).

GOBIERNO DE ESPAÑA. Estrategia de Seguridad Nacional, «Un proyecto compartido», 2013. Disponible en http://www.lamoncloa.gob.es/documents/seguridad_1406connavegacionfinalaccesiblebpdf.pdf (consultado por última vez el 15 de mayo de 2017).

— Estrategia Española de Seguridad, «Una responsabilidad de todos», 2011. Disponible en https://www.urjc.es/images/ceib/revista_electronica/vol_5_2011_1/REIB_05_01_Document03.pdf (consultado por última vez el 15 de mayo de 2017).

OFICINA DE RECUPERACIÓN Y GESTIÓN DE ACTIVOS. *Plan de Acción 2017.* Disponible en http://www.mjusticia.gob.es/cs/Satellite/Portal/1292428289558?blobheader=application%2Fpdf&blobheadername1=Content-Disposition&blobheadername2=Grupo&blobheadervalue1=attachment%3B+filename%3DPlan_de_Accion_2017_de_la_Oficina_de_Recuperacion_y_Gestion_de_Activos.PDF&blobheadervalue2=Docs_ORGA (consultado por última vez el 15 de mayo de 2017).

— *Plan de Acción 2016.* Disponible en http://www.mjusticia.gob.es/cs/Satellite/Portal/1292428203324?blobheader=application%2Fpdf&blobheadername1=Content-Disposition&blobheadername2=Grupo&blobheadervalue1=attachment%3B+filename%3DPlan_de_Accion_2016_de_la_Oficina_de_

Recuperacion_y_Gestion_de_Activos.PDF&blobheadervalue2=Docs_ORGA (consultado por última vez el 15 de mayo de 2017).

— *Memoria primer semestre 2016.* Disponible en http://www.mjusticia.gob.es/cs/Satellite/Portal/1292428149697?blobheader=application%2Fpdf&blobheadername1=Content-Disposition&blobheadername2=Grupo&blobheadervalue1=attachment%3B+filename%3DMemoria_primer_semestre_2016.PDF&blobheadervalue2=Docs_ORGA (consultado por última vez el 15 de mayo de 2017).

ORGANIZACIÓN DE LAS NACIONES UNIDAS. Informe sobre el 23° período de sesiones (13 de diciembre de 2013 y 12 a 16 de mayo de 2014). Comisión de Prevención del Delito y Justicia Penal. Consejo Económico y Social. E/2014/30. Disponible en https://www.unodc.org/documents/commissions/CCPCJ/CCPCJ_Sessions/CCPCJ_23/Report/E2014_30_s_V1403811.pdf (consultado por última vez el 15 de mayo de 2017).

PROYECTO CEART. *Libro blanco de mejores prácticas sobre recuperación de activos,* 2012. Disponible en http://www.interior.gob.es/documents/642317/1203227/Libro+blanco+de+mejores+pr%C3%A1cticas+sobre+recuperaci%C3%B3n+-de+activos+%28NIPO+126-12-072-5%29.pdf/ac91eff9-24a2-4097-a908-f32eb-d5708a6 (consultado por última vez el 7 de mayo de 2017).

UNODC. *Estimating illicit financial flows resulting from drug trafficking and other transnational organized crimes,* 2011. Disponible en https://www.unodc.org/documents/data-and-analysis/Studies/Illicit_financial_flows_2011_web.pdf (consultado por última vez el 15 de mayo de 2017).

Capítulo VII

LA RESPUESTA DEL DERECHO PENAL NORUEGO A LA CORRUPCIÓN: UN MODELO A SEGUIR[1]

Pilar Otero González
Universidad Carlos III de Madrid
Profesora Titular de Derecho penal (Acred. Catedrática)

---

[1] * Este trabajo es el resultado de una estancia de investigación realizada el verano de 2016 en la Universidad de Oslo, en el marco del Proyecto MINECO DER2013-46523 R sobre «Prevención y tratamiento punitivo de la corrupción en la contratación pública y privada» y en el marco del New Trust-CM **S2015/HUM-3466**. Programa interuniversitario en Cultura de la Legalidad.

los funcionarios públicos. 7.4. La delación.–VIII. PERSPECTIVAS DE FUTURO.–IX. CUADRO COMPARATIVO ENTRE LA LEGISLACIÓN NORUEGA Y LA ESPAÑOLA EN MATERIA DE CORRUPCIÓN.–X. CONCLUSIONES: POR QUÉ NORUEGA ES UN MODELO A SEGUIR EN LA LUCHA CONTRA LA CORRUPCIÓN.–XI. BIBLIOGRAFÍA.

I. INTRODUCCIÓN: LA INDUSTRIA PETROLERA EN NORUEGA. LA CORRUPCIÓN EN ESTE CONTEXTO

A pesar de que Noruega es un país pequeño con un censo de población de poco más de 5 millones de habitantes, ocupa el décimo lugar en el mundo en cuanto a exportación de petróleo y el tercero en exportación de gas natural. El sector petrolero es un pilar fundamental de la economía noruega, asegurando ingresos estatales, empleos y fomentando una demanda de investigación avanzada con efectos indirectos en otros sectores.

Sin embargo, como es sabido, la industria petrolera es uno de los sectores más vulnerables a la corrupción debido a los beneficios que genera, que exceden con creces los costes de producción, a las expectativas de altos ingresos para el Estado, a la alta discrecionalidad regulatoria y a la complejidad de los contratos, que resultan difíciles de descifrar y evaluar para los neófitos en la materia. Las compañías petroleras noruegas operan en todo el mundo, incluso en países que están muy afectados por la corrupción, como Brasil, Angola, China, Vietnam, Nigeria, Rusia, Malasia y la República Democrática del Congo. De hecho, éste es el sector con mayor cantidad de casos de soborno extranjero detectados en todo el mundo[2]. Ello obedece al dato de que la corrupción en el sector petrolero internacional suele implicar una menor probabilidad de detección, unos beneficios incalculables que incluyen el acceso a mercados insondables, una posición privilegiada en el mercado y el pago de menores impuestos en comparación con otros sectores.

A todo ello debe añadirse que la corrupción relacionada con la exportación de petróleo puede adoptar muchas formas[3]: así, existen demandas de sobornos (con finalidad de extorsión) por parte de las empresas locales y las

---

[2] Informe OCDE, 2014 http://www.u4.no/publications-2-es-ES/buenas-practicas-para-la-mitigacion-de-riesgos-de-corrupcion-en-el-sector-de-las-industrias-extractivas/downloadasset/3709

Consultado el 05/072017.

[3] Cfr., ERIKSEN, B.; SØREIDE, T., «Zero-tolerance to corruption? Norway's role in petroleum-related corruption internationally», chapter in volume edited by Philippe Le Billon and Aled Williams: *Corruption, Natural Resources and Development: From Resource Curse to Political Ecology,* Edw. Elgar 2017, *This draft, may 2016,* p. 2. Electronic copy available at: https://ssrn.com/abstract=2887908

élites políticas extranjeras a cambio de la concesión de licencias de operación; demandas de enmiendas de contratos; demandas de planes de perfiles concretos de producción o de la aplicación beneficiosa de regulaciones de producción; exigencia de que se evalúe favorablemente la calidad del petróleo, los volúmenes de petróleo exportados o los permisos de importación de equipos de producción.

Por ello, existe el riesgo de que las filiales radicadas en el extranjero, que hacen negocios en una sociedad con alto riesgo de corromperse, puedan desempeñar un papel de «estabilización de la corrupción» aunque operen de acuerdo con las leyes internas. Al proporcionar ingresos al país extranjero y aceptar silenciosamente una gestión financiera opaca de los ingresos estatales, puede ser fácilmente visto como un apoyo a un régimen corrupto. Sin embargo, si actúan de otra manera, las empresas corren el riesgo de perjudica sus relaciones comerciales con el régimen establecido. En definitiva, si quieren sobrevivir deben someterse –ésta es su defensa– a una situación de corrupción «inevitable».

No obstante esta compleja realidad, Noruega se encuentra entre los países menos corruptos del mundo, y los negocios se llevan a cabo con un alto nivel de transparencia. La corrupción administrativa y el soborno menor[4] son casi inexistentes[5]. En el índice de percepción de la corrupción de 2016[6], que publica Transparencia Internacional[7] ha obtenido 85 puntos, lo que la sitúa en el 6º lugar. Ello indica que la percepción de corrupción del sector público entre sus habitantes es bajísima. No obstante, su puntuación ha descendido un puesto en el último informe (87 puntos en el índice de 2015, ocupando el 5º lugar) lo que significa que los noruegos perciben un incremento de la corrupción en el sector público del país. Y efectivamente, se ha producido un incremento real de la corrupción en los últimos años que está determinado por factores como el aumento de la internacionalización, el aumento de la competencia en los sectores públicos susceptibles de corrupción, la menor lealtad hacia los empleadores de los nuevos grupos de empleados del sector público, y la mayor presión sobre el sector público de los grupos delictivos organizados.

A pesar de que la percepción de la corrupción ha empeorado, el privilegiado puesto de Noruega en el ranking es el resultado de una larga tradición de compromiso político para asegurar el desarrollo industrial en beneficio de la sociedad en general. El gobierno regula de manera responsable la industria

---

[4] Más adelante se señalará lo que significa el «soborno menor» en Noruega.

[5] http://www.business-anti-corruption.com/country-profiles/norway Consultado el 05/07/2017

[6] Este índice clasifica a los países puntuándolos de 0 (percepción de altos niveles de corrupción) a 100 (percepción de muy bajos niveles de corrupción) en función de la percepción de corrupción del sector público que tienen sus habitantes.

[7] http://www.datosmacro.com/estado/indice-percepcion-corrupcion/noruega Consultado el 05/072017.

petrolera del país maximizando los ingresos del Estado y minimizando el riesgo de consecuencias negativas para la sociedad y el medio ambiente[8].

¿Ha influido en estos óptimos resultados el marco jurídico penal noruego relativo a la corrupción? *A priori* hay que afirmar que la actual regulación penal y su aplicación han modificado la mentalidad sobre el soborno en el extranjero[9].

II. DERECHO PENAL SUSTANTIVO NORUEGO RELATIVO A LA CORRUPCIÓN EFECTUADO EN CUMPLIMIENTO DE LOS COMPROMISOS INTERNACIONALES. ANÁLISIS DE LOS ASPECTOS MÁS RELEVANTES

Noruega cumple con todos los compromisos internacionales en materia de corrupción[10]. Ha ratificado en 2005 la Convención de las Naciones Unidas contra la Corrupción (adoptada en 2003)[11]. Ha ratificado igualmente los dos Convenios sobre Corrupción aprobados por el Consejo de Europa, a saber, el Convenio Penal nº 173, de 27 de enero de 1999, con el Protocolo Adicional adoptado el 22 de enero de 2003, y el Convenio Civil. Por último, ha ratificado el Convenio de la OCDE, de 21 de noviembre de 1997, sobre la Lucha contra el Soborno de Funcionarios Públicos Extranjeros en las Transacciones Comerciales Internacionales.

Como es sabido, tanto las convenciones del Consejo de Europa, como el convenio de la OCDE, tienen asociados mecanismos de evaluación. El seguimiento del Convenio del Consejo de Europa es responsabilidad del GRECO (Grupo de Estados contra la Corrupción del que forma parte Noruega), mientras que el Grupo de Trabajo sobre el Soborno en las Transacciones Comerciales Internacionales hace la supervisión del Convenio de la OCDE. Este seguimiento implica la preparación de informes sobre los países que han suscrito la Convención, que culminan en recomendaciones a cada país. Noruega ha sido recientemente evaluada y ha recibido recomendaciones de la OCDE[12].

---

[8] ERIKSEN; SØREIDE, «Zero-tolerance to corruption?», p. 7.

[9] ERIKSEN; SØREIDE, «Zero-tolerance to corruption?», p. 6.

[10] Ampliamente, THORKILDSEN, T.; THAULOW, J CH.; SKALDEBØ-RØD, A.J., «Chapter 16: Norway», *The Anti-Bribery and Anti-Corruption Review*, Second Edition, Editor Mark F Mendelsohn, Published in the United Kingdom by Law Business Research Ltd, London 87 Lancaster Road, London, W11 1QQ, UK 2013, p. 215. También, «The Norwegian Government's Action Plan for Combating Economic Crime», *The Ministry of Justice and the Police The Ministry of Finance,* 2004-2007, p. 45.

[11] https://www.unodc.org/pdf/corruption/publications_unodc_convention-s.pdf consultado el 05/072017.

[12] El informe de la fase 3 a Noruega del Grupo de Trabajo sobre Soborno de la OCDE, se publicó en junio de 2011 y ofrece una buena visión general de la situación jurídica. Vid., www.oecd/daf/nocorruption/convention consultado el 05/072017.

Fue evaluada igualmente por el GRECO en 2002 y en 2009[13] concluyendo que la legislación noruega, en todos los aspectos importantes, cumple con los requisitos de la Convención Penal.

La fidelidad a sus compromisos internacionales en materia de corrupción se demuestra, en primer lugar, en la utilización de una noción de corrupción derivada de la definición aceptada por Transparencia Internacional[14] como «el abuso del poder confiado para el beneficio privado». Esta definición abarca el abuso de poder en el sector público, privado, interno e internacional[15], sin distinción, lo que transpuesto a la legislación penal noruega, ha determinado un único delito de corrupción y uno de tráfico de influencias.

En efecto, estas convenciones constituyen la base de las nuevas disposiciones del Código Penal en materia de corrupción. Incluso, como podrá comprobarse, estos preceptos van más allá de los requisitos establecidos en el propio Convenio Penal.

Así las cosas, el Código Penal noruego actual –*Lov om straff*–, que entró en vigor el 1 de octubre de 2015[16] tipifica en los artículos 387 y 388[17] los delitos

---

[13] Vid., www.greco.coe.int consultado el 05/072017.

[14] Cfr., ampliamente al respecto, MYRTH, H.; ANDRESEN, E.; BORGEN, A., «Anti-corruption practices in norwegian mncs», *Industrial Economics and Technology Management* Submission date: June 2015, Supervisor: Arild Aspelund, IØT Co-supervisor: Einar Belsom, IØT. Norwegian, University of Science and Technology Department of Industrial Economics and Technology Management, pp. 6-7. Vid., asimismo PUNCH, M., «Whats is corruption?» (Chapter2), *Police corruption. Deviance, accountability and reform in policing*, London, U.K., Willan Publishing, 2010, pp. 18 ss.

[15] OECD. (n.d.). OEDC *Convention on Combating Bribery of Foreign Public Officials in International Business Transactions and Related Instruments*. Retrieved October 13, 2014, pp. 6-7, http://www.oecd.org/gov/ethics/2406452.pdf consultado el 05/072017.

Sobre los modos de definición de corrupción desde distintas perspectivas, vid., Andvig, J. CH.; Fjeldstad, O-H.; Amundsen, I.; Sissener, T.K..; Søreide, T., «Corruption. A review of contemporary research», *NUPI*-rapport nr. 268, Nupi, 2001, pp. 7-26.

[16] El Código fue promulgado en 2005, pero se mantuvo en suspenso hasta 2015, para actualizar algunas cuestiones.

[17] *§ 387. La corrupción básica:*

«Se castiga con multa o prisión de hasta tres años a quien para sí mismo o para terceros,

a) requiera o reciba una ventaja ilícita o acepte una oferta de una ventaja indebida en función del cargo, nombramiento o comisión, u

b) otorgue u ofrezca a terceros una ventaja ilícita en función de su cargo, nombramiento o comisión.

En el primer párrafo, por cargo, nombramiento o comisión también se entiende aquellos realizados en el extranjero. La complicidad será sancionada de manera equivalente.

§ 388. corrupción bruta (corrupción grave).

La gran corrupción se castiga con pena de prisión de hasta 10 años. La complicidad será sancionada de manera equivalente.

Al determinarse si la corrupción es grave se considerará especialmente:

a) si el ilícito fue cometido por o ante un funcionario público, o por terceros infringiendo la confianza especial que implica su cargo, nombramiento o comisión,

b) si del ilícito ha resultado un beneficio económico considerable,

relacionados con la corrupción, a los que debe añadirse el art. 389[18] que regula el tráfico de influencias. Este Código es una continuación de su antecesor, el Código de 1902, que había incluido los delitos de corrupción en los artículos 276 a y 276 b y el tráfico de influencias en el artículo 276 c a raíz de una reforma del Código penal efectuada en 2003[19], en aplicación de lo dispuesto en el Convenio de Europa contra la Corrupción. Antes de 2003, por tanto, no estaba tipificado ningún tipo de corrupción en el Código Penal.

Las ideas generales, los principios y las reglas básicas del Código de 2015 son los mismos que los del anterior. Por lo tanto, el nuevo código no representa un cambio drástico en el Derecho penal noruego. Es, ante todo, una renovación, una modernización y una simplificación del código de 1902. El legislador, en efecto, ha simplificado la estructura[20], actualizado la terminología, estandarizado diferentes normas y abandonado algunas soluciones contradictorias encontradas en el antiguo código. Congruentemente, tampoco hay cambios sustanciales sobre la regulación de la corrupción.

1. Tipo básico de corrupción

El artículo 387 incluye el tipo básico de corrupción[21]. Castiga la corrupción tanto activa como pasiva, definiéndose como requerir o recibir una ventaja ilícita o aceptar una oferta de ventaja ilícita, para sí o para otra persona, en función del cargo, nombramiento o comisión (corrupción pasiva), u otor-

---

c) si existió un riesgo de ocasionar gran perjuicio económico o de otro tipo,

d) si se ha registrado información contable falsa o si se ha adulterado documentación contable o un balance anual.

[18] *§ 389. El tráfico de influencias*

Se sancionará por tráfico de influencias a quien

a) para sí o para terceros exija, reciba o acepte una oferta de ventaja ilícita con el fin de influir en el ejercicio de un cargo, nombramiento o comisión, u

b) otorgue u ofrezca a terceros una ventaja ilícita con el fin de influir el ejercicio de un cargo, nombramiento o comisión.

En el primer párrafo, por cargo, nombramiento o comisión también se entiende aquellos realizados en el extranjero.

El tráfico de influencias será sancionado con multas o prisión por un máximo de 3 años. La complicidad será sancionada de manera equivalente.

[19] Cfr., VIK, T; VIKA, S. (Veileder: Tina Søreide), «Ledelsesstyrt korrupsjon», *Selvstendig arbeid innen masterstudiet i regnskap og revisjon*, Norges handelshøyskole, Bergen, 2016, p. 14.

[20] Sobre el Código penal en general, ampliamente, JACOBSEN, J.; HALLGREN SANDVIK, V., «An Outline of the New Norwegian Criminal Code», *Bergen Journal of Criminal Law and Criminal Justice,* Volume 3, Issue 2, 2015, pp. 162-183. Por ejemplo, el Código de 2005 ha prescindido de la división entre delitos y faltas denominándose ahora de forma genérica como «actos punibles». Cfr., JACOBSEN; HALLGREN SANDVIK, «An Outline», p. 181.

[21] Para un análisis exhaustivo sobre este tipo penal, véase, Utilbørlighetskriteriet-istraffeloven-§-387Herunder-forholdet-til-Grunnloven-§-96-og-Den-europeiskemenneskerettighetskonvensjonen-art.-7— Kandidatnummer:-699, Leveringsfrist:-25.-november-2015— Antall-ord:-15-616—, pp. 1-47.

gar u ofrecer a terceros una ventaja ilícita en función de su cargo, nombramiento o comisión (corrupción activa).

En cuanto al término ***requerimiento,*** al igual que ocurre en el Código Penal español, basta con que se dirija a alguien esta solicitud de dádiva y que tenga conocimiento de ella el destinatario para que el delito se consume, independientemente de que se acepte o no. Aunque la jurisprudencia noruega no se ha pronunciado al respecto, la doctrina considera de forma mayoritaria[22] que cabe admitir la tentativa, por ejemplo, en casos en que la solicitud o la oferta se haga por carta y se extravíe o intercepte antes de llegar al destinatario. Ello permite también admitir el desistimiento voluntario del sujeto que realiza el cohecho pasivo.

Recibir la ventaja implica aceptarla. Esto significa que en los casos en que el destinatario ha permanecido completamente pasivo, es decir si no entrega lo que acaba de recibir o no comunica el soborno en un cierto tiempo, se considera receptor, en cuyo caso, el delito ya está consumado (aceptación tácita). No hay consenso sobre el tiempo que debe concederse al destinatario para que acepte a efectos de considerar consumado el delito. Por otro lado, el problema que deriva de contemplar la aceptación tácita es cómo probar si tenía conocimiento de esa recepción o no. Por ello, parte de la doctrina[23] mantiene que debe exigirse que el beneficiario, de alguna manera, haya aceptado expresamente la dádiva. *A sensu contrario*, si lo rechaza o lo devuelve inmediatamente no se consuma el cohecho pasivo.

Con respecto a la ***aceptación de la oferta*** ocurre lo mismo[24]: debe quedar clara por acción o por omisión, tal como se afirma en los trabajos preparatorios del Código penal. Sin embargo, debe evaluarse cada supuesto específicamente pues tampoco hay un plazo determinado para ello. En todo caso, cuando el beneficiario decide aceptar la oferta ya se consuma el cohecho pasivo pues ya se ha afectado el interés protegido.

Por lo que se refiere al soborno activo[25] tanto la ***transmisión*** como la ***oferta*** exige igualmente que llegue a oídos del receptor. La ***transmisión***, en concreto, requiere además para consumar el cohecho activo que el sujeto activo del cohecho pasivo posea la dádiva. En cuanto a la ***oferta,*** basta que el receptor la conozca aunque no la acepte para consumar el cohecho activo.

«**Cargo, nombramiento o comisión**» (posición, oficina o misión) se interpreta de la forma siguiente: «**Empleo o cargo**» se entiende que incluye todos

---

[22] Vid., por todos, ERIKSEN, S., «Korrupsjon etter straffeloven § 276a (1)», *Liten masteroppgave i rettsvitenskap ved*, Universitetet i Tromsø Det juridiske fakultet Våren, 2008, pp. 14-15. No obstante, hay alguna discrepancia pues algún sector considera que para la consumación basta el envío del requerimiento haya llegado o no a conocimiento de sujeto.

[23] THRAP-MEYER, R., *Korrupsjon og straffelov,* Oslo, 2001, pp. 369-374.

[24] HOV, J., *Avtaleslutning og ugyldighet* 3. utg. Oslo 2002, p.106.

[25] ERIKSEN, «Korrupsjon etter straffeloven § 276a (1)», pp. 18-19.

los tipos de condiciones de trabajo y empleo en el sector privado y público. Dentro del sector público se comprenden lógicamente los funcionarios públicos de carrera y cualquier empleado que trabaje en el sector público[26]. La **«oficina»** incluye un cargo político, consejeros y otras oficinas, como representantes de las asociaciones y organizaciones. Los jueces, los jurados y árbitros también se subsumen bajo el término «oficina». La **«misión»** significa cualquier condición de contratos de corta duración, por ejemplo, abogado, consultor, agente inmobiliario e incluso los jueces de un evento deportivo[27].

En cuanto al ámbito territorial, el cargo, nombramiento o comisión incluye tanto funcionarios públicos como empleados en empresas privadas, ya sea en Noruega o en filiales radicadas en otros países. La condena máxima prevista para este delito es de 3 años de prisión. En consecuencia, como se ha adelantado, no se distingue a efectos de penal, entre la corrupción en el sector público o privado, o entre la corrupción en el ámbito interno o la realizada en negocios internacionales.

Sin embargo, como la corrupción en el sector público se considera un hecho más grave, suele subsumirse en la gran corrupción (art. 388 que prevé la posibilidad de agravación cuando interviene el funcionario, ya sea en la corrupción activa como en la pasiva) teniendo en cuenta que la amplitud del marco penal del tipo agravado, con una pena de prisión de hasta 10 años, permite evaluar además el carácter indebido de la ventaja, si el soborno se realiza únicamente en relación con el cargo (lo que en España equivale al cohecho impropio) o, por el contrario, si se efectúa en relación con la ejecución de la función, condicionando en este último caso la voluntad de funcionario (lo que equivale en España al cohecho propio).

Relación entre el beneficio y la «posición, oficina o misión»: tanto en el cohecho activo como en el pasivo, el soborno debe entregarse o recibirse «con motivo» de un puesto, cargo o comisión. Tiene que haber una relación causal entre el beneficio y tal posición. Y esta «posición», al igual que sucede en el caso español, debe ser una condición necesaria para la prestación facilitada u obtenida.

No se determina como condición que la ventaja indebida esté vinculada a un acto u omisión en particular; es suficiente, como adelantaba, con que se relacione con el empleo de una persona, cargo o comisión (cohecho impropio). Y ello tanto en el sujeto activo como en el pasivo, ya en el sector público, ya en empresas privadas, organizaciones sin fines de lucro u otras entidades. Con respecto al sector privado, la disposición penal incluso va más allá de los requisitos de la Convención Penal ya que no se limita a los actos realizados en

[26] Ot.prp.nr.78 (2002-2003), p. 54. ANDENÆS, J.; ANDORSEN, K..V. *Spesiell strafferett og formuesforbrytelsene,* 1. utg. Harstad, 2008, p. 421.
[27] Ot.prp.nr.78 (2002-2003), pp. 53-54.

el curso de la «actividad empresarial»[28] (es decir, sobornos para influir en las funciones desempeñadas) sino que simplemente basta que guarde relación con la profesión.

En otras palabras, tanto si el soborno se desarrolla en el ámbito público como en el privado, no es un requisito previo para la tipicidad que el receptor que ostenta ese cargo o posición en realidad estuviese influenciado por la ventaja indebida. Recibir una ventaja indebida es punible incluso si no puede estar vinculada a ningún acto posterior específico. Igualmente, la recepción de cualquier recompensa posterior a un acto u omisión es un delito, incluso el puro *engrase* en consideración al cargo o función, sin necesidad de ningún acto, más allá de lo establecido en la Convención. En efecto, el Consejo de Europa sólo requiere que el soborno se lleve a cabo para que el receptor actúe o se abstenga de actuar en el ejercicio de su función. No hay que olvidar, no obstante, que la Convención marca unos requisitos mínimos como umbral de tipicidad.

Es cierto que la entrega o la recepción de una ventaja por lo general llevará aparejada la intención de obtener algo a cambio, es decir, que se realice con la intención de obtener una rentabilidad por el soborno efectuado. Es posible también que se haya llegado a un acuerdo que no haya podido probarse. Precisamente por ello, se admite el soborno sin ninguna vinculación con un acto anterior o posterior. Sin embargo, la doctrina[29] se muestra en general en desacuerdo con esta interpretación en la medida en que se considera que la intención añadida a la dádiva es el modo de dotar de contenido antijurídico la exigencia del adjetivo «inadecuada» (indebida), es decir, que un beneficio no es «inapropiado» sin la existencia de tal intención de obtener algo a cambio. A pesar de esta crítica, el tenor literal del precepto es claro: los meros pagos de «engrase» quedan subsumidos en el tipo, pues no hay que olvidar que aunque la ventaja no tenga la intención de influir en una toma de decisiones, al menos en el cohecho en el ámbito público, ya se ha lesionado la confianza y la integridad de la Administración.

El ***incumplimiento del deber.*** El uso indebido o abuso de poder puede implicar «el incumplimiento de un deber, mandato, ley, reglamento, regla, contrato o compromiso de actuar de acuerdo con los intereses de la Administración pública o la empresa en la que presta sus servicios»[30]. Esto puede incluir el mal uso de los activos o recursos de la empresa, pero también puede implicar el uso indebido del papel que representa la persona en la empresa. En conse-

---

[28] Recordemos, a este respecto, que el Código penal español exige en el cohecho entre particulares (art. 286 bis) que el beneficio o ventaja se realice como contraprestación de un favorecimiento, luego se excluye del ámbito punible el cohecho en consideración al cargo o función y el cohecho de recompensa.

[29] ERIKSEN, «Korrupsjon etter straffeloven § 276a (1)», p. 29.

[30] ARGANDOÑA, A. «Corruption: the corporate perspective», *Business Ethics: A European Review*, 10(2), 2001, pp. 163-175.

cuencia, no se establece ninguna condición relativa al «incumplimiento del deber», tal como preveía el Convenio.

El término *ventaja*. De los trabajos preparatorios se desprende que el ***beneficio o ventaja*** no necesita tener un valor económico, pudiendo incluirse también los servicios sexuales, la admisión de los propios hijos en una escuela privada, la pertenencia a un club, etc. Todo soborno pasivo relacionado con el propio interés puede constituir «ventaja»[31], independientemente de que el destinatario tenga un beneficio real.

El adjetivo *indebida*. Asimismo, el delito es independiente del valor de la ventaja, sus resultados, las percepciones de la costumbre local, la tolerancia de dichos pagos por parte de las autoridades locales o la supuesta necesidad del pago[32], aunque ello pueda determinar en algunos casos la aplicación del tipo agravado, como veremos más adelante.

En consecuencia, en principio, cualquier ventaja indebida, directa o indirecta, puede constituir un soborno, tal como especifica el artículo 387. Sin embargo, este término, «ventaja indebida», es un requisito típico que no contiene ninguna orientación concreta sobre dónde trazar la línea de lo que es o no incorrecto. Además, no debe olvidarse que la corrupción en los sectores público y privado está regulada en la misma disposición. De ello se desprende que, en general, el umbral para considerar algo «indebido» en el sector privado[33] es más alto que en sector público[34] pues aquí se protege también, entre otros, el principio de integridad o de confianza en la Administración Pública.

A partir de esta premisa general, la evaluación depende de cada situación, con gran dificultad para detectar si las zonas grises son o no corrupción. En tales casos, a menudo la cuestión clave es si el beneficio fue «inadecuado» o no[35], es decir, si superó o no los usos sociales. Las directrices de lo que constituye una ventaja indebida, al igual que otros términos sometidos a interpretación señalados anteriormente, están apuntadas en los trabajos preparatorios de las disposiciones penales, que según la tradición jurídica noruega[36] es un factor importante a considerar para completar el contenido de la norma, dado que el hecho de elaborar un tipo tan abierto dificulta la frontera entre la corrupción «legal» y la corrupción perseguible criminalmente[37].

---

[31] LH-2007-158006 og Ot.prp.nr.78 (2002-2003), p. 54. ERIKSEN, «Korrupsjon etter straffeloven § 276a (1)», p. 22.

[32] OECD. (n.d.). OEDC *Convention on Combating Bribery of Foreign Public Officials in International Business Transactions and Related Instruments*. Retrieved October 13, 2014, from http://www.oecd.org/gov/ethics/2406452.pdf consultado el 05/072017.

[33] requirements. Vid., ampliamente sobre la corrupción en el sector privado, KAZÁR, P., «Corruption in privatization», *Corruption and Democracy*, Editor Duc V. Trang, Institute for constitutional and legislative Policy, 1994, pp. 77 ss.

[34] NOU 2002: 22 s. 39 og Ot.prp.nr.78 (2002-2003), p. 56.

[35] VIK; VIKA, «Ledelsesstyrt korrupsjon», p. 16.

[36] THORKILDSEN; THAULOW; SKALDEBØ-RØD, «Chapter 16: Norway», p. 207.

[37] ERIKSEN, «Korrupsjon etter straffeloven § 276a (1)», p. 5.

Asimismo, la Jurisprudencia, fundamentalmente en relación con los preceptos que tipificaban la corrupción antes de la Reforma de 2015, viene concretando si la cuantía de la dádiva, según las directrices éticas y las prácticas habituales del ámbito en el que se otorgue, entra o no en el terreno de lo punible. Por ejemplo[38], los servicios de hospitalidad y los regalos recibidos en relación con las prácticas comerciales ordinarias o con las relaciones profesionales habituales no son indebidos, a menos que su valor u otras circunstancias indiquen que son inapropiados en el caso concreto. Si un abogado local da una botella de vino o una caja de bombones al personal de la oficina de un tribunal de distrito cada Navidad, esto no constituiría una ventaja indebida porque se verá fácilmente como un gesto natural. Sin embargo, si el mismo obsequio se concede a un juez poco antes o después de dictar sentencia en favor del cliente del abogado, es más probable que constituya una ventaja indebida, incluso si el valor económico del regalo es de poca importancia. Es relevante considerar si el regalo tiene una explicación razonable, como el 60º cumpleaños del juez, y si el regalo o la ventaja se ofrecen abiertamente o se oculta a terceros. Lo importante es, como decimos, que se vea fácilmente como un gesto natural. *A sensu contrario*, el hecho, por ejemplo, de regalar o recibir unas pantallas de plasma y otros regalos por valor de 30.000 NOK (coronas)[39] cada uno, que fue entregado a un director general y a un gerente de ventas y comercialización, fue considerado «impropio[40]. Para los servicios de hospitalidad y los regalos también es importante considerar si el empleador ha establecido reglas o pautas sobre lo que es aceptable y lo que no. Por ejemplo, el Gobierno noruego ha adoptado directrices éticas que establecen lo que los funcionarios públicos pueden aceptar en términos de regalos y hospitalidad[41]. El incumplimiento de estas normas es un argumento de apoyo para

---

[38] THORKILDSEN; THAULOW; SKALDEBØ-RØD, «Chapter 16: Norway», pp. 207-208.

[39] 1€=8,9173 NOK (coronas).

[40] Ot.prp.nr.78 (2002-2003) s. 55 og NOU 2002: 22, p. 39.

[41] Con respecto a los regalos, hay una Guía Ética para el Servicio Público donde se establece expresamente la prohibición de aceptar y ofrecer regalos. Sin embargo, las muestras de aprecio, tales como flores o una botella de vino, para la celebración de una presentación, por ejemplo, se consideran generalmente aceptables. Estas disposiciones y los comentarios que las acompañan, hacen referencia a una amplia gama de formas de regalos y situaciones, tales como viajes, alojamiento en un hotel, hospitalidad, descuentos, préstamos y otras contribuciones. Además, algunas fiscalías tienen sus propias reglas, lo que requiere, por ejemplo, que todos los regalos o muestras de aprecio se reporten al jefe de la oficina. Por lo que respecta a los parlamentarios, las directrices éticas contienen una prohibición de recibir pagos o aceptar cualquier regalo, recompensa o compensación «que puedan tener como objetivo influir en ellos para adoptar una posición particular en un determinado asunto en el *Storting*» (Parlamento). Las Directrices añaden que los regalos recibidos en nombre del *Storting* deben ser devueltos al *Storting*, a menos que sean de un valor muy pequeño. Si el destinatario tiene dudas sobre si puede aceptar el regalo, el Secretario General del *Storting* es quien decide. Los regalos u otros beneficios de valor superior a 2000 coronas noruegas, deben ser registrados cuando se conceden en relación con el trabajo del individuo como miembro del parlamento (Sección 11, Reglamento sobre el registro de los miembros del *Storting*).

considerar que la ventaja es indebida. Aunque, de otro lado, no constituye suficiente defensa contra las denuncias de corrupción, que el regalo no viole tales reglas. Lo decisivo es si la relación en su conjunto puede ser considerada censurable[42] o no en el caso concreto.

También influye la costumbre de regalar de la empresa en cuestión. Si la empresa no concede beneficios habitualmente, hacerlo determina fácilmente la evaluación de incorrección. Sin embargo, si la empresa está habituada, estas prácticas implican una forma de «indulto», donde se llegará a la corrupción sólo cuando el beneficio sea excesivo.

Otra consideración para determinar si la corrupción es o no un delito, es la lealtad en las condiciones de trabajo del empleado hacia su principal. Si una empresa incurre en pérdidas debido a que el empleado elige una oferta cualitativamente inferior a otra, será la prueba de la corrupción por deslealtad. Sin embargo no viola la lealtad el empleado si se deja sobornar para conseguir agilizar un trámite en su trabajo o hacer sus operaciones más efectivas. Otra prueba de la falta de lealtad es si esta dádiva se otorga o entrega de forma encubierta.

Con respecto al pago de viajes, la mayoría de las sentencias analizadas consideran que se trata de pagos inadecuados. Así, un viaje a la Copa Mundial de Biatlón por valor de 10.000 NOK[43]; dos viajes a Ullevål; un viaje para cazar a Kiruna por un valor de 9.500 NOK y otro viaje para jugar al golf en Málaga para un valor de 11.500 NOK[44]. Se califican así, en efecto, porque no tienen un propósito profesional[45], al igual que las transferencias de fondos, por lo general inexplicables[46]. De hecho, en el caso sobre el Campeonato Mundial de Biatlón uno de los acusados fue absuelto[47] por falta de dolo, al probar que le comentaron que el viaje iba a tener un contenido profesional, justificado por la ampliación de relaciones y el intercambio de experiencias laborales. Sin embargo, el viaje resultó tener un mínimo contenido científico.

En definitiva[48], la finalidad de la dádiva será la clave para determinar si es o no indebida. Si se demuestra que el beneficio o ventaja otorgados pretende

---

Cfr., «Informe GRECO, Adopción: 20 de junio de 2014, Publicación: 25 de junio de 2014, Greco Eval IV Rep (2013) 10E. Cuarta ronda de evaluación. Prevención de la corrupción en relación con el parlamento, los jueces y los fiscales», *REPORTE DE EVALUACION NORUEGA*, Aprobado por el GRECO en su 64ª Reunión Plenaria, (Estrasburgo, 16-20 de junio de 2014), pp. 16, 39-40.

[42] Ot.prp.nr.78 (2002-2003) s. 55 og TOSLO-2005-134006 »Tiltalebeslutningens post I — kulepunkt 2 og 3 — grov korrupsjon. Begge forholdene gjelder A».

[43] TOSLO-2008-32091.

[44] TOSLO-2005-134006 »Tiltalebeslutningens post I — kulepunkt 2 og 3 — grov korrupsjon. Begge forholdene gjelder A».

[45] ERIKSEN, «Korrupsjon etter straffeloven § 276a (1)», p. 25.

[46] STORDRANGE, B., *Forbrytelser mot vårt økonomiske system* 2. Utg., Oslo, 2006, p. 107.

[47] STORDRANGE, *Forbrytelser,* p. 95.

[48] ERIKSEN, «Korrupsjon etter straffeloven § 276a (1)», p. 25.

influir en la decisión del que lo recibe, será inadecuada[49]. Si el médico, por ejemplo, recibe un regalo por parte de un paciente en agradecimiento por salvarle la vida, será adecuado aunque sea muy valioso. Sin embargo, el mismo regalo será indebido si el médico tuvo que elegir a uno entre varios pacientes para salvar su vida.

El dato temporal de la entrega o solicitud de la dádiva sirve de indicio para probar la finalidad y, en consecuencia, para determinar el carácter indebido de la misma. Como adelantaba, si se proporciona el regalo a un juez justo antes de la sentencia, probablemente se considerará indebido.

También representan un problema los pagos de facilitación[50]. No es raro que en algunos países, los funcionarios públicos se nieguen a hacer su trabajo a menos que reciban dinero por ello. No todos estos pagos pueden ser considerados como inadecuados. Por ejemplo, quien paga para conseguir algo a lo que tiene derecho. La historia legislativa menciona como ejemplo las personas que se sintieron obligadas a pagar una pequeña cantidad a un funcionario público con el fin de obtener su pasaporte[87]. Sin embargo, también estos casos deben ser evaluados específicamente.

En el ámbito público juegan además otros intereses como la pérdida de reputación o de confianza, que deben ser tenidos en cuenta.

La indeterminación del tipo permite, como se ha demostrado, una amplia interpretación. Los tribunales son libres, en definitiva, de considerar si las directrices éticas y las prácticas comerciales, por muy habituales que sean, están en línea con lo que es aceptable en virtud del Código Penal. Sin embargo, hay que tener en cuenta que no hay apenas Jurisprudencia del Tribunal Supremo relativa a estos preceptos en la medida que han entrado en vigor en 2015, de modo que en la interpretación adquiere un peso importante, además de lo declarado en los trabajos preparatorios, las exposiciones de motivos que justifican la disposición y el contenido de la normativa europea que trae causa de esta nueva tipificación[51].

En definitiva, aunque Código Penal noruego regula la corrupción tanto en el sector público como en el privado de forma unitaria, doctrina y jurisprudencia consideran que el umbral para interpretar la corrupción debe ser más bajo en el sector público que en el privado. Por ejemplo, es opinión mayoritaria la que aprecia que el soborno en el sector privado sin exigir nada a cambio, es decir, sin condicionar la voluntad del que lo recibe (cohecho subsiguiente y cohecho en consideración al cargo o función) no debería caer en el ámbito de lo punible. Más aún, la aplicación de la pena de prisión en los casos de corrupción en el sector privado se considera una injerencia excesiva del Derecho pe-

---

[49] Ot.prp.nr.78 (2002-2003), p. 55.

[50] El problema de los pagos de facilitación será analizado más detenidamente en el epígrafe 6. Casos de Cohecho internacional. Tratamiento jurisprudencial. Cfr., infra.

[51] ERIKSEN, *Korrupsjon etter straffeloven*, 276 a (1), p. 11.

nal en el mundo de los negocios, pues, por lo general, estos casos de corrupción menor, quedan resueltos, respondiendo el empresario con advertencias y despidos disciplinarios, frente a los trabajadores que han practicado el soborno.

Hay que tener en cuenta, además, que en el mundo de los negocios, especialmente privados, las relaciones comerciales se logran muchas veces a través del acuerdo en los almuerzos y cenas de negocios. E igualmente en las invitaciones para eventos deportivos, conciertos y otros espectáculos similares, así como en los viajes de negocios. Esto ocurre a menudo en relación con el lanzamiento de nuevos productos. De esta manera, los artículos vinculados a estos contactos se comercializan mejor. Esta práctica puede ayudar a asegurar que los bienes ofrecidos sean de mejor calidad, la competencia mejore y los productos sean más baratos. La prohibición de este tipo de conductas a través de una disposición penal es negativa pues puede aumentar los costes de comercialización ya que los productos deben ser comercializados a través de otros medios más caros. Esto, a su vez, puede dar lugar a aumentar los precios de los productos o a que estos sean de menor calidad. Tampoco se excluye necesariamente esta interpretación en el sector público aunque se es consciente de que los organismos públicos tienen tiempo y recursos escasos por lo que los límites se deben determinar en cada ámbito concreto a través de una evaluación rigurosa[52]. Sea como fuere, debe tenerse en cuenta que, no obstante, el Código penal sirve de pauta para desarrollar la normativa en cada sector. Las empresas que no cumplan estas normas podrán recibir advertencias, ser excluidas de las organizaciones comerciales o boicoteadas.

Por el contrario, se ha comprobado que los casos más graves de corrupción en el sector privado también merecen respuesta penal, al apreciarse que las sanciones tienen claramente un fuerte efecto disuasorio y preventivo, concibiéndose útil en estos casos la aplicación de las penas de multas, pues se comprueba que otras opciones son menos efectivas. Porque, de lo que no cabe duda es de que las ventajas «excesivas» atentan contra la objetividad en la gestión rompiendo las reglas de la competencia leal y minando la confianza de los consumidores.

Existe, pues, el acuerdo de que el pago de importantes cantidades de dinero para conseguir un negocio puede ser devastador, fundamentalmente para los consumidores, porque tienen que pagar más por un producto previsiblemente peor. Por lo tanto, la corrupción inhibe la utilización eficiente de los recursos y, a la postre, impide una mayor prosperidad económica.

En definitiva, en caso de duda sobre si un soborno menor en el ámbito privado merece sanción penal o no, hay que optar por su punición porque en la mayoría de los casos se considera que la corrupción es devastadora si se quiere conseguir una sociedad con igualdad de oportunidades. Desde esta

---

[52] ERIKSEN, S., *Korrupsjon etter straffeloven*, 276 a (1), pp. 9-10.

perspectiva, las disposiciones penales son eficaces en la lucha contra la corrupción por su valioso efecto preventivo y porque permiten frenar otro fenómeno asociado a la corrupción como es el de constituir una plataforma para otros delitos: el chantaje o la amenaza de divulgación, por ejemplo, de las personas que están involucradas en la corrupción, que suelen actuar bajo presión. Prohibir la corrupción, por tanto, también implicará contrarrestar el delito más allá de los actos conde corrupción.

2. Tipo agravado: corrupción grave

Por su parte, § 388 regula la corrupción grave, con una pena máxima de 10 años de prisión. El criterio de gravedad se concreta en el propio precepto en cuatro puntos, aunque se trata de una lista no exhaustiva de factores para distinguir entre actos de corrupción simples y groseros, a saber, como se ha adelantado, primero, que el responsable del delito tanto en la corrupción pasiva como en la activa sea un funcionario público u otra persona que haya violado la confianza especial derivada de su posición (por ejemplo, un abogado); segundo, si la ventaja económica indebida obtenida o perseguida, tiene un valor considerable (normalmente, la corrupción que implica valores económicos en el rango de 75.000 a 100.000 coronas y más, será considerada bruta[53]); tercero, si ha habido un riesgo de ocasionar un perjuicio significativo de naturaleza económica o de otro tipo, por ejemplo, el riesgo de daños medioambientales. No es necesario que el riesgo realmente se materialice. O, por último, si se ha registrado información contable falsa (manipulación de las cuentas financieras).

3. Tipo de tráfico de influencias

El tráfico de influencias se regula en § 399 del Código penal (el equivalente al 276 c del CP anterior[54]). Penaliza tanto el soborno activo como el pasivo de la persona que para sí o para terceros exija, reciba o acepte (u otorgue u ofrez-

---

[53] THORKILDSEN; THAULOW; SKALDEBØ-RØD, «Chapter 16: Norway», p. 208.

[54] Se pueden hacer las mismas críticas a este tipo penal que las efectuadas en la versión anterior del art. 276 c dado que son idénticos en esencia, y que radican en la indeterminación de sus contornos. En efecto, la enmienda n.º 78 al mencionado precepto (2002-2003) –Cfr., Ot.prp. nr. 78 (2002-2003) Om lov om endringer i straffeloven mv. (straffebud mot korrupsjon), pp. 1-7–, mantuvo que es difícil trazar la línea entre los actos de influencia legítima (lobbies) y las acciones de influencia dignas de merecimiento penal que el precepto pretende enmarcar. Para concretarlos hay que determinar si existe una transparencia sobre las condiciones reales, o sobre si los que toman las decisiones se les informa por parte del que influye que actúa en nombre de otro o, por el contrario, no lo declara; si el que toma la decisión, realmente se ha visto influenciado o no o fue consciente de que le estaba afectando, etc.

ca a terceros) una oferta de ventaja ilícita con el fin de influir en el ejercicio de un cargo, nombramiento o comisión. No distingue si la influencia se realiza en el sector público o privado. Además, no se requiere que la influencia que se ejerza sobre la conducta de la persona en cuestión sea inapropiada como tal, siempre y cuando el beneficio de la persona que ejerce la influencia, sea indebido. En consecuencia, sobre estos dos puntos, también el Código penal noruego va más allá de las directrices apuntadas en la Convención penal sobre Corrupción de 1999.

4. Sanciones penales

La corrupción puede conducir, en definitiva, a una pena de prisión que oscila entre 21 días (que es la pena mínima de prisión prevista en derecho penal noruego) a 10 años para las personas físicas. Se trata de un abanico demasiado amplio que, junto con la posibilidad de imponer multas, otorga al juez sentenciador una amplia discrecionalidad. No obstante, como señalaremos más adelante, las sentencias que han aplicado penas próximas a los 10 años de prisión son testimoniales.

Además de ello, el Código Penal § 56 establece penas accesorias, especialmente la inhabilitación especial bien para empleo o cargo público, bien para la profesión u oficio en los casos en los que por parte de la persona se haya cometido un delito que indique un abuso en su función, negocio o actividad. Estas penas privativas de derechos pueden dirigirse a todo el ámbito profesional o limitarse a ciertas funciones. La pérdida de derechos generalmente se limita a cinco años, pero puede, por razones especiales, ser impuesta indefinidamente.

Como puede comprobarse, tomando como ejemplo la aplicación de las penas en delitos de corrupción, el Código de 2005 no cumple con las exigencias del principio de legalidad en muchas cuestiones optando el Legislador por delegar su competencia en los Tribunales e incluyendo, así, un alto nivel de discrecionalidad con respecto a si el acusado debe o no ser considerado responsable criminalmente, lo cual resulta cuando menos llamativo a los ojos del Derecho penal clásico continental[55].

---

[55] La propia doctrina noruega critica esta circunstancia que considera muy desafortunada. Vid., ampliamente, JACOBSEN; HALLGREN SANDVIK; «An Outline», p. 182, quienes añaden que, en general, la debilidad del código parece reflejar la debilidad de la cultura jurídica noruega, frente al Código penal anterior, el de 1902, que se caracterizó por un fuerte compromiso teórico en la ciencia del derecho penal. Durante los últimos cien años, sin embargo, se ha minimizado la importancia de las perspectivas teóricas para la comprensión del derecho penal en Noruega en favor de un enfoque más pragmático, incluso con respecto a la decisión de la atribución de la responsabilidad penal.

En el caso de los delincuentes extranjeros la regla general es la expulsión del territorio de Noruega[56].

Asimismo, está prevista la responsabilidad penal de la persona jurídica para estos delitos[57], con multas significativas o con pérdida del derecho de hacer negocios de forma permanente o por un período de tiempo determinado. En el caso de corrupción, la multa no tiene límite. La cuantía más importante que se ha impuesto por este delito a una compañía es de 46 millones de dólares[58]. Al igual que veíamos en el caso de la imposición de la pena a las personas físicas, el hecho de que la pena aplicable a las personas jurídicas no tenga límite significa que depende de la discreción del tribunal. Entre los factores a tener en cuenta con respecto a si debe imponerse multa a las empresas o no, que se enumeran en la Sección 28, está incluido el efecto preventivo de la pena. Piénsese que en este tipo de delitos, a menudo es difícil de encontrar el responsable. Es frecuente comprobar que haya un grupo de empleados conspiradores del delito de corrupción, e individualmente no pueda probarse su conducta ejecutiva. En tales casos, en alguna ocasión las sanciones corporativas han estado destinadas a evitar la impunidad, exigiendo responsabilidad a la empresa[59], y diluyéndose así las garantías probatorias cuando se trata de incriminar a la persona jurídica.

Más aún, hasta ahora varios casos de responsabilidad corporativa[60], fundamentalmente en los supuestos de soborno en el ámbito doméstico, se han resuelto fuera de los tribunales penales. No obstante, hay que advertir que en algunos supuestos las sanciones penales pueden resultar menos severas que las que se establecen en otras jurisdicciones[61]. Un caso de gran corrupción en el que las sanciones extra penales desempeñaron un papel importante se refería a una empresa minera estatal en Svalbard. Se descubrió que el CEO (chief executive officer), es decir, la persona con la más alta responsabilidad de la empresa, había aceptado pagos significativos de una compañía naviera, presuntamente como préstamos personales. La compañía minera había firmado contratos de flete a largo plazo con la compañía naviera, que terminaron cuando se descubrieron los pagos al CEO. En los acuerdos extrajudiciales, la compañía naviera aceptó una multa por corrupción y la rescisión de los contratos de flete.

---

[56] Vid., ampliamente, DYNGELAND, A., «Overview on anti-corruption rules and regulations in Norway», *ACE (Anticorruption in Europe)*, Contact details: Arild Dyngeland, Advokat Advokatfirma Alvheim og Hansen ANS Teatergaten 35 5010, Bergen, 2016, p. 3.

[57] La responsabilidad penal corporativa está regulada en el capítulo 4, §§ 27 y 28.

[58] DYNGELAND, «Overview» p. 2.

[59] VIK; VIKA, «Ledelsesstyrt korrupsjon», p. 17.

[60] Los casos de corrupción noruega más relevantes y su tratamiento jurisprudencial serán desarrollados en los epígrafes 5 y 6. Cfr., *infra*.

[61] THORKILDSEN; THAULOW; SKALDEBØ-RØD, «Chapter 16: Norway», p. 206. Estos autores lo ilustran con un caso en el que una compañía petrolera estatal noruega fue sancionada en Noruega y los EE.UU. por el mismo incidente de corrupción en Irán. El caso resultó con sanciones significativamente más estrictas en los Estados Unidos.

No obstante, existe el convencimiento de que las penas aplicables a las personas físicas tienen un claro efecto disuasorio, sin embargo las sanciones corporativas perjudican principalmente a los empresarios, pero no sólo a ellos sino que también pueden ser perjudiciales para el mercado y para los trabajadores afectados por la empresa que, ante una posible quiebra a consecuencia de la multa, quedarían sin empleo[62], entre otros efectos negativos.

Por todo ello, se mantiene la percepción de que las formas de reacción hacia los delitos que cometen las personas jurídicas pueden ser complementarias, pero no deben ser consideradas como un sustitutivo de las sanciones impuestas a las personas físicas. De hecho, los acuerdos negociados en los últimos años, aceptando las empresas el pago de la multa, como medio de eludir la responsabilidad de las personas físicas procesadas, ha llevado a un creciente descontento entre el público sobre la consideración de que el verdadero responsable se encuentra en libertad mientras que la empresa líder se confiesa culpable y paga la multa. Esto ha dado lugar a la introducción en Noruega de la nueva Directiva de EEUU sobre: «Nueva orientación en la consecución de la responsabilidad individual por el incorrecto hacer corporativo», que tiene como objetivo hacer que sea más fácil procesar a cada individuo en el contexto de los delitos de la empresa[63]. Desde entonces, las autoridades de Estados Unidos no se conforman con el delito corporativo, se procesa al individuo junto con la aplicación de la multa a la empresa. Éste es el patrón que se está intentando seguir en Noruega[64].

Por otro lado, en el Código penal noruego **no existe una figura de delación** análoga a la existente en el art. 426 de nuestro texto punitivo que pueda determinar una exención de pena para el autor del cohecho activo que hubiere accedido ocasionalmente a la solicitud de dádiva. La denuncia en estos casos se ajusta a las reglas generales de atenuación de la pena previstas en el § 78, que prevé una reducción facultativa de la misma, aunque la práctica de la Corte Suprema viene aplicando una reducción obligatoria, cuyo rango oscila hasta 35-40%, o incluso suspendiendo la condena de prisión a cambio de trabajos en beneficio de la comunidad[65]. En consecuencia, el juez goza de una amplia discrecionalidad. En general, cuanto más temprana es la denuncia por parte del acusado, y cuanto mayor sea su implicación a la hora de ayudar a la investigación o agilizar el proceso, mayor será la reducción.

La confiscación de los ingresos es una sanción penal que hasta ahora sólo se ha utilizado en un número muy limitado de casos relacionados con la corrupción. La primera sentencia que se refiere explícitamente a la confisca-

---

[62] VIK; VIKA, «Ledelsesstyrt korrupsjon», p. 18.

[63] Departamento de Justicia de EE.UU. 2015. https://www.usa.gov/federal-agencies/department-of-justice
consultado el 05/072017.

[64] VIK; VIKA, «Ledelsesstyrt korrupsjon», p. 20.

[65] DYNGELAND, «Overview.», p. 3.

ción del producto de la corrupción fue dictada por el tribunal de apelaciones en septiembre de 2012[66]. Un consultor fue declarado culpable de haber adjudicado contratos a un proveedor en nombre de una compañía petrolera a cambio de recibir una parte de los beneficios del proveedor. A pesar de que la compañía petrolera no sufrió pérdidas y los contratos se ajustaban a los términos del mercado, los beneficios recibidos por el consultor fueron confiscados.

Por lo que respecta a las reglas de competencia territorial, estas normas se aplican a los actos realizados en Noruega, en otros territorios noruegos (Svalbard, Jan Mayen, partes de antártico), en la plataforma continental, así como en buques e instalaciones noruegos, aeronaves, etc. Y son de aplicación a los actos realizados en otros países cuando el autor es un ciudadano noruego o una persona con domicilio en Noruega, o por una persona que actúe en nombre de una empresa noruega, siempre que el acto constituya un delito en el país en el que el acto se ha realizado (código penal § 5).

III. SANCIONES CIVILES CONTRA LA CORRUPCIÓN

La Ley de Responsabilidad Civil, adoptada en cumplimiento del *Convenio de Derecho Civil del Consejo de Europa sobre la Corrupción*, de 4 de noviembre de 1999 (la Convención de Derecho Civil), incluye, entre otras, reclamaciones por daños y perjuicios, invalidación de contratos e inhabilitación de licitaciones públicas[67]. En efecto[68], si los representantes de una empresa han sido sobornados para adjudicar un contrato, la compañía puede solicitar que el contrato sea anulado cuando se descubra el soborno. O si la adjudicación inicial del contrato es lícita, pero el representante de la empresa más tarde es sobornado para ejecutar el contrato de una determinada forma, este hecho puede calificarse como un incumplimiento material del contrato dando derecho a la rescisión del mismo.

Las reclamaciones por daños y perjuicios pueden ser planteadas no sólo contra las personas involucradas, sino también contra el empleador de los autores de la infracción si está relacionada con la competencia del empleador. El empleador puede ser una empresa privada, una organización sin fines de lucro o una entidad del sector público. No obstante, el empleador puede evitar la responsabilidad si prueba que se tomaron todas las precauciones razonables para prevenir la corrupción y que la responsabilidad, en consecuencia, no estaría justificada después de una evaluación general de las circunstancias del

[66] Cfr., LG-2011-194186.
[67] Ampliamente, THORKILDSEN; THAULOW; SKALDEBØ-RØD, «Chapter 16: Norway», p. 206.
[68] THORKILDSEN; THAULOW; SKALDEBØ-RØD, «Chapter 16: Norway», p. 209.

caso. La evaluación jurídica de esta responsabilidad es similar a la evaluación de la responsabilidad penal de las empresas.

IV. PERSECUCIÓN Y ENJUICIAMIENTO DE LA CORRUPCIÓN: EL *ØKOKRIM*

Desde el punto de vista de la investigación de este tipo de delincuencia, Noruega cuenta con una unidad especializada en asuntos relacionados con la corrupción: la Autoridad Nacional de Investigación y Procesamiento de Delitos Económicos y Ambientales – ØKOKRIM, creada en 1989. Desde 1994, ØKOKRIM está conformada por un equipo de expertos separado encargado de investigar y enjuiciar los casos más graves y complejos sobre corrupción, mientras que los casos menores son enjuiciados en los distritos locales.

Es además la principal fuente de conocimientos e información especializados para ayudar a otras unidades de policía en Noruega y en el extranjero (a través de la cooperación internacional), así como a las autoridades fiscales y judiciales en su lucha contra los delitos de este tipo. Los investigadores que forman parte de esta institución no son necesariamente agentes de policía, se trata de una comisión mixta formada tanto por policías como por auditores, asesores fiscales, funcionarios con experiencia en la oficina tributaria, abogados, etc. La investigación financiera es generalmente decisiva para demostrar que la corrupción ha tenido lugar[69], por lo que la recopilación y el análisis de la información financiera es uno de los principales objetivos de este organismo, que cuenta con una Unidad de Inteligencia Financiera (UIF).

La investigación está dirigida por el fiscal de distrito que participa directamente en la investigación, con competencia también para acusar. Desde el punto de vista de los abogados defensores, esta forma de organizar la unidad plantea algunas preocupaciones con respecto al principio de juicio justo. En opinión de Arild Dyngeland[70], el fiscal del distrito no debería tener el poder de acusar en los casos en que haya tenido la responsabilidad principal de investigar. Además, los antecedentes estudiados por este autor demuestran que este modo de investigación conduce a un «enfoque civil» en la recopilación y evaluación de pruebas, disminuyendo las garantías procesales e invirtiendo en ocasiones la carga de la prueba. Este asunto importante sobre la organización de ØKOKRIM se está debatiendo actualmente por el Departamento de Justicia noruego, por lo que el sistema se someterá a una evaluación amplia que estudie el modelo sobre si cumple con las normas requeridas en un juicio justo, y atenderá las recomendaciones de mejora que se requieran.

---

[69] THE MINISTRY OF JUSTICE AND THE POLICE THE MINISTRY OF FINANCE, *The Norwegian Government's Action Plan for Combating Economic Crime,* 2004-2007, pp. 44-45.

[70] DYNGELAND, «Overview», pp. 2 y 3.

Del mismo modo, si el fiscal considera que la pena debe limitarse a multas y/o confiscación, es posible llegar a un acuerdo extrajudicial donde la parte acusada acepte voluntariamente la sanción. Como adelantábamos, la mayoría de los casos de corrupción contra las corporaciones se resuelven de esta manera.

En concreto, en relación con la confiscación, ØKOKRIM en 2012 publicó un libro titulado «Guía para la confiscación efectiva» que comprende tanto el marco legal como las herramientas de investigación y aplicación de la confiscación. El libro también contiene un capítulo específico relativo a la confiscación de las ganancias en el extranjero, que se está teniendo en cuenta en los casos de soborno internacional, que se encuentran actualmente bajo investigación[71].

Noruega también ha tomado otras medidas para mejorar la aplicación del delito de corrupción extranjera. En el ámbito de la asistencia judicial recíproca, ØKOKRIM ha desarrollado un sistema de registro que realiza un seguimiento de los tipos de delitos por los cuales se solicita la asistencia judicial recíproca, el país de origen de las solicitudes, así como el estado de tramitación de las mismas (recomendación 3)[72].

V. CASOS DE CORRUPCIÓN NACIONAL (ÁMBITO PÚBLICO Y PRIVADO). ANÁLISIS JURISPRUDENCIAL

Casi todos los casos de corrupción enjuiciados en Noruega durante los últimos diez años han afectado al sector privado a diferencia de lo que ocurre en otros países europeos, donde la mayoría de los casos están relacionados con el sector público. No obstante, no se puede excluir que en Noruega haya más corrupción en el sector público que la registrada hasta la fecha. El riesgo de corrupción en el sector público en Noruega está particularmente asociado con las fuerzas armadas, los hospitales, las contrataciones públicas y el proceso de permisos de construcción principalmente en aquellas cuestiones donde hay un gran margen de discrecionalidad para decidir.

El mayor número de casos llevados a juicio se refieren a proveedores que se dedican a prácticas corruptas para influir en los representantes de sus clientes. Un tema recurrente es el viaje y la hospitalidad excediéndose de lo que es razonable y apropiado, por lo general sin ninguna conexión con las funciones profesionales de las partes y, a menudo, ocultando el hecho al empleador de la persona que recibe la ventaja indebida.

En un caso[73], un proveedor pagó unas vacaciones familiares a un empleado del investigado. El proveedor fue condenado por soborno activo aplicán-

[71] Informe OCDE, p. 8.
[72] Informe OCDE p. 4.
[73] Cfr., TTOTE-2006-33035.

dosele una pena de 90 días de prisión. Sin embargo, en otro caso[74], que resultó impune, los empleados del acusado noruego aceptaron un viaje a España para jugar al golf. No pudo probarse que eran conscientes de que los gastos fueron pagados por el proveedor, y fueron absueltos de los cargos de corrupción, fundamentalmente porque no pudo demostrarse la ventaja indebida ni que esa dádiva condicionara la decisión de los beneficiados por el viaje.

Otro caso ilustrativo[75] es el de una agencia de publicidad que invitó a representantes de los clientes a unirse a un viaje a Austria durante los campeonatos mundiales de esquí. Dos de los que aceptaron fueron acusados de soborno pasivo, de los cuales uno fue declarado culpable. Éste se había reservado explícitamente su derecho a no asistir a ninguno de los cursos profesionales y no informó a su empleador sobre el viaje. El otro individuo, que fue absuelto, creyó que habría varios cursos profesionales de relevancia e informó a su patrón sobre la situación. Cuando el viaje resultó poco serio, con mucha fiesta y poca relevancia profesional, escogió pagar su forfait de esquí y el alquiler de los esquís, rechazando una cena organizada por la agencia de publicidad que le invitó.

La misma agencia de publicidad también introdujo un programa de fidelización de clientes, donde los representantes de los clientes podían elegir entre recibir televisores de pantalla plana u otros regalos personales cuando compraran servicios de publicidad en nombre de su empleador. Todos los que aceptaron la oferta de regalos personales (incluido uno de los dos mencionados, que se unieron al viaje a Austria) fueron condenados por soborno pasivo, mientras que los empleados de la agencia de publicidad fueron condenados por corrupción activa.

Una condena de corrupción pasiva en junio de 2013 suscitó un interés informativo debido al bajo valor económico de la hospitalidad en cuestión. El caso se refería a un director técnico de una empresa de transporte público, que fue invitado a cenar tres veces en un curso que duró dos años por un contratista de autobuses. El valor total fue, sin embargo, sólo de 4.739 coronas. El tribunal señaló que el gerente técnico ocultaba las cenas a sus superiores, y que estaba violando las directrices éticas de la compañía, cuando él mismo había participado en su elaboración. Se castigó al gerente con una multa de 24.000 coronas, y el valor de las cenas fue confiscado.

Los asuntos calificados de corrupción grave (aplicación del art. 388) suelen ir acompañados de la aprobación de facturas falsas de los proveedores o de la solicitud directa de altos beneficios a los proveedores para adjudicar contratos. Así, uno de los casos analizados[76] se refirió a una persona a cargo de una empresa municipal de agua y alcantarillado a las afueras de Oslo, que a través

---

[74] Cfr. TOSLO-2008-171401.
[75] Cfr. TOSLO-2008-32091.
[76] Cfr. LE-2008-46619.

de los métodos mencionados anteriormente, consiguió unos 70 millones de coronas y fue condenado a siete años y medio de prisión. Otro caso se refiere a un administrador de edificios escolares municipales en Oslo: de manera similar se adjudicó beneficios de unos 106 millones de coronas y fue condenado a siete años de prisión.

En febrero de 2012[77], la Corte Suprema confirmó una sentencia contra otro director de un proyecto de los mencionados edificios escolares municipales en Oslo. Había recibido por sobornos en total 1,5 millones de coronas de cuatro proveedores diferentes. La Corte Suprema declaró que el punto de partida para la imposición de penas en relación con estos cargos debería ser un poco más de tres años de prisión.

Igualmente, otro caso que generó gran trascendencia mediática fue una condena por grave corrupción pasiva en septiembre de 2013. El caso se refería a un ex gerente del departamento bancario del grupo de servicios financieros más grande de Noruega, DNB, que se encargaba de manejar y conceder solicitudes de préstamos. De acuerdo con la decisión del tribunal de distrito, el acusado fue declarado culpable de recibir un total de 405.000 coronas en sobornos por expedición de solicitudes de préstamo sobre documentos falsos. Los préstamos se referían a inversiones inmobiliarias y el que pagó el soborno para recibir los préstamos fue declarado culpable de corrupción activa, castigándosele a un año y ocho meses de prisión y condenándosele a la pérdida del derecho a ejercer actividades comerciales por un período de cinco años, mientras que el ex administrador del departamento bancario fue condenado a un año y cuatro meses de prisión y una confiscación de 405.000 Coronas[78].

Por otro lado, es digno de destacar que en agosto de 2005, *caso Ullevål*, tres personas fueron procesadas por corrupción, tan sólo dos años después de tipificarse estas conductas en el Código penal, seguido de otro caso muy importante enjuiciado en 2007, *caso de obras hidráulicas,* en el que se condenó al ex director general de Abastecimiento de Agua, a su hijo y a tres socios del negocio por gran corrupción (Código Penal § 276a cf. § 276b) e incumplimiento grave de confianza (Código Penal § 275 cf. § 276) con una multa de 70 millones de coronas.

En definitiva, en los últimos años han aumentado los casos de corrupción dilucidados en los tribunales, lo que confirma la concienciación de la gravedad de estos asuntos y el enfoque actual en lo que respecta a la persecución de los casos de corrupción.

---

[77] Cfr. Rt-2012-243.

[78] Para más información, THORKILDSEN; THAULOW; SKALDEBØ-RØD, «Chapter 16: Norway», pp. 211-212.

VI. CASOS DE COHECHO INTERNACIONAL. TRATAMIENTO JURISPRUDENCIAL

Como se deriva de los tipos penales y así se ha adelantado, el alcance geográfico de las disposiciones penales es amplio, ya que se extienden a la corrupción cometida en el extranjero por ciudadanos noruegos o personas domiciliadas en Noruega, e incluso cometidos en el extranjero por personas domiciliadas fuera de Noruega. En efecto[79], según la sección 5 del Código Penal noruego, las empresas registradas en Noruega pueden ser consideradas penalmente responsables de sobornos extranjeros. Una compañía extranjera que ha transferido todas sus operaciones a una compañía registrada en Noruega después de que ocurrió el soborno también puede ser considerada penalmente responsable en Noruega. Las compañías extranjeras que sobornan a individuos o compañías en Noruega pueden ser consideradas penalmente responsables en Noruega. Las personas físicas extranjeras, incluidas las personas que representan a empresas extranjeras, pueden ser procesadas por sobornos cometidos fuera de Noruega (soborno extranjero) bajo ciertas circunstancias. Y es un delito, independientemente de si involucra a funcionarios públicos, representantes de empresas privadas u organizaciones internacionales o no gubernamentales. Tampoco implica impunidad el hecho de que el beneficio indebido sea legal en la jurisdicción extranjera donde se ofreció.

El gobierno noruego, no obstante, tiene un sólido historial en el control de la corrupción en el país, pero parece menos proactivo en hacer cumplir su fuerte política contra la corrupción en el extranjero, a pesar de la presencia de empresas estatales en áreas de alto riesgo. La dificultad de abordar la corrupción en un país extranjero, pues se vería como una injerencia en los asuntos internos de otro Estado, justifica parte de la inacción.

Noruega, como ya se ha señalado, ocupa un lugar muy alto en los indicadores que muestran confianza en las instituciones gubernamentales, lo que ocasiona que sus ciudadanos estén menos inclinados a reconocer los riesgos de corrupción en las instituciones gubernamentales extranjeras. Siendo un país altamente orientado a la exportación con un sector privado que opera en los sectores más expuestos a corrupción en el mundo, dan por sentado su experiencia, teniendo igualmente una gran confianza en que las empresas estatales noruegas promoverán los valores noruegos y ejercerán una influencia positiva en los mercados extranjeros, independientemente de los desafíos relacionados con la corrupción.

Sin embargo, los recientes casos de corrupción internacional relacionados con empresas estatales, de los que daremos cuenta a continuación (Yara, Tele-

---

[79] Ampliamente, BISSCHOP-MØRLAND, V.; DAGESTAD, H., «Anti-Corruption Regulation (https://gettingthedealthrough.com/area/2/anticorruption– regulation/) 33 answers published on 23 March 2017 Norway» (https://gettingthedealthrough.com/jurisdiction/53/norway), p. 7, consultado el 05/072017.

nor, Vimpelcom, etc.), disminuye algo la ingenuidad noruega, que parece haber prevalecido.

La aplicación por un país de las leyes de soborno extranjeras depende de una serie de factores, como la competencia del fiscal, la independencia y el apoyo político. En Noruega, el fiscal actúa independientemente del poder político y no ha habido reacción política (conocida) contra las investigaciones o la aplicación de las leyes de soborno extranjeras, ni contra las consecuencias penales impuestas por la aplicación extraterritorial de su propia legislación anticorrupción.

Si bien la propia unidad de delincuencia económica parece comprometida con la tarea de hacer cumplir las normas de soborno extranjeras, su falta de financiación hace difícil creer que sus actividades sean una prioridad política[80].

En efecto, un problema al que se ha enfrentado, sin embargo, el fiscal noruego en la última década, es al de la grave restricción presupuestaria. En ausencia de recursos financieros, se ha actuado preferentemente sobre los casos sospechosos de soborno nacional[81]. No obstante, en los últimos dos años, como consecuencia de las Recomendaciones OCDE[82] y coincidiendo con el inicio de la superación de la crisis económica, Noruega ha aumentado significativamente los recursos disponibles en ØKOKRIM para combatir el soborno extranjero. Actualmente, dos equipos en ØKOKRIM están asignados a la investigación y el enjuiciamiento de los casos de corrupción tanto nacionales como internacionales, que involucran un total de aproximadamente 15 investigadores en equipos multidisciplinares, lo que representa una triplicación de los recursos totales del Ministerio disponibles en casos de corrupción desde el año 2011.

Los pagos de facilitación, al igual que se ha señalado en referencia al cohecho interno, son también a menudo un tema de discusión jurisprudencial en relación con el soborno extranjero. Como es sabido[83], los pagos de facilitación son pagos o regalos de pequeña cuantía que se hacen, en este caso, a un funcionario público o empleado de una empresa privada para conseguir un favor, como acelerar un trámite administrativo u obtener una licencia, por ejemplo, cuando en ambos casos se tiene derecho a aquello que se solicita. Quizá por ello, la actitud ante este tipo de pagos suele ser más permisiva; a menudo se consideran inevitables, pues forman parte de la corrupción genera-

---

[80] ERIKSEN; SØREIDE, «Zero-tolerance...», p. 5.

[81] Véase, por ejemplo, the Norwegian newspaper *Klassekampen* on 14 October 2015: 'Økokrim i økonomisk krise' (transl. The prosecutor's economic crime unit in a financial crisis).

[82] SEGUIMIENTO INFORME DE LA FASE 3 & RECOMENDACIONES a Noruega, OCDE, 15 de julio 2013, p. 4.

[83] Sobre la definición, alcance y consecuencias de los pagos de facilitación puede consultarse ARGANDOÑA, A., «La corrupción y las empresas: el caso de los pagos de facilitación», *DI* nº 539, IESE Business School, Universidad de Navarra, enero, 2004, pp. 1-20.

lizada, siendo así considerados como la «grasa» que hace funcionar la maquinaria burocrática. Este tipo de corrupción es más difícil de detectar ya que ambas partes se beneficiarán de la situación, y, por lo tanto, no tienen un incentivo para salir de la colaboración. Frente a ella, en la corrupción con fines de extorsión (a la que no se tiene derecho), el favor no se obtiene a menos que se pague un soborno[84]. No obstante, en virtud de los artículos 387 y 388 del Código Penal noruego, parecen subsumirse, habida cuenta de que los tipos penales no concretan la indeterminación del concepto «ventaja indebida» que, como se ha señalado anteriormente, se interpreta de forma muy amplia por los tribunales, comprendiendo incluso lo que se corresponde con lo que se conoce en nuestro Derecho como cohecho en consideración al cargo o función.

El contexto y las circunstancias culturales locales también desempeñan un papel importante a la hora de determinar si los pagos de facilitación representan una ventaja indebida, frente a los sobornos de mayor cuantía en los que el contexto local es menos relevante pues todos ellos caen en el ámbito típico. Hasta ahora ha habido muy poca trascendencia penal de los pagos de facilitación en el ámbito de la corrupción internacional en Noruega[85].

Es común, por otro lado, el uso de agentes y otros intermediarios cuando las empresas operan en los mercados extranjeros. En la mayoría de los casos, el uso de agentes se hace con una finalidad legítima, en la medida en que conocen las condiciones locales y la forma de proceder en los negocios en los mercados extranjeros, lo que puede ser crucial para conseguir el contrato que se está negociando. Sin embargo, el mayor problema que representa el cohecho internacional es la forma de considerar los pagos de los sobornos realizados a través de intermediarios, teniendo en cuenta que de acuerdo con el «Informe de soborno en el extranjero» de la OCDE se observa que el 75% de los casos de corrupción registrados se han producido mediante pagos a través de intermediarios[86]. Ello es lógico en la medida que estos agentes suelen estar acostumbrados a pagar sobornos, ya que, por lo general, se considera una práctica comercial habitual en muchos de los países en los que operan, gestionados por funcionarios fácilmente sobornables.

Como punto de partida, estas prácticas deberían ser punibles. No obstante, surgen problemas de atribución de la responsabilidad si los sobornos que benefician a la empresa han sido pagados por los socios comerciales o por subcontratistas. Además, la responsabilidad de la empresa matriz por los sobornos pagados por las filiales que operan en el extranjero puede ser difícil de determinar. Los socios comerciales, proveedores y filiales pueden ser conside-

---

[84] VIK; VIKA, «Ledelsesstyrt korrupsjon», p. 22.

[85] THORKILDSEN; THAULOW; SKALDEBØ-RØD, «Chapter 16: Norway», pp. 212-213.

[86] Informe OCDE, 2014.

rados personas que actúan en nombre de la empresa matriz radicada en Noruega, dependiendo de las circunstancias específicas y la participación o conocimiento de las personas en la empresa matriz, pero hasta ahora no hay jurisprudencia para dar una orientación firme sobre los límites de esta responsabilidad[87].

En consecuencia, Noruega en este punto no cumple con lo exigido en el art. 1.1 del Convenio OCDE 1997, donde especifica: «Cada Parte tomará las medidas necesarias para tipificar como delito según su derecho el hecho de que una persona deliberadamente ofrezca, prometa o conceda cualquier beneficio indebido, pecuniario o de otra clase, *directamente o mediante intermediarios* a un agente público extranjero (...)», al no tipificar expresamente la figura del intermediario y dejarlo a la interpretación jurisprudencial, cuando el contexto internacional sobre el que se estructura este tipo de negocios tan sofisticados, hace imprescindible, en la mayoría de los casos, la ayuda de intermediarios conocedores del proceso local de adjudicación como piezas claves del sistema.

En efecto, en este contexto, de no incluir esta previsión, frecuentemente da lugar a la impunidad del que sería un inductor de una conducta de soborno que, realizada por alguien extranjero, y actuando además en el extranjero, no puede incriminársele en el país de origen, en este caso Noruega, por carecer de jurisdicción. Por todo ello, resulta imprescindible elevar a la categoría de autor a quien no es más que un partícipe en el hecho delictivo, colmando la laguna de punibilidad derivada de la aplicación del principio de accesoriedad de la participación[88]. Incluyéndose esta previsión, en los casos en los que la persona interpuesta sea la que prometa conceda o atienda la solicitud del funcionario, estaremos ante un supuesto de coautoría, siempre que se cumplan los requisitos de procedibilidad anteriormente mencionados y siempre que se pruebe el dolo del intermediario (para ello cabría aplicar a estos casos la doctrina de la ignorancia deliberada). Más difícil es imaginar situaciones en las que el intermediario actúe sin dolo, en cuyo caso, estaríamos ante un supuesto de autoría mediata[89] por parte del que realiza el cohecho activo utilizando al intermediario como instrumento de la conducta delictiva.

Se destacan a continuación varios casos recientes[90] relativos al soborno extranjero en Noruega y su tratamiento jurisprudencial:

---

[87] THORKILDSEN; THAULOW; SKALDEBØ-RØD, «Chapter 16: Norway», p. 213.

[88] FABIÁN CAPARRÓS, E.A., *La corrupción de agente público extranjero e internacional*, Valencia, Tirant lo Blanch, 2003, p. 94.

[89] CUGAT MAURI, M., «La corrupción en las transacciones comerciales internacionales», AAVV *Estudios de Derecho judicial*, nº 61, 2004, p. 339.

[90] Destacamos sólo los más importantes pero ha habido otros muchos, por ejemplo, *Caso de la Cruz Roja:* En octubre de 2004, tres personas fueron condenadas a 6 años, 4 años y 9 meses, respectivamente, por gran corrupción. *Asunto de UNICEF:* En enero de 2002, un ex gerente de compras de UNICEF fue condenado a 5 años y 6 meses de prisión por corrupción grave. *Caso de*

El primero se refiere a una importante compañía petrolera estatal en Noruega, Statoil Horton, que firmó un acuerdo con una empresa registrada en una jurisdicción extraterritorial (en Irán) para recibir servicios de consultoría por un período de 11 años. El precio pagado por la empresa noruega por los servicios de consultoría fue de US $ 15,2 millones. ØKOKRIM concluyó que el acuerdo de consultoría era una cobertura para encubrir un delito de tráfico de influencias. Se probó que se había beneficiado a una persona empleada en una empresa petrolera estatal iraní, que también era hijo de un ex presidente iraní y en condiciones de influir en las decisiones relativas a las operaciones de la compañía petrolera noruega en Irán.

La petrolera noruega aceptó una multa de 20 millones de coronas en un acuerdo extrajudicial con las autoridades noruegas. Más tarde llegó a un acuerdo de 140 millones de coronas con las autoridades de EEUU por haber infringido la FCPA[91] como resultado de los mismos pagos.

Ello fue así porque mientras que las negociaciones de Statoil en Irán comenzaron a finales de los 90, el fiscal noruego no pudo perseguir el soborno lógicamente hasta la reforma legal de 2003, que introdujo los delitos de corrupción. Los actos, sin embargo, fueron investigados bajo la ley extraterritorial estadounidense, debido a que Statoil estaba sujeta desde el principio a la FCPA. Para Statoil, el riesgo emergente de las sanciones estadounidenses, incluida la exclusión de la bolsa de valores de Estados Unidos, despertó la disposición de colaborar con los investigadores estadounidenses. Así, además de la multa que ya había pagado a las autoridades noruegas, en 2006 Statoil ASA llega a un acuerdo con las autoridades de Estados Unidos por violación de la FCPA, por el que se vio obligada, como se ha adelantado, a pagar 140 millones de coronas a las autoridades estadounidenses para resolver cargos criminales y administrativos por violar las disposiciones anti-soborno y contables de la FCPA. Además, de conformidad con un acuerdo de enjuiciamiento diferido (DPA), Statoil también aceptó una sanción penal de 10,5 millones de dólares. El hecho de que Statoil firmara un acuerdo de enjuiciamiento diferido (DPA) con las autoridades de Estados Unidos, en lugar de un acuerdo de no enjuiciamiento (NPA), es indicativo de que el sistema de control de Statoil no era el adecuado. De modo que, como parte de la DPA, Statoil aprobó el nombramiento de un consultor de cumplimiento independiente encargado de revisar e informar sobre el cumplimiento de FCPA de Statoil. Esta última era otra nueva experiencia en el sector petrolero de Noruega. Es decir, a raíz del llamado caso Horton Statoil, se han fortalecido los programas de cumplimiento y vigilancia en relación con las cuestiones relativas a corrupción. El programa

---

los armadores: El 15 de mayo de 2014, ØKOKRIM condenó por corrupción a la empresa de transporte filial de la compañía Rederi Torvald Klaveness, que fue multada con 20 millones de coronas.

[91] The US Foreign Corrupt Practices Act of 1977 (FCPA) (15 U.S.C. § 78dd-1, et seq.). Ampliamente, VIK; VIKA, «Ledelsesstyrt korrupsjon», p 52.

implica la creación de comités de ética en cada área de negocio, mayor atención a la educación y una mayor transparencia en la toma de decisiones de la compañía.

De hecho, este caso constituyó la primera medida de ejecución de la FCPA contra una compañía extranjera bajo jurisdicción extraterritorial basada en la American Depositary Receipts (ADRs)[92].

En retrospectiva, está claro que esta intervención extraterritorial estadounidense en lo que solía considerarse una cuestión de jurisdicción interna, fue una llamada de atención para la industria noruega orientada a la exportación, así como para el gobierno noruego. Hasta ese momento, Noruega, como propietaria de empresas estatales, mantenía una actitud pasiva e ignorante con la posibilidad de que las empresas actuaran ilegalmente, con tal de obtener contratos rentables en el extranjero. La nueva realidad de la aplicación de la ley llevó al gobierno a reconocer la gravedad de ciertos comportamientos corporativos en los mercados extranjeros, mientras que el riesgo de ser procesado por otras jurisdicciones obligó a las empresas a repensar sus estrategias.

Este caso, además, motivó las nuevas disposiciones contra el soborno en el código penal noruego y contribuyó de manera importante a dar forma a la jurisprudencia noruega, que, a lo largo de los años, se ha acercado a una legislación similar a la de los Estados Unidos.

El segundo caso se refiere a una empresa noruega de consultoría que suscribió un contrato para prestar servicios a West Zagros Fields en Irán, y al mismo tiempo, celebró un acuerdo de consultoría con una entidad *offshore* en relación con el contrato anteriormente mencionado. La entidad extraterritorial recibiría el 6% de los ingresos del contrato West Zagros Fields. Cuando el contrato expiró, se había pagado un poco más de US $ 100.000 a la entidad *offshore*. OKOKRIM concluyó que el verdadero propósito de los pagos a la entidad extraterritorial era sobornar altos funcionarios públicos en Irán, y la empresa noruega aceptó una multa de 2 millones de coronas. El director general de la empresa noruega se declaró inocente de toda imputación penal y finalmente fue absuelto[93]. El tribunal concluyó que no había pruebas suficientes para probar más allá de una duda razonable que los pagos se destinaban a funcionarios públicos con el fin de buscar una ventaja injusta. No era prueba incriminatoria suficiente el hecho de que la empresa estuviera registrada en una jurisdicción extraterritorial, y que el alcance del trabajo sólo se definiera en términos vagos.

---

[92] Empresas que cotizan en la Bolsa de Valores de Nueva York. ADR (sigla en inglés de *American Depositary Receipt*) es una acción que se negocia en los EE.UU., pero representa un número especificado de acciones de una corporación extranjera. Los ADRs son acciones que se compran y venden en los mercados americanos como acciones regulares y son emitidas / patrocinadas en los Estados Unidos por un banco o correduría. De esta forma, el mecanismo de ADR permite a una empresa extranjera emitir acciones directamente en la bolsa estadounidense.

[93] Cf. TTRON-2007-28521

El tercer caso se refiere a una empresa noruega de ingeniería y consultoría acusada por ØKOKRIM de actos de corrupción cometidos en Tanzania. La empresa noruega había formado una empresa conjunta con un socio local, y algunos de sus empleados habían autorizado pagos indebidos. Los empleados pertinentes fueron condenados por cargos de corrupción. La empresa fue absuelta de responsabilidad corporativa por el Tribunal Supremo en junio de 2013, fundamentalmente por los procedimientos de «autolimpieza» después de los hechos. El Tribunal Supremo declaró además que la inhabilitación para contratar en el sector público era una consecuencia penal desproporcionada[94].

Otro caso reciente de soborno extranjero en Noruega es el de Yara International ASA (un productor de fertilizantes). Además del soborno en sectores no petroleros de la India y Rusia, la compañía pagó sobornos al hijo del ministro de Petróleo de Libia y presidente de la Compañía Nacional de Petróleo de Libia, al negociar un acuerdo con la citada compañía sobre la producción de fertilizantes.

Acusada de corrupción, en enero de 2014 la empresa aceptó los hechos pagando una multa de USD 32.5 millones. El importe incluyó una multa de 270 millones de coronas noruegas y la confiscación del producto de 25 millones de coronas noruegas. Es el caso de corrupción más grave jamás presentado ante un tribunal noruego. Además de esta reacción contra la corporación, y tras una extensa investigación en la que se contó con la asistencia judicial recíproca de 13 países, fueron procesados y condenados cuatro miembros de la dirección ejecutiva, entre ellos, el Director General, como responsables del soborno conforme al artículo 276a y 276 b (gran corrupción) del Código Penal noruego con penas que oscilaron entre los dos y los tres años de cárcel[95].

La sentencia se recurrió por todos los acusados[96]. El juicio en el Tribunal de Apelación se viene celebrando desde 24 octubre de 2016 y finalmente, el Tribunal ha dictado sentencia de fecha 17/01/2017[97] condenando a los acusados a siete años de prisión por corrupción grave y sin posibilidad de atenuación por posibles dilaciones indebidas, dado que el Tribunal reconoce que, a pesar de que la investigación se inició en 2011, se trata de un caso complejo con muchas personas involucradas y que ha afectado a varios países.

Finalmente, se destaca el caso Vimpelcom, donde se pagó más de $ 114 millones en sobornos a un funcionario gubernamental de alto rango que tenía influencia sobre el organismo regulador de las telecomunicaciones, lo que permitió a esta empresa a través de su filial Unitel, poder operar en Uzbekistán.

---

[94] Cf. 2013-01394-A.

[95] Eriksen; Søreide, «Zero-tolerance to corruption?», pp-3-5.

[96] VIK; VIKA, «Ledelsesstyrt korrupsjon», pp. 20-21.

[97] Caso Nº. 15-138815AST-BORG / 01 [Procedimiento: TOSLO-2014-022670, LB-2015 a 138.815.]

Más allá del acuerdo firmado entre el gobierno estadounidense y Vimpelcom se detectó que Vimpelcom no había puesto en práctica un sistema eficaz para la realización de la diligencia debida con respecto a terceros, entre los que se incluían los socios, consultores, proveedores y distribuidores, ni un sistema de cumplimiento para detectar y prevenir las transacciones corruptas o para la detección de debilidades[98].

VII. MEDIDAS COADYUVANTES

1. Acceso a la información y transparencia financiera. Infracciones asociadas: vulneración de la obligación de mantenimiento de registros financieros y blanqueo de capitales

La aplicación de leyes contra el soborno depende del acceso a la información y del nivel de transparencia financiera del sector tanto en el ámbito nacional como internacional.

Por lo que respecta al ámbito nacional, la Ley de Contabilidad y Auditoría que entró en vigor el 1 de junio de 2013[99] exige que las sociedades anónimas preparen y presenten sus cuentas y estados financieros de forma periódica. Estas cuentas deben dar una imagen fiel del activo, pasivo y situación financiera de la empresa. Además de ello, de acuerdo con la Sección 3-3c, las grandes empresas ahora tienen que incluir en sus cuentas anuales un informe sobre sus esfuerzos para integrar la responsabilidad social de las empresas en sus estrategias de negocio, incluso en el ámbito de la lucha contra la corrupción *(5b recomendación)*[100]. El informe debe comprender una evaluación de los resultados alcanzados por la compañía con respecto a las medidas anticorrupción y las expectativas de trabajo futuro en lo que respecta a la mejora e integración de directrices, principios y normas pertinentes para luchar contra la corrupción, incluyendo la posibilidad de exigir a los auditores que informen a la dirección de aquellas circunstancias que pueden desencadenar la responsabilidad de la persona jurídica *(recomendación 4a)*[101].

El nuevo estándar de información para grandes empresas está relacionado con el Libro Blanco publicado por el Ministerio de Asuntos Exteriores en 2009[102] y, aunque la obligación de reportar se limita a las grandes corporaciones, hay una expectativa general de que todas las empresas noruegas se comprometen a cumplir con este requisito[103].

---

[98] VIK; VIKA «Ledelsesstyrt korrupsjon», pp. 51-62.
[99] THORKILDSEN; THAULOW; SKALDEBØ-RØD, «Chapter 16: Norway», pp. 213-215.
[100] Informe OCDE, p. 5.
[101] Informe OCDE 2014, p. 4.
[102] www.noruega.org.ar/Global/.../Folleto%20sobre%20corrupción%20-%20ES.pdf
[103] Informe OCDE, pp. 12 y 13.

La infracción del deber de mantenimiento del registro financiero se castiga con una pena máxima de prisión de tres años si la infracción es del tipo básico, y con seis años si concurren circunstancias agravantes, que será la regla habitual.

Por lo que respecta al ámbito internacional, Noruega cumple con la norma de transparencia financiera establecida por la EITI (Iniciativa para la transparencia de las industrias extractivas). Actualmente, está en proceso de aprobar y solicitar a las empresas que apliquen informes por país, otra norma de transparencia que reviste particular importancia para las industrias extractivas (OCDE 2015b)[104].

Además de ello, para reducir la corrupción relacionada con el petróleo en el extranjero, específicamente, Noruega ha ejecutado desde 2005 un programa de fomento de la competencia, que incluye elementos anticorrupción y estrategias para promover la rendición de cuentas y la transparencia en la administración financiera del sector, así como los módulos de aprendizaje de la gobernanza de la industria[105].

De otro lado, la Ley tributaria[106] declara explícitamente que los sobornos, tanto nacionales como extranjeros, no pueden ser considerados gastos deducibles.

Por su parte[107], el alcance del delito de blanqueo de dinero[108] (por las ganancias obtenidas por los delitos de corrupción) se ha ampliado en varias ocasiones, entre otras en 2007, para adaptarse a los requisitos de la Convención de las Naciones Unidas contra la Corrupción, que Noruega ratificó posteriormente. La pena por delito doloso de blanqueo es de multa y / o prisión de hasta tres años, y seis años en los supuestos previstos en el tipo agravado de blanqueo; finalmente, se prevé multa y / o hasta dos años de prisión por actos de blanqueo imprudente. El código penal se acompaña de la Ley de Medidas para Prevenir el Lavado de Dinero y el Financiación del terrorismo, que contiene ciertas obligaciones para los responsables de ciertos negocios y profesiones, como las instituciones financieras. Así, obligación de «conocer a su cliente», deberes para llevar a cabo investigaciones de transacciones sospechosas que pueden considerarse producto del crimen y requisitos para reportar dichas transacciones potencialmente a ØKOKRIM. Como puede comprobarse, la legislación en este punto es muy similar a la española, pues también ésta se reformó en cumplimiento de los mismos compromisos internacionales.

---

[104] ERIKSEN; SØREIDE, «Zero-tolerance», p. 6.

[105] Véase, Norad: www.norad.no/en/front/thematic-areas/oil-for-development/where-we-are. Consultado el 5 de julio.

[106] Arts. 6 a 22. Vid., THORKILDSEN; THAULOW; SKALDEBØ-RØD, «Chapter 16: Norway», pp. 213.

[107] THORKILDSEN; THAULOW; SKALDEBØ-RØD, «Chapter 16: Norway», pp. 213.

[108] Sobre corrupción y blanqueo de dinero véase también, NILSON, H., «Substantive criminal law: corruption and money laundering», *Corruption and Democracy*, Editor Duc V. Trang, Institute for constitutional and legislative Policy, 1994, pp. 89-104.

2. Prevención de la corrupción en la contratación pública y privada. Los programas de *compliance*. Evaluación y rendición de cuentas

Por lo que respecta a la contratación pública, el Reglamento sobre Contratación pública[109] obliga al adjudicatario a rechazar una oferta presentada por cualquier persona de la que haya tenido conocimiento que ha sido condenada por corrupción mediante sentencia definitiva, salvo que el interés general requiera la adjudicación.

Esta disposición plantea varias cuestiones difíciles y sin respuesta sobre su alcance[110]. Una cuestión es lo que constituye una sentencia definitiva, en particular a la luz del sistema noruego de resolución extrajudicial de cargos penales. Otra pregunta es por cuánto tiempo una empresa finalmente condenada por corrupción corre el riesgo de ser rechazada en licitaciones públicas, y si hay medidas disponibles para la empresa para reducir dicho período. Otra, es la aplicabilidad potencial de la medida a las filiales y empresas asociadas de la empresa condenada.

Por lo que respecta a la contratación privada, tanto la que opera en el ámbito nacional como internacional, las empresas noruegas son conscientes de que deben adaptarse a un nuevo régimen anticorrupción alentadas por la presión internacional, las convenciones internacionales y la aplicación de la nueva legislación anticorrupción. Es decir, mientras que algunas empresas seguirán satisfaciendo demandas exorbitantes de pagos ilegales, y los beneficios asociados con la corrupción seguirán tentando a algunas de ellas, el soborno se ha vuelto sin duda mucho más arriesgado, y los gerentes saben que podrían enfrentar responsabilidad personal si participan en el delito[111].

En efecto, tomando como referencia líderes como Estados Unidos (FCPA y SOX) y el Reino Unido (UK Bribery Act), la legislación noruega está otorgando mayor importancia a la necesidad de un marco anticorrupción, exigiendo a las empresas que cuenten con los sistemas adecuados para garantizar una implementación y un cumplimiento eficientes. Esto se está traduciendo en un aumento considerable[112] del número de empresas que establecen un marco anticorrupción y un departamento de cumplimiento. Ello está generando, a su vez, un aumento de casos de corrupción a medida que la agencia nacional de fiscalización (Økokrim) se ha vuelto más perceptiva ante la corrupción privada. Como resultado de todo ello, los medios de comunicación se están hacien-

---

[109] Elaborado en aplicación de la Directiva 2004/18 / CEE, artículo 45.

[110] Vid., al respecto, THORKILDSEN; THAULOW; SKALDEBØ-RØD, «Chapter 16: Norway», p. 209.

[111] ERIKSEN; SØREIDE, «Zero-tolerance», pp. 8-9.

[112] ANDRESEN, M.H.; BORGEN, E.A., «Anti-corruption practices in norwegian mncs», *Industrial Economics and Technology Management*, Submission date: June 2015, Supervisor: Arild Aspelund, IØT Co-supervisor: Einar Belsom, IØT. Norwegian University of Science and Technology Department of Industrial Economics and Technology Management, pp. 48-49.

do mayor eco de los escándalos de corrupción, lo que está generando una conciencia colectiva sobre el evidente valor negativo de la corrupción.

Y así sucesivamente, a mayor presión externa para introducir marcos anticorrupción, mayor motivación interna, tanto para las agencias gubernamentales como para las pequeñas y medianas empresas. Por lo que respecta a las instancias gubernamentales, en 2009, el Libro Blanco sobre la responsabilidad social de las empresas en una economía mundial, anteriormente mencionado, que aborda la responsabilidad social de las empresas en un contexto más amplio, incluida la responsabilidad de luchar contra la corrupción, ha sido la base de las actividades de sensibilización y de seguimiento en el sector privado. Los programas de cumplimiento han sido vistos como una herramienta importante, y se espera que todas las empresas más significativas apliquen directrices éticas y programas de cumplimiento. En particular, se ha trabajado desde 2011 para alentar a las empresas, especialmente las PYMES, para que adopten controles internos, la ética y las medidas de cumplimiento para prevenir y detectar el cohecho internacional (Recomendación 5a).

Además de la función principal de prevenir y detectar conductas inapropiadas, la aplicación de programas de cumplimiento ha sido durante muchos años una importante defensa de la responsabilidad de las empresas.

Noruega, en definitiva, se está acostumbrando a las prácticas de evaluación del gobierno y las empresas sobre su compromiso contra la corrupción, lo que está obligando a este país a asumir un papel más proactivo y llevar a cabo estrategias de lucha contra la corrupción en su política exterior[113]. Este desarrollo está, por otro lado, en línea con la tendencia global.

3. Prohibición de las llamadas puertas giratorias. Reglas de cuarentena para los funcionarios públicos

La transferencia del sector público al sector privado o a grupos de interés político también puede dar lugar a dudas sobre si la gestión de las adquisiciones anteriores se llevó a cabo correctamente.

De hecho, se han detectado graves problemas cuando los antiguos funcionarios utilizan la información y los conocimientos adquiridos en sus cargos al asumir nuevas responsabilidades en la industria privada o en grupos de interés político, porque se corre un alto riesgo de tomar decisiones que no son en el interés del Estado, pues se sospecha si las relaciones personales han influido en las decisiones en la materia. Estos factores debilitan la confianza en la Administración pública.

---

[113] ERIKSEN; SØREIDE, «Zero-tolerance», p. 9.

En consecuencia, se está estudiando tipificar como delito el hecho de trabajar un ex funcionario en una empresa con la que contrató o concedió su apoyo, durante un período específico posterior a la terminación del empleo en la Administración Pública[114]. En cualquier caso y antes de llegar a la tipificación, es necesario establecer normas concretas que regulen las actividades de los políticos y los altos funcionarios cuando abandonan el cargo. Si bien el sector privado puede beneficiarse de la aportación de antiguos empleados del sector público, es impropio y poco ético que los antiguos políticos y altos funcionarios públicos compartan con el sector privado información confidencial específica sobre la política gubernamental. Por esta razón, debe exigirse que, al dejar el cargo, ningún ex ministro o parlamentario actúe para cualquier persona fuera del gobierno con respecto a un asunto que él o ella había tramitado en nombre del gobierno. Algunos incluso estipulan un período de «enfriamiento» de aproximadamente dos años con respecto a ciertas categorías de empleo[115].

4. La delación

Los empleados de instituciones públicas pueden encontrar dudoso denunciar o reportar a sus superiores sospechas de corrupción u otras actividades impropias o presuntamente delictivas en su propia institución. Una posible razón es que no se han establecido directrices claras para la notificación de tales asuntos y tampoco se han establecido procedimientos para el tratamiento interno de dichos informes. Además, en algunos casos, los empleados pueden percibir un conflicto en relación con su deber de confidencialidad si deciden proporcionar información a la policía.

El Gobierno está evaluando las disposiciones del sector público relativas al derecho de los empleados a denunciar las sospechas de corrupción u otras actividades delictivas o impropias en su propia institución, estableciéndose mejores mecanismos para el almacenamiento y el procesamiento de esa información, y elaborándose guías que especifiquen cuándo se dará esa información a la policía[116]. Sin embargo, los potenciales denunciantes no pueden confiar en que cuentan con la protección necesaria para expresar sus opiniones[117].

---

[114] THE MINISTRY OF JUSTICE AND THE POLICE THE MINISTRY OF FINANCE THE NORWEGIAN, *Government's Action Plan for Combating Economic Crime*, 2004 – 2007, pp. 4-46.

[115] HEGASY, S., «Policing conflicts of interest», *Corruption and Democracy*, Editor Duc V. Trang, Institute for constitutional and legislative Policy, 1994, p. 166.

[116] THE MINISTRY OF JUSTICE AND THE POLICE THE MINISTRY OF FINANCE, *The Norwegian Government's Action Plan*, p. 45.

[117] Cfr., el estricto régimen previsto en la Ley de Prácticas Corruptas en el Extranjero (FCPA), la obligación de reportar el cumplimiento de acuerdo con la Ley Sarbanes Oxley de 2002 (Pub. 107-204, 116 Stat. 745) y el Dodd-Frank Ley de reforma de Wall Street y Protección del consumi-

Igualmente en el ámbito del soborno internacional, tampoco las autoridades noruegas han dado a las empresas excesivos incentivos para auto-reportar sobornos. A diferencia de los Estados Unidos, el Reino Unido, Alemania y los Países Bajos, los fiscales noruegos tienen menos oportunidades de alentar a las empresas a denunciar sus casos de corrupción mediante oportunidades previsibles de defensa basada en el cumplimiento. No hay directrices, el tiempo y el coste de tener un caso en proceso son altamente inciertos, las compensaciones entre las multas corporativas y la responsabilidad individual no son claras, y tampoco hay una atenuación penal específica en estos supuestos de denuncia. El mero riesgo de autoincriminación derivada de la confesión disuade a los denunciantes de hablar sobre corrupción. Cuanto más severas sean las consecuencias para la empresa, mayor será el riesgo de represalias de la administración (empleador) contra los denunciantes. La protección de los denunciantes es el gran tema pendiente tanto en el sector privado como en el público, para que los casos de corrupción afloren a la superficie.

Las mejoras pueden venir de la mano de la Unión Europea[118]. El 25 de noviembre de 2015, el Parlamento Europeo pidió a la Comisión que propusiera, antes de junio de 2016, un marco legislativo de la UE para la protección eficaz de los denunciantes y similares, especialmente cuando divulgan información en casos relacionados con la delincuencia económica. El Parlamento de la UE[119] también pidió a la Comisión que introdujera los instrumentos para garantizar dicha protección, incluida la remuneración por denuncias[120].

VIII. PERSPECTIVAS DE FUTURO

La legislación sustantiva, así como la jurisdicción penal noruega se enfrentan en la actualidad a los siguientes retos en la lucha contra la corrupción[121]:

La legislación noruega ofrece un marco jurídico general contra la corrupción que, en esencia, cumple, y en algunos puntos va más allá, de lo que se requiere en las convenciones internacionales. Las cuestiones que deben aclararse son: la normativa atinente a la confiscación de las ganancias del delito;

dor (Pub. 111-203, HR 4173) y sus medidas para asegurar la estabilidad financiera, incluida la obligación de informar los fondos transferidos.

118 La Convención Civil sobre Corrupción del Consejo de Europa prevé la protección contra las represalias a quienes denuncian la corrupción y subraya la importancia de dicha protección para prevenir y divulgar la corrupción (artículo 9).

119 La resolución propone un órgano europeo independiente encargado de recabar información de los denunciantes y llevar a cabo investigaciones, así como un fondo común paneuropeo de denuncias, para garantizar que los denunciantes reciben el apoyo financiero adecuado. Véase la Resolución del Parlamento Europeo de 25 de noviembre de 2015 sobre normas fiscales y otras medidas de naturaleza o efecto similares (2015/2066 (INI)), nota 144 y 145.

120 ERIKSEN; SØREIDE, «Zero-tolerance», pp. 5-6.

121 Ampliamente, DYNGELAND, «Overview», p. 4.

es necesario clarificar y perfeccionar las normas sobre la descalificación de las ofertas públicas; es preciso desarrollar la normativa relacionada con la delación; y, finalmente, es preciso incluir expresamente la responsabilidad de los intermediarios que pagan sobornos en el cohecho internacional.

Hay un aumento constante del número de casos de corrupción que están siendo investigados, tendencia que probablemente continúe aumentando a la luz de la creciente atención y concienciación pública de la gravedad de la corrupción.

Es probable que la mayoría de los casos de responsabilidad corporativa se sigan resolviendo fuera de los tribunales, ya que tanto las empresas como los fiscales se benefician al evitar largos juicios. Esto significa que la jurisprudencia permanecerá limitada a los casos más graves, como la responsabilidad corporativa por el soborno extranjero cometido por proveedores y socios comerciales[122]. Sin embargo, hay que tener en cuenta que la base de la economía noruega es la industria relacionada con el transporte marítimo internacional, el petróleo y la minería, empresas multinacionales con alto riesgo de soborno extranjero. En consecuencia, los casos de soborno extranjero, descritos anteriormente, han dado lugar a un cambio significativo en la concienciación de las empresas noruegas en la actualidad, en comparación con hace tan sólo una década pues, al haber conocido las consecuencias, se ven obligadas a evaluar los riesgos antes de intentar el soborno.

En este ámbito del cohecho internacional, los tribunales se enfrentan a un grave problema, esto es, las dificultades de obtención de prueba en otras jurisdicciones (declaraciones de testigos, posibles sospechosos, recabar documentación, etc.). Evidentemente, debe resolverse teniendo en cuenta el principio in dubio pro reo, pero no siempre parece seguirse esta elemental pauta. En efecto, Økokrim (la unidad especializada en asuntos contra la corrupción) generalmente está diluyendo el problema probatorio, mientras que los abogados defensores se quejan por este atentado contra el derecho de defensa de los acusados. Desde esta perspectiva, los tribunales deben reforzar la prueba del dolo como condición para determinar la responsabilidad penal de este tipo de delincuencia.

Igualmente, el asunto de las penas indeterminadas está planteando problemas de proporcionalidad, fundamentalmente en lo que respecta a la llamada corrupción grosera (la prevista en el artículo 388). Los amplios márgenes generan sentencias muy dispares, lo que indica la necesidad de que los tribunales determinen unas pautas para tomar decisiones homogéneas ante casos semejantes.

De otro lado, se es consciente de que la corrupción es un fenómeno que no afecta sólo a un sector; tiende a impregnar todos los ámbitos de la administra-

[122] THORKILDSEN; THAULOW; SKALDEBØ-RØD, «Chapter 16: Norway», p. 217.

ción del Estado. Es sabido el fracaso de la detección e identificación del problema cuando la corrupción ya está instalada; el fracaso a la hora de desentrañar los hilos que tejen el cohecho o las dificultades para investigar a los presuntos autores; y del fracaso, en fin, de las sanciones a las corporaciones, lo que genera una indiferencia por parte de la ciudadanía hacia las leyes existentes.

La doctrina noruega[123] aboga, pues, por focalizar la atención en la prevención. En primer lugar, se debe reducir el factor de la complejidad normativa y burocrática en los procedimientos de contratación administrativa, que mina la transparencia. La transparencia no puede ser nunca subestimada.

Transparencia de la contratación implica elaboración de reglas claras y sencillas, el anuncio de criterios de evaluación, estandarizar precios de los productos y servicios como puntos de referencia, y una explicación bien documentada para la adjudicación del contrato, que deje poco margen a la discrecionalidad. Debe abogarse, en fin, por un procedimiento de planificación cuidadosa, unos objetivos especificados, así como unas normas de contratación elaboradas y desarrolladas, pero fáciles de entender, lo que reducirá las oportunidades de corrupción.

Toda la información relevante debe ponerse a disposición de todas las partes interesadas de la misma manera. Aunque el elemento competitivo de una oferta tenga que mantenerse confidencial, la regla principal debe ser siempre la publicación de la mayor cantidad de información posible. Por el contrario, si parte del proceso de toma de decisiones o el resultado puede ser mantenido en secreto y el tomador de decisiones tiene el monopolio del poder, el riesgo de corrupción es, evidentemente, mayor[124].

En segundo lugar, se debe crear una unidad de adquisiciones promovida por funcionarios profesionales independientes, alejados del clientelismo y el conflicto de intereses.

Debe prestarse, igualmente, especial atención a la regulación de los agentes intermediarios y su actividad.

Transparencia, implica, asimismo, un compromiso ético; no buscar excusas; no argumentar lo que muchas compañías afirman y es que la corrupción es una parte de la cultura extranjera y que resulta necesaria para obtener contratos. Estas actitudes implican un deterioro del entorno económico para todos. En consecuencia, debe abogarse por compromisos éticos contra la co-

---

123 SOREIDE, T., «Corruption in public procurement. Causes, consequences and cures», *Report R* 2002: 1, Chr. Michelsen Institute Development Studies and Human Rights, pp. 45-46. Cfr., asimismo, ROSE-ACKERMANN, S., «Reducing bribery in the public sector», *Corruption and Democracy*, Editor Duc V. Trang, Institute for constitutional and legislative Policy, 1994, pp. 21 ss.

124 VIK;VIKA, «Ledelsesstyrt korrupsjon», p. 22.

rrupción como requisito necesario para que una empresa sea adjudicataria de un contrato. Este compromiso ético debe ir acompañado del compromiso político en su esfuerzo para reducir el problema de la corrupción.

IX. CUADRO COMPARATIVO ENTRE LA LEGISLACIÓN NORUEGA Y LA ESPAÑOLA EN MATERIA DE CORRUPCIÓN

NORUEGA	ESPAÑA
Simplificación de los tipos penales relacionados con la corrupción: art. 387. Corrupción. Art. 388. Gran corrupción. Art. 389. Tráfico de influencias. Sin distinción entre el cohecho para condicionar la voluntad o sin finalidad expresa (incluye, por tanto, el cohecho de recompensa y el realizado en consideración al cargo o función).	Aunque la reforma por LO 5/2010 ha simplificado la tipificación de estos delitos, sigue distinguiéndose en el ámbito nacional entre el cohecho activo (art. 424) y pasivo, y entre los distintos tipos de cohecho, según su gravedad, en preceptos independientes (419, 420, 421 y 422).
Respuesta penal idéntica a la corrupción pública y a la privada, tipificada de forma unitaria (art. 387: prisión de hasta 3 años y 388: prisión de hasta 10 años –tipo agravado en determinadas circunstancias). La corrupción pública suele castigarse por el tipo agravado (388). Por otro lado, se matiza este tratamiento unitario a través de la jurisprudencia, de los trabajos preparatorios del Código penal y de las exposiciones de motivos.	Respuesta penal más dura a la corrupción pública que a la privada tipificada en preceptos diferentes. Pública: 419 (cohecho más grave): prisión de 3 a 6 años. Privada: art. 286 bis: prisión 6 meses a 4 años.
Tratamiento idéntico del cohecho activo y pasivo. Todo es punible.	Dentro del cohecho público, hay un tratamiento más grave del pasivo que del activo. No es punible el cohecho activo de recompensa o subsiguiente, ni la promesa como conducta típica. En cambio, en el cohecho de particulares, tanto de ámbito interno como internacional, está prevista la promesa como modalidad de la conducta típica del cohecho activo.

NORUEGA	ESPAÑA
Tratamiento idéntico del cohecho interno y del cohecho internacional. Todo es punible.	La corrupción privada en los negocios de ámbito nacional es más leve (prisión 6 meses a 4 años) que la de ámbito internacional (prisión de 3 a 6 años). Asimismo, el favorecimiento indebido del cohecho en los negocios de ámbito nacional parece indicar que es punible únicamente el cohecho más grave (realizar o abstenerse de realizar algo en contra del cargo). En el ámbito internacional no es necesario que el beneficio sea irregular, luego se amplía el ámbito de aplicación al cohecho para realizar un acto propio del cargo. En ningún caso es punible ni el cohecho de recompensa ni el cohecho en consideración al cargo o función.
No se prevé la tipificación expresa del intermediario que ofrece la ventaja, figura muy habitual en el cohecho internacional. En este punto no cumple con los requisitos establecidos en el art. 1.1 del Convenio OCDE 1997.	Se prevé la tipificación expresa de la persona interpuesta en los siguientes cohechos pasivos (ámbito público): 419, 420 y 422. No así en el cohecho activo de ámbito nacional (art. 424). Igualmente, se prevé la tipificación expresa de la persona interpuesta en la corrupción activa y pasiva en los negocios (particulares) tanto de ámbito nacional como la corrupción activa de ámbito internacional, por lo que en este último caso cumple con los requisitos establecidos en el art. 1.1 del Convenio OCDE 1997.
El núcleo de la conducta típica: solicitud, requerimiento, aceptación, transmisión, etc., se interpreta igual que en España. Delito de mera actividad.	Las conductas se interpretan de la misma forma que en Noruega. Delito de mera actividad.
Cargo, nombramiento o comisión: amplio ámbito de aplicación (por el tratamiento unitario de toda corrupción).	Más estricto, vinculado al concepto penal de funcionario (art. 24).

NORUEGA	ESPAÑA
Alcance geográfico de las disposiciones penales muy amplio.	Alcance territorial más restringido de las disposiciones penales.
Relación causal entre la *ventaja* y el *cargo*.	Relación causal entre a dádiva y el cargo (cohecho en consideración al cargo o función).
Ventaja no necesariamente de valor económico.	Ventaja no necesariamente de valor económico.
Indebida: amplia discrecionalidad. Relevancia de la jurisprudencia y de los trabajos preparatorios del Código.	*Indebida:* menor margen de discrecionalidad. Concreción por la Jurisprudencia.
Imposición de las penas: amplia discrecionalidad. La responsabilidad corporativa suele resolverse extrapenalmente aunque las sanciones suelen ser más severas.	Menos discrecionalidad en la aplicación de las penas. Marcos penales menos amplios.
No existen cláusulas premiales basadas en la delación que puedan determinar la exención de la pena.	Sí existe la figura de la delación (426).
Numerosas sentencias condenatorias tanto en casos de corrupción en los negocios de ámbito nacional como internacional.	Ninguna sentencia condenatoria en el caso del cohecho de particulares ni de ámbito nacional (art. 286 bis) ni internacional (art. 286 ter).
Pagos de facilitación: tratamiento benévolo en el cohecho internacional.	No hay sentencias para evaluarlo.
Aplicación frecuente de la ley extraterritorial estadounidense (FCPA).	No hay sentencias para evaluarlo.
Medidas coadyuvantes numerosas y efectivas.	Menos medidas coadyuvantes.
Pleno cumplimiento de las evaluaciones efectuadas.	No hay pleno cumplimiento de las evaluaciones efectuadas.
Perspectivas de futuro claras.	Perspectivas de futuro menos claras.

X. CONCLUSIONES: POR QUÉ NORUEGA ES UN MODELO A SEGUIR EN LA LUCHA CONTRA LA CORRUPCIÓN

A pesar de que la industria petrolera, pilar fundamental de la economía noruega, es uno de los sectores más vulnerables a la corrupción, este país se encuentra entre los menos corruptos del mundo, si bien han aumentado los casos de corrupción en los últimos años, fundamentalmente como consecuencia del fenómeno de la globalización.

La actual regulación penal ha modificado la conciencia sobre la gravedad del soborno en el extranjero. La normativa cumple con todos los compromisos internacionales en materia de corrupción.

Se tipifica el cohecho en un único precepto englobando la corrupción pública y la privada, la activa y la pasiva, la realizada en ámbito nacional e internacional, con el mismo nivel de exigencia de lesividad para su tipificación. No obstante, la corrupción en el ámbito público suele subsumirse en el tipo agravado: la gran corrupción.

La amplitud e indeterminación del tipo permite que se subsuma cualquier modalidad de cohecho en cuanto a su gravedad: desde el cohecho para realizar algo en contra del cargo hasta el cohecho en consideración al cargo o función, sin que vaya acompañado de ninguna actuación, y ya se efectúe en el ámbito público, privado, interno o internacional.

La indeterminación del carácter «indebido» de la ventaja se concreta por la jurisprudencia aplicada a los preceptos homólogos antes de la reforma, por los trabajos preparatorios del Código penal, así como por las directrices éticas y las prácticas habituales del ámbito en que se otorgue la dádiva. Se establece un estudio riguroso de los servicios de hospitalidad y los regalos recibidos, que tiene en cuenta si se entienden o no como un gesto natural, el momento en el que se otorga, el valor de la dádiva, si existen o no al respecto reglas y pautas del empleador, la lealtad en las condiciones de trabajo del empleado respecto a su principal (si no se comunica, si está encubierta, etc.); en el caso de los viajes, la mayoría se consideran inadecuados, pues casi nunca puede demostrarse el propósito profesional.

Por lo que respecta a la corrupción en el ámbito privado, de los casos analizados se demuestra que la doctrina y la jurisprudencia exigen más requisitos que en el ámbito público para apreciar que la dádiva en cuestión es indebida. De hecho, el soborno sin ninguna finalidad añadida (en consideración al cargo o función) se considera que no debería ser punible y que la pena de prisión en estos casos supone una injerencia del derecho penal en la dinámica habitual de los negocios, pues se estima que las relaciones comerciales se logran muchas veces a través del acuerdo en los almuerzos y cenas de negocios o en las invitaciones para determinados eventos, como ocurre a menudo en relación con el lanzamiento de nuevos productos. De esta manera, los artículos vinculados a estos contactos se comercializan mejor, lo que puede ayudar a asegurar que los bienes ofrecidos sean de mejor calidad, la competencia mejore y los productos sean más baratos. La prohibición de este tipo de conductas, a través de una disposición penal, es negativa, pues puede aumentar los costes de comercialización ya que los productos deben ser comercializados a través de otros medios más caros. Esto, a su vez, puede dar lugar a aumentar los precios de los productos o a que estos sean de menor calidad. En cambio, estas prácticas son inadmisibles en el sector público pues se protegen otros intereses distintos como el prestigio de la Administración y la confianza de los ciudadanos en su buen funcionamiento.

Por el contrario, los supuestos más graves de corrupción en el ámbito privado, esto es, el pago de importantes cantidades de dinero para conseguir un negocio, puede ser devastador para los consumidores. En consecuencia, la corrupción inhibe la utilización eficiente de los recursos e impide una mayor prosperidad económica. Por tanto, en estos casos, la pena de prisión cumple un valioso efecto preventivo y disuasorio.

De los supuestos analizados, se demuestra que la responsabilidad penal de la persona jurídica, a pesar de llevar aparejada pena de multa sin límite y por tanto sometida a la discrecionalidad del tribunal, en la práctica se resuelve fuera de los tribunales penales (aunque con sanciones que pueden resultar más severas que las penales). Por otro lado, existe el convencimiento de que las penas aplicables a las personas físicas tienen un claro efecto disuasorio, sin embargo las sanciones corporativas perjudican principalmente a los empresarios, al mercado y a los trabajadores afectados por la empresa, por lo que se aboga por que las formas de reacción hacia los delitos que cometen las personas jurídicas sean complementarias, pero no sustitutivas de las sanciones impuestas a las personas físicas.

En los últimos años se han enjuiciado y condenado muchos casos de corrupción en Noruega que han afectado tanto al sector privado como al público, lo que confirma la concienciación de la gravedad de estos asuntos y el enfoque actual de la persecución de los casos de corrupción. Sin embargo, aunque el gobierno noruego tiene un sólido historial en el control de la corrupción en el país, parece menos proactivo en hacer cumplir su fuerte política contra la corrupción en el extranjero, a pesar de la presencia de empresas estatales en áreas de alto riesgo. La dificultad de abordar la corrupción en un país extranjero, pues se vería como una injerencia en los asuntos internos de otro Estado, justifica parte de la inacción. A ello debe añadirse la grave restricción presupuestaria a la que se ha enfrentado la Fiscalía en la última década. En ausencia de recursos financieros, se ha actuado preferentemente sobre los casos sospechosos de soborno nacional.

Igualmente la actitud hacia los pagos de facilitación en el caso del soborno extranjero ha sido más permisiva; a menudo se consideran inevitables, pues forman parte de la corrupción generalizada, siendo así considerados como la «grasa» que hace funcionar la maquinaria burocrática. Este tipo de corrupción es la más difícil de detectar ya que ambas partes se beneficiarán de la situación, y, por lo tanto, no tienen un incentivo para salir de ella. A esta dificultad probatoria, agravada además por el hecho de realizarse estas prácticas en el extranjero, se añade la circunstancia de que no se tipifica expresamente en la legislación noruega el pago de sobornos efectuado por agentes intermediarios.

Sin embargo, los recientes casos de corrupción relacionados con empresas estatales (Yara, Telenor, Vimpelcom,, etc.), a los que se han aplicado las medidas derivadas de la ejecución extraterritorial de la FCPA estadounidense, ha supuesto una llamada de atención para la industria noruega orientada a la exportación, así como para el gobierno noruego. Hasta ese momento, Noruega, como propietaria de empresas estatales, mantenía una actitud pasiva e ignorante con la posibilidad de que las empresas actuaran ilegalmente, con tal de obtener contratos rentables en el extranjero. La nueva realidad de la aplicación de la FCPA ha llevado al gobierno a reconocer la gravedad de ciertos comportamientos corporativos en los mercados extranjeros, mientras que el riesgo de ser procesado por otras jurisdicciones ha obligado a las empresas a repensar sus estrategias.

Como medidas coadyuvantes a los delitos de cohecho en la lucha contra la corrupción, Noruega ha hecho hincapié, primero, en el acceso a la información y transparencia financiera, incluyendo como infracciones asociadas: la vulneración de la obligación de mantenimiento de registros financieros y el blanqueo de capitales.

En segundo lugar, focaliza la atención en la prevención de la corrupción en la contratación pública y privada. Por lo que respecta a la contratación pública, el Reglamento sobre la Contratación pública obliga al adjudicatario a rechazar una oferta presentada por cualquier persona de la que haya tenido conocimiento que ha sido condenada por corrupción mediante sentencia definitiva, salvo que el interés general requiera la adjudicación.

Igualmente, desde el año 2009, el Libro Blanco sobre la responsabilidad social de las empresas en una economía mundial, publicado por el Ministerio de Asuntos Exteriores, ha determinado el aumento de los programas de *compliance* en las empresas, comprometiéndose a asumir un papel más proactivo y a llevar a cabo estrategias de lucha contra la corrupción en su política exterior.

Focalizar la atención en la prevención, significa transparencia en la contratación, lo que implica elaborar reglas claras y sencillas, que reduzcan el factor de la complejidad normativa y burocrática en los procedimientos de contratación administrativa. Implica, demás, entre otras cuestiones, desarrollar una normativa detallada de medidas concretas en la adquisición de bienes y servicios que deje poco margen a la discrecionalidad; y crear una unidad de adquisiciones promovida por funcionarios profesionales independientes, alejados del clientelismo y el conflicto de intereses.

En tercer lugar, se está planteando tipificar como delito la vulneración de la prohibición de las llamadas «puertas giratorias» de los funcionarios públicos para evitar que trabajen en las empresas con las que se ha contratado cuando actuaban como funcionarios durante un período específico posterior a la terminación del empleo en la Administración Pública (cifrándose ese período de «enfriamiento» en dos años).

En cuarto lugar, se reconoce como asignatura pendiente de las empresas, sean públicas o privadas, encontrar cauces adecuados y eficaces para que los empleados comuniquen los sobornos de los que tengan conocimiento, los incentivos que ello conlleve y las medidas de protección de los denunciantes, tomando como pauta las disposiciones de la Unión Europea.

¿Qué diferencias se pueden observar en relación con las medidas implantadas en España en la lucha contra la corrupción? ¿Por qué Noruega puede ser en este sentido un modelo a seguir?

A priori, del cuadro comparativo entre las dos legislaciones penales, efectuado anteriormente, podría llegarse a la conclusión de que ambas no están tan alejadas en punto a su lucha contra la corrupción. En efecto, en las últimas reformas penales en materia de corrupción operadas en España a través, fundamentalmente, de las LO 5/2010 y 1/2015 de modificación del Código penal, se ha introducido y/o modificado, el delito de corrupción en los negocios, tanto de ámbito nacional como internacional; se han simplificado las figuras de cohecho, se han elevado las penas y se ha previsto la responsabilidad penal de las personas jurídicas en este ámbito. Dentro del cohecho, la dádiva es ahora de cualquier clase y no necesariamente de contenido económico, como ocurría antes de 2010; se ha previsto expresamente la sanción para el particular que ofrece o entrega dádiva a una autoridad o funcionario en consideración a su cargo o función, que antes no era punible; por otro lado, la conducta del particular que «atiende la solicitud del funcionario» lleva aparejada la misma pena que la prevista para el funcionario (antes de la LO 5/2010 se le castigaba con menos pena que al funcionario): Todo ello lleva a una aproximación en el tratamiento penal de la corrupción pública y la privada, y, por tanto, a una aproximación a la estructura del Código penal noruego en materia de corrupción.

La nueva configuración de los instrumentos del delito de blanqueo y el comiso, que obedecen a la globalización de la estrategia anticorrupción, junto con la creación de otras figuras complementarias como la Oficina de Recuperación de Activos, no distan de la regulación de estas figuras en el derecho noruego, entre otras razones, porque en ambos casos se ha realizado en cumplimiento de los compromisos internacionales.

Incluso podríamos decir que hemos ido más allá en nuestra legislación penal; por ejemplo, hemos introducido el delito de financiación ilegal de los partidos políticos; contamos con figuras premiales basadas en la delación, para facilitar la persecución del cohecho; o, en fin, hemos previsto la tipificación expresa de los intermediarios que pagan sobornos en las transacciones comerciales internacionales.

Desde el punto de vista instrumental, de derecho adjetivo, el mayor cambio se produce con la creación de la Fiscalía especializada para la represión de los delitos relacionados con la corrupción y criminalidad organizada y la fiscalía del medio ambiente y urbanismo.

¿Por qué parece entonces que en España los instrumentos no son eficaces? ¿Qué es lo que falla en relación con Noruega?

Más allá de la ineficacia procesal incapaz de afrontar las macrocausas, donde, hasta la reforma acometida en la LECRIM en 2015, los delitos conexos se enjuiciaban conjuntamente (esperemos que la citada reforma, que permite fraccionar estas macrocausas, pueda reducir los tiempos de instrucción), contamos con otro problema institucional y es la falta de autonomía del Ministerio Fiscal *ad extra*, frente al Gobierno, y *ad intra,* esto es, con unas atribuciones omnímodas del Fiscal General del Estado y, en consecuencia, con escasa autonomía de los fiscales.

Por otro lado, fallan los sistemas de control, sobre todo de control externo financiero y contable de la inversión pública, frente a Noruega donde hay un sistema férreo de rendición de cuentas.

Falla, igualmente, la dotación presupuestaria suficiente para contar con los profesionales, especializados necesarios que persigan eficazmente la corrupción, cuyo número está muy por debajo de la media europea.

Falla el acceso a la información y la transparencia financiera. Deben, pues, revisarse las prácticas que amparan la opacidad y la corrupción[125]: reducir la complejidad normativa y burocrática en los procedimientos de contratación administrativa; desarrollar una normativa detallada, con reglas claras y sencillas, de medidas concretas en la adquisición de bienes y servicios que deje poco margen a la discrecionalidad; crear una unidad de adquisiciones promovida por funcionarios profesionales independientes, alejados del clientelismo y el conflicto de intereses.

Falla también, a diferencia de Noruega, mucha concreción en normas extrapenales, directrices de las empresas que marquen la pauta, y un análisis jurisprudencial detallado y riguroso, que resuelva en cada ámbito en concreto de contratación, lo que es adecuado o no a efectos de los beneficios otorgados y aceptados. Falta mucha letra pequeña que aclare las zonas grises y reduzca los huecos de impunidad que ha dejado la indeterminación y falta de taxatividad de los tipos penales. O dicho en otros términos, falta atacar el problema desde todas las aristas posibles, falta una estrategia global.

---

[125] Vid., ampliamente GIMENO FELIU, J.M., «La corrupción en la contratación pública», *Prevención y tratamiento punitivo de la corrupción en la contratación pública y privada* (CASTRO/OTERO (Dirs.)/GRAFFE GONZÁLEZ, L.V. (Coord.), Madrid, Dykinson, 2016, pp. 27-49.

Sobran reformas y falta efectividad de las que están en vigor. No hay ni una sola sentencia condenatoria de la corrupción en los negocios ni de ámbito nacional ni del cohecho transnacional[126] a pesar de la seria advertencia plasmada en el Informe OCDE 2012 a España sobre el cumplimiento del Convenio de Lucha contra la Corrupción de 1997, donde se insta al Gobierno a perseguir con fuerza los sobornos en las contrataciones internacionales. Por el contrario, se ha puesto de manifiesto la multitud de sentencias condenatorias dictadas por los tribunales noruegos con un tratamiento minucioso de los casos enjuiciados sobre cuestiones claves de este problema: pagos de facilitación, aplicación extraterritorial de la FCPA, etc., que demuestran la voluntad de persecución de estas conductas y la concienciación sobre la gravedad de las mismas.

Todo ello podría resumirse en una idea: nos falta compromiso político y compromiso ético. No buscar excusas; no argumentar lo que muchas compañías afirman y es que la corrupción es una parte de la cultura extranjera y que resulta necesaria para obtener contratos. Estas actitudes implican un deterioro del entorno económico para toda la comunidad.

En definitiva, falta tomarse en serio la corrupción: reforzar la cultura de la integridad. Creo que en todo esto nos lleva ventaja Noruega.

XI. BIBLIOGRAFÍA

ANDENÆS, J.; ANDORSEN, K..V. *Spesiell strafferett og formuesforbrytelsene,* 1. utg. Harstad, 2008.

ANDRESEN, M.H.; BORGEN, E.A., «Anti-corruption practices in norwegian mncs», *Industrial Economics and Technology Management*, Submission date: June 2015, Supervisor: Arild Aspelund, IØT Co-supervisor: Einar Belsom, IØT. Norwegian University of Science and Technology Department of Industrial Economics and Technology Management, 2015.

ANDVIG, J. CH.; FJELDSTAD, O-H.; AMUNDSEN, I.; SISSENER, T.K..; SØREIDE, T., «Corruption. A review of contemporary research», *NUPI*-rapport nr. 268, Nupi, 2001.

ARGANDOÑA, A. «Corruption: the corporate perspective», *Business Ethics: A European Review*, 10(2), 2001.

ARGANDOÑA, A., «La corrupción y las empresas: el caso de los pagos de facilitación», *DI* nº 539, IESE Business School, Universidad de Navarra, enero, 2004.

BISSCHOP-MØRLAND, V.; DAGESTAD, H., «Anti-Corruption Regulation (https://gettingthedealthrough.com/area/2/anticorruption-regulation/) 33 answers published on 23 March 2017 Norway» (https://gettingthedealthrough.com/jurisdiction/53/norway

---

[126] Cfr., OTERO GONZÁLEZ, P., «Los nuevos delitos de corrupción en los negocios tras la reforma penal por LO 1/2015», *La corrupción en España: Ámbitos, casusas y remedios jurídicos, Barcelona, Atelier, 2016*, pp. 491-492.

CUGAT MAURI, M., «La corrupción en las transacciones comerciales internacionales», AAVV *Estudios de Derecho judicial*, nº 61, 2004.
DEPARTAMENTO DE JUSTICIA DE EE.UU. 2015. https://www.usa.gov/federal-agencies/department-of-justice
DYNGELAND, A., «Overview on anti-corruption rules and regulations in Norway», *ACE (Anticorruption in Europe)*, Contact details: Arild Dyngeland, Advokat Advokatfirma Alvheim og Hansen ANS Teatergaten 35 5010, Bergen, 2016.
ERIKSEN, S., «Korrupsjon etter straffeloven § 276a (1)», *Liten masteroppgave i rettsvitenskap ved*, Universitetet i Tromsø Det juridiske fakultet Våren, 2008.
ERIKSEN, B.; SØREIDE, T., «Zero-tolerance to corruption? Norway's role in petroleum-related corruption internationally», chapter in volume edited by Philippe Le Billon and Aled Williams: *Corruption, Natural Resources and Development: From Resource Curse to Political Ecology,* Edw. Elgar, 2017.
FABIÁN CAPARRÓS, E.A., *La corrupción de agente público extranjero e internacional*, Valencia, Tirant lo Blanch, 2003.
GIMENO FELIU, J.M., «La corrupción en la contratación pública», *Prevención y tratamiento punitivo de la corrupción en la contratación pública y privada* (Abraham Castro/Pilar Otero (Dirs.) /GRAFFE GONZÁLEZ, L.V. (Coord.), Madrid, Dykinson, 2016.
HEGASY, S., «Policing conflicts of interest», *Corruption and Democracy*, Editor Duc V. Trang, Institute for constitutional and legislative Policy, 1994.
Informe GRECO, Adopción: 20 de junio de 2014, Publicación: 25 de junio de 2014, Greco Eval IV Rep (2013) 10E. Cuarta ronda de evaluación. Prevención de la corrupción en relación con el parlamento, los jueces y los fiscales», *REPORTE DE EVALUACION NORUEGA*, Aprobado por el GRECO en su 64ª Reunión Plenaria, (Estrasburgo, 16-20 de junio de 2014).
Informe OCDE, 2014 http://www.u4.no/publications-2-es-ES/buenas-practicas-para-la-mitigacion-de-riesgos-de-corrupcion-en-el-sector-de-las-industrias-extractivas/downloadasset/3709
HOV, J., *Avtaleslutning og ugyldighet* 3. utg. Oslo 2002,
http://www.business-anti-corruption.com/country-profiles/norway
http://www.datosmacro.com/estado/indice-percepcion-corrupcion/noruega
https://www.unodc.org/pdf/corruption/publications_unodc_convention-s.pdf
JACOBSEN, J.; HALLGREN SANDVIK, V., «An Outline of the New Norwegian Criminal Code», *Bergen Journal of Criminal Law and Criminal Justice,* Volume 3, Issue 2, 2015.
KAZÁR, P., «Corruption in privatization», *Corruption and Democracy*, Editor Duc V. Trang, Institute for constitutional and legislative Policy, 1994.
MYRTH, H.; ANDRESEN, E.; BORGEN, A., «Anti-corruption practices in norwegian mncs», *Industrial Economics and Technology Management* Submission date: June 2015, Supervisor: Arild Aspelund, IØT Co-supervisor: Einar Belsom, IØT. Norwegian, University of Science and Technology Department of Industrial Economics and Technology Management, 2015.
NILSON, H., «Substantive criminal law: corruption and money laundering», *Corruption and Democracy*, Editor Duc V. Trang, Institute for constitutional and legislative Policy, 1994.
OECD. (n.d.). OEDC *Convention on Combating Bribery of Foreign Public Officials in International Business Transactions and Related Instruments*. Retrieved October 13, 2014. http://www.oecd.org/gov/ethics/2406452.pdf

OTERO GONZÁLEZ, P., «Los nuevos delitos de corrupción en los negocios tras la reforma penal por LO 1/2015», *La corrupción en España: Ámbitos, causas y remedios jurídicos,* Barcelona, Atelier, 2016.
PUNCH, M., «Whats is corruption?» (Chapter 2), *Police corruption. Deviance, accountability and reform in policing*, London, U.K., Willan Publishing, 2010.
ROSE-ACKERMANN, S., «Reducing bribery in the public sector», *Corruption and Democracy*, Editor Duc V. Trang, Institute for constitutional and legislative Policy, 1994.
SEGUIMIENTO INFORME DE LA FASE 3 & RECOMENDACIONES a Noruega, OCDE, 15 de julio 2013.
SOREIDE, T., «Corruption in public procurement. Causes, consequences and cures», *Report R* 2002: 1, Chr. Michelsen Institute Development Studies and Human Rights.
STORDRANGE, B., *Forbrytelser mot vårt økonomiske system* 2. Utg., Oslo, 2006.
THE MINISTRY OF JUSTICE AND THE POLICE THE MINISTRY OF FINANCE, *The Norwegian Government's Action Plan for Combating Economic Crime,* 2004-2007.
THORKILDSEN, T.; THAULOW, J CH.; SKALDEBØ-RØD, A.J., «Chapter 16: Norway», *The Anti-Bribery and Anti-Corruption Review*, Second Edition, Editor Mark F Mendelsohn, Published in the United Kingdom by Law Business Research Ltd, London 87 Lancaster Road, London, W11 1QQ, UK, 2013.
THRAP-MEYER, R., *Korrupsjon og straffelov,* Oslo, 2001.
«Utilbørlighetskriteriet-istraffeloven-§-387Herunder-forholdet-til-Grunnloven-§-96-og-Den-europeiskemenneskerettighetskonvensjonen-art.-7-«, *Kandidatnummer:-699, Leveringsfrist*, November, 2015.
VIK, T; VIKA, S. (Veileder: Tina Søreide), «Ledelsesstyrt korrupsjon», *Selvstendig arbeid innen masterstudiet i regnskap og revisjon*, Norges handelshøyskole, Bergen, 2016.
www.oecd/daf/nocorruption/convention
www.norad.no/en/front/thematic-areas/oil-for-development/where-we-are.
www.greco.coe.int

Capítulo VIII

LOS DELITOS DE COHECHO EN EL ORDENAMIENTO JURÍDICO ITALIANO *DE LEGE LATA Y FERENDA*[*] [**]

Francesco Viganò
Universidad Bocconi (Italia)
Docente Ordinario
Dipartimento di Studi Giuridici

SUMARIO: I. INTRODUCCIÓN.–II. LAS LÍNEAS BÁSICAS Y LOS LÍMITES DE LA LEGISLACIÓN PENAL ITALIANA EN MATERIA DE COHECHO ANTES DE LA REFORMA DE 2012. 2.1. Los tipos de cohecho. 2.2. El delito de concusión y los problemas que éste genera en relación a los tipos de cohecho.–III. LAS REFORMAS DE 2012 Y 2015 Y SUS LÍMITES. 3.1. Los nuevos delitos de cohecho y de tráfico de influencias ilícitas.. 3.2. La división del antiguo delito de concusión.–IV. LAS PERSPECTIVAS DE REFORMA. 4.1. Algunas ideas para el futuro legislador. *A)* La imposibilidad de trazar líneas de demarcación plausibles entre concusión, inducción indebida y cohecho. *B)* El objetivo fundamental que se debe perseguir: quien paga al agente público para obtener una ventaja indebida debe ser condenado como sobornante. *C)* La exigencia de identificar con precisión los casos en los que el particular que paga al agente público no deba ser condenado. *D)* La oportunidad de prever una cláusula de no punibilidad por el delito de cohecho en consideración a las funciones a favor del

---

[*] Este trabajo es una versión actualizada de un informe presentado por el autor en el congreso ítalo-español sobre *Economía y derecho penal en Europa*, que tuvo lugar en la Università degli Studi di Milano. El informe original, titulado «I delitti di corruzione nell'ordinamento italiano», fue publicado en *Dir. pen. cont. – Riv. trim.*, n. 3-4, 2014, pp. 4 ss.

[**] Traducción efectuada por Javier Escobar V., doctorando de la Università Luigi Bocconi, a quien agradezco sinceramente.

particular que paga con el único objetivo de evitar un daño injusto. *E)* La necesidad de una limitación drástica del ámbito de aplicación del delito de concusión y de la abolición del nuevo delito de inducción indebida. *F)* Posibles intervenciones posteriores.–V. CONCLUSIONES.

1. INTRODUCCIÓN

El presente trabajo pretende ilustrar al lector de lengua española sobre los rasgos esenciales de la legislación penal italiana en materia de cohecho, analizar ciertas cuestiones problemáticas derivadas de dicha legislación, y proponer algunas posibles directrices de reforma para solucionarlas.

Cabe adelantar desde ya que uno de los aspectos más problemáticos –y, por tanto, más difíciles de comprender para los interlocutores extranjeros– de la legislación italiana lo constituye la existencia de los delitos de *concusión y de inducción indebida a dar o prometer beneficios*. Estos tipos penales no encuentran correspondencia en la mayoría de las legislaciones europeas, toda vez que éstas sancionan, a título de cohecho, aquellos hechos que en Italia se penalizan conforme a los ilícitos indicados precedentemente.

La existencia de estos delitos en el ordenamiento jurídico italiano tiene por finalidad eliminar o reducir la sanción que se debería aplicar al particular (sobornante), cuando el funcionario lo hubiere forzado o inducido a cometer el delito de cohecho. La mayoría de las observaciones que a continuación se desarrollarán se centrarán en este punto.

La primera parte de este trabajo versará brevemente sobre la situación normativa anterior a la importante reforma del 2012, impulsada por la entonces Ministra de Justicia Severino (*infra* § 2). Luego, se ilustrará el contenido de la reforma de 2012 (y del posterior conjunto de modificaciones de 2015) y sus aspectos problemáticos (*infra* § 3). El trabajo concluirá con una reflexión sobre las posibles perspectivas *de iure condendo*, en vista de una racionalización integral del sistema de delitos de cohecho en el ordenamiento jurídico italiano (*infra* § 4).

2. LAS LÍNEAS BÁSICAS Y LOS LÍMITES DE LA LEGISLACIÓN PENAL ITALIANA EN MATERIA DE COHECHO ANTES DE LA REFORMA DE 2012

2.1. Los tipos de cohecho

Hasta antes del año 2012, y desde su versión original, de 1930, el Código Penal italiano contemplaba dos figuras distintas de cohecho: el cohecho por un acto conforme a los deberes oficiales, prevista en el antiguo artículo 318 (que se corresponde con la figura de cohecho contemplada en el artículo 420 del Código Penal español), y el cohecho por un acto contrario a los deberes oficiales, prescrita en el artículo 319 (a cual, a su vez, se corresponde con el cohecho regulado en el artículo 419 del Código español). Ambas figuras delictivas sancionaban la promesa o entrega de un beneficio indebido para el futuro cumplimiento de un acto, así también como la promesa o entrega del mismo como recompensa por ya haberlo realizado (misma situación acontece en el ordenamiento jurídico español, de conformidad con el nuevo art. 421 de su Código Penal).

La pena prevista para los casos en que no existía infracción a los deberes oficiales era de reclusión de seis meses a tres años. A su vez, en aquellas hipótesis en que sí se configuraba una infracción a tales deberes, la pena correspondía a reclusión de dos a cinco años. De conformidad con el art. 321 del Código Penal, las mismas penas se aplicaban también al particular, según la misma técnica normativa adoptada en el art. 424 del Código Penal español.

La regulación precedentemente descrita originó, a lo menos, tres problemas fundamentales.

En primer lugar, el auténtico estrago que significó que en muchos procesos por delitos de cohecho, luego de transcurridos siete años y medio desde su comisión, se absolviera a los acusados por haber prescrito la acción penal, a pesar de la presencia de actos procesales interruptivos. Cabe recordar que Italia es probablemente el único país del mundo donde el plazo de prescripción se cuenta hasta que la sentencia adquiere el carácter de firme y ejecutoriada, lo cual, en estos casos, normalmente se corresponde con la sentencia de casación. Por tanto, era frecuente en la praxis que imputados ya considerados responsables en primera y quizás hasta en segunda instancia, fueran finalmente absueltos por haber transcurrido el plazo de prescripción.

En segundo lugar, la normativa reflejaba una concepción, por así decir, *comercial* de la corrupción, entendida como un acuerdo cuyo objeto era la *compraventa* de un acto específico, conforme o contrario a los deberes oficiales. Una concepción similar dejaba impune un tipo de conducta bastante frecuente en Italia: la situación en la que el particular le entrega al funcionario, de forma más o menos continua, beneficios de diversa naturaleza (por ejemplo cenas, noches en costosos restaurantes, vacaciones en destinos exclusivos, etc.) en vistas del *futuro* –y todavía indeterminado– ejercicio de sus poderes en su favor. Efectivamente, la praxis judicial había logrado comprender dichas situaciones en el ámbito de aplicación de los tipos vigentes de cohecho, pero con una evidente violación del principio de legalidad pues eliminaba, hermenéuticamente, el requisito del *acto* objeto de la compraventa ilícita.

En tercer y último lugar, cabe destacar que los tipos existentes dejaban impune una situación realmente frecuente en Italia, en la que el dinero no era pagado directamente al funcionario sino que a sujetos desprovistos de tal calidad, con el fin de que estos intermediaran con ellos y los convencieran de hacer aquello que deseaba el particular. En estos casos, la praxis judicial intentó abordar el fenómeno a través de la figura del «*millantato crédito*», prevista en el art. 346 del Código Penal. Esta solución también era problemática en relación al principio de legalidad, pues este tipo (millantato credito) pareciera hacer referencia exclusivamente a casos en que una persona finge tener relaciones con un funcionario y engaña, de esta manera, a otro sujeto (víctima de esta especie de estafa) señalándole que, a cambio de que éste le entregue dinero u otro beneficio, podrá intermediar con el funcionario. Esta forma de solución no era efectiva en la realidad italiana, puesto que ésta cuenta con sujetos que realmente desempeñan esta función de intermediación entre sobornantes y funcionarios.

2.2. El delito de concusión y los problemas que éste genera en relación a los tipos de cohecho

Paralelamente a los delitos de cohecho, el sistema italiano ha conocido desde siempre una figura autónoma de *concusión*, descrita por el art. 317 del Código Penal, delito que se configura cuando un funcionario o algún encargado de un servicio público, abusando de su posición o de sus poderes, *obliga o induce* al particular a dar o prometer a él o a algún tercero un beneficio indebido.

La norma, como decíamos, constituye una peculiaridad italiana, con escasas correspondencias en las demás legislaciones europeas[1]. Cierto es que en el Código de Napoleón existía un delito de concusión, heredado por el Código Francés en su actual art. 432-10, pero su estructura es diferente. Esa norma describe la situación en que el funcionario recibe, exige u ordena percibir, a título de derechos, contribuciones, impuestos o tasas, una suma indebida o una superior a la que corresponde –es decir, el mismo delito que en el art. 437 del Código Penal español recibe el nombre de *exacciones ilegales*[2]–. Situación completamente distinta a la concusión italiana, donde no se requiere que el funcionario exija la suma *a título* de tributo, tasa, etc., pudiendo éste formular la solicitud al particular en términos de puro y simple abuso.

---

[1] Para un análisis comparado, consulte MONGILLO V., *La corruzione tra sfera interna e dimensione internazionale*, Napoli, ESI, 2012, p. 75 ss.

[2] Una figura de delito afín a la presente en el código francés y en el español es la prevista por el § 353 del código penal alemán (recaudación indebida de impuestos), igualmente de muy poca o ninguna aplicación práctica. Incluso el delito de *concussão* previsto por el art. 379 del código penal portugués (en su forma base o en su forma agravada por el uso de violencia o amenaza de un «*mal importante*» *)* requiere la recepción, por parte del funcionario, de una ventaja patrimonial indebida o superior a lo debido, en particular, a título de contribución, tasa, remuneración, multa, etc.

El delito de concusión, ya presente en el código toscano[3] y en varios códigos preunitarios[4], había sido, por otra parte, objeto de una interpretación muy extensiva por la jurisprudencia. Por ejemplo, la norma era aplicada incluso a casos en que el particular pagaba al agente público para que éste realizara *un acto contrario a sus deberes oficiales,* o bien para que *omitiera un acto debido*, como ocurría en aquellos casos en que el pago tenía por finalidad *evitar una sanción* que debía legalmente ser aplicada por un actuar contrario a derecho del particular[5]; o bien cuando un empresario le entregaba una suma de dinero al funcionario para que éste le asignara una licitación pública en la cual, sin intermediar dicho soborno, no tendría reales opciones de adjudicación.

Naturalmente, el principal problema, tanto para la praxis como para la dogmática, consistió en poder identificar un criterio de demarcación entre la concusión y los delitos de cohecho. Y todo ello, cabe señalar, en presencia del mismo dato objetivo, representado por una entrega o promesa de un beneficio indebido por parte del particular al funcionario.

El asunto tenía, como se puede entender, una enorme repercusión práctica. Lo anterior, no solamente porque la pena a aplicar al funcionario, en los casos de concusión, era mayor (reclusión de cuatro a doce años) que la que le correspondería si fuere condenado a título de cohecho, sino también porque el particular, considerado víctima de una concusión, *quedaba impune*. Por otra parte, el periodo de prescripción del delito de concusión equivalía a quince años en presencia de actos interruptivos, lapso mayor que el asignado para los ilícitos de cohecho, con lo cual existía una mayor facilidad, para la fiscalía, para condenar al imputado.

En este trabajo no se tratarán, ni siquiera de forma resumida, las teorías que la doctrina había elaborado en la época para responder a este difícil asun-

---

[3] Que distinguía –así como hará más tarde el código Zaradelli– entre una concusión «constrictiva» (art. 181), llevada a cabo por el funcionario «el cual, abusando de su autoridad, *obliga* a alguien a suministrar indebidamente a él o a un tercero dinero u otro beneficio», y una concusión «inductiva» (art. 182) llevada a cabo por un funcionario «el cual, abusando de su posición, ha inducido a alguien a suministrar indebidamente a él o a un tercero dinero u otro beneficio o se ha aprovechado del error de otro para exigir lo que no le era debido o más de lo que le era debido».

[4] En los que, por otra parte, suele ser evidente el influjo del Código Napoleónico, puesto que la concusión se configuraba mayoritariamente, en su forma no agravada, como el hecho de cobro indebido por parte del funcionario, previéndose después un agravante específico en el caso de uso de violencia o de amenaza: véase, para un análisis más detallado, MONGILLO, *La corruzione*, pp. 60 ss.

[5] Contra la reconducción (pacífica en la praxis) de una conducta similar al paradigma de la concusión, véase también, en doctrina FIANDACA G., MUSCO E., *Diritto penale. Parte speciale*, vol. I, V ed., Bologna, Zanichelli, 2012, p. 214. Ya al amparo de la antigua normativa, además, había quienes sostenían que, considerando la punibilidad del funcionario, en casos así, a título de concusión, el particular debía responder por *corrupción activa*, en razón de su finalidad de conseguir una posición de provecho por un ejercicio ilícito de un poder público. Véase sobre este punto –también por las referencias a sus anteriores trabajos más amplios sobre ello– SPENA A., «Per una critica all'art. 319-quater c.p.», en *Dir. pen. cont. – Riv. trim.*, n. 3, 2013, p. 228.

to[6], siendo suficiente, para nuestros fines, subrayar que la jurisprudencia italiana, desde hacía un tiempo, se había ajustado a un criterio de naturaleza puramente *psicológica:* el cohecho presuponía un *pactum* cerrado entre el particular y el funcionario, en un plano de *paridad,* mientras que en la concusión existía una situación de sujeción psicológica (a veces, definida en términos de verdadero y propio *metus publicae potestatis*) del particular en relación al funcionario.

En base a dicho criterio, no era sorprendente la elevada tasa de *imprevisibilidad* del resultado de los procedimientos judiciales que giraban en torno a la prueba de un pago indebido del particular al funcionario. El mayor plazo de prescripción del delito y, sobre todo, la posibilidad de asegurarse la colaboración del particular mediante la promesa de su impunidad, constituían incentivos comprensibles para las fiscalías a la hora de calificar hechos similares en términos de *concusión*, a pesar de la ventaja indebida que había obtenido el particular (asignación de cuantiosas licitaciones, eliminación de severas sanciones, etc.) a cambio del pago indebido[7]; pero el resultado final de estos procedimientos no era nada previsible, siendo posible que los funcionarios imputados, gracias a la elevada calidad de las defensas técnicas de las que podían disponer, consiguieran obtener, en una u otra instancia de juicio, la recalificación del hecho en términos de cohecho, asegurándose así una reducción de la pena o incluso la impunidad gracias al generoso mecanismo de la prescripción. Ésta terminaba cubriendo con el velo del olvido incluso la acción del particular, descubierto como «sobornante» después de haber sido calificado por la acusación pública como *víctima* de la concusión.

La impunidad del particular que había entregado o prometido el beneficio indebido al funcionario estaba, desde hace tiempo, en el centro de atención de varias organizaciones internacionales (la OCDE *in primis*) interesadas en reprimir de manera más eficiente los fenómenos de corrupción. Dichas organizaciones criticaban la circunstancia de que los empresarios que obtuviesen licitaciones sobornando a los funcionarios encargados de los procedimientos correspondientes quedaran exentos de pena, a pesar del efecto de distorsión de la competencia creado de este modo[8].

Esto explicaba las reiteradas y, cada vez más, urgentes recomendaciones de dichas organizaciones al legislador italiano para que eliminara el delito de concusión o, en cualquier caso, lo modificara con tal de asegurar la sanción al particular.

---

[6] Para un análisis reciente y para todas las referencias bibliográficas y jurisprudenciales necesarias, véase MONGILLO, *La corruzione*, pp. 71 ss.

[7] Para esta conclusión, véase MONGILLO, *La corruzione*, p. 75.

[8] Sobre las estrategias procesales de las fiscalías, permitidas por la aplicación de la norma prerreforma permisiva, véase para todos PADOVANI, T., «Metamorfosi e trasfigurazione. La disciplina nuova dei delitti di concussione e di corruzione», in *Arch. pen.*, 2012, p. 788.

III. LAS REFORMAS DE 2012 Y DE 2015 Y SUS LÍMITES

En este contexto fue que se produjo la reforma efectuada por la ley n.° 190/2012, la cual fue posteriormente complementada con la dictación de la ley n.° 69/2015, cuerpo normativo que se limitó casi exclusivamente a endurecer las sanciones establecidas por la reforma de 2012.

3.1. Los nuevos delitos de cohecho y de tráfico de influencias ilícitas

La reforma de 2012 modificó, de manera importante, el sistema de los delitos de cohecho. Respecto del cohecho por un acto contrario a los deberes oficiales, la reforma aumentó el marco penal aplicable. En relación a la antigua figura de cohecho por un acto conforme a los deberes, la reforma la sustituyó por una nuevo, denominada cohecho en consideración a las funciones.

El lector captará inmediatamente el estrechísimo parentesco, o quizás incluso la identidad, de esta nueva figura delictiva con la contemplada en el art. 422 del Código Penal español, reformulado por la ley orgánica n.° 5/2010, que sanciona al agente público que acepta para sí mismo o para un tercero una suma de dinero o una donación «*en consideración de su encargo o de su función*». La nueva norma, según pretende el legislador italiano, buscar resolver la vulneración del principio de legalidad, la cual derivaba de la lectura analógica que efectuaba la jurisprudencia en relación a la normativa precedente[9].

El legislador italiano intervino, además, para subsanar el problema relativo al caso de entregas o promesas de dinero u otros beneficios a sujetos que, si bien no ocupaban cargos públicos, actuaban (o prometían actuar) como *mediadores* entre el particular y el funcionario cuyos favores se pretendían comprar. Paralelamente al antiguo delito de «millantato credito», la reforma introduce un nuevo art. 346-bis, titulado *tráfico de influencias ilícitas,* delito que sanciona al que acepte un beneficio indebido, o una promesa del mismo, a cambio de intermediar con un funcionario para que éste realice un acto contrario a sus deberes.

De este modo, las reformas de 2012 y de 2015 han construido un sistema «a tres niveles», con un *rango* de penas modulado según la intensidad ofensiva de la conducta en relación al bien o bienes jurídicos tutelados.

En el *nivel más bajo*, se encuentra el nuevo tipo de *tráfico de influencias*, castigado con penas de prisión de uno a tres años, destinado a criminalizar

---

[9] Sobre estas solicitudes internacionales, véase también PALAZZO F., «Gli effetti "preterintenzionali" delle nuove norme penali contro la corruzione», en MATTARELLA B.G., PELISSERO M. (coord.), *La legge anticorruzione. Prevenzione e repressione della corruzione*, Torino, Giappichelli, 2013, p. 16; DI MARTINO A., «Le sollecitazioni extranazionali alla riforma dei delitti di corruzione», *ibidem*, p. 373; MONGILLO, *La corruzione*, pp. 89 ss.

conductas que crean el *peligro* de que los funcionarios sean efectivamente corrompidos y, en consecuencia, el peligro de sometimiento de la actividad administrativa a intereses privados.

En un *nivel intermedio*, se encuentra el tipo de *cohecho en consideración a las funciones,* contemplado en el nuevo art. 318 del Código Penal, sancionado actualmente con una pena de cárcel de uno a seis años y caracterizado, por una parte, por el *menoscabo* efectivo del deber de probidad del funcionario y, por la otra, por el *peligro* de una efectiva distorsión de la actividad administrativa que existiría cuando el funcionario devolviese el favor al particular ejecutando un acto contrario a los deberes oficiales.

En la *cima* de la escala de gravedad, finalmente, se encuentra el delito de *cohech1o por un acto contrario a los deberes,* sancionado (después de la reforma de 2015) con prisión de seis a doce años, caracterizado por la compraventa de un acto contrario a los deberes oficiales y, además, por la *efectiva distorsión* de la actividad administrativa en beneficio del particular.

El delito de cohecho en consideración a las funciones se presta a funcionar, en la práctica, como una figura delictiva residual para la acusación, en la hipótesis en que ésta consiga probar la entrega o la promesa de un beneficio indebido al funcionario, pero no el acto específico contrario a los deberes. Lo anterior también vale para el tribunal, el cual tendrá la posibilidad de recalificar jurídicamente los hechos cuando no se hubiere podido acreditar, durante el proceso, el acto contrario a deber, sino que únicamente la entrega del beneficio indebido. Lo mismo podrá ocurrir con el tráfico de influencias, en cuanto la acusación consiga demostrar la entrega o promesa de un beneficio al mediador, pero no la ejecución de un delito de cohecho.

Las penas previstas para las tres figuras delictivas se aplican también al particular que haya realizado el pago o la promesa, de conformidad con los arts. 321 y 346-bis del Código Penal.

Por efecto de las reformas, los marcos penales se han elevado de manera significativa, lo cual genera consecuencias prácticas importantes. En efecto, para ambas formas de cohecho hoy en día es posible autorizar *interceptaciones* de comunicaciones en la fase de investigación y aplicar la medida de la *prisión provisional.* Sumado a lo anterior, los términos de prescripción se aumentan hasta *quince años*.

Queda excluida, en cambio, la posibilidad de escuchas telefónicas y de prisión provisional para el tráfico de influencias. El plazo de prescripción para este delito y para el cohecho en consideración a las funciones se mantiene en siete años y medio, tiempo a menudo insuficiente para permitir dictar una sentencia condenatoria firme.

Además, es verosímil pensar que, incluso en las hipótesis en que se dicte una sentencia firme de condena antes del vencimiento del plazo de prescripción, el nuevo delito de tráfico de influencias ilícitas terminará siendo sancionado de manera casi irrisoria, si se considera que las penas hasta tres años de prisión están destinadas a ser ejecutadas a través de medidas alternativas a la prisión.

3.2. La *división* del antiguo delito de concusión

No obstante, los problemas más graves de la reforma se relacionan con el delito de concusión, en el que nos centraremos ahora.

Anteriormente se hizo referencia a las solicitudes internacionales dirigidas a eliminar completamente esta anomalía italiana que, en buena medida, dejaba impune al particular que soborna al funcionario para obtener una ventaja, cuando aparece que el primero ha sido «forzado» o «inducido» a dicho pago en una situación de *sujeción psicológica* en relación al segundo.

Sin embargo, la elección del legislador del 2012 fue diferente, pues conservó el delito de concusión, mas lo redujo a la única modalidad comisiva de «constricción». Al mismo tiempo, estableció, en el art. 319-*quater* del Código Penal, un delito autónomo e inédito de *inducción indebida a dar o prometer beneficios,* caracterizado por la modalidad comisiva de la *inducción* y por la previsión de la punibilidad *del particular inducido*, con un marco penal bastante más favorable en relación al previsto para el funcionario. Por tanto, se subdividió el delito de concusión en dos figuras distintas: la primera (concusión en sentido estricto) sanciona al funcionario con prisión de seis a doce años, y exime de toda sanción al particular, quien es *víctima* de la constricción ejercida en su contra; y la segunda (inducción indebida) sanciona con prisión de seis a diez años y medio[10] al funcionario, y con prisión de quince días a tres años al particular *inducido.*

La elección del legislador respondió, al menos parcialmente, a las solicitudes de las organizaciones internacionales de sancionar al particular y, al mismo tiempo, intentó evitar que se afectasen las investigaciones y los procesos ya en curso por hechos calificables como concusión de conformidad con la antigua normativa –entre ellos, uno contra el ex Presidente del Gobierno Berlusconi–, que podrían haber concluido con una declaración de *abolitio criminis* cuando el delito de concusión hubiese sido simplemente eliminado del ordenamiento jurídico italiano. Sin embargo, la solución ideada por el legislador debería haber permitido, al menos en sus intenciones, salvar todos estos procedimientos: los jueces, una vez determinada la perfecta continuidad normativa entre los dos nuevos delitos y el anterior, deberían haberse limitado, en aplicación de los principios ordinarios en materia de sucesión de leyes penales, de conformidad con el art. 2, inciso cuarto, del Código Penal, a recalificar el

---

[10] PULITANÒ D., «La novella in materia di corruzione», en *Cass. pen.*, suppl. n. 11, 2012, p. 7.

hecho como concusión de conformidad con el art. 317, o como inducción indebida en virtud del art. 319-*quater*, y sancionarlo en consecuencia[11].

No era difícil pronosticar que el nuevo escenario, representado por la existencia de *cuatro* figuras delictivas (la concusión, la inducción indebida y las dos formas de cohecho), todas convergentes en torno al mismo sustrato factico representado por un pago o la promesa del mismo a un funcionario, multiplicaría los *problemas de calificación jurídica del hecho,* derivados de la dificultad de fijar una línea precisa de demarcación entre los cuatro tipos penales.

La atención de la doctrina y de la jurisprudencia se concentró en particular en la *distinción entre concusión e inducción indebida*, objeto en los primeros meses de vigencia de la ley de una intensa discusión[12], la cual fue zanjada por la Sala Plena de la Corte de Casación el año 2014 en la conocida sentencia *Maldera*[13].

En el intento de definir, de una vez por todas, la línea de demarcación entre los dos nuevos casos «hijos» de la antigua concusión, los magistrados supremos afirmaron en esta sentencia que el concepto de «constricción», presente en el art. 317, presupone alternativamente una *violencia* o, al menos, una *amenaza*[14], conducta caracterizada por el planteamiento, por parte del funciona-

---

[11] La pena máxima originalmente establecida en ocho años por el legislador de 2012 aumentó así por la reforma sucesiva de 2015.

[12] Ésta, de hecho, la solución inmediatamente se impone en jurisprudencia, según la opinión mayoritaria en doctrina (véanse todos DOLCINI E., VIGANÒ F., «Sulla riforma in cantiere dei delitti in materia di corruzione», en *Dir. pen. cont. – Riv. trim.*, n. 1, 2012, p. 244; PADOVANI T., «Metamorfosi e trasfigurazione», p. 789; PULITANÒ, «La novella», p. 17. *Contra*, sobre el tema, DONINI M., «Il corr(eo)indotto tra passato e futuro. Notas críticas en SS.UU, 24 de octubre 2013-14 marzo 2014, n. 2180, Cifarelli, Maldera y en la n.º 190 del 2012», en *Cass. pen.*, 2014, p. 1482 ss.; VALENTINI V., «Dentro lo scrigno del legislatore penale», *Dir. pen. cont. – Riv. trim.*, n. 2-4, 2013, pp. 137 ss.

[13] Basta aquí con reenviar, para una meticulosa reconstrucción de la situación anterior a la intervención de la Sala Plena, al imponente trabajo de MONGILLO V., «L'incerta frontiera: il discrimine tra concussione e induzione indebita nel nuovo statuto penale della pubblica amministrazione», en *Dir. pen. cont. – Riv. trim.*, n. 3, 2013, p. 166 ss. Para un análisis más sintético de los criterios que se disputaban el campo antes de la primera intervención de la Sala Plena, veáse SEMINARA S., «I delitti di concussione e induzione indebita», en MATTARELLA B.G., PELISSERO M. (coord.), *La legge anticorruzione. Prevenzione e repressione della corruzione*, Torino, Giappichelli, 2013, p. 397 ss.

[14] Cass., sez. un. pen., 24.10.2013 (dep. 14.3.2014), n.º 12228, Pres. Santacroce, Rel. Milo, ric. Maldera, en *Dir. pen. cont.* (http://www.penalecontemporaneo.it/d/2916, consultado el 27 de diciembre de 2016), con nota de GATTA G.L., «Dalle Sezioni Unite il criterio per distinguere concussione e "induzione indebita": minaccia di un danno ingiusto vs. prospettazione di un vantaggio indebito». Como comentario de la sentencia, véase –sin ser exhaustivos– BALBI G., «Sulle differenze tra i delitti di concussione e di induzione indebita a dare o promettere utilità», en *Dir. pen. cont.* (http://www.penalecontemporaneo.it/d/3285, consultado el 27 de diciembre de 2016); BARTOLI R., «Le Sezioni unite tracciano i confini tra concussione, induzione e corruzione», en *Giur. it.*, 2014, pp. 1208 ss.; DONINI M., «Il corr(eo)indotto», pp. 1482 ss.; GATTA G.L., «La concussione riformata, tra diritto penale e processo. Note a margine di un'importante sentenza delle Sezioni Unite», en *Riv. it. dir. proc. pen.*, 2014, pp. 1566 ss.; PISA P., «Una sentenza equili-

rio, de un *daño injusto* al particular, quien, de este modo, es forzado a dar o prometer el beneficio indebido para evitar dicho daño ilegítimo[15]. La condición de *víctima* del particular explicaría su impunidad[16].

Respecto a los casos de inducción indebida, estos se caracterizarían porque el particular persigue una *ventaja ilícita,* elemento que explica, según la Sala Plena, la razón por la cual éste merece ser sancionado, aunque de manera bastante más leve que la pena reservada para el funcionario.

Sin embargo, tras haber enunciado este criterio, que por su carácter objetivo podría haber trazado una línea de demarcación clara entre las dos hipótesis delictivas, la Sala de Casación señaló que existían ciertos casos «frontera» o «*border line*[17]» que podían dificultar su aplicación, como por ejemplo aquellos en que, a pesar de sufrir una situación de coacción moral, el particular persigue una ventaja que no le corresponde. En estos supuestos se justifica calificar la conducta del funcionario a título de concusión –y no mera inducción–, pero al mismo tiempo la exención de pena para el particular pareciera problemática.

Tal situación se produciría, por ejemplo, en el caso de una prostituta extranjera sin permiso de residencia, forzada a prestar servicios sexuales por parte de un funcionario para evitar ser denunciada como «clandestina» y, en consecuencia, ser expulsada[18]; o en el caso de un paciente a quien el cirujano de un hospital público le explica la grave enfermedad que padece, planteándole la posibilidad de adelantarle en la lista de espera para ser operado inmediatamente a cambio del pago de una considerable (y, obviamente, indebida) retribución[19]. Ni a la prostituta ni al paciente se les plantean, en rigor, daños «injustos»: la primera ya estaba expuesta a la posibilidad de ser legítimamente expulsada, y el segundo no tenía ningún derecho ni legítima expectativa para ser operado inmediatamente. Al contrario, ambos sujetos persiguen una ventaja ilícita, pero su punibilidad a título de inductores indebidos, para el Tribunal Suprema, constituiría un exceso, órgano que prefiere considerarlos *víctimas* del abuso del funcionario, y no *cómplices* de la distorsión de la legítima actividad administrativa llevada a cabo por el aquél. Y eso en razón de la particular *intensidad del condicionamiento psicológico* ejercido por el funcionario,

brata per un problema complesso», en *Dir. pen. proc.*, 2004, pp. 568 ss.; PIVA D., «"Alla ricerca dell'induzione perduta": le Sezioni Unite tentano una soluzione», en *Dir. pen. cont. – Riv. trim.*, n. 2, 2014, pp. 231 ss.; SEMINARA S., *Concussione e induzione indebita al vaglio delle Sezioni Unite*, *ibidem*, pp. 563 ss.; SESSA A., «Concussione e induzione indebita: il formante giurisprudenziale tra legalità in the books e critica dottrinale», en *Dir. pen. cont. – Riv. trim.*, n. 1, 2015, pp. 241 ss.; VALENTINI V., «Le Sezioni Unite e la politica giudiziaria delle dimensioni parallele», en *Arch. pen.*, n. 2, 2014, pp. 1 s.

[15] Cass., sez. un. pen., Maldera, p. 29 s.

[16] Cass., sez. un. pen., Maldera, p. 31 s.

[17] Cass., sez. un. pen., Maldera, p. 37 s.

[18] Cass., sez. un. pen., Maldera, p. 37 s.

[19] Cass., sez. un. pen., Maldera, p. 40 s.

constitutivo de una verdadera y propia *constricción* (aunque sin connotaciones de daño injusto, determinado anteriormente como requisito esencial).

La demarcación planteada por el Tribunal Supremo entre concusión e inducción genera amplios márgenes de discrecionalidad para los jueces de fondo[20] (y, todavía antes, para las decisiones estratégicas de la fiscalía)[21].

La Sala Plena dedica pocas explicaciones a la diferente, pero no menos problemática, cuestión de la *línea de demarcación entre inducción indebida y cohecho*[22]. En esta materia, el Tribunal confirmó, en su totalidad, la precedente jurisprudencia respecto a distinción entre concusión y cohecho, haciendo hincapié en la situación de la *sujeción psicológica* del particular en relación al funcionario, que mantendría ahora su relevancia como criterio de distinción entre inducción y cohecho[23]. Según este criterio tradicional, la Sala Plena no tiene dudas en calificar como inducción indebida, por ejemplo, la conducta del funcionario que recibe un pago para garantizar la asignación indebida de una licitación a un empresario cuando a éste, en caso contrario, le fuera imposible conseguir dicha licitación[24]; así también como la conducta de los imputados en el caso sometido al examen de la Sala Plena, quienes, abusando de su calidad de inspectores de trabajo, recibieron de los empresarios sometidos a inspección retribuciones a cambio del compromiso de evitar aplicar las sanciones que les correspondían por sus actos ilegales[25].

El resultado final, según estos criterios, es que hechos que en cualquier otro ordenamiento jurídico serían considerados delitos de cohecho, en Italia son calificados como *inducción indebida,* a través de la valoración del criterio de la sujeción psicológica del particular en relación al agente público, con la consecuente aplicación al primero de una sanción menor. Esto seguirá favoreciendo el uso instrumental de la imputación por inducción por parte de las fiscalías, para asegurarse la colaboración procesal del particular contra el funcionario.

Además, las críticas sobre la *imprevisibilidad* de la decisión judicial conservarán su vigencia[26], debiéndose considerar los riesgos asociados a la realización de

---

[20] Cass., sez. un. pen., Maldera, p. 43 s.

[21] El ejemplo había sido evocado, antes de la Sala Plena, por VALENTINI V., «Ancora sulla frattura della disposizione ex art. 317 c.p. Qualche rapido spunto in attesa delle Sezioni Unite», en *Arch. pen.*, 2013, p. 564, como demostración de la insostenibilidad del criterio de demarcación entre concusión e inducción indebida fundado sobre la dicotomía de daño injusto/ventaja indebida.

[22] Cass., sez. un. pen., Maldera, p. 44 s.

[23] Así, justamente, BARTOLI B., «Le Sezioni Unite tracciano i confini», pp. 1215 s.

[24] Cass., sez. un. pen., Maldera, p. 48 s.

[25] Sobre la dificultad lógica de conciliar los criterios de la «prevalencia de la ventaja» que busca el particular –que caracterizaría la hipótesis de la inducción indebida en relación a la de la concusión– con el del «sometimiento psicológico», véanse las perspicaces observaciones de BARTOLI R., «Le Sezioni Unite tracciano i confini», p. 1217.

[26] Cass., sez. un. pen., Maldera, p. 41 s.

actuaciones procesales y financieras inútiles, tanto de parte de las fiscalías como del sistema de justicia en su totalidad, y a la posibilidad de modificaciones en la calificación jurídica del hecho durante el transcurso del procedimiento.

IV. LAS PERSPECTIVAS DE REFORMA

Tras el análisis precedentemente efectuado, es posible concluir que las reformas de 2012 y 2015 dejaron sin solución una serie de problemas. Antes de continuar con la formulación de algunas propuestas de reforma para intentar resolver dichos problemas, es menester reconocerle el siguiente mérito al legislador italiano reciente: haber revertido la tendencia político criminal en materia de corrupción, pues tras una década de modificaciones dirigidas a debilitar la capacidad de respuesta del sistema penal frente a estos ilícitos, se ha movido en la dirección opuesta, es decir, la de otorgar una respuesta más severa.

La reforma de Severino, lamentablemente, se vio limitada por la inestabilidad y precariedad de la mayoría política existente, una mayoría que había tenido una importante participación en aquella década de política criminal. El resultado fue una *reforma a medias*, con varios aspectos positivos, que sería injusto y poco generoso ocultar, pero también con otros negativos.

4.1. Algunas ideas para el futuro legislador

A) La imposibilidad de trazar líneas de demarcación plausibles entre concusión, inducción indebida y cohecho)

La virtud principal de un buen legislador es el coraje, pues ciertamente esto es lo que se requiere para romper la «tradición», que tanto influye en el modo de pensar de los juristas, afrontando las previsibles resistencias de aquellos que, por los más diversos motivos (por conveniencia, o incluso sólo por conservadurismo cultural), no quieren renunciar a ella, incluso cuando es evidente, como en nuestro caso, que la misma no funciona.

La razón fundamental de esta ineficacia se encuentra en la existencia del delito de concusión y, más aún, en la extensiva interpretación que le ha dado la jurisprudencia.

Es cierto que la concusión es un delito de antigua tradición en Italia: ya hablaba de ella Carrara. Sin embargo, este mismo autor reconocía explícitamente, a mediados del siglo XIX, que los esfuerzos de la ciencia por trazar de forma clara la demarcación entre concusión y cohecho estaban destinados al fracaso[27]. Lo anterior por una simple y precisa razón: una distinción plausible

[27] Cass., sez. un. pen., Maldera, p. 51 s.

entre ambas categorías de delitos sencillamente no es posible, *no puede ser trazada.* Todo depende, tanto antes como ahora, de la *prudente apreciación del juez* en la valoración del caso. Como señala la Sala Plena de la Casación, a propósito de la distinción entre concusión e inducción, cualquier criterio de distinción que pueda elaborarse de forma abstracta «debe ser adecuadamente calibrado tras una puntual y profunda valoración de hecho sobre la especificidad del caso concreto, teniendo en cuenta todos los datos circunstanciales, el conjunto de los bienes jurídicos en juego, así como los principios y valores que rigen el sector específico de disciplina»[28]. Una serie de palabras elegantes, detrás de las cuales se esboza un mensaje simple y, a la vez, desalentador: *decida usted, juez de fondo*, según su sentido personal de la justicia[29].

Esto es válido respecto a la distinción entre concusión e inducción, pero también en relación a la demarcación entre inducción y cohecho, confiada esta última al igualmente etéreo criterio de la sujeción psicológica: fenómeno psíquico que también deberá ser apreciado por el juez, según una atenta valoración de todas las circunstancias de la situación concreta. *In claris:* según su apreciación personal e intuitiva, que, si está suficientemente motivada, evitará posteriormente cualquier posible control en casación.

B) *El objetivo fundamental que se debe perseguir: quien paga al agente público para obtener una ventaja indebida debe ser condenado como sobornante*

Eliminar la concusión y, ahora, la inducción indebida, no es tarea fácil. Ya lo propuso en los años noventa el «proyecto de Cernobbio», elaborado por un pequeño grupo de prestigiosos profesores de derecho penal y de algunos notables magistrados milaneses[30]. Lamentablemente, muchos abogados y fiscales, por diferentes razones, siguen estando tenazmente apegados a la concusión, añorando su versión más comprensiva anterior a la reforma y solicitando, a menudo, su restablecimiento. Los primeros porque, cuanto más confuso es el marco normativo, más se amplían los espacios de maniobra de la defensa a la hora de demoler la estructura acusatoria; y los segundos porque, a pesar del riesgo de que la acusación de concusión pueda finalmente ser desmontada a lo largo del procedimiento, una investigación bajo tal título permite asegurarse

---

[28] Así SEMINARA S., «Concussione e induzione indebita», pp. 565 y 568; PADOVANI T., «Metamorfosi e trasfigurazione», p. 792. Véase también Romano M., *I delitti contro la pubblica amministrazione. I delitti dei pubblici ufficiali. Commentario sistematico*, III ed., Milano, Giuffrè, 2013, p. 238: «le tre figure delittuose [concussione, induzione indebita, corruzione], molto prossime tra loro, si affollano in un'area molto ridotta», por lo tanto, «sebbene le linee di demarcazione siano in teoria sufficientemente chiare, l'accertamento pratico può rendere particolarmente arduo il compito del magistrato».

[29] Véase en relación a ello las citas del gran criminalista toscano seleccionadas por GATTA G.L., «La concussione riformata», pp. 1569 y 1584.

[30] Cass., sez. un. pen., Maldera, p. 44 s.

la colaboración del particular que ha pagado, y recopilar más fácilmente las pruebas contra el funcionario[31].

Lo que debemos preguntarnos es si este juego vale la pena y, sobre todo, si el ordenamiento jurídico en su totalidad puede permitirse secundar similares intereses que, aunque respetables, siguen siendo intereses de parte. El dato macroscópico con el que hay que hacer las cuentas es, de hecho, que en Italia el empresario que paga al funcionario para obtener negocios, quedando de esta forma en una mejor situación que sus competidores, siempre tendrá la posibilidad, una vez descubierto, de sostener que ha sido forzado o inducido por el funcionario. De este modo, el empresario tendrá la posibilidad de evitar la sanción o de acordar, con la fiscalía, ser condenado a título de inducción indebida y recibir una pena baja.

Recogiendo las solicitudes internacionales, y siguiendo el modelo de las demás legislaciones europeas, el legislador italiano debería contribuir, incluso a nivel simbólico-expresivo, para romper este círculo vicioso, calificando sin ambigüedades *todos* los pagos ilegales de los particulares a los funcionarios como delitos de cohecho.[32]

C) La exigencia de identificar con precisión los casos en los que el particular que paga al agente público no deba ser condenado

Cuando se convenga sobre el objetivo fundamental enunciado, referente a que el particular que paga al agente público debe ser sancionado a título de cohecho, el problema sucesivo para el futuro legislador será establecer, con la máxima precisión posible, aquellos casos en que, excepcionalmente, este particular no debe ser sancionado.

La respuesta parece evidente según cuanto se ha dicho: el particular merece ser sancionado cuando paga para *obtener una ventaja indebida* (obtener una licitación, evitar las sanciones por actos ilegales cometidos, etc.), pero no cuando paga *para evitar un daño injusto,* amenazado por el funcionario (por

---

[31] La elasticidad de los criterios enunciados por la Sala Plena, que reflejarían el «carácter en gran parte probatorio/procesal del problema, que el derecho penal sustancial no es capaz, por sí solo, de resolver» constituiría según GATTA G.L., «La concussione riformata», p. 1584, la premisa fundamental de la sentencia *Maldera*. Para una valoración en gran medida análoga, véase PISA P., «Una sentenza equilibrata», p. 571. Perspectivas similares, como el lector ya habrá entendido, no me persuaden: confiar una tarea tan delicada a la sabia apreciación del juez en el caso concreto, renunciando a indicarle criterios inequívocos para la valoración del hecho, significa hacer imprevisible la aplicación de la norma en el caso concreto; con la consecuente posibilidad para las fiscalías de manipular el dato normativo según la conveniencia procesal y con el consecuente riesgo de que haya decisiones diferentes para casos similares, en violación de las exigencias más básicas de equidad de tratamiento entre los destinatarios de las normas penales.

[32] «Proposte in materia di prevenzione della corruzione e dell'illecito finanziamento dei partiti», en *Riv. it. dir. proc. pen.*, 1994, pp. 1025 ss.

ejemplo, de ser sancionado injustamente por un hecho no cometido). En este segundo caso, el particular efectivamente puede considerarse como *víctima* de un hecho que podría ser calificado como *extorsión*, sin necesidad, parecería, de ser incluido en el paradigma de un delito *ad hoc* como la concusión. Ésta pareciera ser la lógica de todos los proyectos que, desde Cernobbio, han propugnado simplemente la abolición del delito de concusión.

Sin embargo, todos estos proyectos parecen subestimar la latitud del concepto de «constricción mediante amenaza», aplicado por los tribunales, que podría dejar entrar por la ventana lo que se ha deseado echar por la puerta.

Conviene destacar que se reconoce comúnmente, en el esquema de la extorsión, que el *mal* amenazado *no debe ser necesariamente injusto,* sino que es el *provecho* perseguido (y obtenido) por el agente el que tiene que ser calificado como tal. Y también se reconoce que, a fin de connotar el provecho en términos de injusticia, es suficiente la circunstancia de que éste haya sido obtenido mediante el planteamiento de un mal *en sí lícito* (que, por tanto, el agente tenía el *poder jurídico* de infringir), cuando el autor haya planteado hacer uso de este poder para un *fin diferente* a aquel por el que el poder le había sido atribuido.

Según este razonamiento, sería posible, después de la desaparición de la concusión, aplicar el delito de extorsión, por ejemplo, en el caso del funcionario que plantee *aplicar al particular las sanciones por actos ilegales realmente cometidos por él* (y, por tanto, hacer uso *legítimo* de un poder que el ordenamiento jurídico le ha otorgado), *a menos que* le pague una sustancial suma de dinero. En estos casos se tendría que sancionar únicamente al agente público, a título de extorsión, provocando, nuevamente, *la impunidad del particular* (como víctima de la extorsión). Éste es un resultado que contrastaría en gran medida con el objetivo de fondo anteriormente mencionado, es decir, el de sancionar, en estos casos, como *sobornante* al particular, toda vez que perseguía, y de hecho obtuvo, una *ventaja indebida*.

Por tanto, pareciera indudable que se requieren ulteriores reflexiones para efectos de solucionar el problema, revisando la oportunidad y conveniencia de que sea el propio legislador quien trace una clara línea de demarcación entre las hipótesis en las que el particular deba ser sancionado y aquellas en las que, por el contrario, merezca ser exculpado.

Un reciente y profundo trabajo monográfico de Vincenzo Mongillo ha estudiado la problemática planteada, utilizando abundante material de comparación[33]. Basándose en dicho análisis, conviene distinguir, al menos, tres tipos fundamentales de casos[34]:

---

[33] Subraya PALAZZO F., «Gli effetti "preterintenzionali"», pp. 16 s. como la reforma «non assicur[i] assolutamente l'obiettivo della riduzione della eccessiva discrezionalità conferita al pubblico ministero e al giudice nella qualificazione giuridica del fatto. Il difficile discrimine tra concussione costrittiva e concussione induttiva [ ] rimane tale».

[34] La tesis aquí expresada, y las reflexiones que siguen, constituyen el fruto de una meditación personal respecto a las posiciones –adhesivas en relación a la introducción del nuevo caso de in-

i) No hay ninguna duda de que el particular debe quedar exento de cualquier pena cuando pague dinero al funcionario bajo *amenaza,* por parte de éste, de que le será infligido un *mal completamente independiente de sus atribuciones*, como en el caso del agente público que amenaza con hacer incendiar (obviamente gracias a la buena colaboración de una organización criminal «amiga») la plataforma petrolífera de una sociedad, a no ser que ésta acepte pagar una cuota[35]. Nos encontramos, aquí, en el interior del paradigma de *extorsión* más clásico: la sociedad es simplemente *víctima* de la conducta de un sujeto que se comporta como un criminal común, sin ni siquiera necesitar instrumentalizar sus poderes públicos.

ii) En cambio, podrían surgir algunas dudas respecto de aquellos casos en que el particular le paga al funcionario porque éste lo ha amenazado con causarle un daño injusto a través de un uso ilegal de sus atribuciones (por ejemplo, le señala que retrasará indefinidamente la entrega de un beneficio que le corresponde).

El mensaje transmitido por las organizaciones internacionales es que, salvo aquellos casos en los que se pueda configurar un verdadero *estado de necesidad*, en el que el agente público amenace la vida, la integridad física o la libertad personal del particular, éste estaría obligado a *resistir* la solicitud y, en consecuencia, a rechazar pagar el dinero esperado por el agente público, *denunciándolo* inmediatamente ante las autoridades competentes. Por otro lado, el particular siempre debería ser llamado a responder por *cohecho*, resolviéndose su conducta, después de todo, como una entrega de dinero a un agente público en consideración a sus funciones o para el ejercicio de un acto contrario a los deberes oficiales[36]. La sanción del particular estaría aquí justificada por la exigencia de *lucha contra cualquier práctica corruptiva,* que supone una implicación activa de todos, lo cual supone colaborar con las autoridades para denunciar cualquier petición indebida por parte de los agentes públicos.

---

ducción indebido– expresadas en un artículo escrito a cuatro manos con Emilio Dolcini en abril de 2012, en colaboración con la presentación de la enmienda gubernamental más enfocada en la reforma de noviembre del mismo año (DOLCINI E., VIGANÒ F., «Sulla riforma in cantiere», p. 244). Sobre el resultado de esta meditación ha pesado la constatación *–ex post–* del carácter, según mi parecer, del todo insatisfactorio de la solución ofrecida por la Sala Plena en la sentencia Maldera, a la doble cuestión de demarcación entre concusión e inducción indebida, y entre inducción indebida y cohecho, una solución inspirada en una lógica *flou* que, resumiendo las relativas valoraciones a la prudente apreciación de los jueces de fondo, exaspera ulteriormente –como se subraya en varias partes– la tasa de imprevisibilidad de la decisión judicial respecto al pasado.

[35] Sobre este riesgo, véase SPENA A., «Per una critica», p. 219.

[36] Ampliamente sobre el aspecto GATTA G.L., *La minaccia. Contributo allo studio delle modalità della condotta penalmente rilevante*, Roma, Aracne, 2013, 187 ss., al que se hace remite para todas las referencias indispensables bibliográficas y jurisprudenciales.

Sin embargo, como Mongillo comenta[37], una solución similar vulneraría principios fundamentales que gobiernan la responsabilidad penal. Sin hablar del resto, esa solución sacrificaría el mismo principio de igualdad, poniendo al mismo nivel conductas bastante diferentes por su carga lesiva (el particular no colabora aquí en el cumplimiento con una efectiva distorsión de la actividad de la administración pública, ni crea el peligro de una *futura* distorsión de la misma, como sucede en el paradigma del cohecho para el ejercicio de las función, sino que se limita a realizar una conducta motivado por una amenaza de sufrir un daño).

En este sentido, sancionar al particular parecería un exceso. Se debe considerar que probablemente la solicitud efectuada por el funcionario generará temor en el particular, sentimiento que lo inducirá, comprensiblemente, a dudar de poder encontrar apoyo en las otras instancias públicas a las que debería dirigirse para denunciar el hecho. Además, sancionar al particular equivaldría a inflingirle un segundo mal, después del ya sufrido tras el pago extorsionado por el agente público.

Primero, el Estado, a través de un agente propio, extorsiona indebidamente al particular, y luego, el mismo Estado, se apresura a sancionarlo por no haber resistido dicha presión[38].

iii) Por otra parte, la solución de la responsabilidad del particular bajo el tipo de cohecho parece, sin duda, adecuada a un *tercer* tipo de situaciones, a las que ya hemos hecho referencia: es decir, aquellas en las que el particular persigue, mediante el pago ilícito, una *ventaja indebida,* en términos del ejercicio a su favor de un poder discrecional atribuido al agente público, o incluso una ventaja que éste tendría prohibido otorgarle al particular.

D) La oportunidad de prever una cláusula de impunibilidad por cohecho en consideración a las funciones a favor del particular que paga con el único objetivo de evitar un daño injusto

Habiendo señalado que el objetivo a conseguir sería *eximir de pena* al particular en la segunda hipótesis (*ii*) y asegurar su *punibilidad* en la tercera (*iii*),

---

[37] MONGILLO V., «La corruzione», pp. 75 ss.

[38] Me limito a clasificar las hipótesis fundamentales, hacia las que todas las demás deberían ser reconducidas. Soy muy consciente de que la realidad aporta una cantidad infinita de subhipótesis intermedias (detalladamente identificadas y discutidas en otro trabajo del autor: véase MONGILLO V., «L'incerta frontiera», p. 174 ss.), que siempre hacen difícil la clasificación del caso en una u otra hipótesis. Sobre el tratamiento penalístico de casos entre las hipótesis *sub (ii)* e *(iii) consulte* § 4.4.

corresponde ahora ver la forma de conseguir tal propósito. Debe considerarse, ante todo, que el pago o la promesa de un beneficio indebido efectuada por el particular al funcionario corresponde, en la segunda hipótesis, a los requisitos del delito de cohecho en consideración a las funciones, y en el caso de la tercera, a los elementos del ilícito de cohecho por un acto con infracción a los deberes oficiales (esto último debido a que el pago o su promesa se produce con vistas a la obtención de una ventaja ilícita, lo cual significa necesariamente la comisión, por parte del funcionario, de un acto contrario a sus deberes).

En este contexto –y sigo aquí de cerca la propuesta de Mongillo[39], inspirada en modelos análogos presentes en varias legislaciones de la *common law*–, el legislador debería simplemente limitarse a aclarar, con una disposición expresa contenida en la misma norma que sanciona el cohecho en consideración a las funciones., que el delito *no se aplica* en la segunda hipótesis *(ii)*, es decir, respecto de quien haya efectuado el pago o su promesa *con la única finalidad de evitar que el agente público le ocasionara un daño injusto*[40].

Esta cláusula aclararía, sin ambigüedades, que la exención de responsabilidad del particular en estas hipótesis está supeditada a la condición de que pague *con la única finalidad* de evitar daño injusto. Al mismo tiempo, enfatiza que tal exención no se configurará cuando la conducta ejecutada por el particular haya estado destinada *también* a asegurarse una ventaja indebida, casos en los cuales deberá ser sancionado. Esto se produciría, por ejemplo, en los casos en que el funcionario, *por una parte,* amenace con un daño injusto (por ejemplo, la exclusión ilegítima de una licitación) y, al mismo tiempo, proponga –a cambio del pago– un beneficio indebido al particular (por ejemplo, la seguridad de la adjudicación de la licitación en perjuicio de los demás participantes). En este caso, por más severa que parezca la solución, el sobornante debiera ser *sancionado*, toda vez que obtiene un provecho indebido de la situación. El título de imputación correspondería a un delito de cohecho por un acto contrario a los deberes oficiales, puesto que, mediante dicho pago, el particular ha distorsionado el adecuado procedimiento de adjudicación de la licitación en cuestión.

E) La necesidad de una limitación drástica del ámbito de aplicación del delito de concusión y de la abolición del nuevo delito de inducción indebida

En lo que respecta al funcionario, el legislador debería *restringir* el campo de aplicación del delito de concusión únicamente a aquellas hipótesis en las que éste *obligue* al particular al pago (o a su promesa) mediante la *amenaza de*

[39] MONGILLO V., «La corruzione», pp. 89 ss.
[40] MONGILLO V., «La corruzione», pp. 103 ss.

provocarle un daño injusto[41] a él, a su familia o a otra persona con la cual tenga alguna relación afectiva[42], mediante el abuso de sus poderes[43]. Luego, podría eliminarse, sin problemas, el nuevo tipo de *inducción indebida*.

De esta forma, la concusión constituiría una *hipótesis especial de extorsión*, con una anticipación de la punibilidad (en este caso sería suficiente la mera *promesa* de dinero u otro beneficio), caracterizada por dos *elementos esenciales:* el *cargo del sujeto activo* y la particular *modalidad de comisión*, vinculada a la *amenaza* (excluyendo así la violencia, incompatible con la idea de *abuso* de poderes propios del cargo público cubierto) y, específicamente, a la *amenaza de un daño injusto.*

En estas hipótesis limitadas, y sólo en éstas, el *funcionario* debería continuar siendo *sancionado por concusión,* mientras que el *particular* quedaría *exento de pena*. Esta solución no sólo se obtendría a través de la interpretación teleológica de la concusión[44], según la cual la víctima de un delito no se puede considerar como partícipe en el mismo, sino que también en virtud de la cláusula de exención de responsabilidad comentada en el acápite precedente, la cual estaría contemplada en la norma sobre cohecho en consideración a las funciones.

Al contrario, cuando el agente público plantee al particular una ventaja indebida a cambio de la entrega o promesa del dinero u otro beneficio, *ambos deberían ser sancionados por cohecho*[45].

A estas alturas, quedaría sólo alguna duda respecto de aquellos casos límite del paciente con una enfermedad grave que paga al médico para «saltarse» la lista de espera, o el de la prostituta que se entrega al policía para evitar ser expulsada por falta de papeles de residencia. En estos casos, la solución aquí propuesta tendría como consecuencia reconocer un delito de cohecho por acto contrario a los deberes del cargo, punible tanto por el lado del funcionario como por el lado del particular. Sin embargo, en estos casos

---

[41] SPENA A., «Per una critica», p. 215.

[42] Véase de nuevo sobre este aspecto SPENA A., «per una critica», p. 220: «non c'è dubbio che la condotta del privato, benché concusso, possieda nondimeno la struttura tipica di un fatto di corruzione attiva: il privato dà o promette al p.a. affinché questi compia, o non compia, un atto (conforme o contrario ai doveri) del suo ufficio».

[43] Formulada en su libro de 2012, aquí citado varias veces, en el párrafo anterior al dedicado al examen del proyecto del Gobierno que luego ha llevado a la ley n.º 190/2012 (p. 126 ss.).

[44] MONGILLO V., «La corruzione», pp. 130 ss.

[45] *De iure condito*, la opinión dominante –ratificada por la Sala Plena en la sentencia *Maldera* (p. 41 s.)– es que tales constelaciones casuísticas sean calificadas como concusión «constrictiva», y no como inducción indebida. Esta interpretación tiene como consecuencia la impunidad del particular que paga para evitar un daño injusto y obtener, también, una ventaja indebida. En este sentido, GATTA, *La concussione riformata*, cit., p. 1581, en línea adhesiva con respecto a la perspectiva desarrollada por la Sala Plena. Para una reconducción de estas hipótesis –siempre en perspectiva *de lege lata*– al paradigma de la nueva figura de inducción indebida, con la consiguiente punibilidad (leve) del particular, véase MONGILLO V., «La corruzione», p. 146.

el juez no debería olvidar la existencia de la circunstancia eximente de responsabilidad del *estado de necesidad*, la cual se puede hacer valer, con arreglo al artículo 59, párrafo cuarto, del Código Penal, también en la forma putativa: sin perjuicio de la sanción del médico o del policía, el paciente y la prostituta podrían igualmente quedar exentos de pena –no obstante la objetiva injusticia de la ventaja que han obtenido– debido a la situación de peligro sufrida.

F) Otras reformas posibles

Una vez eliminado el delito de inducción indebida, y limitado el campo de aplicación de la concusión, los demás tipos penales podrían mantener, sustancialmente, su configuración actual, según la lógica «a escalones» introducida por la reforma (tráfico de influencias, cohecho en consideración a las funciones y cohecho por un acto contrario a los deberes del cargo). Sería conveniente, no obstante, la *superación de la actual distinción irracional entre «millantato credito» y tráfico de influencias*, ilícitos que deberían combinarse –según lo intentado inútilmente durante los trabajos preparatorios de la reforma del 2012[46]– en un único tipo que no haga distinción entre casos de influencia real y simulada.

Además, nada obstaría a que, con la finalidad de favorecer la colaboración con las autoridades investigadoras de estos delitos, se establecieran *reducciones de pena* o incluso *causas de exención de la misma*, en favor de quien denuncie el hecho dentro de un plazo determinado (según el modelo del artículo 426 del Código Penal español), o de quien colabore de manera eficaz con las investigaciones, así como había propuesto el «proyecto de Cernobbio». Por supuesto, habrá que ponderar y equilibrar los *pros* y *contras* de tales perspectivas, pero claramente se trataría de soluciones preferibles, por su transparencia, a la actual situación de discrecionalidad absoluta de las fiscalías[47].

---

[46] En este sentido, esencialmente, MONGILLO V., «La corruzione», p. 130. La propuesta de eliminar, *de iure condenado*, el modo *inductivo* del paradigma de la concusión, con su contextual confluencia en el paradigma de la corrupción (al cual corresponde, hoy, la abolición en bloque del nuevo delito de inducción indebida) no es en realidad nueva (véase por ejemplo, en este sentido FIANDACA G., «Esigenze e prospettive di riforma dei reati di corruzione e concussione», en *Riv. it. dir. proc. pen.*, 2000, p. 897); sin embargo es nueva, por lo que me consta, la idea de limitar expresamente la concusión «constrictiva» a la específica modalidad de la *amenaza de un daño injusto*, en el que se basa la propuesta aquí formulada. Naturalmente, nada prohibirá que la amenaza de un tal daño injusto –conforme a los principios generales– pueda también ser *implícita*, a condición de que sea inequívocamente percibida de tal manera (en la crucial distinción entre amenaza implícita y temor reverencial/*metus ab intrinseco*, véase ahora la análisis fundamental de GATTA G.L., «La minaccia», p. 238 ss).

[47] Formulación retomada por aquella que aparece en el artículo 612-bis del código penal.

V. CONCLUSIONES

Hará falta valor para modificar la reforma según estas directrices, y hará falta sobre todo una *visión* precisa del futuro de nuestro país, que renuncie de una vez a la idea de que todos los italianos son, por algún motivo, *diferentes* del resto del mundo. Es cierto: tenemos la mafia y la «*'ndrangheta*», y una cantidad de administradores corruptos quizás superior a la de otros países, pero sería miope, o mejor dicho suicida, conformarse con esta realidad y reducir las pretensiones de respeto de la ley que cada Estado dirige a sus ciudadanos.

Al contrario, habrá que mirar al futuro de nuestro país, en el que las prácticas de corrupción no deberían tener nunca más ningún derecho de ciudadanía. Una cosa es el caso de la prostituta nigeriana de cuyo cuerpo y alma los policías abusan sin escrúpulos, planteándole la perspectiva de una expulsión inmediata; y otro muy distinto es el del empresario que se conforma con un sistema enfermo, por el que cada licitación tiene un precio oculto que hay que pagar para poder trabajar. Una buena norma no se construye sobre casos límites, como el de la prostituta, sino sobre casos estadísticamente más frecuentes, como el del empresario que paga a administradores corruptos para poder trabajar, obteniendo a cambio la perspectiva de un *beneficio seguro* (la adjudicación de la licitación perjudicando sus competidores) que *distorsiona las reglas de la competencia lícita* y cuyos *costes adicionales afectan a la colectividad entera*. El juez podrá, en la cuantificación de la pena, tener en consideración la difícil situación en la que se ha encontrado el empresario, y distinguir de forma oportuna, a través de los poderes que le otorga el artículo 133 del Código Penal, la pena que le aplicará a él y al funcionario[48]. No obstante, el ordenamiento jurídico tiene todo el derecho, y también la obligación, de estigmatizar como corrupta, sin ambigüedades, la conducta de los involucrados, como ocurre en todos los demás ordenamientos europeos.

---

48 SPENA A., «Per una critica», p. 219.

MANTÉNGASE INFORMADO DE LAS NUEVAS PUBLICACIONES

Suscríbase gratis al boletín informativo www.dykinson.com

Y benefíciese de nuestras ofertas semanales

Made in United States
North Haven, CT
04 November 2026

21730344R10153